U0906436

《中国全民医疗保险体系构建和制度安排研究》编撰委员会名单

编　著：

方鹏骞

副主编：（按姓氏笔划排列）

乐　虹　白　雪　张霄艳　周尚成

编撰委员会：（按姓氏笔划排列）

方鹏骞 华中科技大学	王　禾 华中科技大学
乐　曲 华中科技大学	方　子 华中科技大学
乐　虹 华中科技大学	白　雪 华中科技大学
陈江芸 华中科技大学	陈　婷 武汉科技大学
陈　默 华中科技大学	苏　敏 华中科技大学
李　璐 华中科技大学	张霄艳 湖北大学
周亚旭 华中科技大学	周尚成 广州中医药大学
周　燕 华中科技大学	赵圣文 华中科技大学
贾艳婷 华中科技大学	唐昌敏 湖北中医药大学
陶思羽 华中科技大学	夏　冕 武汉大学
黄阿红 华中科技大学	訾春燕 华中科技大学

编撰委员会秘书：

白　雪

中国全民医疗保险体系构建和制度安排研究

BAOXIAN TIXI GOUJIAN

方鹏骞 编著

HE ZHIDU

ANPAI YANJIU

人民出版社

前 言

医疗保险制度是一项基本的社会经济制度，在促进我国经济发展、保障人民健康以及维护社会安定中发挥着越来越重要的作用。党的十八大报告提出“逐步建立以权利公平、机会公平、规则公平为主要内容的社会公平保障体系”。党的十九大开启了新时代国家发展新征程，以人民为中心的发展取向构成了推进社会保障体系建设新的时代背景，它决定了社会保障不仅关乎基本民生的保障，更是满足城乡居民对美好生活的需要和维系全体人民走向共同富裕的重大制度安排。

回顾新中国成立以来中国医疗保险体系的制度变迁，其成败牵涉到众多社会经济以及人口统计学上的因素。经济体制的转轨和政策范式的变迁使得我国医疗保险体系经历了曲折的历程，而中国特色的医疗保险体系重构成为中国社会保障理论和实践不可回避的问题。本书将我国医疗保障制度放在相关的社会经济背景中进行讨论和分析。

本书突破传统医疗保险研究仅局限于医疗保险筹资与支付系统范围，以维护“居民健康权”为核心目标，以医疗保险筹资与支付系统、医疗服务提供系统及其互动关系为支柱，以伦理与价值判断、经济与人口、政治博弈与政策环境、管理与技术基础为支撑，系统阐述了利益均衡与制度整合的宏观医疗保险系统概念模型与全民医保理论体系构建。

本书首先在对我国全民医疗保险制度发展历程和关键问题进行系统评

述和比较分析的基础上，基于中国宏观经济与人口的变迁和中国医疗保险体系的宏观环境，提出中国特色医疗保险系统的基本价值判断与伦理取向。其次，采取理论模型构建、案例分析与实证研究相结合的方法，综合考量中国医疗保障制度的状态、结构、绩效，构建全民医保评价框架和指标体系，对我国全民医疗保险体系进行效果评价。最后，以制度整合、筹资与支付系统改革、医疗保险谈判机制建立为切入点，制定我国医疗保险制度的基金统筹、城乡整合、地区整合、管理机构及信息资源整合的实现路径，最终构建符合我国国情、纵向功能和横向衔接的全民医疗保险制度整合与优化策略，为我国全民医疗保险体系改革及其方案制定提供重要理论参考和政策依据。

本书内容包括：第一章（中国全民医疗保险理论体系框架分析与构建）、第二章（经济与人口变迁对中国医疗保险的作用与影响分析）、第三章（中国医疗保险发展目标及其实现路径分析）、第四章（全民医疗保险效果评价的价值取向）、第五章（基本医疗保险绩效评价指标体系构建）、第六章（基本医疗保险绩效评价实证分析及对策建议）、第七章（全民健康覆盖的基本医疗保险制度整合模式）、第八章（支付方式改革与医保控费效果分析）、第九章（不同区域住院患者医疗服务利用及疾病直接经济负担）、第十章（城镇基本医疗保险参保患者医疗服务利用及费用分析——基于单病种）、第十一章（基本医疗保险异地就医管理服务问题研究）、第十二章（医疗保险谈判机制国内外发展评述）、第十三章（我国高价创新药品医疗保险谈判实例研究）、第十四章（我国医疗保险谈判均衡模型构建）。

本书受国家自然科学基金重点项目“基于利益均衡和制度整合的我国全民医疗保险体系构建和制度安排研究”（项目编号：71333005），国家社会科学基金重大项目“基于全民健康覆盖的推进健康中国发展战略研究”（项目编号 15ZDC037）资助。

本书可作为卫生政策制定者和决策者、各级卫生行政管理机构以及有关政府部门医疗保险工作相关管理人员、各类各级医疗机构医疗保险经办部门相关专业人士以及有关研究机构科技工作者的参考书，也适用于高等院校的卫生政策、卫生管理、医疗保障专业的教学与研究之用。

鉴于医疗保险体系所涉及的理论、方法以及覆盖的专业面较广，限于编著者的时间与水平，错误与疏漏之处恳请广大读者批评指正。

在课题研究工作开展和全书的撰写过程中得到了国家有关部委、国家自然科学基金委及管理科学部、本领域学者以及从事医疗保险实践的管理者的热忱帮助和指导，感谢课题协作单位的大力支持和课题组成员的团结协作。我们相信在医药卫生体制改革不断深化的将来，中国特色医疗保险体系的优化策略的提出，有助于重构“全民医保”和“以人为本”的医疗保险制度的价值体系，推进深化社会保障改革和全面建成中国特色的社会保障体系。

目　录

第一章　中国全民医疗保险理论体系框架分析与构建

一、社会医疗保险的基础理论与核心理念

（一）社会保障和社会医疗保险的内涵

1. 社会保障的内涵

社会保障是国家（政府）通过立法，集聚社会力量，形成专门的社会保障基金，并采取多种政策和措施，对国民收入进行分配和再分配，保障全体国民的生存安全和基本生活，特别是对弱势群体和处于危境的国民以倾斜照顾。同时逐步提高国民大众的福利水准，使更多的国民及其家庭，都能过上健康的幸福生活[①]。社会保障制度主要由社会保险、社会救济、社会福利、特殊保障构成，其目标是保证劳动力再生产、社会安定和经济稳定增长，它既是一种社会制度也是一种经济制度，既是社会的“稳定器”，也是一种宏观经济调控制度。

社会保障的本质是通过再分配保障社会公平，以个人贡献和能力为依据的初次分配势必会造成较大的贫富差距，为了缓解由此导致的社会张力，国家和政府有必要从社会公正的立场出发进行再次分配，政府也是唯一有能力组织和实施国民收入再分配的主体。一方面，国家通过立法为社

---

① 郭士征：《社会保险学》，上海财经大学出版社 2009 年版，第 49—50 页。

会保障制度提供法律制度框架；另一方面，国家行政机构在此法律框架的约束下，依法规划、组织和实施各项社会保障计划。此外，社会保障制度的实施具有强制性，政府以一般税费的形式强制征收社会保障基金，以保证某一社会保障项目的支出。

2. 社会医疗保险的内涵

医疗保障是社会保障的重要组成部分，是通过立法的途径规定国家、企业和个人之间的权利与义务关系，动员全社会的医疗卫生资源，筹集和支付医疗保障基金，并通过组织有效的卫生服务提供和医疗卫生提供，最大限度地分担社会成员的疾病风险，保障人群健康的重要社会保障制度安排。

社会保险是国家通过立法强制征集社会保险税（费），并形成社会保险基金，当劳动者及其亲属因劳动者年老、疾病、工伤、残疾、生育、死亡、失业等风险引起经济损失、收入中断或减少时，将社会保险金支付给受益人，保证其生活需求的社会保障制度[①]。社会保险是社会保障制度的核心部分。

社会医疗保险是国家通过立法形式强制实施的，由国家、单位和个人按一定的比例缴纳保险费，建立社会医疗保险基金，当劳动者患病时，由社会保险机构对其所需的医疗费用进行适当补贴或报销，使劳动者恢复健康尽快投入社会再生产的过程。社会医疗保险是国家医疗保障的主体，是社会保险的重要组成部分，一般由国家或政府承办，疾病的保险范围因各国国民经济发展水平、社会制度的不同而存在巨大差异。

（二）社会医疗保险制度的核心价值理念——公平、正义

1. 公平的概念、内涵

公平是指事情合情合理，即参与社会合作的每个人都承担着他应承担

① 方鹏骞、张霄艳：《中国基本医疗保险制度：评价与展望》，华中科技大学出版社2015年版，第5页。

的责任，得到他应得的利益。由于人的差异，没有绝对公平，只有相对公平。公平应当包括三个核心内容：起点公平、过程公平、结果公平。起点公平是保证每个人都处于同一起跑线上，面临着享有机会的公平；过程公平是指参与活动的主体都受同样的规则制约，没有人可以享有优势或特权，以保证活动过程对每个人都是平等的；在以上两种公平都不能保证每个人获得公平结果的情况下，必须有结果公平对此进行修正，实现真正的公平。

社会保障制度应平等对待每一个国民并保障满足其基本生活需求，普遍性地增进国民的福利，不因身份、性别、民族、地域等差异而歧视或排斥任何人。基于这一理念，在制度构建过程中，要努力创造并保证国民生存与发展的起点公平和维护过程公平，同时促进结果公平，依法逐步建立起以权力公平、规则公平、机会平等、分配公正为主要内容的社会公平保障体系，这也是社会保障制度的本质所在。

2. 正义的概念、内涵

正义包含着一切美好的事物和信念。毕达哥拉斯发展了正义是公平的思想。柏拉图把正义看作是国家和个人的“善德”。亚里士多德说：“政治学上的善就是正义，正义以公共利益为依归。按照一般的认识，正义是某种事物的‘平等’（均等）观念。”[①] 当在不同个体之间对权利和义务的分配没有区别时，当规范使各种社会利益冲突达到一种恰当的平衡时，这种制度就是正义的。正义是社会制度的首要价值。社会保障制度并不是劫富济贫，而是符合正义原则的合理分配，是当代文明进步的表现，是法律正义、分配正义的具体表现。

社会医疗保险体系的价值理念要体现法律正义和分配正义。法律正义要求确认各方主体在社会保障关系中所应承担的义务与责任，赋予国民平

① 肖述剑：《对公平与正义内涵的辨析》，《理论观察》2007 年第 4 期。

等的社会保障权益。分配正义是指每个劳动者不因天生素质、后天能力、自然条件等原因的差异而影响所应获得的正当利益和保障权利。分配正义包括无限分配正义和有限分配正义，无限分配正义是指社会基本品被平均分配，是实现个人发展的必备条件。有限分配正义是指当无限分配正义不能实现时，“不平等”的分配当且仅当符合境遇最差者（弱势群体）的自身利益时才是被允许的。具体到医疗保险制度而言，一方面要求对于医疗保险这一“社会基本品”的生产分配，力争实现无限分配正义，同时，基于当前收入高低不齐、贫富差距巨大，国家在医疗保险制度设计时应当关注弱势群体的需要，应当在医疗资源分配上更多照顾弱势群体，最大限度地实现有限分配正义。

公平正义是社会医疗保险制度的根本使命。国民收入再分配是社会医疗保险的制度属性，决定了社会医疗保险制度必须以公平正义为价值理念。现代医疗保险制度的实质，是政府对于公共资源进行重新分配的制度。分配的规则必须首先要遵循作为制度的首要原则——正义。市场经济以追求效率作为内在原则，那么，作为稳定机制的社会保障制度，则必须以社会公平作为目标，公平是社会保障制度的核心价值理念。就当下而言，追求社会公平正义，最应该是“体现并追求那种以解决民众最基本生存需求的生存公平、机会公平也就是底线公平”[①]。医疗保险作为分担全体国民疾病经济风险的制度设计，对于避免部分社会群体特别是贫困人口、残疾人、老年人、儿童等群体的疾病经济风险，维护发展公平性具有十分重大的意义，是维持最基本的生存公平、机会公平，体现社会支持与温暖的重要制度设计，是社会建设的重要一环，必须要高度重视。医疗保险事业的建设也必须坚定维护社会公平正义的价值理念。

① 高和荣:《论中国特色社会保障理论的构建》,《吉林大学社会科学学报》2008 年第 4 期。

（三）社会医疗保险的历史沿革与理论基础

1. 社会医疗保险的起源与发展

（1）社会医疗保险的萌芽

社会医疗保险最早起源于欧洲，早在古希腊、古罗马时代，就有专为贫民和军人治病的国家公职人员。随着工业化的发展，社会涌现大量的雇佣工人。为解决工人生活和生存条件恶劣、收入微薄、工伤严重等问题，工人开始自发组织私人保险和互助制度，以图解决生活中的困难以及意外事故给自身及家庭带来的不幸。早在17、18世纪，英国就出现了由工人自己举办的“友谊社”和“工会俱乐部”等自助机构。在欧洲许多城市和乡村出现各种互助组织，如“共同救济会”“扶助社”和“矿工共济团”等，开展互助共济，解决工人的生、老、病、死等问题①。这种早期自愿性互助团体对现代社会医疗保险制度的形成产生过重大影响。

（2）现代社会医疗保险的产生

随着工业革命的完成和西方资本主义的发展，资本主义的矛盾日益暴露出来，阶级斗争日益尖锐，为解决严峻的社会问题和缓解阶级矛盾，医疗保险制度应运而生。现代社会医疗保险最早产生于德国。1883年德国颁布《企业工人疾病保险法》，这是世界上第一部社会保障性质的强制性医疗保险法规，它标志着现代社会医疗保险制度的诞生。此后，医疗保险的思想被广泛传播，奥地利、挪威、英国、法国相继通过立法实施医疗保险。医疗保险在欧洲以各种形式推广，覆盖人群和保障范围也不断扩大。

（3）现代社会医疗保险的发展

随着医疗保险思想的不断传播，社会医疗保险制度从欧洲发展到亚洲和南美洲的部分国家。1992年，日本开始实施社会医疗保险制度，成为亚

① 陈洁：《借鉴国外经验发展中国特色的社会医疗保险》，硕士学位论文，对外经济贸易大学，2002年。

洲最早实施社会医疗保险的国家。1924 年社会医疗保险制度扩展到南美洲的智利、秘鲁等国。智利没有采取欧洲向私人医生缴费的做法，而是为参保人建立医疗和急救设施，雇用医生并为其支付后序费用。20 世纪 50 年代，埃及、利比亚、土耳其等国也纷纷效仿这一做法。此后一大批发展中国家也都建立了本国的社会医疗保险制度。尽管各国在筹资方式、给付比例、管理方法等方面有所不同，但社会医疗保险所筹集的保险基金全部处于国家监督之下，并通过立法的形式强行实施。

从 20 世纪 30 年代开始，以美国 1935 年的《社会保障法案》的颁布为标志，到 20 世纪 70 年代，是全球特别是西方发达国家社会医疗保险制度的大发展时期。主要变现为：社会医疗保险制度向多元化制度体系发展；覆盖人群从产业工人不断扩大到其他人群；社会医疗保险普及率不断提高；社会医疗保险支出占全社会医疗卫生服务支出的比重不断增加。

（4）现代社会医疗保险制度的调整与改革

随着国际化和全球化的发展，社会医疗保险制度在世界各国广泛建立起来，覆盖人群和保险范围不断扩大。自 20 世纪 70 年代中期以来，整个西方世界经历了国际货币体系的瓦解以及能源、原材料的危机，出现了通货膨胀加剧、经济增长停滞等一系列经济问题，使主要依靠政府财政支持的社会保障制度，随着经济承受能力的下降而出现了一系列问题：社会医疗保险费用的支出过度膨胀、医疗能力和资源严重浪费、医疗服务质量低下等。针对上述主要问题，各国普遍采取各种改革措施，增收节支、提高社会医疗保险机构的管理效率及社会医疗服务的质量，其宗旨是“寻求国家行动与私人行动的新关系，加强个人对自己和对他人的责任”[①]。

医疗保险制度发展至今，各国根据自己不同的政治制度、经济制度、

① 中华人民共和国劳动和社会保障部、德国技术合作公司：《德国医疗保险概况》，中国劳动社会保障出版社 2000 年版。

经济发展水平以及卫生服务条件等方面的差异，因地制宜建立了适合本国发展的不同模式，不同国家的医疗保险制度有着各自的特点。从医疗保险筹资方式的不同，可将各国医疗保险模式分为国家（政府）医疗保险模式（如英国、瑞典、加拿大等国）、社会医疗保险模式（如德国、日本、法国等国）、商业医疗保险模式（如美国）、储蓄医疗保险模式（如新加坡）四大类型。

2. 社会医疗保险产生的理论基础

福利经济学、凯恩斯的政府干预理论、贝弗里奇报告和西欧社会民主党的福利社会主义思想等通常被认为是社会保障理论的基础，也是社会医疗保险产生的理论基础。目前各国的社会保障制度基本上都遵循这些理论，虽然各国选择的模式有所不同，但都具有保障全体公民基本生活、国家参与实施、缓解贫穷、增进福利和促进社会收入公平等基本特性。

（1）福利经济学

20世纪20年代盛行于英国的福利经济学，主要代表人物是庇古（Arthar Cecil Pigou）（1877—1959）。他创立了福利经济学的科学体系，主张通过国民收入增加和国民收入再分配两种方式来增加社会福利。国民收入的增加所带来的普遍福利，关键取决于生产要素的合理配置，尤其是劳动力要素的合理配置，因此必须给劳动者适当的劳动条件，并在劳动者出现患病、伤残、生育、失业、年老等意外情况丧失劳动收入时，能得到适当的物质帮助，使其恢复劳动能力。通过国民收入再分配来增加居民的普遍福利，是建立在边际效用递减规律的基础上的。通过向收入高的阶层征收累进所得税和遗产税，并向低收入者增加失业补助，向贫困者增加社会救济，就可以达到更加平均的收入分配结果，使整个社会的福利增加。福利经济学的这些理论对西方发达国家的社会保障制度产生了重要的影响。

（2）凯恩斯的政府干预

英国著名的经济学家凯恩斯（1883—1946）于1936年发表的《就业、

利息和货币通论》中，提出国家干预经济理论及其政策主张。凯恩斯认为，在资本主义制度下存在的生产过剩和失业，是有效需求不足造成的。他指出，必须依靠国家干预经济来提高社会的消费倾向和促进投资，以扩大社会的有效需求。为了扩大社会有效需求，必须在增加投资的同时提高消费，以达到充分就业。他提出了财政政策、货币政策和对外经济政策等一系列经济政策主张，他更注重财政政策的作用，认为后两者只起辅助作用。他认为通过扩大政府开支、增加国家投资和公共消费，甚至通过赤字财政政策，大幅度提高社会福利，就可以抑制经济危机和达到充分就业①。凯恩斯的政府干预理论及其政策主张是资本主义国家克服市场缺陷、应对经济危机、制定经济政策和社会保险制度产生的主要理论依据，成为西方各国建立福利国家的重要思想基础和制定公共政策的主要理论依据②。

（3）贝弗里奇报告

1942 年 11 月，英国社会保险和联合事业部及委员会主席贝弗里奇向英国政府提出了一个题为《社会保险及有关服务》的报告，即著名的贝弗里奇报告。报告建议社会保障计划应包括三种社会保障政策——社会保险、社会救济和自愿保险。社会保险用于满足居民的基本需求，社会救济用于满足居民在特殊情况下的需要，自愿保险用于满足收入较多的居民较高的需要。报告还提出了六条改革原则：基本生活资料补贴标准一致；保险费标准一致；补助金必须充分；全面和普遍性；管理责任统一；区别对待。报告还指出社会保障计划是一个“以劳动和交纳保险费为条件，保证维持人们所必需的收入，以便使他们可以劳动和继续保持劳动能力的计划”。他的社会保障计划体现了两个理论基点：一是社会保障以保障居民拥有维持

① 凯恩斯：《就业、利息和货币通论》，商务印书馆 1963 年版。

② 陈洁：《借鉴国外经验发展中国特色的社会医疗保险》，硕士学位论文，对外经济贸易大学，2002 年。

生存所必需的生活资料为最低限度；二是社会保障应当体现普遍和全面的原则，即应惠及全体居民及各种不同的社会阶层，社会保障是全民的全面保障。

（4）西欧社会民主党的福利社会主义

第二次世界大战之后，西欧社会民主党的福利社会主义思想对社会保障体系的建立和完善起到了促进作用。在社会民主党的国际成员中，英国的工党和瑞典的社会民主党关于福利国家的理论及政策影响最大。英国工党是欧洲最大的社会民主党，它所提出的民主社会主义纲领和理论，制定了关于民主社会主义的五项原则，即政治自由、混合经济、福利国家、和平和凯恩斯主义。瑞典的社会民主党在政策上主张混合经济，认为在生产资料私有制基础上，也可以达到经济与社会平等的目的，认为通过高额累进税制和工人参与企业管理也能实现社会主义，因而瑞典被称为福利国家的典范。社会民主党的这种福利社会主义具有以下特征：第一，不主张用国有化和计划经济来推进国家福利政策。第二，提倡劳资合作。第三，强调通过高额累进税制对收入和财富进行再分配，以实现收入的公平分配。社会民主党的福利社会主义理论，虽然是为迎合资产阶级的统治要求，但在客观上对社会保障体系的建立和完善发挥了重要的作用。

（四）国外典型社会医疗保险制度介绍与分析

1. 英国

英国是最早实行全民医疗保健制度的国家，属于国家（政府）医疗保险模式。英国于 1964 年颁布《国家卫生服务法》，对所有公民提供免费医疗，在英国医疗费用总开支中，绝大部分来自政府财政拨款。英国的医疗服务管理体制分为三级：初级卫生服务、医院（综合医院）、三级医疗服务。初级卫生服务主要由家庭医生或全科医生提供，家庭医生和诊所属于私人性质，不隶属于政府部门，但接受政府的管理和监督。医院（综合医院）提供二级医疗服务，实行从社区诊所到医院，再从医院到诊所的“双向转诊”制度。三级医疗服务主要由专科医院提供。

英国的国家卫生服务制度很好地实现了公平性，对医疗资源的配置相对合理，医疗服务成本较低。但这种由国家负责的医疗保险制度也存在很大弊端，宏观上来看，医疗保险资金大部分来源于政府拨款，政府财政压力大；微观上来看，医院靠政府下拨的财政预算运作，职工报酬与所付出的劳动无关，因而缺乏应有的激励机制，服务意识不高。

2. 德国

德国属于社会型医疗保险模式，卫生保健责任主要由联邦政府、州政府、协会三方共同承担，其医疗保险主要由法定医疗保险和私人医疗保险两部分构成，社会医疗保险属于法定医疗保险（SHI）。法定医疗保险税是卫生保健筹资的主要来源。保险税根据收入按比例征收，超过封顶线的部分不再缴纳保险税，由雇主和雇员各缴费50%。保险基金组织既是卫生保健服务的购买者，也是服务的支付者。门诊服务和医院服务严格分离，门诊服务通常由私人诊所的医生（全科或专科）提供，基金组织以按人头总额预付的形式向医生协会进行支付，再由医生协会根据统一价值标准和其他规定向其成员进行支付。医院住院服务由公立医院和私立医院共同提供，运营费用以总额预算的形式进行支付，预算由疾病基金组织与医院谈判后确定[①]。

德国医疗保险制度实现了团结互助、实物待遇、自我管理、自由选择等原则，但随着人口结构的变化，老年人口不断增加，同时患多种疾病的人数不断扩大，导致卫生事业费用不断上升。

3. 美国

美国是商业医疗保险模式的代表。美国医疗保险体系可分为两大部分，即社会医疗保险和商业医疗保险，以私人商业医疗保险为主，其他

---

① 胡敏：《各国社会医疗保险制度的分析与思考》，《世界经济情况》2007年第12期。

制度并存。美国商业医疗保险主要由蓝十字（Blue Cross）和蓝盾（Blue Shield）两家美国最大的非营利性商业保险公司承担，美国在职人员的医疗保险主要由商业保险公司经办，其中一半由各州蓝十字和蓝盾组织经办，另一半由其他私人保险公司经办。美国的社会医疗保险主要通过医疗照顾计划和医疗救助计划两种方式实施。1965 年美国国会通过的《社会保障法修正案》指出，医疗照顾计划对象是 65 岁以上的老人、65 岁以下的部分残疾人、永久性肾功能衰竭需要长期治疗的病人。通过实施医疗救助计划对低收入人群、失业人群和残疾人群等提供程度不等的、部分免费的医疗保障服务。医疗救助计划的资金由联邦和州政府共同承担。

美国商业医疗保险模式的主要特点是，医疗保险主要由市场经营和管理，政府只负责老年人、贫困者和特殊人群的医疗保障。保险经费主要由个人和企业负担，政府基本不负担。这种医疗保险模式的公平性较差，医疗保险计划的效率不高，医疗费用增长过快，政府和社会负担沉重。

4. 新加坡

新加坡是储蓄医疗保险模式的典型代表国家。新加坡的医疗保险制度可分为三个层次：在全国范围内推行的、强制性的、以帮助个人储蓄和支付医疗保险费用的保健储蓄计划；非强制性的、对大病进行保险的医保双全计划；政府拨款建立保健信托基金，以帮助贫困国民支付医疗费用的保健基金计划。政府补贴、保健储蓄、医保双全、保健基金共同构筑成新加坡的医疗保险网，保证每一个国民都能获得基本医疗服务。新加坡的医疗卫生机构分为综合诊所和医院两级，诊所负责辖区内的医疗、预防保健并负责向医院介绍病人。病人可以在公立医院与私人医院之间自由选择。新加坡政府在储蓄医疗保险制度中担负重要职责：一是对公立医院进行财政补贴；二是制定并实施医院重组计划以达到高效率、低成本、优质服务的目的；三是对医疗费用进行调控。

新加坡的储蓄医疗保险模式具有资金纵向积累的特点，对于合理高效地使用医疗保险资金和合理配置卫生资源有很强的推动作用。但这种模式过分强调效率，公平性较差，对于低收入者来说，个人账户资金储蓄不足，患病时就可能出现没钱治病的问题。

二、中国医疗保险制度主要问题研判

医疗保险是为了补偿劳动者因疾病风险造成的经济损失而建立的一项社会保险制度。从现代社会保障制度以 19 世纪 80 年代德国俾斯麦政府颁布社会保险法令为标志可以看出，社会保险制度作为国家社会保障制度的一个重要部分对于保障国民民生发挥着重要作用。中国医疗保险自 20 世纪 50 年代以来逐步发展和完善，建立了富有中国特色的医疗保险制度，在基金筹集、覆盖人群、保障范围、保障水平、目录管理、医疗服务管理、定点机构、谈判机制等方面不断稳步提升，走出了一条低起点、稳起步、快速推进的中国特色医疗保险模式。建立起了世界上覆盖人口（13.8 亿）最多、覆盖率最高（98.5%）的医疗保险体系，基本实现了全民医疗保险体系[①]。对于保障广大人民群众的身体健康、减轻职工的个人和家庭负担、提高全民族的健康水平等起到了积极作用，在我国政治经济和社会生活中发挥了重要作用。

但是，随着我国国民经济的发展，面对不断增长的卫生服务需求和更复杂的经济社会转型期，人口老龄化、工业化、城镇化等给我国医疗保险制度带来巨大挑战，逐渐暴露出不适应当前广大人民群众和制度保障需要的问题。

（一）实际保障水平有待提高，患者疾病经济负担较重

医疗保险的主要功能是进行风险转移和补偿转移，保障广大居民在发生疾病风险时通过补偿疾病诊疗产生的医疗费用以减轻经济损失和就医负

① 于靓：《医疗保险基金的数据审计方法》，《中国审计》2018 年第 4 期。

担。我国医疗保障制度已经达到广覆盖阶段，但仍然存在“看病贵”和“因病返贫、因病致贫”现象，医疗保险制度的实际补偿能力和保障效果不足，人民群众对减轻疾病经济负担需求强烈。

一方面，我国医药费用支出不断增长给广大患者和医保基金带来了越来越大的压力。据国家卫生行政部门发布的《中国卫生和计划生育统计年鉴》显示，2008—2016 年我国卫生总费用从 1.45 万亿元上涨至 4.63 万亿元，年均增幅达 16%，远超 GDP 同期增速（平均年增幅 7% 左右）。而我国医疗卫生服务需求也呈现不断增长的态势，2008—2016 年全国医疗机构总诊疗人次年均复合增长率达 5.36%。据国家统计局公布的国民经济和社会发展统计公报显示，2014 年、2015 年、2016 年全国居民消费价格中医疗服务价格分别较上年上涨 1.30%、2.00%、3.80%。由上也可以看出人民群众就诊人次增速和医疗服务价格增速远低于同期全国卫生费用增速，说明除了不断增长的医药卫生服务需求，药价、耗材、医疗设备等价格虚高、价格上涨过快也是导致医药费用迅速增长的重要因素，成为老百姓多年来反映强烈的“看病贵”问题的原因之一。而分级诊疗、基层首诊等制度尚未真正起到患者分流的效果，2014 年、2015 年、2016 年我国医院就诊人数分别为 29.7 亿人次、30.8 亿人次、32.7 亿人次，分别较上年增长 8.39%、3.70%、6.17%，增速分别大于同期全国医疗机构就诊人数增长率 4.43%、2.39% 和 3.18%，由此可见，近年来我国医改分级诊疗推进效果不及预期，人民群众看病仍存在盲目涌向大医院的现象，反而加剧了看病难题，从而造成了一定程度上的资源浪费和不合理费用的产生。

另一方面，我国医疗保险制度还存在水平不足、补偿效果有待进一步提升的情况。首先，医疗保险制度是国家立法实施的保障参保人基本医疗需求的社会医疗保险制度[①]。医保对人民群众的补偿水平在很大程度上受筹

① 陈树国：《社保和商保机构不存在明显优劣》，《中国医疗保险》2014 年第 3 期。

资效果的影响。虽然我国医疗卫生支出占 GDP 的比例处于平稳缓慢增长中，由 2006 年的 4.52% 上涨到 2016 年的 6.2%，但远低于 9.42% 的世界平均水平。同时，政府卫生投入的增速呈现出稍有反复的下降趋势，且其增长速度低于 GDP 和财政支出的增长速度，国家财政投入对医保基金的有效运转支持可能出现疲态①。

现行医疗保险制度保障范围有待进一步扩大。当前基本医疗保险制度的基本原则是集中社会和个人的缴费资金为患者分担大病医药费用，而门诊报销比例较低且范围小。但是，随着工业化、城镇化、人口老龄化进程加快以及受不健康生活方式等因素影响，近年来我国慢性病发病率呈快速上升趋势，慢性呼吸系统疾病、糖尿病和心脑血管疾病等慢性病已经成为危害国家健康的主要疾病。门诊和慢性病患者群体数量较大，增长快，医疗费用支出较大。《中国慢性病报告》指出，城市和农村居民慢性病死亡的比例高达 85.3% 和 79.5%，导致的疾病负担占总疾病负担 70% 左右。同时，疾病不仅会通过带来医药费用支出而增加家庭支出负担，疾病带来的客观伤害还会容易通过减少劳动力而损失家庭收入，这种间接疾病经济负担更具有潜在的反复性和后遗性。当前医疗保险“保基本”的补偿原则越来越难以满足和保障广大人民群众卫生服务需要和疾病经济风险保障需要。

（二）我国医保制度实现社会公平的程度欠佳

社会公平是指社会的政治利益、经济利益和其他利益在全体社会成员之间合理而平等的分配②，它意味着权利的平等、分配的合理、机会的均等

① 陶思羽、乐虹、黄阿红等：《基于三明医改做法的我国健康保障领域中的政府责任分析》，《中华医院管理》2017 年第 4 期。

② 叶战备、权循光：《转型期我国社会公正问题再考量》，《淮南师范学院学报》2010 年第 4 期。

和司法的公正。国民收入再分配是医疗保险的制度属性，决定了医疗保险制度必须以公平正义为价值理念。现代医疗保险制度的实质，是政府对于公共资源进行重新分配的制度。分配的规则必须首先要遵循作为制度的首要原则——公平。市场经济是现代社会的动力机制，而包括医疗保险在内的社会保障制度则是现代社会的稳定机制，二者对于促进社会发展缺一不可。市场经济以追求效率作为内在原则，而作为稳定机制的社会保障制度，则必须以社会公平作为目标，公平是社会保障制度的核心价值理念。医疗保险作为分担全体国民疾病经济风险的制度设计，对于避免部分社会群体特别是贫困、残疾、老年人、儿童疾病经济风险和维护发展公平性具有十分重大的意义，是维持最基本的生存公平、机会公平，体现社会支持与温暖的重要制度设计，是社会建设的重要一环，必须要高度重视。医疗保险事业的建设也必须坚定维护社会公平正义的价值理念。

党的十八大指出要坚持全覆盖、保基本、多层次、可持续方针，以增强公平性、适应流动性、保证可持续性为重点，全面建成覆盖城乡居民的社会保障体系[①]。党的十八届三中全会指出要紧紧围绕更好保障和改善民生、促进社会公平正义深化社会体制改革，推进社会领域制度创新，推进基本公共服务均等化，加快形成科学有效的社会治理体制，确保社会既充满活力又和谐有序。建立更加公平可持续的社会保障制度。[②]党的十九大报告提出，增进民生福祉是发展的根本目的。必须多谋民生之利、多解民生之忧，在发展中补齐民生短板、促进社会公平正义，在幼有所育、学有所教、劳有所得、病有所医、老有所养、住有所居、弱有所扶上不断取得新

---

①《坚定不移沿着中国特色社会主义道路前进 为全面建成小康社会而奋斗》，人民出版社 2012 年版，第 36 页；郑杭生：《抓住社会资源和机会公平配置这个关键——党的十八大报告社会建设论述解读》，《求是》2013 年第 7 期。

②《中共中央关于全面深化改革若干重大问题的决定》，人民出版社 2013 年版，第 4 页。

进展[①]。医疗保险制度作为国家的一项重要的社会保障制度，为广大人民群众提供公平的医疗保险服务具有必要性和现实意义。

我国医疗保险制度的设计在不同程度上存在公平缺失的现象。一是医疗保险制度碎片化现象严重。我国医疗保险制度主要是按照农村和城镇分为农村合作医疗制度和城镇基本医疗制度，城镇基本医疗制度按照人员身份分为城镇职工基本医疗保险和城镇居民基本医疗保险，三个不同的医保制度并行为全体国民的不同人群提供不同的医疗保险。不同的医疗保险制度之间保障水平存在一定的差距。另外，医疗保险制度碎片化还体现在东中西部省际之间、市际之间保障水平存在一定的差距，医疗保险统筹级别低，难以实现资源在更大范围内的调剂和使用，真正意义上的公平正义尚未实现。二是医疗保险城乡二元格局依然存在，两者在保障范围、保障水平方面仍然存在一定差距。如新农合与城镇职工基本医疗保险的筹资水平差距高达10—20倍，而两者的医疗消费水平只有4倍左右，由此必然带来补偿水平的差距，从而造成由于制度设计的不公平引起的健康水平的不公平。虽然人社部在不断地推进城乡医疗保险一体化，但城乡分割体制仍然占据多数以上。国家机关事业单位、破产企业、农民工之间医疗保障存在较大制度差异。那样的社会保障制度一定程度上进一步扩大了社会阶层之间的收入差距，而这应该是医疗保险领域中最为公众所关注的社会公平问题。

（三）我国医疗保险制度效率有待进一步提升

效率的主要内涵是在给定的投入和技术条件下，能最有效地使用有限资源以满足设定的愿望和需要。医疗保险制度的效率，主要表现在两个方

①《中国共产党第十九次全国代表大会文件汇编》，人民出版社2017年版，第19页；《决胜全面建成小康社会 夺取新时代中国特色社会主义伟大胜利》，载郑功成：《全面理解党的十九大报告与中国特色社会保障体系建设》，《国家行政学院学报》2017年第6期。

面：一方面，是医疗保险制度自身的运行效率：要以尽可能低的成本为受益人提供高效、便捷的服务，并保证基金平稳、有效地运行；另一方面，是医疗保险的购买效率：以尽可能低的价格向医疗卫生服务和产品的提供者购买合乎质量要求的、安全的医疗卫生服务和产品，从而使受益人获得尽可能高的保障水平。

通过卫生费用支出成本和医保覆盖效果的国际比较发现，我国医疗保险制度的效率还有待提升。截至 2016 年，中国卫生费用总计达 7000 亿美元，占 GDP 的比重约为 6.2%，且在患者共付三分之一以上比例的实际情况下实现了广覆盖的全民医保。而相比之下，在 21 世纪初期，英国、新加坡等国家和我国台湾等地区就以低于 GDP 的 6% 的卫生总费用实现了全民免费医疗或低共付水平的全民健康保险。

造成我国医疗保险制度效率不够高的原因主要有以下几个方面：

历史上我国医疗保险普遍由人社、卫计、民政、财政、发改等多个部门分别管理，属于“九龙治水”。虽然现在已经在进行医保整合改革，但当前仍然存在医疗保险管理碎片化的现象。有的地方仍然是城镇职工医保、城镇居民医保、新型农村合作医疗分别设有管理机构进行管理和经办。诸多部门各有其管理机构、办公场所、管理人员和管理经费，造成人力、物力和财力的重复投入，造成公共财政的极大浪费，加重了政府、企业和个人的医保投入负担，也导致运行效率不高。

支付方式存在不合理，成本控制不佳。目前，我国医疗保险支付方式和管理手段比较落后，改革推进起步时间较晚，各地区差异较大，仍广泛实行按服务项目付费。按服务项目付费是指医疗保险机构根据医疗机构向参保人提供的医疗服务的项目和服务数量，按照每个服务项目的价格向医疗机构支付费用的方式。按服务项目付费属于后付制，支付单元是服务项目，根据医疗机构报送的记录病人接收服务的项目（如治疗、检查、药品等），由医保经办机构向医疗机构直接付费。虽然这种付费方式实际操作简便且适用范围较广，但是由于医院收入同提供医疗服务量挂钩，会导致医院提供过度医疗服务，即所谓的“供方诱导的过度消费”，结果将会造成卫生资源的浪费和医疗费用的过度增长，同时增加了医疗保险机构的管理成本和费用风险。

在当前我国统账结合模式下，个人账户的设置也影响了医保基金的效率。以全国城镇职工基本医保为例，其个人账户累计结余在基金累计结余的占比不断增加，截至2017年，个人账户占比已达40%以上。医保个人账户资金归个人管理，无法在所有参保人之间互济使用，不利于发挥分散风险的作用，而医保个人账户占比的不断增长意味着医保基金的共济能力将持续下降，将严重影响医疗保险制度的运行效率。

另外，由于医疗机构的补偿机制不够合理，医疗服务价格存在不合理增长的情况，也导致了医保成本在一定程度上的浪费，同时也不利于人民群众获得医疗保险带来的期望民生红利，导致了医疗服务效率持续下降，医保效率不高。

三、中国特色医疗保险价值体系与愿景展望

（一）价值判断及伦理取向

1. 公平与效率

公平意味着社会正义或者公正[①]，一般通过以下方面显示公平与否：普

① TL Beauchamp，JF Childress（eds.），*Principles of Biomedical Ethics*，New York：Oxford University Press，1994，pp.326–359；N Daniels，BP Kennedy，I Kawachi，“Why Justice is Good for Our Health”，*the Social Determinants of Health Inequalities*，Vol.128，No.4（1999），pp.211–251.

② J Roemer，*Equality of Opportunity*，Cambridge，Mass：Harvard University Press，1998，pp.136–140.

遍原则，意味着人人享有同等的医疗保障机会[2]；按需分配，按照不同群体的不同需求获得相应的保障，需要对需求进行充分的理解和定义[1]；救治原则，即对于危及人们生命的状况必须尽可能救治的一种社会伦理责任[2]；罗尔斯最大化原则，要求社会政策寻求境况最差人群的利益最大化[3]。医疗保险的基本目标是促进人民健康生存权利和机会的公平化，化解全民健康风险。我国医疗保险制度的建设和发展需要通过完善制度设计和相应配套措施来保障公平。

然而，相较参保人健康需求而言，社会医疗保险资源有限，合理、有效利用医疗保险资源至关重要。效率也是健全、完善的社会保障制度的基本价值。社会保障制度的效率可以细分为宏观效率、微观效率。社会医疗保险制度作为一项基本的社会化制度安排，是作为上层建筑的重要方面，在促进经济社会发展方面能够发挥巨大作用，即宏观效率，包括制度可以产生的经济效益与社会效益的总和。社会医疗保险资源在不同项目中的合理配置以及不同的提供方式，会产生不同的效应，这些制度层面的效率问题即属微观效率，可以通过成本核算及相应比较进行计量。医疗保险制度的效率目标就是在公平理念的指导下，在确保社会保障目标实现的前提下，最大限度地降低制度运行成本，最大限度地提高保障水平[4]，保证并促

---

① J Hurley，“An Overview of the Normative Economics of the Health Sector”，*Handbook of Health Economics*，Vol.1（2000），pp.55-118.

② DC Hadorn，“Setting Health Priorities in Oregon: Cost-Effectiveness Meets the Rule of Rescue”，*JAMA*, Vol.265，No.17（1991），pp.2218-2225.

③ J Rawls，*A Theory of Justice*，Cambridge, Mass：Harvard University Press，1977，pp.278-286.

④ 杜飞进、张怡恬：《中国社会保障制度的公平与效率问题研究》，《学习与探索》2008 年第 1 期。

进社会稳定和经济发展。

社会医疗保险制度在理论与实践上的根本问题是正确处理好公平与效率之间的关系。政策主体应努力协调公平与效率的经济均衡和医保相关不同主体之间的利益均衡[①]。

2. 可持续发展

医保制度的可持续发展是人民健康最好的保障。医疗保险制度的设计和运行必须考虑其稳定性、长久性和连续性。一方面，医保制度的发展与社会经济发展水平、国家政策方针、政府财政力量、科技研究水平、人们基本医疗保障需求等宏观社会经济环境密切相关，应当随着环境变化及时进行动态调整。另一方面，医保制度内在管理体系与运行机制，如决策机制、基金筹集机制、费用偿付机制、经办管理体制、制度调整机制等应当科学合理②2。制度内部各环节包括覆盖面、筹资水平、待遇水平等，都要均衡发展，根据国情不断发展，充分发挥各方积极性，实现医疗保险制度可持续性。

（二）政策方针及目标愿景

1. 人人享有健康保障

健康是公民最基本的利益，是伴随一个人生命全过程的最重要的资本。健康权是公民权利的核心，公民健康权是公民享有其他权利的基础。社会保障是社会发展到一定阶段的产物，使每个公民在年老、疾病、失业、伤残、死亡、生育以及孤寡时能获得特殊保障以满足基本生存和发展的需要。健康保障是社会保障的构成要素，旨在保障、改善和增进每个公

① 方鹏骞、张莉：《医疗卫生改革的价值取向与战略选择》，《中国卫生事业管理》2008 年第 12 期。

② 申曙光、侯小娟：《我国社会医疗保险制度的“碎片化”与制度整合目标》，《广东社会科学》2012 年第 3 期。

民的健康水平。社会医疗保险制度是保障公民健康权，实现人人享有健康保障的有效途径。

2. 健康融入所有政策

“健康融入所有政策”（Health in All Policies，简称为 HiAP）是世界卫生组织（WHO）最早提出并倡导的理念，它是针对健康的宏观社会和经济决定因素，采取跨部门行动的一种策略。要求系统地考虑各项决定对健康的影响，并寻求协同努力，以避免有害的健康影响，最终目的是提高人口的健康和健康公平①。其理论基础是：影响健康的重要因素包括疾病的病因、分布情况和危险因素，卫生服务利用的公平性，以及影响健康的社会、经济和环境决定因素等，涉及众多部门，需要共同合作②。

3. 全民健康覆盖

全民健康覆盖（Universal Health Coverage，简称为 UHC）是国际卫生经济与政策领域的热点问题。世界卫生组织 2010、2013 年度报告从卫生筹资和理论研究方面提出全民健康覆盖的概念和促进全球 UHC 进程的策略路径③。全民健康覆盖是指所有人都应当享有所需要的有质量的卫生服务，包括健康促进、预防、治疗和康复等，并且不因利用这些服务而出现经济困难。全民健康覆盖的目标是确保现在和将来所有人都可以获得所需的卫生服务而不会有经济损失或陷入贫困的危险。关于全民健康覆盖的

---

① World Health Organization：*The Helsinki Statement On Health in All Policies*，Jun 20，2013，http://www.who.int/healthpromotion/conferences/8gchp/8gchp_helsinki_statement.pdf?ua=1.

② World Health Organization：*Contributing to Social and Economic Development：Sustainable Action Across Sectors to Improve Health and Health Equity*（follow up of the 8th Global Conference on Health Promotion，Report by the Secretariat），Jan 17，2014.

③ World Health Organization: *Health Systems Financing*，*the Path to Universal Coverage: World Health Report 2010*，Jun 23，2010，http://www.who.int/whr/2010/en/.

评价，可以选择便于衡量的覆盖指标进行评价，例如所提供服务的总体数量、质量及公平性等，对于覆盖率的衡量不应以笼统按照人均可获得性服务判断，还应按以不同收入群体、性别、种族、地域的人均可获得性服务加以区分[①]。

4. 全民医保

全民医保作为国家经济社会发展的一项重要的制度安排，既是社会保障体系的重要组成部分，也是医药卫生体制的重要内容。要实现“共建共享，全民健康”，全民医保是重要保障。只有公平、持续、成熟、定型的全民医保制度，才能为全民提供公平、可及、可靠、可持续生命全周期的健康保障，也才能在推进“健康中国”战略中更好地、更可持续地发挥制度性功能和基础性作用。

（三）趋势展望及发展策略

1. 形式普惠迈向实质公平

制度设计与政策落实中更加关注公平正义问题。制度设计进一步使全体居民享有筹资、受益的公平，更关注贫困人口、老年人口等弱势群体的健康需求，提高医疗保障精准性。通过对家庭医生签约式服务的费用支付、长期护理保险的建立等办法从源头上控制疾病发生带来的经济风险，分担疾病发生后带来的经济风险，提高医保基金的使用效率。目前，各地实施城乡医保制度整合主要目标是着眼于整合资源、节约成本和缩小城乡差别，将重点放在解决分散管理体制下城乡居民重复参保、管理信息系统重复建设、公共资源城乡分割管理导致分配不公等问题[②]。而对于居民医保

① World Health Organization：*The World Health Report 2013—Research for Universal Health Coverage*, Geneva：WHO，2013.

② 袁涛、仇雨临：《从形式公平到实质公平：居民医保城乡统筹驱动路径反思》，《社会保障研究》2016 年第 1 期。

城乡统筹是否有利于保障弱势群体、缩小贫富差距，是否实质上促进公平正义等问题关注不够，要警惕农村医保基金共济城镇医保基金的逆向再分配现象。

促进多层次保障体系建设，增强重特大疾病保障能力。加强健全和完善由基本医疗保险、补充医疗保险、商业健康保险、医疗救助和社会慈善捐助等构成的多层次医疗保障体系，形成抵御重特大疾病带来的医疗费用支付风险的多道防线。加紧完善城乡居民大病保险，探索建立独立的筹资机制。合理界定基本医保与商业保险的关系，通过政策引导和扶持，鼓励商业保险公司自主开发商业医疗保险。

2. 制度整合迈向制度融合

在管理体制上，国家医疗保障局的成立为医疗保障进一步发展和改革提供了重要契机。作为国务院直属机构，国家医疗保障局将原先分别归属于人社部的城镇职工和城镇居民基本医疗保险和生育保险职责、国家卫计委的新型农村合作医疗职责、国家发展改革委的药品和医疗服务价格管理职责，以及民政部的医疗救助职责进行整合。医保管理体制改革适应全民医保发展的客观需要，全面整合分散在各相关部门与医疗保障直接相关的各项管理职能，一方面，有助于从根本上改变城乡制度分设和部门割据的状况，消除相关部门之间的摩擦和内耗，在全国范围内推进城乡居民医保制度的整合以及管理体制的统一，为城乡居民公平享有医疗保险和促进医疗保险制度可持续发展奠定坚实的基础；另一方面，通过将基本医疗保险与医疗救助实行统筹管理，有助于促进多层次医疗保障体系建设，增强对重特大疾病的保障功能。另外，还将促进药品和医疗服务价格管理体制改革，充分发挥医保在药品和医疗服务价格形成机制中的重要作用，推动建立市场化的药品和医疗服务价格形成机制。有助于提高医保管理水平和运行质量，促进医保基金合理使用和收支平衡。

在运行机制及制度建设上，在统一制度体系内，可根据不同人群的收入水平、不同地区的经济发展水平、财政支持能力和医疗水平来确定不同的筹资方式（包括筹资主体、个人缴费水平、政府补贴水平、单位缴费水平等），不同的标准设计考虑筹资的公平性和卫生服务利用的公平性，相互之间可转移、可接续。一体化信息管理是融合的基础，用信息化支撑居民医保制度运行和功能拓展，为实现健康大数据管理奠定基础[①]。加快统一的医疗保障公共服务平台建设，提高公共服务的质量和水平，实现医保的高质量发展。加强以健康中国战略为统领的基本医疗卫生制度、现代医院管理制度、分级诊疗制度、药品流通供应保障制度和综合监督管理制度等一系列相关制度建设。

3. 医疗保险迈向健康保障

正确认识医疗保险制度的综合功能。随着医学模式由重治疗的“疾病医学”向重预防的“健康医学”转变，医疗保险从补偿疾病费用转变为预防保健，更加强调医疗保险制度对健康的促进作用是医保改革的趋势。医疗保险制度承担的综合功能不断拓展，应当正确认识。一方面，分散疾病风险是最基础最核心的功能；另一方面，优化卫生资源配置、改善卫生系统绩效。在传统监管机制基础上，医保机构应该承担药品采购和费用结算、支付标准谈判等职能，切断医药不良合作的通路，充分发挥医保对药品流通、医院和医生的监督制约作用，并采用一定的激励措施保证医疗机构积极性，最终促进国民健康[②]。

将健康产出作为医保评价的关键指标，关注参保者所获得医疗服务的质量。健康的保护离不开服务质量的提升，健康保险体系在运作中必须将

① 杨燕绥、胡乃军、赵欣彤：《以城乡居民医保整合为起点构建综合治理机制》，《中国医疗保险》2016 年第 4 期。

② 陈迎春等：《健康中国背景下构建全民医保制度的策略探析》，《中国医院管理》2016 年第 11 期。

居民所获得的医疗服务质量纳入其关注的范围内，继续深化医保支付改革，重点是由医疗服务的一般性购买转变为以质量价值为中心的战略性购买，提高基金使用效率和总体保障绩效。在服务购买中建立相应医疗服务质量的考核体系，居民能以更低廉的价格获得更优质的服务。将居民健康产出作为核心指标，发挥医疗保险作为购买机制的作用，促进医疗服务质量的提升。

四、中国特色全民医疗保险理论框架

（一）逻辑起点：解决医保领域主要矛盾

党的十九大报告指出，中国特色社会主义进入新时代，我国社会主要矛盾已经转化为人民日益增长的美好生活需要和不平衡不充分的发展之间的矛盾。医保领域，也存在人民对健康保障的需要与医保发展不平衡不充分的主要矛盾问题。具体体现在以下几个方面：一是整体公平性不足。一方面存在于不同保险制度、统筹地区、群体的保障范围、保障方式、保障水平、保障质量等方面，另一方面尚未建立针对全人群的兜底保障机制。二是“保基本”与“多层次”之间尚未形成相互协调的保障合力，不能满足人民群众多样化的保障需要。三是医保事业发展与医保治理能力发展步调未能一致，医保经办机构改革、治理能力、信息化程度等尚不能完全适应科学化、精准化、人性化的医保事业发展需要①。切实解决好主要矛盾，才能进一步增强人民群众的获得感、安全感和幸福感。

（二）发展方向：建成更加公平、可持续的全民医保体系

全面建成新时代中国特色医疗保障体系是时代的要求、历史的使命，

① 王东进：《深刻认识深入研究深度解决主要矛盾 全面建成新时代中国特色医疗保障体系》，《中国医疗保险》2018 年第 1 期。

是党的十九大提出的全面建成中国特色社会保障体系的重要组成部分。全面建成新时代中国特色医疗保障体系，要以习近平新时代中国特色社会主义思想为武装，以党的十九大提出的以人民为中心的发展理念指引，以人为本，以增强公平正义为宗旨，以共建共享为原则，以深度解决不平衡、不充分的主要矛盾和人民群众最关心、最直接、最现实的利益为切入点和着力点，为全体国民提供全方位全周期健康服务，实现以疾病治疗为中心转为以健康为中心，建立整合型的医疗卫生服务体系，构建与供给体系相对应的筹资、支付和激励机制，最终建成更加公平、可持续的全民医保体系，为人民日益增长的健康保障需要提供制度性保障、发挥基础性作用。

（三）内涵要求：坚持医保发展新理念、新方略、新思路

坚持创新发展，通过理念创新、制度体制创新、发展方式创新等，持续推进医保管理体制与运行机制改革。坚持协调发展，将健康融入所有政策，统筹城乡区域协调发展，发挥医保维护健康公平的作用。坚持开放发展，以开放、融合的态度支持促进健康保险业多元发展，满足不同健康需求。坚持共享发展，构建层次分明、权责清晰、责任分担相对均衡的全民医保体系，共享发展成果，实现全民健康覆盖。坚持联动发展，医保体系内部的支付方式改革、分级诊疗、医养结合、长期护理要同步推进，同时要与外部的公立医院改革、基层卫生综合改革等协调配合，互相促进，在“三医联动”基础上进一步实现整个健康系统的联动。

第二章　经济与人口变迁对中国医疗保险的作用与影响分析

一、人口变迁对医疗保险的影响和作用研究

由于长期以来的限制人口数量的人口政策，再加上经济的快速发展，人们的收入水平提高，人们的健康意识也逐渐加强，医疗资源与技术也逐渐发展，人均寿命延长等一系列因素导致人口出生率与死亡率迅速下降。虽然目前我国的人口数量在整体上还是呈上升趋势，但是这种人口数量的增长只是表面的人口数量增加，其实内在的人口再生产在缩减，人口结构也发生了转变，人口结构趋于老龄化，目前世界各国都将面临人口数量增长缓慢甚至负增长和人口深度老龄化的问题。但是随着我国人口政策的变化，与国外单纯的人口负增长和人口老龄化不同的是，我国人口结构的变化在生育政策的限制下更具复杂性。

过去的几十年间，我国一直实行限制人口发展的计划生育政策，我国人口的出生率一直停留在较低的水平，由于低出生率引发的一系列问题已经引起政府的注意，所以我国政府对人口生育政策进行了逐步调整。我国的人口政策也从限制生育到鼓励生育逐渐转变，从之前的独生子女政策到如今逐渐放开“二孩”政策，这的确是我国人口政策的一个重大转变。2016 年全面放开“二孩”政策，虽然可以在一定程度上提高我国的生育率，但是在短时间不一定能缓解人口老龄化所带来的压力，相反，全面放

开“二孩”会使婴幼儿和高龄产妇的数量增加，这两类人群的增加可能会给医疗服务和医疗保险带来压力。

（一）人口发展及医疗保险的理论基础

我国正处于社会转型时期，医疗保险制度建设是这个演变过程中的一个重要部分。由于人口的发展变化、经济的发展、医疗水平的提高等众多因素的影响，如何制定符合我国国情的医疗保险制度至关重要。本章将丰富这一领域的探索，基于中国特色人口发展趋势与人口政策变化和中国医疗保险体系的宏观环境的分析，从社会、人口角度分析中国医疗保险体系的保障范围和适宜水平的决定和影响因素，构建我国医疗保障水平与人口发展趋势和政策变化的理论模型，对全民医疗保险体系的发展目标提供决策依据。

1. 人口发展趋势

人口政策的变化影响人口结构的变化，人口结构的变化进而影响医疗需求和医疗保险基金支出和结余，本章将探讨人口变化的方方面面对医疗保险基金的影响程度，从人口政策变化这一角度为完善医疗保险制度提供理论依据。本章以湖北省为例，通过与全国的数据进行对比以分析人口政策变化与人口变迁，以及医疗保险的发展概况。总体来看，湖北人口发展各方面特征与全国人口发展态势基本吻合，为后续的实证研究部分提供支持。

2. 人口政策变化

人口政策是国家为了鼓励或者限制生育而制定的政策，是根据国家人口的发展趋势及变化，为了调节人口数量使其有利于发展而制定的政策。从表 2–1 显示的我国人口政策的不断变化可以看出，为了符合国情和我国经济文化发展的需要，我国人口政策经历了鼓励生育 — 计划生育 — 全面放开“二孩”政策的变化，人口政策的变化影响人口数量、结构、质量等方面，也影响着社会的方方面面，同样医疗保险的发展变化与人口发展政策变化也息息相关。

表 2-1　新中国成立以来我国的人口政策演变

政策阶段	政策特点
1949—1965 年：鼓励生育	新中国成立初期，国家刚刚经历过战争，人口凋零，国家鼓励生育
1970—1980 年：生育两个孩子好	由于之前鼓励生育导致人口急剧增加，国家开始有意识限制生育，鼓励生育两个孩子
1980—1995 年：独生子女政策	人口已增长了 4.3 亿，政府意识到人口增长过快，进一步提出限制人口的计划生育政策：一对夫妻只允许生育一个子女
20 世纪 90 年代：少生优生	进一步限制人口的政策，少生优生
21 世纪：放开单独“二孩”政策	老龄化日益加重，部分地区人口负增长，此时，计划生育已然不适合我国的国情，国家此时决定适当放开单独“二孩”政策
2016 年：放开“二孩”政策	鼓励一对夫妇生育两个孩子

（二）全国及湖北省人口发展及医疗保险概况

1. 人口变迁过程及现状

中国作为一个人口大国，具有其独特的发展历程及特点：一是人口多，中国的国土面积仅占全世界面积的 6.44%，而人口却占世界总人口的 18.7%；二是独特的人口计划生育政策，由鼓励生育到计划生育（一胎政策）再到鼓励生育（逐步全面放开“二孩”政策）的独特的不断变化的生育政策；三是我国经济的飞速发展与人口的相互影响。由于长期以来的限制人口数量的人口政策，再加上经济的快速发展，人们收入水平提高，人们的健康意识也逐渐加强，医疗资源与技术也逐渐发展，人均寿命延长等一系列因素导致人口出生率与死亡率迅速下降。虽然目前我国的人口数量在整体上还是呈上升趋势，但是这种人口数量的增长只是表面的，其实内在的人口再生产在缩减，人口结构也发生了转变，趋于老龄化，但是随着我国人口政策的变化，与国外单纯的人口负增长和人口老龄化不同的是，我国人口结构的变化在生育政策的限制下更具复杂性。

湖北省作为中国的一个中部大省，无疑也面临着人口问题。截至 2015 年年底全省常住人口为 5851.5 万人，2014 年湖北省常住人口为 5816 万人，2015 年比 2014 年增长了 0.60%。下面从湖北省及全国人口政策变化、人口数量、增长率、出生率、死亡率、人口年龄结构、性别结构、人口老龄化、人口预期寿命、城镇化、人口素质等方面动态分析湖北省人口变化及现状。

（1）人口数量及增长率的动态变化

通过分析新中国成立以来湖北省人口变化的动态过程，找出其中的变化规律，可为研究预测未来人口的变化提供依据。1949 年湖北省人口数量为 2580.49 万人，2015 年年底湖北省常住人口为 5851.50 万人，在 66 年间增加了 3271.01 万人，人口绝对数增加 1.27 倍，年均人口增加 49.56 万人，年均增长率 1.92%。

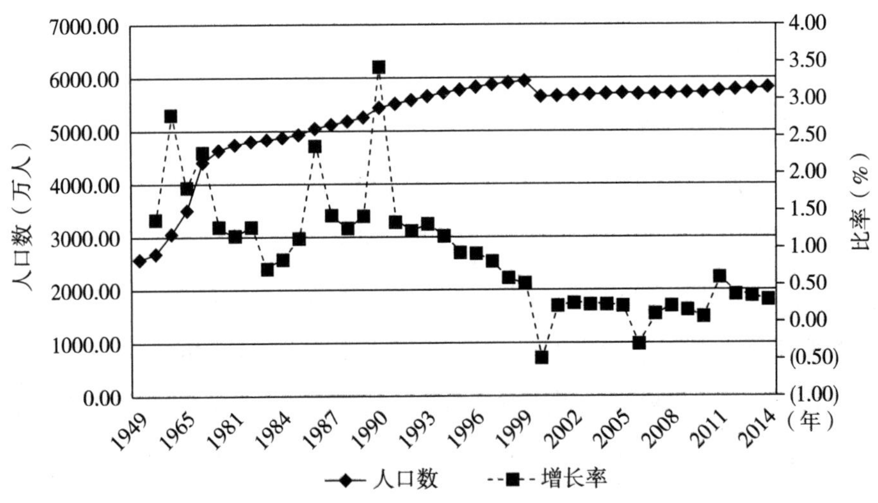

图 2-1　1949—2014 年湖北省人口变化折线图

数据来源：湖北省统计局编：《湖北统计年鉴 2017》。

根据《中国统计年鉴》《湖北统计年鉴》和《跨世纪的中国人口》（湖北卷）提供的数据资料，湖北省人口政策变迁及数量变化主要经历了以下几个阶段。每个阶段的人口数量及增长率的变化均与当时的人口政策有着密切的关系。

表 2-2　1949—2014 年湖北省人口变化的阶段划分

阶段	时间	起点人口	终点人口	增加人口	年均增长率（%）
第一阶段	1949—1958	2580.49	3145.47	564.98	2.00
第二阶段	1959—1961	3173.14	3182.59	9.45	0.10
第三阶段	1962—1973	3273.93	4131.95	858.02	2.35
第四阶段	1974—1985	4215.66	4980.19	764.53	1.20
第五阶段	1986—1990	5047.83	5439.29	391.46	1.51
第六阶段	1991—2004	5512.33	5698.00	185.67	0.67
第七阶段	2005—2014	5710.00	5816.00	106.00	0.20

资料来源：国家统计局编：《中国统计年鉴 2017》、湖北省统计局编：《湖北统计年鉴 2017》。

（2）出生率、死亡率、自然增长率的变化过程

根据湖北省 1957 年到 2015 年人口出生率、死亡率和自然增长率的数据，使用 Excel 绘制折线图，可以明显看出，湖北省人口从新中国成立初期的“三高”到如今的“三低”。湖北省人口从新中国成立初期到 1982 年正式实施计划生育之前，人口数量和增长率一直都处在较高的位置。由于人口计划生育政策的实施，人口增长速度明显下降，出生率也明显下降。总结起来，湖北人口出生率、死亡率和自然增长率从“三高”转变到“三低”的原因有两个：一是计划生育政策的实施，从根本上控制了人口的出生率；二是人民的生活条件越来越好，收入水平提高，医疗技术水平的提高、医疗资源不断丰富等，使得人民的健康得到一定程度的保障，因此人口的死亡率逐渐降低。

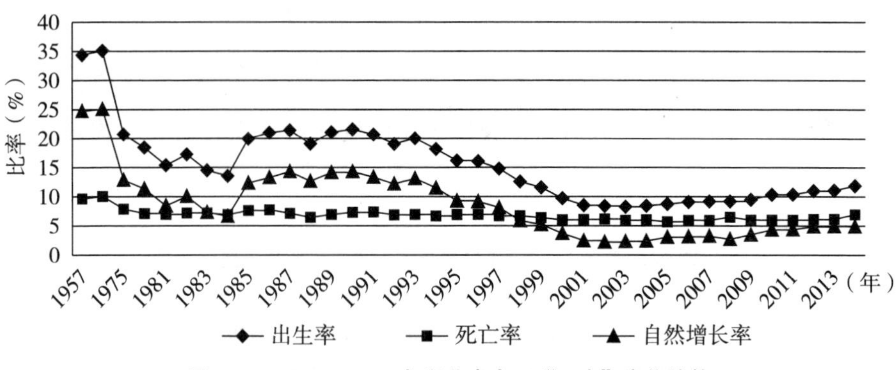

图 2-2　1957—2013 年湖北省人口“三率”变化趋势

数据来源：湖北省统计局编：《湖北统计年鉴 2017》。

如图 2-3 和图 2-4 可见：对比全国与湖北省人口变化情况发现，湖北省人口变化从新中国成立以来到如今的发展变化趋势一致，但基本上都略低于国家水平，这得益于湖北省一直紧跟国家政策变化，实施计划生育政策，着力发展经济，提高人民生活水平及健康状况。

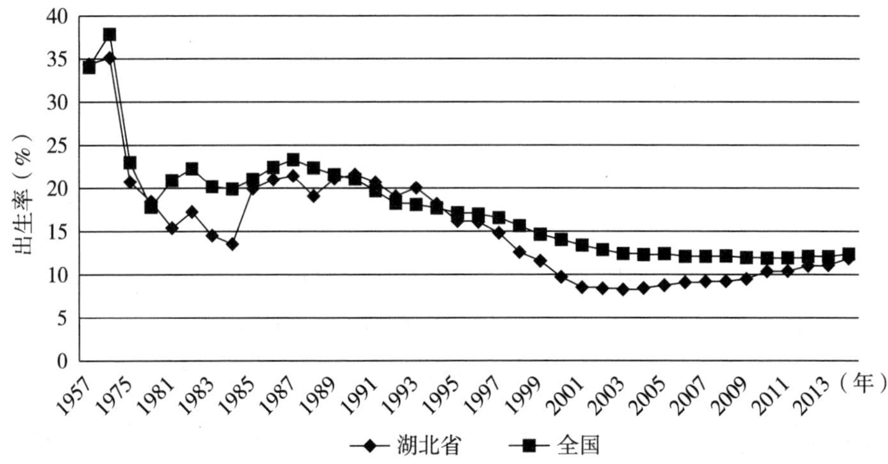

图 2-3　1957—2013 年湖北省与全国人口出生率对比变化趋势图

数据来源：湖北省统计局编：《湖北统计年鉴》、国家统计局编：《中国统计年鉴》。

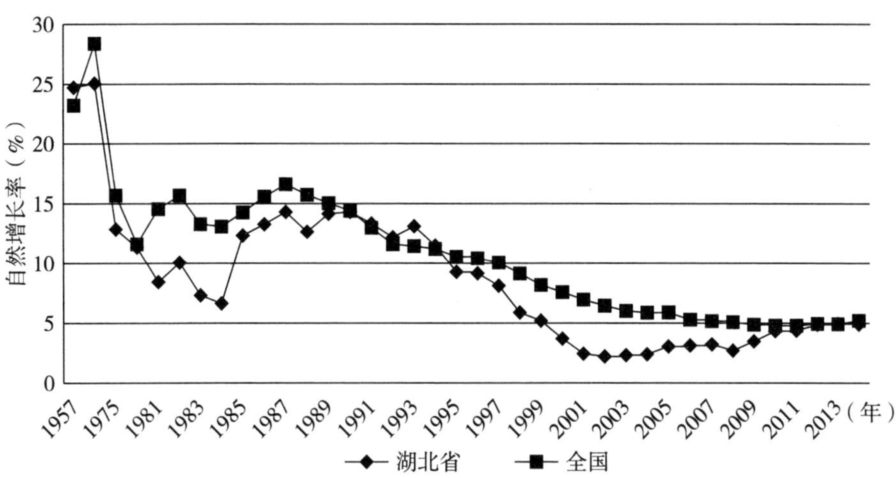

图 2-4　1957—2013 年湖北省与全国人口自然增长率对比变化趋势图

数据来源：湖北省统计局编：《湖北统计年鉴》、国家统计局编：《中国统计年鉴》。

（3）人口年龄结构变化以及人口老龄化发展及现状分析

第一，人口年龄结构逆向变化。

从各个年龄阶段的人口绝对数来看，1990 年湖北省 0—14 岁人口数约为 1550.19 万人，2014 年减少到 929.4 万人，24 年间减少了 620.79 万人；1990 年湖北省 65 岁以上人口数约为 299.16 万人，2014 年增长到 569.14 万人，24 年间增加了 296.98 万人，增长了将近一倍。少年儿童人口数越来越少，而老年人口数却越来越多，这明显表现出人口年龄结构的逆向攀升。从图 2-5 各个年龄段人口数所占比例可以看出，65 岁以上人口数占比逐年上升，而 0—14 人口数占比却逐年下降，也可以看出人口年龄结构的逆向增长。

图 2-6 为全国人口年龄结构变化趋势，与湖北省人口年龄结构变化情况基本一致，少儿比（0—14 人口数与总人口数比例）越来越小，而老年比（65 岁以上老龄人口数与总人口数的比例）却越来越大，这同样明显的可以看出人口年龄结构的逆向攀升。全国的人口年龄结构变化与湖北省的

人口年龄结构变化都存在人口年龄结构逆向攀升的问题。

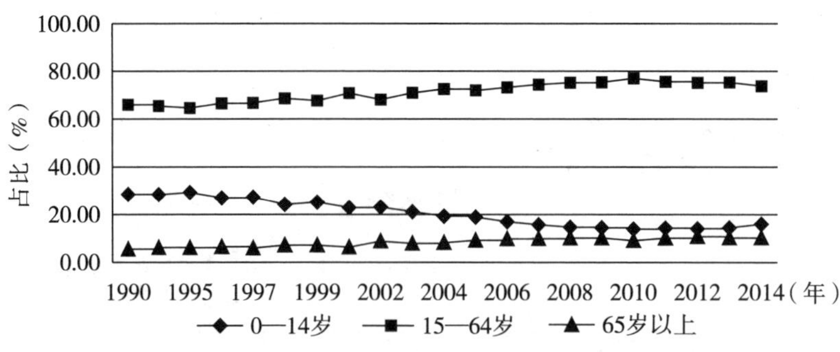

图 2-5　1990—2014 年湖北省人口年龄结构占比变化趋势图

数据来源：湖北省统计局编：《湖北统计年鉴》、国家统计局编：《中国统计年鉴》。

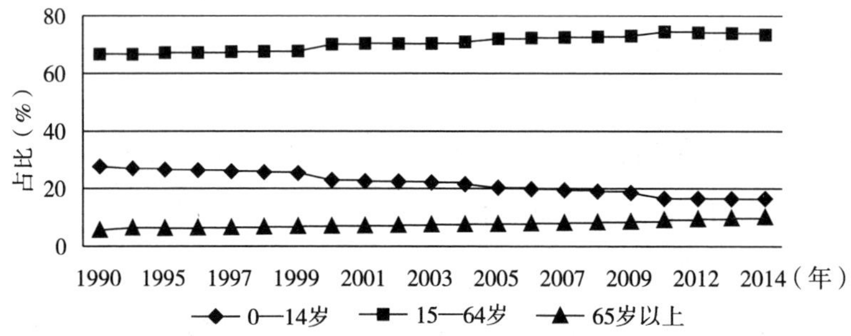

图 2-6　1990—2014 年全国人口年龄结构变化趋势图

数据来源：国家统计局编：《中国统计年鉴》。

第二，人口老龄化持续加重。

人口老龄化是目前大多数国家所面临的问题，人口老龄化是指一个国家或者地区老龄人口数量相对于总人口数量来说相对增加，或者人口年龄结构呈现老龄状态。通常将人口按年龄分三个部分，0—14 岁、15—64 岁、65 岁以上，用 65 岁以上人口数与总人口的比例，或者 65 岁以上人口数与 15—64 岁人口的比例（即老年人口抚养比）来表示一个国家或者地区的人口老龄化程度。

如图 2-7 所示，从 1990 年到 2014 年这 20 多年，无论是全国还是湖北省的 65 岁以上人口所占比例都是一直呈上升趋势，湖北省的 65 岁以上人口所占比例还高于全国，这说明湖北省的人口老龄化更为严重。湖北省 65 岁以上老年人口占总人口的比重在 2013 年首次达到 10%，而且人口老龄化还在持续加重，对比全国的老龄化趋势，人口老龄化程度同样在持续加重。由此，全国各个地区也面临着同样的情况，从上述国内外研究现状而知，人口老龄化是影响医疗保险可持续发展的重要因素，因此研究人口老龄化对医疗保险的发展具有重要的意义。

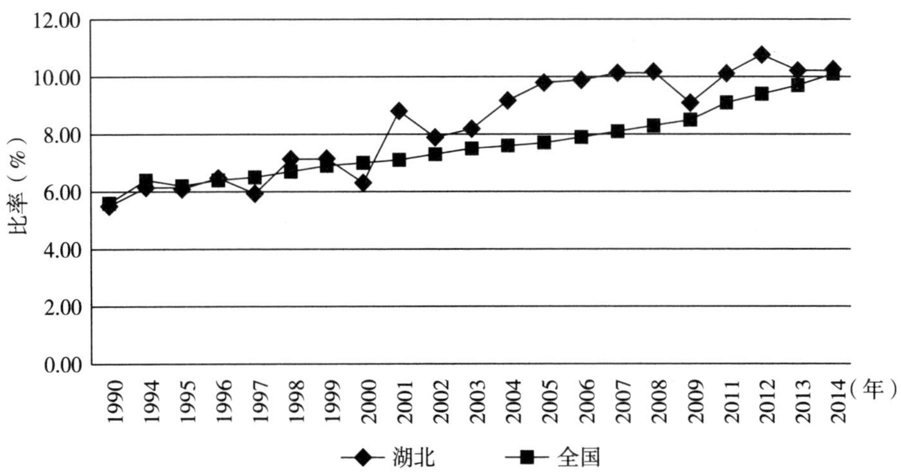

图 2-7　1990—2014 年全国与湖北省 65 岁以上人口数占比变化趋势图

数据来源：国家统计局编：《中国统计年鉴》、湖北省统计局编：《湖北统计年鉴》。

第三，人口抚养比变化趋势分析。

人口学理论认为，人口红利期是指人口总抚养比（少儿人口数与老年人口数的总数与总人口数的比例）小于 50%。从图 2-8 可以看出，湖北省人口的总抚养比从 1996 年到 1997 年一直都在 50% 以上，到 1998 年降到 46%，从 1998 年到 2014 年总抚养比一直在下降，均在 50% 以下；到 2010 年总抚养比低至 30%，2010 年以后总抚养比又有上升的趋势，这表明在 20 世纪初，我国的人口红利期已经消失。

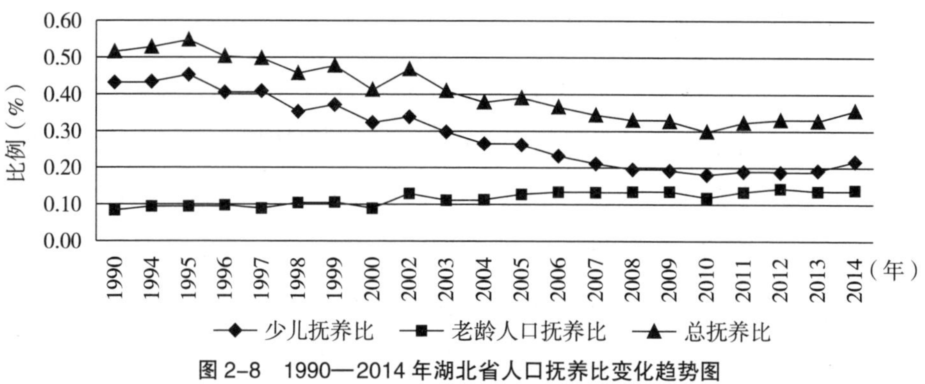

图 2-8　1990—2014 年湖北省人口抚养比变化趋势图

数据来源：国家统计局编：《中国统计年鉴》、湖北省统计局编：《湖北统计年鉴》。

通过图 2-9 可以明显看出：从 2002 年开始到 2014 年，湖北省的总抚养比低于全国水平，所以，相比全国的总抚养比而言，湖北省的人口红利比较有优势；图 2-10 为全国和湖北省少儿抚养比变化趋势，从 2002 年开始，湖北省的少儿抚养比低于全国水平；图 2-11 为全国和湖北省老年抚养比变化趋势，从 2000 年开始到 2014 年，湖北省老年抚养比一直高于全国水平，无论是从人口年龄结构看还是从 65 岁以上老年人口所占比例看，湖北省的人口老龄化程度均比全国的老龄化程度高。人口总抚养比下降，人口老龄化持续加重，这都阻碍了社会的发展，老年人口与少儿发病率高，医疗需求大，因此，他们会消耗更多的医疗资源，增加医疗费用，同时也加重了医疗保险系统的负担。

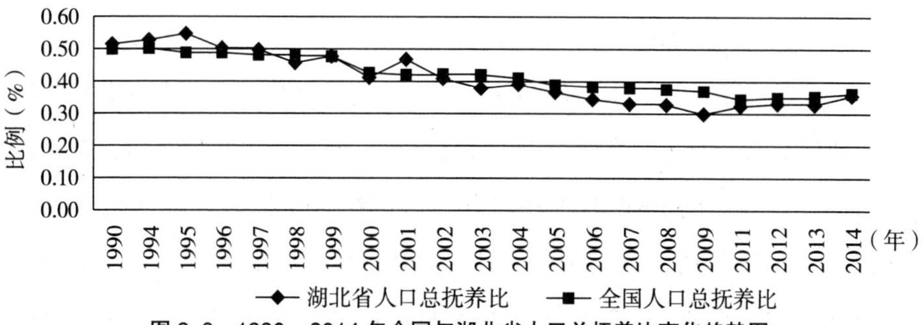

图 2-9　1990—2014 年全国与湖北省人口总抚养比变化趋势图

数据来源：国家统计局编：《中国统计年鉴》、湖北省统计局编：《湖北统计年鉴》。

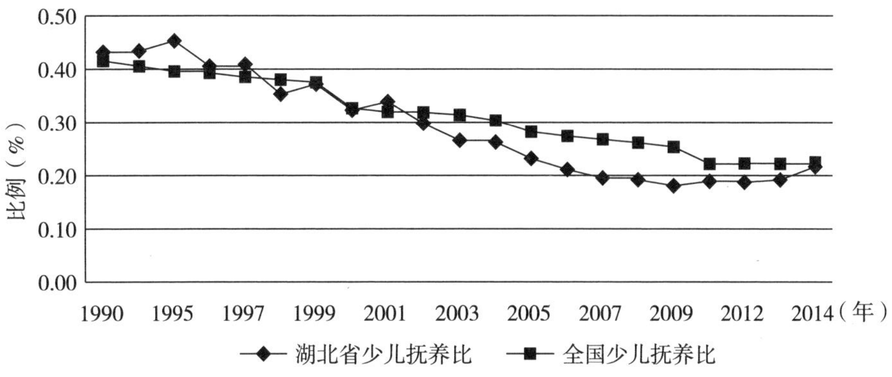

图 2-10　1990—2014 年全国与湖北省人口少儿抚养比变化趋势图

数据来源：国家统计局编：《中国统计年鉴》、湖北省统计局编：《湖北统计年鉴》。

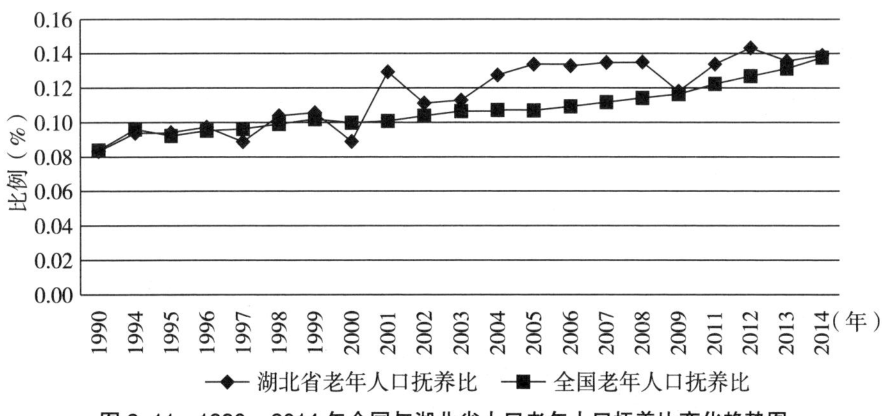

图 2-11　1990—2014 年全国与湖北省人口老年人口抚养比变化趋势图

数据来源：国家统计局编：《中国统计年鉴》、湖北省统计局编：《湖北统计年鉴》。

（4）人口城镇化发展趋势及现状分析

人口城镇化一方面是指农村人口由于个人发展需要向城市转移，另一方面由于经济发展、城市规划等原因，把一部分农村地区发展成为城镇。无论是农村人口向城市转移还是农村地区被规划成为城镇地区，都使得一部分农村人口变成城镇人口，使农村人口减少，而城镇人口增加。人口的城镇化是经济与城市发展的必然趋势，也是社会形态发展的必然趋势。图

2-12是新中国成立以来，全国人口城镇化率和湖北省的对比变化趋势，湖北省的城镇化率与全国的基本持平，从1949年的10%左右增加到2013年的57%左右，65年间增加了5倍多，可见人口城镇化发展速度之快，同时也说明经济繁荣，社会进步。但在发展的同时也加剧了一些社会问题，如人口流动、就业、收入差距等，并且对医疗保险系统也产生了很多不利的影响，如阻碍新农合的推行、影响灵活就业人员参保的积极性等问题。人口城镇化对医疗保险的影响主要表现在：城镇地区的人群由农民变成了城镇居民，在这个转变过程中也伴随着他们参加基本医疗保险类型的转变，由原来以农民身份参加的新农合变成了以城镇居民身份参加的城镇居民医疗保险，甚至转变成城镇职工基本医疗保险，然而我国的现实情况是基本医疗保险的城乡二元化，城镇居民所享受的基本医疗保险待遇以及保障水平是要高于农民所享受的新农合的，因此，这在一定程度上保障了居民就医的可及性和经济性，但同时也增加了医疗费用。

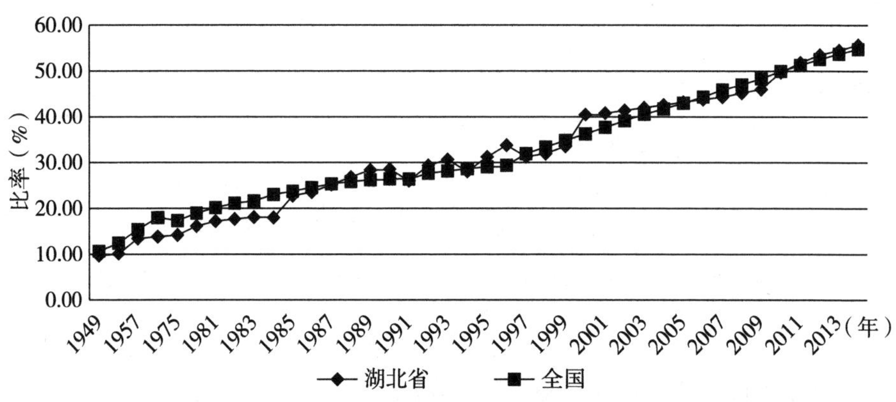

图2-12　1949—2013年全国与湖北省人口城镇化率变化趋势图

数据来源：国家统计局编：《中国统计年鉴》、湖北省统计局编：《湖北统计年鉴》。

关于这些具体的影响将会在下文详细探讨。

（5）人口素质变化及现状分析

一个国家发展的重要力量是人口素质，文化程度是人口素质的重要方面，因而整个国民的文化程度对一个国家来说至关重要。人口的文化程度影响着经济的发展、社会的进步，人类科技与文明进步同样离不开人类的知识创造。新中国成立以来，我国人口素质一直在提升，教育事业也取得了令人瞩目的成绩。1949 年，由于此前的战乱，教育事业发展受到了阻碍，使得我国的文盲率高达 80%，1964 年在全国第二次人口普查时降低到 33.58%，1982 年第三次人口普查时降低到 22.88%，1990 年为 15.87%，2000 年全国第五次人口普查时降低到 6.73%。表 2–3 是 1996—2014 年全国与湖北省 6 岁以上人口文化程度构成，从五种文化程度人口数占 6 岁以上人口数的比例来看，无论是湖北省还是全国，6 岁以上不识字人口比例从 1996 年到 2014 年一直在下降，从 0.16 下降到 0.05；初中、高中及大专以上学历人口所占比例一直稳步上升，说明人口素质有所提高。

表 2–3　1996—2014 年全国与湖北省 6 岁以上人口文化程度构成

年份	不识字		小学		初中		高中		大专以上	
	全国	湖北	全国	湖北	全国	湖北	全国	湖北	全国	湖北
1996	0.16	0.15	0.41	0.42	0.31	0.31	0.09	0.11	0.02	0.02
1997	0.14	0.12	0.41	0.42	0.32	0.32	0.10	0.12	0.03	0.03
1998	0.14	0.13	0.40	0.38	0.33	0.33	0.11	0.13	0.03	0.03
1999	0.13	0.12	0.38	0.39	0.34	0.34	0.11	0.11	0.03	0.03
2002	0.10	0.12	0.35	0.39	0.38	0.38	0.12	0.12	0.05	0.04
2003	0.10	0.10	0.33	0.33	0.38	0.38	0.13	0.14	0.05	0.05
2004	0.09	0.10	0.32	0.30	0.39	0.39	0.13	0.16	0.06	0.06
2005	0.10	0.11	0.33	0.32	0.38	0.38	0.12	0.14	0.06	0.05
2006	0.09	0.09	0.33	0.30	0.39	0.39	0.13	0.15	0.06	0.08
2007	0.08	0.08	0.32	0.29	0.40	0.40	0.13	0.16	0.07	0.08
2008	0.08	0.08	0.31	0.29	0.41	0.41	0.14	0.16	0.07	0.08
2009	0.07	0.08	0.30	0.28	0.42	0.42	0.14	0.16	0.07	0.08
2011	0.06	0.06	0.28	0.24	0.41	0.41	0.15	0.18	0.10	0.11

续表

年份	不识字		小学		初中		高中		大专以上	
	全国	湖北	全国	湖北	全国	湖北	全国	湖北	全国	湖北
2012	0.05	0.06	0.27	0.23	0.41	0.41	0.16	0.20	0.11	0.12
2013	0.05	0.05	0.26	0.23	0.41	0.41	0.17	0.23	0.11	0.12
2014	0.05	0.06	0.26	0.25	0.40	0.40	0.17	0.20	0.12	0.11

数据来源：由国家统计局编：《中国统计年鉴》、湖北省统计局编：《湖北统计年鉴》数据计算得出。

（6）湖北省人口发展预测

为了积极应对人口政策变化、人口老龄化、人口结构变化以及人口城镇化等一系列人口发展问题给社会带来的机遇与挑战，湖北省人口研究中心与湖北省老龄办联合，科学预测湖北省至2050年的人口发展变化，他们以2010年全国第六次人口普查的数据为基础，结合我国目前的人口政策，根据之前的老年人口的发展变化规律，使用国内和国际的人口预软件CPPS和PADIS-INT，分析往年湖北省人口的发展变化规律，预测从2011年到2050年总人口数变化趋势、城镇和农村人口数变化趋势以及60岁及以上、65岁及以上人口变化趋势，并总结了人口各方面变化的规律，为以后应对人口变化带来的问题提供参考。

第一，人口总量增长速度减慢。

如图2-13所示，据预测湖北省总人口从2000年到2050年有升有降，2000年到2023年总人口数呈上升趋势，从2023年到2050年总人口呈下降趋势，也就是说总人口的发展在2023年前后出现拐点，湖北省总人口数在2023年达到最高值，2023年湖北省总人口数约为6064万人，然后从2023年到2050年湖北省总人口数逐年减少，人口呈负增长，预测到2050年总人口数为5699万人，27年间总人口减少了364万人；据预测从2015年到2050年农村人口数一直处于减少的趋势，而城镇人口数一直处于上涨的趋势，这说明，在未来几十年内人口城镇化将进一步加重。

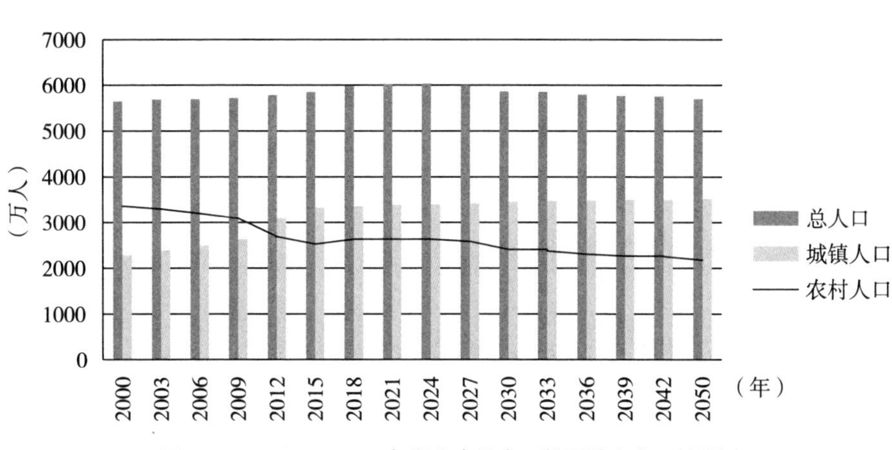

图 2-13　2015—2050 年湖北省总人口数及城乡人口数预测

数据来源：湖北省人口研究中心与湖北省老龄办。

第二，老龄人口数量增速加快，人口老龄进一步加重。

根据预测，湖北省老龄人口数量在 2034 年以前一直处于快速增长的趋势。2015 年年末，60 岁及以上人口数为 1042.4 万人，占总人口的 17.6%，65 岁及以上人口数为 686.4 万人，占总人口的 11.6%；2020 年年末，60 岁及以上人口数为 1243.9 万人，占总人口的 20.6%，从 2015—2020 年五年间 60 岁及以上人口年平均增长率为 4.52%，年平均增长人数为 50.48。65 岁及以上人口数为 894.6 万人，占总人口的 14.8%，从 2015—2020 年五年间 60 岁及以上人口年平均增长率为 6.85%，年平均增长人数为 52.05，从预测数据来看 65 岁及以上人口年平均增长率高于 60 岁及以上老年人口年平均增长率。据预测 2019 年 60 岁及以上老龄人口占总人口的比例将超过 20%，湖北省将进入中度老龄化状态；2020—2033 年，60 岁及以上人口每年平均增加 59.54 万人，年平均增长率为 3.85%，65 岁及以上人口每年平均增加 46.25 万人，年平均增长率为 4.10%，65 岁及以上人口的增速依然大于 60 岁及以上的人口增速。到 2033 年，60 岁及以上人口数将达到

1958.4万人，65岁及以上人口数将达到1449.6万人；2030年60岁及以上人口占总人口的38.8%，湖北省将会进入重度老龄化状态。2033—2050年这17年间，60岁及以上人口年平均增长数为13.79万人，年平均增长率为0.67%，65岁及以上人口年平均增长数为13.08万人，年平均增长率为0.85%，这说明从2033年以后，老龄人口增长速度将一直减缓，到2050年老龄人口规模可能达到峰值。

表2-4　2015—2050年湖北省老龄人口数预测

年份	60岁及以上人口数（万人）	所占比例（%）	年均增长率（%）	年平均增长人数（万人）	65岁及以上人口数（万人）	所占比例（%）	年均增长率（%）	年平均增长人数（万人）
2015	1042.4	17.6	—	—	686.4	11.6	—	—
2020	1243.9	20.6	4.52	50.48	894.6	14.8	6.85	52.05
2033	1958.4	32.6	3.85	59.54	1449.6	24.0	4.10	46.25
2050	2179	38.8	0.67	13.79	1658.8	33.6	0.85	13.08

数据来源：湖北省人口研究中心与湖北省老龄办。

我们通常把80岁以上的人定义为高龄老人，根据预测，2030年湖北省人口平均寿命将达到79岁，到2050年人口平均寿命将达到85岁。表2-5为2015—2050年湖北省80岁以上老龄人口数预测，2015年80岁以上人口数为129.3万人，占60岁及以上人口数的12.4%；到2030年，80岁以上高龄人口增长到285万人，占60岁及以上人口数的15.6%，相比2015年的占比高了3.2%；2050年80岁以上老龄人口数达到高峰，增长到630.5万人，占60岁及以上人口数的28.9%，相比2030年高了13.3%。老年人口的高龄化，将对医疗保险、养老保险以及整个医疗系统等带来巨大的挑战和考验。

表 2-5 2015—2050 年湖北省 80 岁以上老龄人口数预测

年份	80 岁以上人口（万人）	80 岁以上人口占 60 岁以上人口比例（%）
2015	129.3	12.4
2030	285.3	15.6
2050	630.5	28.9

第三，总抚养比上升趋势明显，人口红利将会消失。

根据预测分析，湖北省人口总抚养比在 2010 年达到最低点 29.9%，少儿抚养比为 18.1%，老年人抚养比为 11.8%；从 2010 年到 2050 年这 40 年间，人口总抚养比以及老年抚养比一直呈上升趋势，而少儿抚养比呈下降趋势，一直在 18%—25% 之间波动；老年抚养比增速较快，在 2022 年超过少儿抚养比；总抚养比在 2028 年超过 50%，老年抚养比在 2050 年超过 50%。根据人口学理论，2028 年湖北省人口总抚养比超过 50%，人口红利期结束，劳动人口不足，人口负担加重。

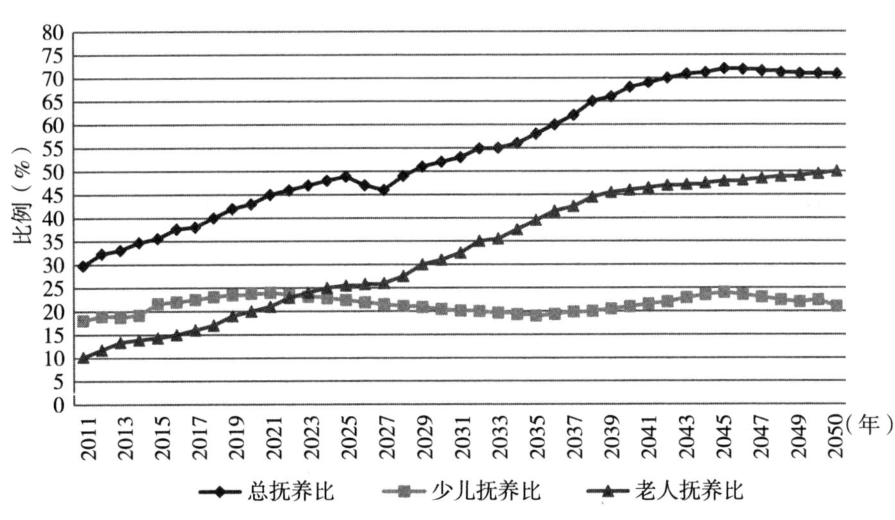

图 2-14 2011—2050 年湖北省人口抚养比变化趋势预测

数据来源：湖北省人口研究中心与湖北省老龄办。

（7）影响人口变化的原因分析

第一，不断变化的人口政策影响出生率。

过去的几十年间，我国一直实行限制人口发展的计划生育政策，我国人口的出生率一直停留在较低的水平，我国政府已经意识到了低生育率下人口变动引发的一系列社会问题，对人口生育政策进行了逐步调整。我国的人口政策也从限制生育逐渐转变为鼓励生育，从之前的独生子女政策，到如今逐渐放开“二孩”政策，这的确是我国人口政策的一个重大转变。2016 年全面放开“二孩”政策，虽然可以在一定程度上提高我国的生育率，但是短时间内不一定能缓解人口老龄化所带来的压力，相反，全面放开“二孩”会使婴幼儿和高龄产妇的数量增加，这两类人群的增加可能会给医疗服务和医疗保险带来压力。

第二，人口寿命延长。

社会在不断进步，经济飞速发展，人民的收入提高，在满足温饱的前提下人们更加注重健康，而且医疗技术水平也在不断发展进步，能治愈的疾病种类越来越多，人们的健康在一定程度上得到了保障，因此人们的寿命越来越长。根据上文的预测，2050 年湖北省 60 岁及以上人口将达到 2179 万人，占总人口的 38.8%，80 岁以上人口将达到 630.5 万人，占老年人口的 28.9%，如此沉重的高龄人口负担将给湖北省的经济社会发展带来挑战。表 2–6 为新中国成立以来我国人口平均寿命的变化趋势以及人口平均寿命的预测。新中国成立初期由于战乱、自然灾害等原因人口平均寿命仅为 35 岁，到 1982 年增长到 68 岁，增加了将近一倍。2015 年统计的人口平均寿命在 76 岁左右，根据预测，2030 年我国人口平均寿命将达到 79 岁，2050 年将达到 85 岁，人口老龄化将进一步加重，这将会给我国经济和社会的发展带来更为严峻的挑战。

表 2-6 新中国成立以来全国及湖北省人口平均寿命变化趋势

年份	全国人口平均寿命（岁）	湖北省人口平均寿命（岁）
1949	35	34
1982	68	69.0
1990	68.55	67.25
2000	71.4	71.08
2005	72.6	72.3
2010	74.83	74.2
2015	75.83	76.5
2030	79（预测）	79（预测）
2050	85（预测）	85（预测）

数据来源：湖北省人口研究中心与湖北省老龄办。

2. 基本医疗保险发展及现状分析

1999 年，湖北省建立了城镇职工基本医疗保险制度，规定城镇职工基本医疗保险覆盖城镇所有用人单位；2003 年，湖北省根据上级政策要求开始建立新农合制度，将绝大多数的农民纳入医保；2008 年，湖北省施行城镇居民基本医疗保险制度，将城镇职工医保不能覆盖的其他人群纳入医保。三大基本医疗保险的全面施行进一步扩大了基本医疗保险的覆盖范围，基本实现“广覆盖”的基本医疗保险的政策要求。由于城镇职工医保建立时间最早，实施时间最长，有足够年限的数据支撑，因此本研究以城镇职工医保的相关数据为基础，构建评价其发展情况的指标，分析各个指标从 2000 年到 2015 年的变化情况，从数量和数量关系的表述上研究并描述医疗保险的运行规律，从而了解湖北省基本医疗保险的发展历程及现状。

（1）医疗保险发展的评价指标体系的构建

根据我国医疗保险发展的实际情况，以及全国各医疗保险统筹地区医疗保险管理的经验，经过文献研究、实地调研以及专家咨询，考虑构建医疗保险发展的评价指标体系应包含以下四个方面，如下列图示。

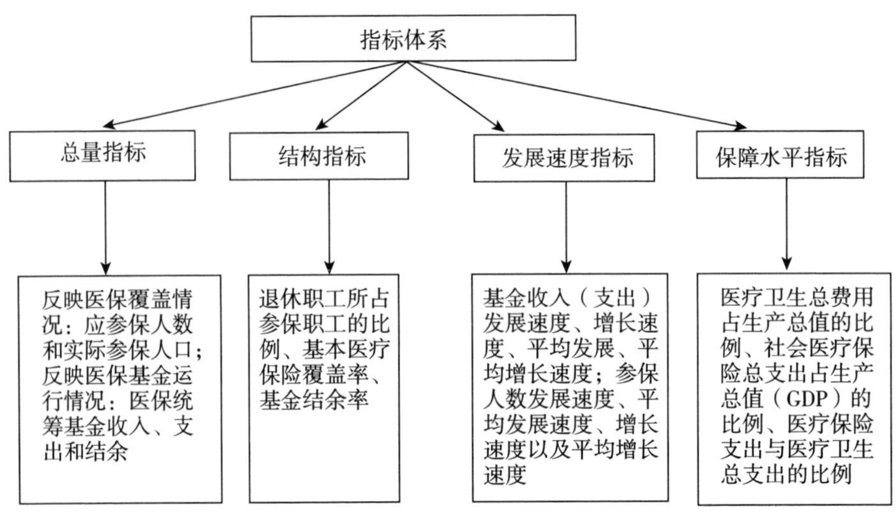

（2）湖北省城镇职工医疗保险的发展历程及现状描述

本章研究的基本医疗保险主要包括城镇职工基本医疗保险和城镇居民医疗保险，也是以湖北省为例与全国城镇职工医疗保险情况对比分析，从参保人数、在职退休比（在职职工与退休职工）、基金收入、基金支出、基金累计结余、基金收入或支出与 GDP、医疗卫生总支出的比例等指标反映近些年来全国以及湖北省的城镇职工医疗保险的发展历程及现状。本部分数据主要来源于 2003—2015 年《中国统计年鉴》《中国卫生计生统计年鉴》《湖北省人力资源和社会保障事业发展统计公报》《湖北统计年鉴》和《中国劳动统计年鉴》等。

第一，参保情况。

2015 年年底，全国参保人数 6.657 亿人，比 2014 年同期增加 6823 万人，同比增长 11.4%，参保人数占城镇总人口的 86.3%，与 2003 年的 20.81% 相比增长了 4 倍左右；2015 年年底，湖北省参保人数 2268.4 万人，比上年同期增加 16.11 万人，同比增长 1.7%，参保人数占城镇总人口的

68.19%，与2003年的17.43%相比也增长了4倍左右。就参保率来讲，湖北省与全国相比还是有些差距，从增长速度来看，湖北省与全国相比水平基本保持一致。

表2–7　2003—2015年全国与湖北省参保人数及参保率变化

年份	全国			湖北省		
	参保人数（万人）	城镇人数（万人）	参保率（%）	参保人数（万人）	城镇人数（万人）	参保率（%）
2003	10902	52376	20.81	416.1	2387.7	17.43
2004	12404	54283	22.85	466.9	2427.3	19.24
2005	13783	56212	24.52	502	2466.7	20.35
2006	15732	58284	26.99	565.3	2493.5	22.67
2007	22311	60634	36.80	643	2524.7	25.47
2008	31822	62404	50.99	1646.6	2581.4	63.79
2009	40061	64510	62.10	2047.89	2631.2	77.83
2010	43263	66978	64.59	2099.9	2844.51	73.82
2011	47343	69079	68.53	2203.5	2984.32	73.84
2012	53641	71182	75.36	2255	3091.77	72.94
2013	57073	73111	78.06	2241.3	3161.03	70.90
2014	59747	74916	79.75	2254.9	3237.8	69.64
2015	66570	77138	86.30	2268.4	3326.58	68.19

数据来源：国家统计局编：《中国统计年鉴》、国家卫生健康委员会编：《中国卫生和计划生育统计年鉴》、湖北统计局编：《湖北统计年鉴》。

注：参保率 =（参保人数 / 城镇人口数）× 100。

从2011年到2015年年底全国的在职退休比从3.02 ：1下降到2.84 ：1，在职退休比连续五年下降；从2011年到2015年湖北省的在职退休比从3.55 ：1下降到3.20 ：1，在职退休比同样是五年之内连续下降。在职退休比下降说明在职职工相对于退休职工来说逐年减少，也就是缴纳职工医保保费的人数减少，从另外一方面来说，职工医疗保险基金筹集的人口减少。从在职退休比看，湖北省的在职退休比从 2008 年开始一直高于全国水平，说明有部分统筹地区的在职退休比较低，这部分统筹地区将面临更大的基金风险。

表 2-8　2003—2015 年全国与湖北省城镇职工参保情况变化

年份	全国			湖北省		
	在职职工（万人）	退休职工（万人）	在职退休比	在职职工（万人）	退休职工（万人）	在职退休比
2003	7975	2926.8	2.72	306	110.1	2.78
2004	9045	3359	2.69	334.4	132.5	2.52
2005	10022	3761.2	2.66	354.8	147.2	2.41
2006	11580	4151.5	2.79	398.7	166.6	2.39
2007	13420	4600	2.92	447	196	2.28
2008	14988	5007.9	2.99	714.9	210.9	3.39
2009	16410	5526.9	2.97	820.39	236.2	3.47
2010	17791	5943.5	2.99	847.8	239.8	3.54
2011	18948	6278.6	3.02	903.8	254.6	3.55
2012	19861	6624.2	3.00	921.2	264.7	3.48
2013	20501	6941.8	2.95	922.8	280.7	3.29
2014	21041	7254.8	2.90	933.3	286.9	3.25
2015	21368	7531	2.84	949.4	296.3	3.20

数据来源：《中国劳动统计年鉴》。

第二，基金收支结余情况。

由表 2-9 可见，从 2003 年到 2015 年无论是全国还是湖北省，基金的收入与支出每年都在增加，基金的累计结余也是每年都在增加，但从基金收入、支出与结余的数字来看，医保基金运行是有效的、可持续的。而图 2-15 与 2-16 分别使用折线图描述了全国与湖北省的医保基金收入与支出速度，从折线图中我们可以明显地看出，从 2003 年到 2015 年这 13 年间，湖北省医保基金支出的增速有10年的时间是大于基金收入的增速，从2–15的折线图中可以明显地看到，只有2008年、2011年和2015年这三年湖北省医保基金的收入增速大于医保基金的支出增速；就全国来看，医保基金的收入增速与支出增速相比基本持平，从2004年到2015年，有6年时间基金支出增速大于收入增速，有5年时间基金收入增速大于支出增速，由此可见，湖北省医保基金面临着更大的“基金穿底”的风险。

表2–9　2003—2015年全国与湖北省城镇职工医疗保险基金收支结余情况变化

年份	全国			湖北省		
	基金收入（亿元）	基金支出（亿元）	累计结余（亿元）	基金收入（亿元）	基金支出（亿元）	累计结余（亿元）
2003	890	654	671	25	14.2	21
2004	1141	862	958	34	22.1	35
2005	1405	1079	1278	42	29.6	46
2006	1747	1277	1752	53	37.2	63
2007	2257	1562	2477	62	46.2	79
2008	3040	2084	3432	91	62.6	107
2009	3672	2797	4276	112	83.2	135
2010	4309	3538	5047	128	104.4	159
2011	5539	4431	6180	176	136.4	199
2012	6939	5544	7645	197	174.0	221
2013	8248	6801	9117	232	209.8	243
2014	9687	8134	10645	260	247.4	253
2015	11193	9312	12526	309	269.5	293

数据来源：国家卫生健康委员会编：《中国卫生和计划生育统计年鉴》、湖北统计局编：《湖北统计年鉴》。

第三，医疗保障水平变化及现状分析。

关于医疗保障水平本章选取两个指标，一是医保基金支出与GDP的比值，

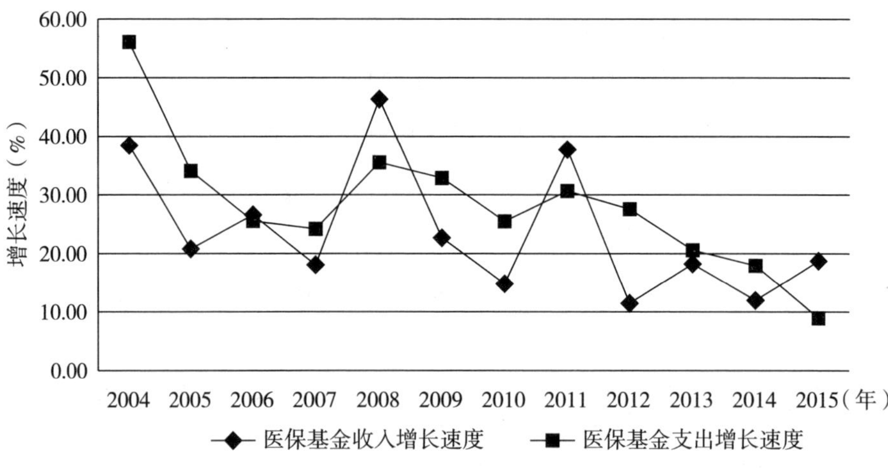

图 2-15　2004—2015 年湖北省医保基金收支增长速度变化情况

数据来源：湖北统计局编：《湖北统计年鉴》2003—2015。

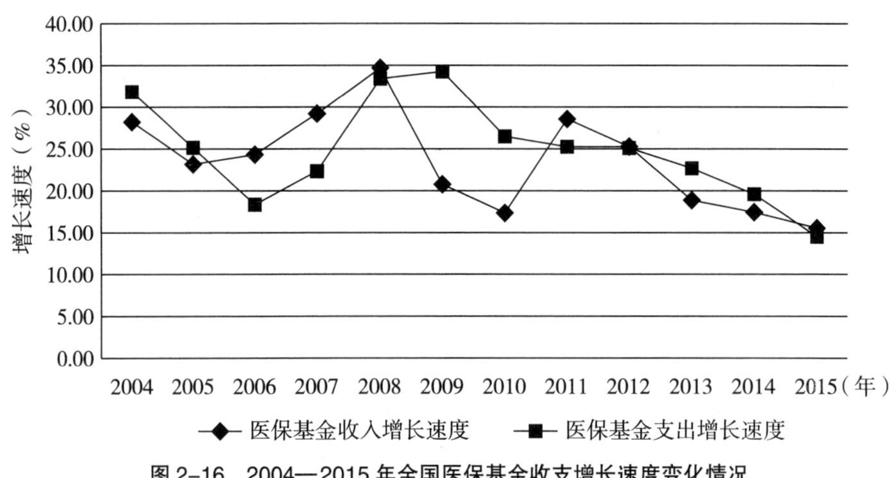

图 2-16　2004—2015 年全国医保基金收支增长速度变化情况

数据来源：国家卫生健康委员会编：《中国卫生和计划生育统计年鉴》2003—2015。

反映了社会基本医疗保险的发展程度，与经济发展相比，医疗保障程度能否跟上经济的发展甚至超过经济的发展水平。二是医保基金支出与卫生费用支出的比值，社会基本医疗保险支出与医疗卫生总支出的比例。这个指标的意义在于与医疗费用总支出相比，医疗保障程度能否适应医疗卫生的发展，能否满足保障人群的需求，同时给商业医疗保险的发展留有余地。

从2003年到2015年，无论是全国还是湖北省，医保基金与GDP的比值均逐年增加，且全国的水平高于湖北省；医保基金与卫生费用的比值从整体来看也是呈上升趋势的，全国水平也高于湖北省，由此看来，湖北省的医疗保障水平有待提高。

表2-10 2003—2015年全国与湖北省城镇职工医疗保险水平情况变化

年份	全国		湖北省	
	医保基金支出与GDP的比值（%）	医保基金支出与卫生费用支出的比值（%）	医保基金支出与GDP的比值（%）	医保基金支出与卫生费用支出的比值（%）
2003	0.48	86.49	0.30	58.40
2004	0.54	103.57	0.39	83.79
2005	0.58	106.22	0.45	95.09
2006	0.59	98.51	0.49	82.71
2007	0.58	79.86	0.49	69.88
2008	0.66	76.88	0.55	65.85
2009	0.81	71.17	0.64	59.75
2010	0.87	74.79	0.65	58.28
2011	0.92	69.70	0.69	55.16
2012	1.04	77.31	0.78	64.93
2013	1.16	82.91	0.85	65.14
2014	1.28	80.64	0.90	61.65
2015	1.35	83.80	0.91	52.30

（三）人口发展对基本医疗保险影响的实证研究

社会医疗保险系统的特点是复杂性、动态性、非线性，影响其发展的因素众多，层次复杂。医疗保险系统是经济社会子系统的一部分，所以经济环境和社会环境对医疗保险系统的发展有着重要的影响，在众多复杂的、多层次的因素的影响下，医疗保险系统发展变化表现为医疗保险基金的平衡力与医疗保障水平的变化。本章主要从人口统计学这一压力源来分析人口政策变化与发展趋势对医疗保险系统的影响，在前文描述性分析的基础上，选取研究指标，使用因子分析和面板数据回归分析，构建统计模型，使用统计分析软件分析数据，得出各个指标因素对因变量的影响力的大小，并提出相应的政策建议。

1. 研究框架

本部分研究的首要任务就是根据前期文献研究、现场调研和专家咨询尽可能多地收集影响医疗保险发展的人口方面的因素，全面总结出影响医疗保险发展的人口学因素以及医疗保险自身的影响因素，通过统计分析判断各影响因素的作用机制及影响程度，使影响医保基金平衡能力及医疗保障水平的重要因素的识别得到实际解决，本部分的研究设计框架如下图2–17所示。

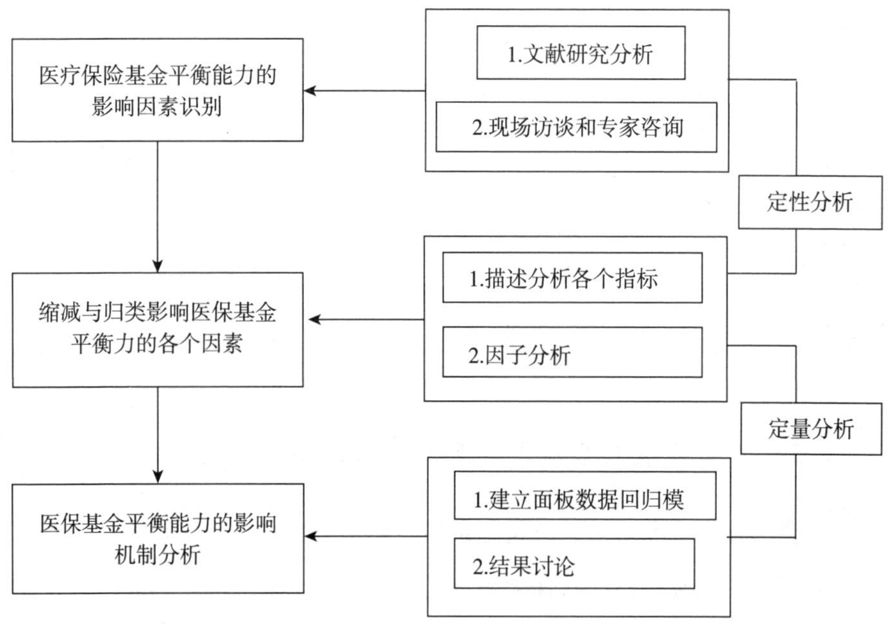

图 2–17　实证研究框架图

2. 影响医疗保险保障水平的人口因素的因子分析

本部分研究是在对基本医疗保险发展影响因素关联分析的基础上，建立理论框架，运用假设检验，并提出明确的研究假设，提炼出影响医疗保障水平的各个人口因素，构建因子分析的理论模型。在研究医疗保险发展的影响因素中，仅人口这一系统就有众多因素存在，我们需要从众多错综复杂的因素中发现并总结出规律性的结论。所以，我们需要将这些众多杂乱无章的因素变量提炼出数量较少的因素，便于分析和理解，同时可以分类不同的因子变量。

从描述性分析研究中得知，人口发展指标和医疗保险自身发展指标众多，这些指标的变化对医疗保险的发展都有密不可分的关系，它们之间存在着多样的关联性，因此，本章的研究用因子分析这一统计方法，从因素的关联性着手，将众多复杂的具有高度关联的因子进行提取、减少和合并，得出更为高级的公共因子，然后用这些高级的公共因子做回归分析，解析各个公共因子对医疗保险基金平衡能力及保障水平的影响力的大小，通过两种统计方法的实证分析来验证本章的研究假设。

（1）模型与指标

设有 N 个样本，P 个指标，$D=（X_1，X_2，X_3，X_4，\cdots，X_P）^T$ 为研究目标变量的影响因素指标，则需要寻找的公共因子为 $H=（H_1，H_2，H_3，H_4，\cdots，H_m）^T$，则模型为：

$$X_1=a_{11}H_1+a_{11}H_2+a_{12}H_3+a_{13}H_4+\cdots\cdots a_{1m}H_m+\sum{}_1$$

$$X_2=a_{21}H_1+a_{22}H_2+a_{23}H_3+a_{24}H_4+\cdots\cdots a_{2m}H_m+\sum{}_2$$

$$X_3=a_{31}H_1+a_{32}H_2+a_{33}H_3+a_{34}H_4+\cdots\cdots a_{1m}H_m+\sum{}_3$$

……

$$X_p=a_{p1}H_1+a_{p2}H_2+a_{p3}H_3+a_{p4}H_4+\cdots\cdots a_{pm}H_m+\sum{}_p$$

其中，H_1，H_2，H_3，$\cdots$，H_m 表示对 X_1，X_2，X_3，X_4，$\cdots$，X_P 均有影响，称为共性因子（common factor），它概括了 X_1，X_2，X_3，X_4，$\cdots$，X_P 中

的大部分信息，$\sum_p$ 表示只影响到 X_P 的特殊因子。

如上所述，影响医疗保险发展的人口因素可以表示为：$D=(X_1, X_2, X_3, X_4, \cdots, X_P)$，D 表示医疗保险基金的平衡能力与保障水平，$X_P$ 表示人口因素的各种指标。从文献研究、现场访谈和专家咨询来看，影响医疗保险发展的人口因素众多，有的能通过统计数据直接表达，如出生率、死亡率、增长率、老龄化程度、城镇化等，有的则无法通过统计数据表述，比如，我国居民疾病谱的变化、就医道德风险和诱导需求、医保基金的监管等，对于这些不易用统计数据测量的指标，在讨论部分会重点进行讨论分析。

本书根据文献研究、现场访谈和专家咨询的方法集合了现有对医疗保险发展有影响的所有人口学指标，遵循易评价、易获取、易计算、易观察的原则，根据文献研究和专家咨询，找出影响医疗保障水平的医保本身的影响因素以及人口学的各个因素，通过因子分析将影响医疗保障水平的各个因子提炼出几个重要的公共因子，且这几个公共因子对医疗保险的发展具有不同的作用。本书选择的可测量的指标变量有：医保基金支出 X_1，医保基金收入 X_2，医保基金累计结余 X_3，医疗保障水平 X_4，参保率 X_5，在职退休比 X_6，人口出生率 X_7，死亡率 X_8，人口自然增长率 X_9，城镇化率 X_{10}，年龄结构 X_{11}，老龄化程度 X_{12}，性别结构 X_{13}，教育程度 X_{14}，医疗技术进步 X_{15}。本部分研究以城镇职工医保的相关数据为基础，从全国及各省统计年鉴中选取我国 31 个省及直辖市的相关数据，选取了从 2003 年到 2015 年 13 年的数据，总样本量计为 $31\times13=403$，本研究的研究指标为 15 个，样本量为 403 个，样本量是指标变量的 26.9 倍，而因子分析对样本的要求是，样本量要超过变量的 10 倍，所以本研究达到了因子分析对样本量的要求。与研究人口因素对医疗保险发展的影响的文献相比，本研究选取的上述 15 个可测量变量和 3 个不可测量变量能更加全面地反映影响医疗保险发展的人口因素与医疗保险自身的因素。下面对这 15 个指标进行描述。

表 2-11　因子分析变量描述

指标	名称	描述	数据来源
X_1	医保基金支出	每年年末基金支出总额	《中国劳动统计年鉴》
X_2	医保基金收入	每年基金收入总额	《中国劳动统计年鉴》
X_3	医保基金累计结余	年末基金累计结余	《中国劳动统计年鉴》
X_4	医疗保障水平	基金支出与 GDP 的比值，反映了社会基本医疗保险的发展程度，社会基本医疗保险的保障程度与经济发展水平的适应程度，以及它的保障程度是否能满足本地区人民的需求	《中国劳动统计年鉴》《中国统计年鉴》
X_5	参保率	参保人数占城镇人口的比例	《中国劳动统计年鉴》《中国统计年鉴》
X_6	在职退休比	参保在职职工与参保退休的比例	《中国劳动统计年鉴》
X_7	人口出生率	自然年度出生人口占总人口比例	《中国统计年鉴》
X_8	死亡率	自然年度死亡人口占总人口比例	《中国统计年鉴》
X_9	人口自然增长率	表示人口自然增长的程度和趋势	《中国统计年鉴》
X_{10}	城镇化率	城镇人口占总人口的比例	《中国统计年鉴》
X_{11}	年龄结构	用总抚养比表示：0—14 岁人口数和 65 岁及以上人口数与 15—64 岁人口的比例	《中国统计年鉴》
X_{12}	老龄化程度	65 岁及以上人口数占总人口的比例	《中国统计年鉴》
X_{13}	性别结构	15 岁及以上人口的男女比例	《中国统计年鉴》
X_{14}	教育程度	15 岁及以上文盲半文盲人口所占比例	《中国统计年鉴》
X_{15}	医疗技术进步	目前国际上公认的代表医疗技术进步的指标主要是：婴儿死亡率、孕产妇死亡率和人口期望寿命，根据易获得的原则，本书选取孕产妇死亡率代表医疗技术进步	《中国卫生计生统计年鉴》

（2）实证研究过程

① KMO 检验和 Bartlett 球形检验

因子分析使用的另一条件是 KMO 检验的结果应该在 0.7 以上。KMO 检验用于考察各个变量间的偏相关性，它比较的是变量间的简单相关和偏相关的大小，KMO 检验统计量的取值在 0—1 之间。KMO 检验统计量越接近 1，表明变量间的偏相关性越强，则因子分析的效果就会越好。但是在实际的统计分析中，KMO 检验统计量在 0.7 以上时，因子分析的效果一般会比较好；当 KMO 检验统计量在 0.6 时效果会很差，KMO 检验统计量在 0.5 以下时，则不适合使用因子分析，应考虑重新设计变量结构或者使用其他统计分析方法。

用 Bartlett 球形检验判断各个变量间的相关性，因子分析要求各个变量之间应该具有相关性，如果变量间彼此独立，则无法从中提取公共因子，也就无法应用因子分析了。通过 Bartlett 球形检验判断各个变量间的相关性，如果相关阵是单位阵，则各个变量独立，无法应用因子分析。所以用 Bartlett 球形检验，在满足假设：各个变量间相互独立被拒绝，即 P 值小于 0.05 时，此研究才能进行因子分析。

因此，在做因子分析之前必须对所有变量进行 KMO 检验和 Bartlett 球形检验，检验结果见表 2-12。

表 2-12　KMO 和 Bartlett 的检验结果

取样足够度的 Kaiser-Meyer-Olkin 度量		0.736
近似卡方		7729.580
Bartlett 的球形检验	df	105
	Sig.	0.000

用 SPSS 13.0 对原始数据进行 KMO 检验和 Bartlett 球形检验，KMO 值为 0.736，根据因子分析的适用条件要求 KMO 值为 0.7 以上，上述 KMO

值符合要求，表明做因子分析效果尚可；Bartlett 球形检验的 P 值为 0.000，拒绝原假设：各个变量间相互独立，说明变量之间不是互相独立的，它们之间有相互的关联性，也表明本研究可以做因子分析。

第二，使用主成分分析对数据进行缩减。

运用 SPSS 13.0 统计软件，将数据逐条录入系统，经过主成分分析将 15 个变量缩减为以下 5 个变量，结果如表 2–13 所示。

表 2–13 主成分分析结果

成分	初始特征值			提出平方和载入			旋转平方和载入		
	合计	方差的 %	累计 %	合计	方差的 %	累计 %	合计	方差的 %	累计 %
1	6.571	43.806	43.806	6.571	43.806	43.806	3.900	26.001	26.001
2	2.443	16.284	60.090	2.443	16.284	60.090	3.604	24.030	50.030
3	1.791	11.937	72.026	1.791	11.937	72.026	1.997	13.313	63.344
4	1.232	8.212	80.238	1.232	8.212	80.238	1.957	13.045	76.389
5	1.024	6.830	87.067	1.024	6.830	87.067	1.602	10.679	87.067
6	.523	3.486	90.553	—	—	—	—	—	—
7	.448	2.984	93.537	—	—	—	—	—	—
8	.320	2.136	95.672	—	—	—	—	—	—
9	.236	1.573	97.245	—	—	—	—	—	—
10	.169	1.127	98.372	—	—	—	—	—	—
11	.113	.755	99.126	—	—	—	—	—	—
12	.082	.549	99.675	—	—	—	—	—	—
13	.037	.245	99.921	—	—	—	—	—	—
14	.012	.079	100.000	—	—	—	—	—	—
15	1.916E–005	.000	100.000	—	—	—	—	—	—

注：提取方法：主成分分析。

由表 2-13 中可以看出，从 15 个原始变量中抽取的 5 个主成分提供的累计方差占总方差的 87.067%，这就说明提取出来的 5 个主成分包含的信息占 15 个原始变量包含的所有信息的 87.067%，接近 90%，因子分析效果比较理想，本研究将 5 个主成分分别定义为：H_1、H_2、H_3、H_4、H_5。为了更加详细说明 15 个原始变量对我国城镇基本医疗保险影响的作用机制，再次使用 SPSS 13.0 对综合变量 H_1、H_2、H_3、H_4、H_5 做 25 次最大收敛性迭代运算，使得每个综合变量主成分上具有最高载荷的变量数最小，从而使综合变量 H_1、H_2、H_3、H_4、H_5 的构成更加清晰。本研究旋转后的主成分矩阵如下表 2-14 所示。

表 2-14　旋转成分矩阵（a）

变量	成分				
	1	2	3	4	5
基金收入	0.848	0.148	–0.051	0.284	0.041
基金结余	0.586	–0.052	0.188	0.221	–0.079
基金支出	–0.512	0.371	–0.156	0.275	0.005
参保率	0.211	–0.612	0.254	–0.014	0.008
在职退休比	–0.051	0.578	–0.065	0.006	–0.265
出生率	0.331	0.254	0.542	–0.157	–0.009
死亡率	0.213	–0.231	0.841	–0.004	–0.367
增长率	–0.032	0.004	0.522	–0.231	0.256
城镇化	0.124	0.263	0.501	–0.264	0.000
年龄结构	–0.025	–0.421	0.356	–0.822	0.401
老龄化	–0.348	0.423	–0..69	–0.744	0.168
性别结构	0.251	–0.007	0.456	0.523	–0.224
教育程度	0.001	–0.369	–0.122	0.421	–0.812
医疗技术水平	0.121	0.412	0.098	0.058	–0.862

注：提取方法：主成分分析。

旋转方法：具有 Kaiser 标准化的正交旋转法。

根据主成分分析结果，将 15 个变量与 5 个综合变量的关系图描述如下：

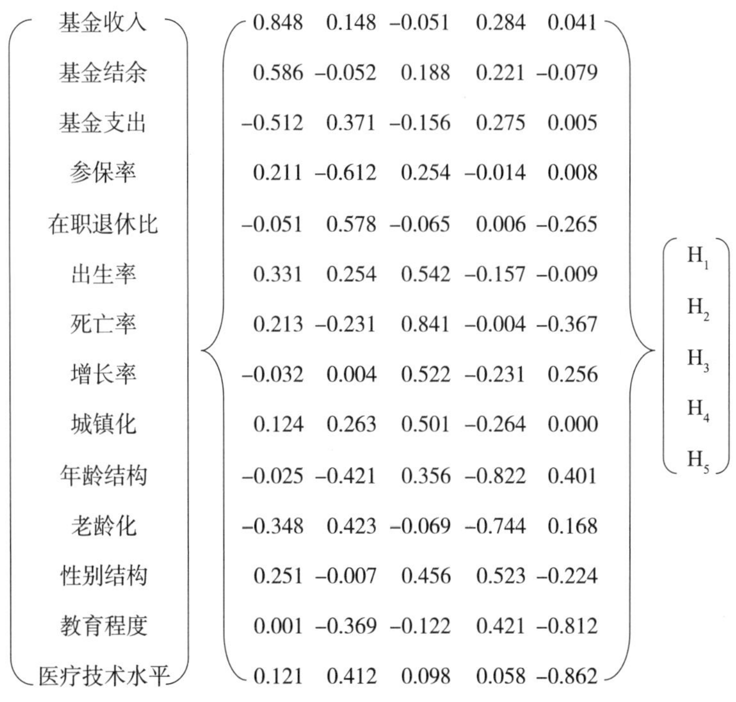

基金收入	0.848	0.148	−0.051	0.284	0.041
基金结余	0.586	−0.052	0.188	0.221	−0.079
基金支出	−0.512	0.371	−0.156	0.275	0.005
参保率	0.211	−0.612	0.254	−0.014	0.008
在职退休比	−0.051	0.578	−0.065	0.006	−0.265
出生率	0.331	0.254	0.542	−0.157	−0.009
死亡率	0.213	−0.231	0.841	−0.004	−0.367
增长率	−0.032	0.004	0.522	−0.231	0.256
城镇化	0.124	0.263	0.501	−0.264	0.000
年龄结构	−0.025	−0.421	0.356	−0.822	0.401
老龄化	−0.348	0.423	−0.069	−0.744	0.168
性别结构	0.251	−0.007	0.456	0.523	−0.224
教育程度	0.001	−0.369	−0.122	0.421	−0.812
医疗技术水平	0.121	0.412	0.098	0.058	−0.862

其中，主成分 H_1 上载荷绝对值超过 0.5 的原始变量有基金收入、基金结余、基金支出，说明主成分 H_1 主要由这三个原始变量组成；主成分 H_2 上载荷绝对值超过 0.5 的原始变量有参保率和在职退休比，说明主成分 H_2 主成分由这两个变量构成；主成分 H_3 上载荷绝对值超过 0.5 的变量有城镇化率、出生率、死亡率、自然增长率，说明主成分 H_3 包括这四个变量；主成分 H_4 上载荷绝对值超过 0.5 的原始变量有年龄结构、老龄化程度和性别结构，说明主成分 H_4 由这三个变量组成；主成分 H_5 上载荷绝对值超过 0.5 的原始变量有教育程度和医疗技术水平，说明主成分 H_5 由这两个变量组成。

（3）因子分析实证研究结果

人口因素对城镇职工医疗保险保障水平的影响机制分析基于因子分析得到以下结论。因子 H_1 包含三个原始变量：基金收入、基金结余和基金支出，这三个变量的贡献率为 26%，这三个变量与医疗保险基金有关，所以将 H_1 命名为基金因素；因子 H_2 包含两个变量：参保率和职工退休比，它们的贡献率为 24%，这两个变量与参保人数有关，所以将 H_2 命名为医疗保险覆盖层次因素；因子 H_3 包含四个原始变量：人口出生率、死亡率、自然增长率和城镇化率，人口出生率、死亡率、自然增长率可以综合反映人口的发展状况，城镇化率反映城镇职工医疗保险的缴费基数，这四个因素的贡献率为 13.3%，这四个变量的变化与人口政策的变化有关，所以将 H_3 命名为人口政策因素；因子 H_4 包含三个原始变量：年龄结构、老龄化程度和性别结构，年龄结构反映当期职工医疗保险的缴费人数，这三个因素的贡献率为 13%，这三个原始变量与人口结构有关，所以将 H_4 命名为人口年龄结构因素；因子 H_5 包含两个原始变量：教育程度和医疗技术水平，它们的贡献率为 10.6%，这两个变量与人类自身素质提升有关，所以将 H_5 命名为人口素质因素。五个主成分因子的累计贡献率为 87%，表明这五个主成分因子能解释医疗保险保障水平 87% 的影响因素发生的作用。根据因子分析的结果，本研究将影响医疗保险保障水平的人口学因素和医疗保险自身的 15 个影响因素经过主成分分析综合成五个因素，根据每个主成分包含的原始变量将这五个主成分分别命名为：人口政策、人口结构、人口素质、基金水平和医保覆盖层次这 5 个综合变量。

贡献率越大说明这个综合因子越具有重要性，本研究贡献率最大的因子是 H_1，H_1 主要跟医疗保险基金有关，医疗保险基金的收入、支出与结余对医疗保障水平的影响重大，医疗保障水平最基本的就是医保基金的可持续性，只有医保基金可持续的运行，才能保障参保人群享受最基本的待遇；排名第二的因子是 H_2，即医疗保险覆盖层次这一因素，参保率的提高即得到医疗保障的人群增加以及在职退休比的增加对医疗保障水平都是正面的影响；排名第三的因子为 H_3，即人口政策因素，人口政策的变化影响着人口出生率、死亡率、自然增长率和城镇化率，人口数量以及城乡结构的变化影响医疗保险的保障范围；排名第四的是 H_4，即人口年龄结构因素，年龄结构即为人口总抚养比，也就是人口负担，年轻人口占总人口的比例减少，退休人口增加，年轻劳动力补充不足，筹资人群减少，从而影响医疗保障水平。人口老龄化导致医疗费用上涨，挤占医疗资源，使医疗保险基金在代际之间容易失衡，给医疗保障水平带来负面的影响。性别比例的影响往往被人所忽视，男性和女性有着不同的健康需求。一直以来的研究表明，女性的平均寿命长于男性的平均寿命，并且男性的死亡率也确实高于女性。但由于男女生理结构不同，女性的生理构造更具复杂性，导致女性疾病的病种要多于男性，进而女性的患病率要高于男性，而且有相关研究表明女性的医疗费用确实要高于男性。女性特殊的生理结构使她们的健康承担着更多的风险：生育下一代和繁杂的妇科疾病。所以她们在生命历程中承受着更多的心理负担以及健康风险，这些都导致女性有着更多的医疗需求并消耗更多的医疗资源及医疗费用。因此，男女比例增加是有利于减少医保基金支出的。一方面，相对于女性职工来说男性职工的医保基金缴费年限长，男性职工数量的增加相当于增加了医保基金的筹资。另一方面，从医疗费用消耗来说，男性的医疗费用少于女性，男女比例增加有利于减少基金支出；排名第五的是 H_5，即人口素质因素，包括教育水平和医疗技术水平。

3. 基于面板数据分析人口因素对医疗基金支出的影响

从表 2–10 可以看出无论是全国还是湖北省，基金的收入与支出每年都在增加，基金的累计结余也是每年都在增加，但从基金收入、支出与结余的数字来看，医保基金运行是有效的、可持续的。而图 2–15 与 2–16 分别使用折线图描述了全国与湖北省的医保基金的收入与支出速度，由折线图中我们可以明显地看出，从2003年到2015年这13年间，湖北省医保基金支出的增速有10年的时间是大于基金收入的增速，从图2–15的折线图中可以明显看到，只有2008年、2011年和2015年这三年时间湖北省医保基金的收入增速大于医保基金的支出增速；就全国来看，医保基金的收入增速与支出增速相比基本持平，从2004年到2015年，有6年时间基金支出增速大于收入增速，有5年时间基金收入增速大于支出增速，由此可见，湖北省医保基金面临着更大的“基金穿底”的风险。因此研究影响医疗保险基金支出的因素十分紧迫且必要，本研究从人口政策变化和发展这一因素定量研究人口因素影响医疗保险基金的程度大小，并分析各个因素的影响机制。

老龄化给医疗保险基金支出带来的压力是毋庸置疑的：老龄人口不缴纳保费，却依然享受医疗保险待遇。除此之外，根据文献研究与专家咨询得知，[①] 城镇化、受教育程度、医疗技术进步、性别结构、参保率、在职退休比等因素均给医疗保险基金支出带来不同程度的压力。这部分研究以医疗保险基金支出为主，在面板数据回归模型中将基金支出这一变量作为因变量，以人口出生率、死亡率、自然增长率、老龄化、城镇化、性别结

① Logan J，Fang Y，Zhang Z，“Access to Urban Housing” paper presented at Conference on Rethinking the RuralUrban Cleavage in Contemporary C［M］.Beijing: Peking University，2006. Cai F, Labor Market Developments in the Course of Urbanizatio［M］.Beijing:CASS2006．彭俊、宋世斌、冯羽：《人口老龄化对社会医疗保险基金影响的实证分析——以广东省珠海市为例》，《南方人口》2006年第2期；王超群：《老龄化是卫生费用增长的决定性因素吗？》，《人口与经济》2014年第3期；黄成礼：《人口老龄化对卫生费用增长的影响》，《中国人口科学》2004年第4期；刘兴柱、肖庆伦：《社会健康保险费用上涨及其成因的定量分析》，《中国医院管理》1995年第1期；王永其、周思泽：《对减少医保基金外流现象分析和对策的几点思考》，《中国卫生事业管理》2005年第6期；邓大松、杨红艳：《老龄化趋势下基本医疗保险筹资费率测算》，《财经研究》2003年第12期。

构、受教育程度、医疗技术水平、参保率、在职退休比等作为自变量，构建多重线性回归模型，研究人口学因素与医疗保险基金支出的相关关系，为医疗保险基金的可持续运行提供参考。

（1）建立模型与指标选择

面板数据回归模型与多重线性回归模型相比，面板数据考虑了时间效应，其研究结果更具说服力，本部分研究使用面板数据回归模型分析影响医保基金支出的人口学因素，并构建人口学因素与医疗保险基金支出的面板数据多元回归模型。使用面板数据构建回归模型即为面板数据的回归模型，根据本部分研究的目的选取面板数据的固定效应回归模型进行分析：

$$Y_{\mu}=\beta_1X_{1,\ \mu}+\beta_2X_2,\ \mu+\cdots\cdots+\beta_mX_m,\ \mu+a_i+u_{\mu} \qquad （式 2-1）$$

其中 i=1，2，…，t=1，2，…，T；β_1X_1 表示个体 i 在时期 t 的第一个回归变量取值，X_2，μ 表示第二个回归变量的取值，a_1，a_2，…，a_n 为特定个体的截距。

本部分研究使用 Stata12.0 软件进行面板数据回归分析，本部分研究以城镇职工医保的相关数据为基础，从全国及各省统计年鉴选取我国 31 个省、自治区和直辖市的相关数据，选取了从 2003 年到 2015 年 13 年的数据，总样本量计为 31 × 13=403，本研究的研究指标为 15 个，样本量为 403 个。研究选取医保基金支出总额为因变量 Y，时间因素、老龄化程度、出生率、死亡率、自然增长率、城镇化、性别结构、受教育程度、医疗技术水平、参保率、在职退休比为自变量，具体指标解释如表 2-15 所示。

表 2-15 面板数据回归模型指标构建

变量	命名	指标	说明
因变量	Y	基金支出	年基金支出额
	t	时间因素	—
	X_1	参保率	参保人口占应参保人口的比例
	X_2	在职退休比	在职职工与退休职工的比例

续表

变量	命名	指标	说明
	X_3	出生率	一年期内人口出生率
	X_4	死亡率	一年期内人口死亡率
自变量	X_5	自然增长率	一年期内人口增长率
	X_6	城镇化	城镇人口占总人口比例
	X_7	老龄化程度	65 岁及以上老年人口比例
	X_8	性别结构	男女人口数比值
	X_9	受教育程度	15 岁及以上文盲半文盲人口数比例
	X_{10}	医疗技术水平	用孕产妇死亡率表示

（2）实证研究过程

这部分研究使用我国 31 个省、自治区和直辖市统筹地区 2003—2015 年共 13 年的统计数据，数据主要来源于中国和湖北省的统计年鉴、《中国劳动统计年鉴》、国家统计局和湖北省统计局网站、国家卫生健康委员会《中国卫生计生统计年鉴》和《湖北省人力资源和社会保障事业发展统计公报》。使用 Stata12.0 处理数据，应用固定效应模型：

xi ： reg y X_1 X_2 X_3 X_4 X_5 X_6 X_7 X_8 X_9 X_{10} i.year

i. year _Iyear_2002—2014（naturally coded ；_Iyear_2002 omitted）

note ：_Iyear_2003 omitted because of collinearity

note ：_Iyear_2004 omitted because of collinearity

note ：_Iyear_2015 omitted because of collinearity

得到的结果如表 2-16 所示。

表 2-16 面板数据回归方程假设检验的方差分析结果

Source	SS	df	MS
Model	357.657352	19	18.8240712
Residual	59.200098	290	0.204138269
Total	416.85745	309	1.34905324

Number of obs=310

F（19290）=92.21

Prob > F=0.0000

R-squared=0.8580

Adj R-squared=0.8487

Root MSE=0.45182

表 2-17　面板数据回归分析偏回归系数的 t 检验

Y	Coef.	Std. Err.	t	P>|t|	[95%Conf.Interval]	
X_1	0.22	0.0027	0.82	0.041	−0.0317	0.0077
X_2	−0.3801	0.0263	−14.42	0.00	−0.3282	−0.432
X_3	0.118276	1.533105	1.06	0.022	−1.399147	4.6356
X_4	0.40974	1.532361	0.92	0.048	4.4257	1.6062
X_5	0.27505	1.533031	1.09	0.027	4.692336	1.3422
X_6	0.60084	0.0033816	2.07	0.039	0.00035	0.01366
X_7	0.821807	0.0249985	5.69	0.000	0.092979	0.19138
X_8	−0.43519	0.8575859	−3.53	0.000	−4.7114	−1.3356
X_9	−0.3854	0.0081968	−5.92	0.000	−0.06467	−0.0324
X_{10}	−0.1073	0.0015252	−0.70	0.042	−0.00407	0.00192

从结果中可以看出，这部分研究使用的面板数据回归模型的调整 R^2 值是 0.8487，说明用面板数据回归这个模型的拟合程度较高，该模型包含的自变量的信息大概能解释各统筹地区医疗保险基金支出金额信息量的 84.87%。在这份研究过程中同时使用 SPSS 软件用同样的数据源做了逐步回归分析得到的调整 R^2 为 0.778，小于面板数据回归性的 0.8487，这就说明相比多重线性回归模型，面板数据回归模型对样本数据的拟合程度更好，包含的信息量能更好地解释变量，所以这部分研究使用面板数据回归分析是比较合适的。面板数据回归模型标准估计的误差为 0.45182，说明

估计值与实际值之间的误差较小。面板数据回归模型的 F 值对应的 P 值小于 0.001，表明最优模型包含的自变量与因变量之间的线性关系显著，这部分研究构建的面板数据回归模型有意义。

面板数据回归模型回归系数的 t 检验（表）显示，该模型包含的自变量有 X_1、X_2、X_3、X_4、X_5、X_6、X_7、X_8、X_9、X_{10}，这十个指标对应的分别是：参保率、在职退休比、人口出生率、死亡率、自然增长率、城镇化率、老龄化、性别结构、受教育程度和医疗技术水平，这十个自变量对应的 P 值均为 0.000，小于 0.05，说明在 0.05 的显著水平下，面板数据回归模型选取的自变量对医疗保险基金的支出是有显著影响的。

（3）面板数据回归模型的实证研究结果

人口老龄化、死亡率、城镇率、性别结构等十个自变量对应的 P 值均小于 0.05，说明模型中选取的变量都具有显著性。根据每个自变量的回归的绝对值来估计每个变量对因变量医疗保险基金的影响程度的大小：老龄化这一自变量的回归系数为 0.82，它在所有回归系数中绝对值最大，说明对医疗保险基金支出影响最大的人口学因素是人口的老龄化，其次是城镇化、性别结构、人口死亡率、受教育程度、在职退休比、医疗技术水平、参保率、出生率、增长率。假设其他自变量不变的情况下，医疗保险基金支出随 65 岁及以上老年人占比、城镇化、人口死亡率、出生率、增长率和参保率的增加而增加，随男性人口占女性人口的比例、教育水平以及在职退休比例的增加而减少，由于医疗技术水平由孕产妇死亡率这一指标表示，孕产妇死亡率越低，说明医疗技术水平越高，所以医疗保险基金支出随医疗技术水平的提高而增加。假设其他因素保持不变，65 岁及以上老年人口比例增加 1%，则医疗保险基金支出增加 0.82 个百分点；在职退休比例增加 1%，医疗保险基金支出减少 0.38 个百分点；医疗技术水平提高即孕产妇死亡率降低 1%，医疗保险基金支出增加 0.12 个百分点。

（四）讨论和建议

1. 影响医疗保险发展的主要因素分析

通过上述描述性分析、因子分析和面板数据的回归分析结果得知，人口的政策变化与发展趋势确实对医保基金平衡力和医疗保障水平产生了影响。应用统计分析方法得出医疗保险保障水平和基金平衡力与各变量之间的稳定关系，这种稳定的关系存在于医疗保险系统的特定环境，不同的环境会以不同的表现形式影响医疗保险的发展，环境变化的程度不同，对医疗保险发展的影响也不尽相同。本研究把医疗保险的发展放在人口这一环境中研究其发展变化。一方面，各个指标变量与医疗保险保障水平和基金平衡力之间的稳定关系是在特定社会环境和医疗保险系统环境下形成的；另一方面，利用统计学分析方法反映出人口政策变化与发展对医疗保险保障水平和基金平衡力的影响程度和作用方式。本研究不仅考虑到人口因素对医疗保险发展影响的长期过程，还考虑到医疗保险政策本身对医疗保险发展的短期影响力。经过系统的研究发现，本研究所选取的变量指标对医疗保险的影响作用并不是单独存在的，其实各个变量之间还存在着互相的影响作用，医疗保险制度本身的存在对医疗保险的发展也有影响作用。经济发展促进医疗技术进步，是人口老龄化的诱因，而人口老龄化对慢性病的治疗和疾病谱变化的影响是实际存在的，人口发展作为医疗保险保障水平和基金平衡力长期的、主要的影响因素，它对医疗保险基金的筹集和医疗保险基金的补偿都产生不同程度的影响。关于不可测量的医疗诱导需求和道德风险也是这部分的讨论点，信息的不对称严重影响医疗保险基金的管理效率。

（1）医保政策的短期影响机制

首先，医保政策是短期内影响医疗保险发展的主要因素。基本医疗保险制度是我国为了保障广大人民的健康而制定的一项公共政策。所谓公共政策就要代表公众的利益，代表国家和社会的利益，同时公共政策还必须协调各方面的利益，这样才能为建立全民医保制度提供支持。对于均衡各方利益，政府的管理职能显得尤为重要，政府的管理职能可以最大化公众的利益，维持社会和谐，保障医疗保险的可持续发展。公共政策以广大人民群众的利益为核心，保障群众最基本的利益，代表最广大人民群众的利益诉求。如果使一项新的医保政策在短期内得到有效实施，需要兼顾医方、患方、医保机构等各方利益，并得到医方、患方、医保机构等代表的拥护，只有这样才能走上可持续的发展道路。

其次，从现实情况来看，医疗保险是否能满足群众对于健康的需求决定于医疗保险基金筹资的人数和筹资比例，医保制度所包含的人口数决定筹资的人数，而现实制度要求是医保制度中覆盖的人群的性质是不变的，城镇职工医疗保障的人群是企业职工，城镇居民医保覆盖的人群是城镇居民，新农合覆盖的人群是广大农民，随着我国人口数量不断增加和全民医保的实施，医保政策将纳入更多的人群，随之医保基金的筹资对象也逐渐增加，医保基金筹资额度也随之增加。短期内医保覆盖人群的增加能改善医保基金的筹资规模，同时也符合大多数法则。

最后，医疗保险的发展要与经济发展相适应，医保统筹层次在逐渐提高，比如职工医保正在实现由县级统筹转变为市级统筹，《社会保险法》中也提出保障人人公平享有基本医疗保险。医疗保险统筹第一步是实现城乡统筹，然后由县级统筹发展为市级统筹，实现省级统筹以至于最后实现国家统筹。如今部分地区进行城乡基本医疗保险整合，将城镇居民与新农合进行整合可以在短时间内增加医保制度覆盖下的人口数量，增加筹资力量，筹资人群的扩大能提高医保基金的平衡力。在医保制度覆盖人群不断扩大情况下，在企业愿意接受的范围内稍微提高职工医保的筹资比例，这对医保基金筹资总额的影响是很大的。随着医疗保险的不断发展，提高医保统筹层次，使医疗保险基金可持续运行，提高医保覆盖人群的保险待遇是我国医保制度目前研究的重点。

（2）人口政策与人口发展对医保的长期影响

影响医疗保险发展最重要的因素是人口因素，而人口政策的变化影响着人口数量、增长率、死亡率、年龄结构、城镇化等人口因素的变化，从而对医疗产生长期影响。

人口因素中，人口老龄化与老龄人口高于其他年龄结构层人口的医疗费用会给医疗保险基金的支出以及医疗保障水平产生巨大的压力，实证研究证明老龄化程度越严重即老年人口占总人口的比例越大对医保基金平衡力的影响越大。不同于其他国家的老龄化，我国的老龄化问题更为严重突出，与经济发展水平相比，我国的人口老龄化发展过快。发达国家的老龄化发展缓慢，老龄化是伴随着工业的发展逐渐发展，发达国家的老龄化问题是伴随经济危机及社会福利政策的实施才凸显出来。但是当老龄化问题凸显时，发达国家的经济发展已经能够承受老龄化带来的问题，同时发达国家的老龄化发展比较缓慢，发达国家在很早的时候就有社会福利，他们的社会福利有一定的累计，他们有充足的时间和资本去应对人口老龄化所带来的问题。而我国在应对人口老龄化问题上并没有做好充分的准备，甚至在经济还没有发展到能够有效应对人口老龄化的水平时，我国的人口老龄化问题已经凸显了。我国的现实情况是，不仅经济水平相对落后，而且经济水平发展连带的医疗技术水平、社会保障政策以及市场的发展等也随之落后。而我国基本医疗保险制度中的现收现付制，在人口老龄化持续加重的情况下，可能会引发激烈的代际矛盾。两期代际交叠模型预测表明，在人口结构偏向老龄化的情况下，医保制度运行几代以后会出现严重的基金风险：某一代劳动者进入老年退休后得不到由下一代提供的基金保障。

人口死亡率增加对医疗保险发展产生的负面影响不是死亡本身产生的影响，而是指人死亡之前产生的医疗救治费用会对医保基金有影响，由于人对死亡的恐惧，对生命的渴望与留恋，所以病人在死亡之前其家人以及自身都甘愿花费更多的金钱接受治疗去尽可能地延长生命，这无疑会占用医疗资源，增加医疗费用，从而增加了医保基金的支出。与人口死亡率相反，人口出生率上升，出生人口数量增加，未来年轻人口数量也增加，那么年轻人口数量相对增加，则人口结构逐渐转变为年轻化的人口结构，年轻化的人口结构消耗更少的医疗资源，减少医疗保险基金的支出，所以出生率上升增加医保基金平衡力。

2015年年末城镇登记失业人口为966万人。一方面，城镇失业人口的增加给城镇职工医疗保险的参保人群和基金筹集带来了更多的不确定性，管理成本也随之增加；另一方面，大部分农村人口涌向城市，使得灵活就业人员增多，对于这部分人群的医疗保障问题并没有很好的保障政策。不连续以及不稳定的灵活就业人员给医保政策的制定带来了非常棘手的困难，如灵活就业人口工作地点转换导致医保衔接困难、对道德风险的控制更加困难等。同时，现行的医保政策也加重灵活就业人员的负担：他们参加社保的手续繁琐、缴费负担沉重，比如，医保政策规定灵活就业人员每月按全市职工平均月工资的7%缴纳医疗保险费用，而有固定工作的职工只需自己缴纳2%，剩下的由单位交付。灵活就业人员缴纳了符合规定的保费，但能享受的待遇却较少，即只能报销住院费用，门诊费用不能报销，也没有“大病互助”。未来我国农村劳动人口向城镇转移的数量会日益加大，他们在城镇工作和生活，要求被公平对待，与城镇人口享受同样的保险待遇。但农民工就业流动性高，工作地点不稳定，这样的工作性质并不适应现行的职工医保政策，这就会影响他们参保的积极性，同时也给职工医保带来挑战与机遇。

（3）疾病谱的变化与医疗技术进步对医疗保险发展的影响

随着医疗技术的进步逐渐从由细菌引起的感染性疾病转变为慢性疾病。慢性病患病人群增加、医疗新技术的使用、新的医疗器械的投入使用等都会增加医疗费用的支出，从而对医疗保险基金的平衡力产生负面影响。高血压、糖尿病等慢性疾病治疗花费时间长、治愈率低，一般慢性病只能进行长期的药物控制，治疗费用相对较高。而新医疗器械的投入使用、新药物的批量生产、新医疗技术的临床应用等都会使医疗费用增加。以短期内的影响因素作用强度大小比较政策因素与医学因素，可能医学因素对医疗保险的影响相对较弱，但就长期发展来看，医学因素对于医疗保险的影响作用不容忽视。在短期内医学因素不能对医疗保险产生明显的影响效果的原因是，新药物和新医疗技术一开始投入使用时并不在医保报销目录里。就长期来看，得到广泛使用和评价好的新药物或者新医疗技术迟早会被纳入医保，从而影响医保基金支出。疾病谱的变化与医疗技术进步本身增加了医疗保险基金支出，对医疗保险基金平衡力产生负面影响。

（4）信息不对称对医疗保险的影响分析

医疗保险制度运行面临“市场失灵”的首要原因就是“道德风险”。医患双方的信息不对称也是影响医疗保险基金支出的一个重要影响因素，患者由于知识水平的限制，而医疗技术又有很强的专业性，这样就会使得在诊疗过程中患者始终处于很被动的地位，他们只能接受来自医生的诊疗建议和处置方式。由于趋利性的存在，医生会站在自身角度考虑如何从诊疗中获得利益，从而对患者进行诱导，增加了一些不必要的医疗花费，进而影响医疗保险基金的支出。信息的不对称是导致医疗费用上涨的一个重要原因。信息不对称体现在医方、患方和医保部门三者之间，这三者两两之间均存在信息的不对称。在多方信息不对称中，患方始终处于弱势地位，对于这种情况政府应当担负起相应的责任，采取有效的措施控制医方行为，保障患方的利益。值得注意的是，同时应着力提高教育水平的提高有利于在一定程度上打破这种信息不对称，从而促进医疗保险的发展，个人知识水平高，能够更加理性地对待自己的健康，有更多渠道获取医学知识，一个教育水平高的消费者在医疗服务领域是一个好的消费者。教育水平较高的人对健康有更清晰的认识，他们能够根据自身认知能力识别健康风险，提前预防疾病的发生。

2. 基本医疗保险可持续发展的对策建议

（1）增强政府责任，完善顶层设计

政府是医保政策的制定者与实施监督者，面对当前医保运行中出现的问题政府采取的往往是补丁式的政策方案，出现问题才会出台新政策去解决，没有成熟或是可行的调节机制，这正是政府责任的缺失，在政策制定之初没有做好顶层设计。基本医疗保险制度是我国的一项公共政策，医保政策保障广大人民群众的健康，所谓公共政策就要代表公众的利益，代表国家和社会的利益，同时公共政策还必须协调各方面利益，这样才能为建立全民医保制度提供支持。对于均衡各方利益，政府的管理职能显得尤为重要，政府的管理职能能最大化公众的利益，维持社会和谐，保障医疗保险的可持续发展。我国的医疗保险统筹是由政府统一统筹，统筹基金在政府的监督与管理下运行，政府有责任担负起医保基金运行中的风险损失。政府在医疗保险运行中承担的责任重大，所以政府应当承担起责任，保证医保基金的可持续运行。我国的医疗保险保证广大人民群众的健康，政府的责任尤为重要，只有政府做好顶层设计，制定合理的收入分配政策，调节涉及其中的各方利益，才能达到人人享有公平的医疗保障的目标。经济的发展、国家的方针政策、社会发展目标、国家财政状况等诸多因素影响着国家对医疗保险政策的制定，一个好的、符合国情的政策必须考虑整个环境系统的方方面面，统筹规划，这样才能使得政策顺利有效的实施下去。我国的医疗保险从只覆盖职工，到覆盖农民再到覆盖城镇居民，已经完成了从选择制度到普惠制度的转变。顶层设计是制定国家发展政策的一种重要的思维方法，在顶层设计过程中，政府需要考虑到社会发展的各个方面，统筹内外政策，这正是当前建立全民医疗保险制度的首要任务。

（2）人口政策及医保制度要合理应对人口老龄化

一是调整人口政策，缓解人口老龄化。由于长期以来的限制人口数量的人口政策，再加上经济的快速发展，人们收入水平提高，人们的健康意识也逐渐加强，医疗资源与技术也逐渐发展，人均寿命延长等一系列因素导致人口出生率与死亡率迅速下降。虽然目前我国的人口数量在整体上还是呈上升趋势，但是这种人口数量的增长只是表面的人口数量增加，其实内在的人口再生产在缩减，人口结构也发生了转变，人口结构趋于老龄化，目前世界各国都正面临或将面临人口数量增长缓慢甚至负增长和人口深度老龄化的问题。但是随着我国人口政策的变化，与国外单纯的人口负增长和人口老龄化不同的是，我国人口结构的变化在生育政策的限制下更具复杂性。在如此复杂的人口形势下，适当开放的人口政策有利于增加人口出生率，有利于医疗保险的可持续发展。

二是推进老年人口健康管理。1990 年世界卫生组织（WHO）提出了健康老龄化的概念，健康老龄化是指在延长寿命的同时要更加注重健康。老龄人口对医保影响在于老年人口的健康风险更大，老年人口处于较低的健康水平，老年人口的健康是影响医疗费用的重要因素，提高老年的健康水平有利于降低医疗费用。所以，在我国人口老龄化持续加重的情况下，推进老年人口的健康管理，提高老年人口的健康水平是控制医疗费用的有效方法。老年人口健康管理的重点在于，识别老年人口的健康危险因素，评估和预测影响老年人口健康的各种危险因素，并对其进行管理和预防。建立老年人口健康管理档案，检测老年人口健康数据，识别风险因素，做到提早预防和保健，降低老年人口患病率。目前我们能做到的就是充分发挥基层卫生服务机构如社区卫生服务中心和乡镇卫生院的力量，积极宣传老年人健康保健知识，对老年人口健康进行早期干预。充分发挥好基层卫生服务机构的作用，时时监测辖区内老年人口的健康状况。由于疾病谱的转变，慢性病的患病率和患病人群增加，而老年人口是患慢性病的主要人群。慢性病病程长，花费医疗费用多，老年人口慢性病的经济负担持续加重。加强老年人口的健康管理，对老年人口的健康进行早期干预，预防慢性病，加强宣传，建立老年人口健康档案，检测老年人口健康数据，识别风险因素，做到提早预防和保健，降低老年人口患病率。

三是完善基本医疗保险制度。当前我国基本上已经实现人人享有基本医疗保障的目标。医保制度在保障老年人口健康的同时也使得医疗费用增长过快。我国的医疗保险统筹是由政府统一统筹，统筹基金在政府的监督与管理下运行，政府有责任担负起医保基金运行中的风险损失。政府在医疗保险运行中承担的责任重大，所以政府应当承担起责任，保证医保基金的可持续运行。我国的医疗保险保证广大人民群众的健康，政府的责任尤为重要，只有政府做好顶层设计，制定合理的收入分配政策，调节涉及其中的各方利益，才能达到人人享有公平的医疗保障的目标。顶层设计是制定国家发展政策的一种重要的思维方法，在顶层设计过程中，政府需要考虑到社会发展的各个方面，统筹内外政策，这正是当前建立全民医疗保险制度的首要任务。经济的发展、国家的方针政策、社会发展目标、国家财政状况等诸多因素影响着国家对医疗保险政策的制定，一个好的、符合国情的政策必须考虑整个环境系统的方方面面，统筹规划，这样才能使得政策顺利有效地实施下去。我国的医疗保险从只覆盖职工，到覆盖农民再到覆盖城镇居民，已经完成了从选择制度到普惠制度的转变。接下来可以适当考虑提高老年人口患慢性疾病的报销比例。

（3）提高医保基金的统筹层次，增强基金平衡力

加强医保基金的平衡能力需要从两方面入手：一方面提高统筹层次增加基金的收入，另一方面减少基金的支出。首先，医疗保险的发展要与经济发展相适应，医保统筹层次在逐渐提高，比如职工医保正在实现由县级统筹转变为市级统筹，《社会保险法》中也提出，保障人人公平享有基本医

疗保险，医疗保险统筹第一步是实现城乡统筹，然后由县级统筹发展为市级统筹，实现省级统筹以至于最后实现国家统筹。如今部分地区进行整合城乡基本医疗保险，将城镇居民与新农合进行整合可以在短时间内增加医保制度覆盖下的人口数量，增加筹资力量，筹资人群的扩大能提高医保基金的平衡力。在医保制度覆盖人群不断扩大情况下，在企业愿意接受的范围内稍微提高职工医保的筹资比例，这对医保基金筹资总额的影响是很大的。随着医疗保险的不断发展，提高医保统筹层次，使医疗保险基金可持续运行，提高医保覆盖人群的保险待遇是我国医保制度目前研究的重点。其次，延迟职工退休年龄。我国法定的职工退休年龄，男性 60 岁，女性 55 岁，从我国目前人均寿命来看，法定退休年龄相对年轻化，延长退休年龄是可行的。延迟退休增加工作年限，增加了医保覆盖范围的筹资人数，缓解由于低出生率及人口老龄化给医疗保险带来的压力。最后，提高医疗保险的统筹层次。第一步城乡统筹正在进行中，然后实现地区统筹、省级统筹，最后实现最高层次的统筹——国家统筹。提高统筹层次是将更多的不同身份特征的人群纳入一个相对统一的医保制度下，使人人享受公平的医疗保障。

（4）建立基本医疗保险精算系统，评估医疗保险运行效果

医疗保险基金的运行是一个动态的过程，建议根据实证研究结果，全面评估各个影响因素对医疗保险发展的影响，使用精算模型建立起医疗保险精算系统，根据精算系统运算结果，有计划有目的地推行医保制度。建立医保精算系统，首先，就是评估当前的医保政策，要推行新的医保政策必须在了解所有可控和不可控因素的前提下设计出不同的应对方案，然后使用精算方法定量评估在不同情况下使用方案的运行情况，评估的主要方面就是基金的收入、支出和补偿能力，根据精算结果选出最佳方案。在实施方案的过程中依然要进行精算评估。在实施方案过程中的评估要做到短期评估与长期评估相结合：把短期评估的重点放在医保基金的收入、支出

和结余上，短期评估的年限为5年左右，运用计算系统评估五年内医保基金收支结余情况，并预算未来几年内基金的收支与结余；长期评估的重点是发现医保基金运行的规律以及发展趋势，长期评估的年限为20年以上，评估未来几十年内医疗保险运行的规律和趋势。结合短期评估和长期评估的结果可以全面反映出一项医保政策运行的实际情况。其次，预测医保基金筹资额度。根据保险精算系统的评估结果，合理预测未来数十年内医保基金的支出情况以及医保基金可能面临的风险，预测当前基金需要筹资的额度，并合理分配政府、企业和个人应该承担的比例。最后，合理管理医保基金。根据往年的情况可以预见到未来几十年内医保基金运行过程中可能存在的问题或面临的风险，如人口结构变化、老龄化、疾病谱的转变、医疗技术水平的提高、经济水平、基金筹资不足等因素，精算系统会对这些因素进行评估，保证推进的医疗保险政策建立在稳定的财务基础上。

二、经济发展对医疗保险制度的作用与影响分析

经济发展水平是衡量一个国家或地区整体发达程度的重要指标，反映了人们所享受到的社会发展成果。同时，经济发展也贯穿了健康保障体系的发展历程，对基本医疗保险制度的建立、推进、发展的规模、层次、结构以及医保基金的筹集和使用等产生了深远影响。

（一）经济体制变革下医疗保险制度的发展演变

从宏观上看，社会医疗保险是工业革命以来社会经济变迁带来的结果，是生产力发展到一定阶段的产物。工业革命促使人口大规模地向城市、向工业转移。城市化、工业化不仅改变了经济发展结构，也转变了人们的生活方式。同时，随着资本主义的发展，资产阶级与生活在社会底层的无产阶级之间的矛盾斗争加剧，为了缓和劳资矛盾，资本主义统治阶级

建立社会保障制度。医疗保险始于德国 1883 年颁布的《劳工疾病保险法》，标志其作为一项强制性社会保障制度的产生。

我国早期医疗保障体系主要包括劳保医疗制度和公费医疗制度，分别建立于 1951 年和 1952 年，劳保医疗的享受范围主要是国有企业职工、县以上的城镇集体所有制企业职工。公费医疗的享受范围是各级人民政府、党派、工会、共青团和妇联等社团，文化、教育、卫生和经济建设等事业单位的国家工作人员和二等以上革命伤残军人、高等院校在校学生。公费和劳保医疗制度均建立在单位保障基础之上，与原有的计划经济体制相适应，在特定的历史阶段发挥了一定作用。改革开放以来，我国开始了一系列的经济体制改革，将计划经济体制过渡到市场经济体制。随着市场经济体制的形成与发展，制度设计的局限性逐步凸显，覆盖范围窄，基金的互济能力差，导致抗风险能力十分脆弱。其中，医疗保障的覆盖面过窄，包括了保障人口覆盖和保障需求覆盖的狭窄。劳保和公费医疗制度的适用对象主要是国家机关、事业单位职工和全民企业职工等，所占比例还不到当时所有人口的 12%，即使加上职工家属也不足 20%。随市场经济改革深入而成长起来的非公有制企业也没有适用的医疗保障制度，不能适应建立社会主义市场经济体制的需要。从市场竞争的角度来看，公费和劳保医疗下国家及企事业单位对医疗费用包揽过多，且不同企事业单位之间的医保基金没有可调剂性，医疗经费以企业为单位提取，自行管理和使用，导致负担过重且不同单位之间负担不平衡，并且在与那些未在医疗保障覆盖范围内的外资企业、股份制企业和私营企业等的市场竞争中处于劣势地位，既不利于企业之间的公平竞争，也不利于保护劳动者的合法权益。如果医疗保障体系不适应经济发展的需要，就会对经济造成负面的影响甚至危及社会稳定。为了扩大医疗保障覆盖范围，满足多元化的医疗保障需求，建立和完善适应社会主义市场经济的特色医疗保险制度，我国在 1998 年、2003 年和 2007 年先后推进建立了城镇职工基本医疗保险制度、新型农村合作医疗制度和城镇居民基本医疗保险制度。其中，职工医疗保障制度改革的目标是“适应社会主义市场经济体制和提高职工健康水平的要求，建立社会统筹医疗基金与个人医疗账户相结合的社会医疗保险制度，并使之逐步覆盖城镇全体劳动者”。新农合要求基本覆盖全体农村居民，推进社会主义新农村建设。城镇居民医保以未参加城镇职工医疗保险的城镇未成年人和没有工作的居民为主要参保对象。为促进城乡经济社会协调发展，实现城乡居民公平享有基本医疗保险权益，国务院 2016 年明确提出整合新农合和城镇居民医保，建立城乡居民医保制度。

（二）经济发展对医疗保障水平的影响分析

在我国医疗保障制度的改革过程中，医疗保障水平对制度改革有着指导性的意义，医疗保障水平问题一直是放在原则性的高度提出的。2011 年全国深化医药卫生体制改革会议上明确提出要提高医疗保障水平。医疗保障支出水平是医疗保障体系的关键要素之一，也是衡量社会经济发展水平的重要指标之一。它反映了一个国家或地区在一定时期内医疗保障程度的高低及资金的需求状况，关系着社会的“安全阀”和“稳定器”，也是政府干预的主要依据。

自 2009 年新一轮医改启动至今，我国已基本建成覆盖全民的基本医疗保障制度，至 2016 年年底，我国基本医疗保险参保人数超过 13 亿人，覆盖面稳固在 95% 以上，保障水平也有了大幅提高。基本医疗保险制度“广覆盖”的要求已基本达到，如何促进医疗保障水平提升成为进一步深化医药卫生体制改革，维护参保人员健康权利的重点。一般认为，社会保障水平是指一个国家或地区社会保障支出总额占卫生总费用的比重。医疗保障作为社会保障的子项目，本书中关于医疗保障水平的测量采取的是医保基金支出与卫生总费用的比值。

1. 经济发展相关因素与基本医疗保障水平的影响

医疗保险系统是经济社会子系统的一部分，所以经济发展环境对医疗保险系统的发展有着重要的影响，在众多复杂的、多层次的因素的影响下，医疗保险系统发展变化表现为医疗保险基金的平衡力与医疗保障水平的变化。本章主要通过灰色关联分析、逐步回归分析等方法从众多经济发展指标中选取与医疗保障水平关联性较强的指标建立指标体系，并进行逐步回归，分析这些代表性指标对医疗保障水平的影响程度大小。

（1）医疗保障水平与经济发展指标的关联性分析

根据对相关研究的分析，本章初步选取了医疗保障水平指标和9个具有代表性的经济发展指标，分别是人均国内生产总值（人均GDP）、第三产业产值/GDP、财政收入、人均可支配收入、人均消费支出、消费价格指数、医疗保健类消费价格指数、政府卫生支出和全社会固定资产投资。本章中医疗保障水平是医保基金支出与卫生费用支出的比值，意义在于与医疗费用总支出相比，更能体现医疗保障程度能否适应医疗卫生的发展，能否满足保障人群的需求。所有指标数值均来源于《中国统计年鉴》和《中国卫生和计划生育统计年鉴》，部分统计指标根据年鉴中的相关指标计算得出。城镇职工基本医疗保险、新型农村合作基本医疗保险和城镇居民基本医疗保险的开展时间分别是1998年、2004年和2007年，所以能在年鉴中最大提取的指标年份是1998年到2016年。

灰色关联分析法是灰色系统分析方法的一种，主要根据曲线间的关联程度判断因素之间的相似程度。由于是按发展趋势进行分析，因此对样本量的大小和样本分布规律没有严格要求，且结果与定性分析结果比较吻合。本章面板数据中仅涵盖近二十年各统计指标值，但分布规律尚未明确，因而采取灰色关联法分析医疗保障水平与各经济发展指标的关联程度大小。根据计算出来综合关联系数值的大小进行排序，以0.60（不包括0.60）作为下阈值，剔除与医疗保障水平关联性不强的指标，同时表2-18

中显示的是医疗保障水平与各经济发展指标的综合关联系数值的大小，依据 0.60 的下阈值剔除标准，剔除了 4 个关联性不强的指标，分别是第三产业产值 /GDP、人均消费支出、居民消费价格指数和医疗保健类消费价格指数。

表 2–18　医疗保障水平与经济发展指标关联分析结果

	指标名称	综合关联系数值
医疗保障水平（%）	人均 GDP（元）	0.62
	第三产业产值 /GDP（%）	0.53
	财政收入（亿元）	0.66
	人均可支配收入（元）	0.60
	人均消费支出（元）	0.59
	居民消费价格指数	0.51
	医疗保健类消费价格指数	0.51
	政府卫生支出（亿元）	0.68
	全社会固定资产投资额（%）	0.66

（2）医疗保障水平与经济发展指标的回归分析

在医疗保障水平与经济发展指标的灰色关联分析中，剔除了 4 个关联性不强的指标，剩余 5 个经济指标将结合医疗保障水平进行回归分析。由于经济指标变量之间存在多重共线性，为了消除各变量量纲的影响和变量间的异方差，使数据符合假设要求，同时在一定程度上降低各自变量间多重共线性对回归分析结果的影响，本章首先对各指标数值进行对数化处理，然后运用 MATLAB 统计分析软件中的 stepwise 函数构建逐步回归方程。回归方程中的因变量为医疗保障水平指标，自变量包括人均 GDP（X1）、人均可支配收入（X2）、财政收入（X3）、政府卫生支出（X4）和全社会固定资产投资额（X5）。模型构建结果如下：

$$LnY=-7.36+1.66LnX2+1.17LnX4+3.78LnX5$$

其中 P<0.001，说明该模型具有显著性意义。决定系数达到 90% 以上，说明人均可支配收入、政府卫生支出和社会固定资产投资额 3 个代表性的经济发展指标可以解释医疗保障水平变动的 90% 以上的信息。

（3）经济发展对医疗保障水平的影响结果分析

从上文医疗保障水平和各经济发展指标间的灰色关联和逐步回归分析中，可以发现，人均可支配收入、政府卫生支出和社会固定资产投资额 3 项指标对医疗保障水平的影响效果较为明显。医疗保障制度的发展必须有一定的经济基础作为支撑，需要经济发展带来的资金上的保障。某个国家或地区的经济发展水平高，医疗保障制度越完善，医疗保障水平相对而言也更高，可见经济发展一定程度上促进了基本医疗保险的发展。从世界范围来看，欧洲经济的高速发展为国家建立高标准的社会保障制度提供了雄厚的物质基础，特别是北欧的瑞典、芬兰、挪威等国家，均建立了项目齐全、标准较高的全民社会保障制度。而经济发展水平较低的情况下，国民的保障需求受到抑制，国家只能选择低水平的保障层次，保障制度的结构往往表现为低层次性和残缺性。我国基本医疗保险制度的发展完善也主要得益于经济实力的增强，来源于国家财政的支持。

GDP 和人均 GDP 均是衡量宏观经济状况的重要指标，反映经济增长量的变化情况，代表一个国家或地区的经济实力和市场规模。从 1998 年到 2016 年，我国 GDP 的平均增速为 12.90%。2017 年我国服务业在整个 GDP 中的占比为 51.6%，对经济增长的贡献率达到了 58.8%，可以说，我国已经进入到服务业主导的经济发展阶段，标志着经济成功转型升级。而医疗服务行业作为一个特殊行业，对经济的发展同样功不可没。相对于工业和农业，服务业附加值更大，是财政收入的主要来源。财政收入的增加带来政府卫生支出的增加，即政府用于卫生事业的财政拨款增加。1998 年到 2016 年，政府卫生支出的平均增长速度达到了 19.61%，并且其在财政支出中的比重也以每年 2% 的速度增长。在社会经济发展的过程中，财政收入的增加使得政府用于国家科教文卫事业建设的可支配资金变得充足，一方面，增设了更多基础医疗和保健设施，提高居民的身体素质，简化就医流程；另一方面，加大对基本医疗保险的财政补贴，包括提高基本医疗保险对个人的财政补助标准，进一步提升医疗保障水平，减轻居民的疾病经济负担。2018 年，李克强总理在十三届全国人大一次会议上提出，为提高基本医保和大病保险保障水平，居民基本医保人均财政补助标准再增加 40元，一半用于大病保险。[①] 可以说，政府卫生支出增加带来的医疗保险财政补助的增加和医疗保障水平的提升，是基本医疗保险制度发展完善的关键因素。但现阶段下，经济合作与发展组织（OECD）国家的政府承担居民的大部分医疗费用，比例占到 70% 以上。而我国政府卫生支出仅占国家财政支出的 7.41%，不仅远低于发达国家，在发展中国家也处于较低水平。因而，政府需进一步加大卫生支出，提高对基本医疗保险的财政补助。特别是对于经济发展水平较低的地区，政府可以加大相关政策的倾斜力度和低收入人群的保障力度，提高欠发达地区医疗保障水平，切实发挥基本医疗保险事业普惠公正的属性。另外，除了加大对基本医疗保险的财政支持，政府还需要加强医疗保险制度相关立法、提高资金使用效率、行业监管、信息披露等方面的责任，这同样也是推动制度发展完善，提高保障水平的重要方面。

随着经济社会的发展和国家经济实力的不断提高，我国居民人均可支配收入也得到了显著提高，到 2016 年，已达到 23820.98 元，比上年增长 8.44%，超过同时期 7.99% 的 GDP 增速。1998 年到 2016 年，居民人均可支配收入的平均增长速度为 10.87%。人均可支配收入可以从一定程度上反映经济的质量和居民生活水平。一般来说，人均可支配收入与生活水平成

① 新华网：《扩大跨省异地就医直接结算范围》，2018 年 3 月 5 日，见 http://www.xinhuanet.com/politics/2018lh/2018-03/05/c_137017064.htm。

正比，即人均可支配收入越高，生活水平则越高。随着生活水平的大幅提高，人们越来越重视生活质量的提升，疾病预防和健康保健意识也不断增强。一方面，人们更舍得为健康投资，参加基本医疗保险的积极性增强。从1998年实行的城镇职工基本医疗保险制度开始到2017年，绝大部分地区已经整合完成城乡居民基本医疗保险制度，我国基本医疗保险参保人数已超过13亿人，覆盖面稳固在95%以上。随着参保人数的不断增加到接近全覆盖，人均可支配收入增加带来的人均筹资额的增加和费用负担能力的增强，以及企业效益的普遍提高所带来的企业筹资额的大幅增长，我国基本医疗保险基金这个“蛋糕”越做越大，基金的充足敦促基本医疗保险制度设计出更高的报销补偿比，同时扩大基本医疗保险服务范围，包括纳入更多的基本医疗服务项目和基本药物，从而普遍提高居民的医疗保障水平。另一方面，收入的增加带来人们对医疗服务这一特殊消费的需求大幅增加。在经济可承受的范围内，大多数人会倾向于选择更好的医疗服务，费用较高的治疗方案或药物，医疗服务费用自然相应上升，并且由于住院门槛低、门诊统筹实施较晚等政策因素的影响，小病大养和过度医疗问题不断涌现，医保基金支出不断增加。

随着我国医药卫生体制改革的进一步深化，人们的健康保健意识进一步提高，医疗卫生需求不断释放，给医疗卫生行业带来十分广阔的发展空间。在利好的政策支持和扩大的人民需求的背景下，医疗卫生行业得到更多投资者的青睐。根据《“健康中国2020”战略研究报告》，到2020年我国卫生总费用占GDP的比重达到6.5%—7%（2011年为5.1%），多种产权模式下的医疗服务量占比要实现翻番，达到20%，意味着社会资本进入医疗机构的增长将在未来至少5到6年内还将保持超过30%的年均增长。①

① “健康中国2020”战略研究报告编委会主编：《“健康中国2020”战略研究报告》，人民卫生出版社2012年版。

1998 年到 2016 年，全社会固定资产投资的平均增长速度为 18.78%，其中根据统计年鉴中收集的数据计算所得卫生、社会保障和社会福利业固定资产投资额的平均增长速度则达到了 25.22%。从 2003 年到 2016 年，尽管卫生、社会保障和社会福利业固定资产投资占全社会固定资产投资比重的平均增长速度仅为 0.75%，但投资总量却大幅提升。对卫生和社会保障行业的公共服务设施，基础医疗设施以及卫生服务领域的投资项目等均具有普惠性质，一定程度上也提高了居民的基础医疗保障水平。同时随着医疗卫生体制改革的深入，人们对医疗卫生服务质量的要求不断提高，因而固定资产的投资活动逐渐成为公立医院扩大规模，提高医疗服务水平，提升公立医院综合实力的重要途径，不仅保证了公立医院硬件设施设备数量和质量，也为医疗技术的提高提供了设施保障，进而改善了患者的就医环境。政府在投资过程中要尽量简政放权，最大限度的减少对公立医院固定资产投资活动的行政干预，可以适当地进行补贴或者提供优惠政策支持，鼓励外界参与公立医院的固定资产投资项目。公立医院则需要加强对固定资产的利用和管理，同时提高经济效益和社会效益。另外在信息化时代，对医疗行业固定资产的投资更需要考虑与物联网、云计算等新兴产业相结合，有利于提高投资效率，最大程度满足人们的医疗卫生需求，提升整体的医疗保障水平。

从上述灰色关联分析的结果来看，消费价格指数和医疗保健类消费价格指数与基本医疗保障水平的关联性不强，说明消费品和服务项目，比如药品、基本医疗服务项目等价格的变动对大多数居民及其家庭的购买使用情况影响不大，因而不会进一步影响医保基金支出以及医疗保障水平。因为这些药品、基本医疗服务项目与人们的健康水平息息相关，像大米和饮用水是人们日常生活的必需品一样，医疗服务和药品等是人们治疗疾病、维持健康的必需品，弹性小且可替代性不强。

通过医疗保障水平与各经济指标的相关关系和影响作用分析可以看出，不论是经济发展带来的财政收入和政府卫生支出的增加从而对基本医疗保险提供更多的财政补助，还是人均 GDP、人均可支配收入的提升带来的人均筹资能力的增加；不论是企业效益提升使单位筹资额增加从而带来的医疗保险基金总额的扩大，还是随着全社会固定资产投资额扩大而不断增加的卫生、社会保障和社会福利业固定资产投资额，特别是医疗行业如医院的固定资产投资项目和额度的扩增，这些因素均反映了经济发展状况对总体医疗保障水平产生的影响，有利于更好地满足人们日益增长的医疗卫生服务需求。但我们不容忽视的是，在此过程中可能会引起不合理的费用支出，导致小病大养、过度医疗等现象不断涌现，政府、相关医保部门需要进一步加强对医疗费用和医保基金的有效监管，促进公平公正，推动医疗保险制度的持续稳定发展。

事实上，经济的快速发展不仅会带来基本医疗保险制度的发展与完善，医疗保险制度发展对经济增长也具有长期效应。一方面，完善的医疗保险制度带来基本医疗保障水平的提高，从而改善人们的健康水平。健康水平的提高则意味着人力资本质量的提高，而人力资本作为经济增长最活跃的因素之一，能够通过技术进步，自主创新能力的提升，以科技进步带动经济长远发展。高质量的人力资本也能够推动经济结构调整优化，为经济发展和社会进步提供智能资源和精神支撑等。另一方面，医疗保障水平的提高使得人们的就医经济负担进一步减轻，同时也在一定程度上刺激了人们的医疗消费需求，增加更多的药品消耗量和医疗服务项目的消耗，一定程度上促进了医疗服务行业的整体发展。另外，医疗保障水平的提高带来的不仅是医疗消费需求的释放，还包括人们日常的消费支出，因为降低了人们未来支出的不确定性，人们会减少预防性储蓄，从而促进人们日常生活消费、住房、教育、娱乐、文化消费等各种消费支出，促进国民经济可持续发展。

2. 不同地区医疗保障水平的差异

（1）医疗保障水平与经济发展的趋势性分析

以医保基金支出与卫生费用支出的比值作为医疗保障水平变动的测量

标准，以 GDP 总量作为经济总量变动的测量标准，选取 1998—2016 年相应指标数值，可分析医疗保障水平的变动与经济发展变化的趋势是否大体一致。具体见图 2-18。

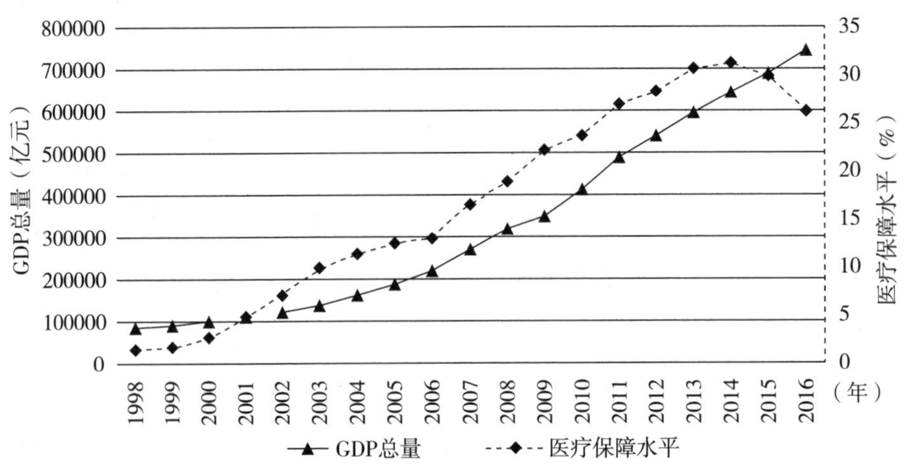

图 2-18　1998—2016 年医疗保障水平与经济总量的变动趋势

数据来源：《中国统计年鉴》和《中国卫生统计年鉴》。

从图 2-18 可以看出，1998 年到 2014 年，医疗保障水平的发展与我国经济变动趋势大体上一致，均呈上升趋势，但 2014 年到 2016 年，医疗保障水平出现了下降。

（2）不同经济发展水平地区的医保基金收支状况比较

虽然经济社会的快速发展带来了整体医疗保障水平的提高，但仍然存在一些问题阻碍着基本医疗保险与经济发展的持续协同发展。由于各地区经济发展水平的不同，导致基本医疗保险的筹资水平和支出水平存在明显的地区差距，制约着地区之间协调发展。本章根据课题调研数据对不同经济发展水平地区的医保收支状况进行比较，以广东省的深圳市、珠海市和贵州省的遵义市进行分析。表 2-19 是三个地区 2013 年至 2016 年的医保基金收支状况。图 2-20、图 2-21 和图 2-22 分别是深圳市、珠海市和遵义市的人均 GDP 及其增速、医保基金筹资额及其增速和医保基金支出及其增速的相应比较。

经济发展水平是衡量一个国家或地区整体发达程度的重要指标，反映了人们所享受到的社会发展成果。从图 2–20 中可以明显看出，2013 年到 2016 年遵义市人均 GDP 远低于同时期的深圳市和珠海市，也低于全国的人均 GDP 水平，说明遵义市整体的经济发展水平相对落后。但从各市人均 GDP 的增速来看，虽然这四年间三市的人均 GDP 总体上都呈下降趋势，但遵义市人均 GDP 的增长速度远高于深圳市和珠海市，说明遵义市具有更大的经济发展空间和潜力。

表 2–19　2013—2016 年深圳市、珠海市、遵义市三个地区医保基金收支状况

年份	深圳市			珠海市			遵义市		
	人均 GDP（元）	医保基金收入（万元）	医保基金支出（万元）	人均 GDP（元）	医保基金收入（万元）	医保基金支出（万元）	人均 GDP（元）	医保基金收入（万元）	医保基金支出（万元）
2013 年	137104.21	1511170	887030	105574.48	245083	206942	25798.45	136275	165920
2014 年	148455.04	1808620	1024310	115673.34	279147	239455	30453.13	159579	169535
2015 年	153821.29	2071640	1152350	123944.99	325525	276783	35017.85	184466	173034
2016 年	163687.83	2495580	1352830	132890.92	379690	329651	38596.43	225428	187273

数据来源：课题调研数据、深圳市、珠海市、遵义市统计年鉴。

课题组 2017 年 7 月和 8 月于广东省深圳市、珠海市和贵州省遵义市调研数据所得《深圳统计年鉴 2017》《珠海统计年鉴 2017》《遵义统计年鉴 2017》。

医保基金筹资总额主要来源于国家财政补贴、企业筹资额和个人筹资额。经济的迅速发展促进国家综合实力的提升，带来了国家财政收支、各

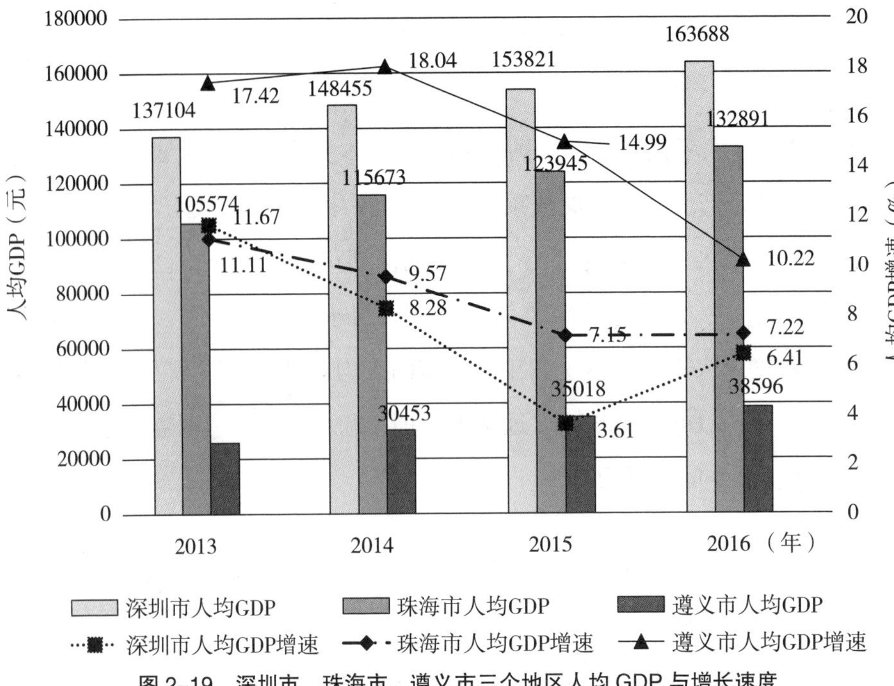

图 2-19　深圳市、珠海市、遵义市三个地区人均 GDP 与增长速度

数据来源：《深圳统计年鉴 2017》《珠海统计年鉴 2017》《遵义统计年鉴 2017》。

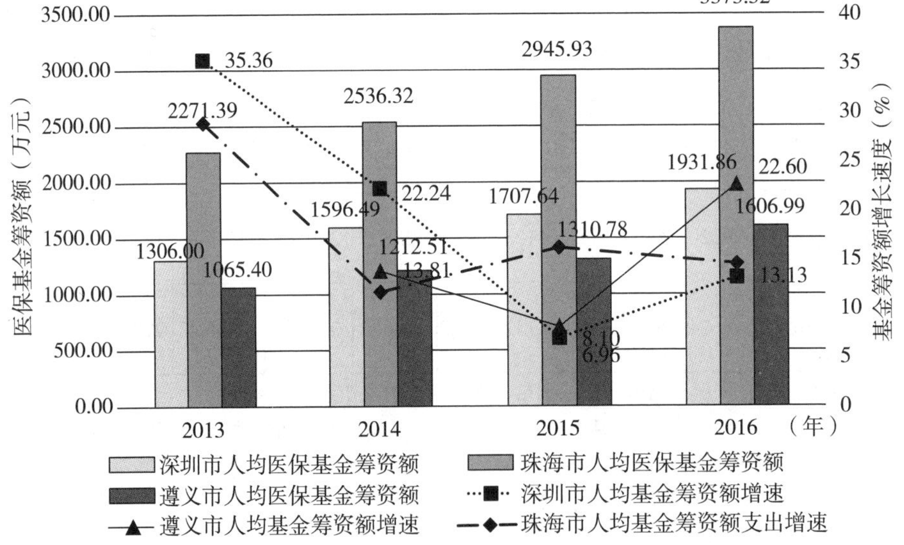

图 2-20　深圳市、珠海市、遵义市三个地区医保基金筹资额与增长速度

数据来源：课题组 2017 年 7 月和 8 月于广东省深圳市、珠海市和贵州省遵义市调研所得数据。

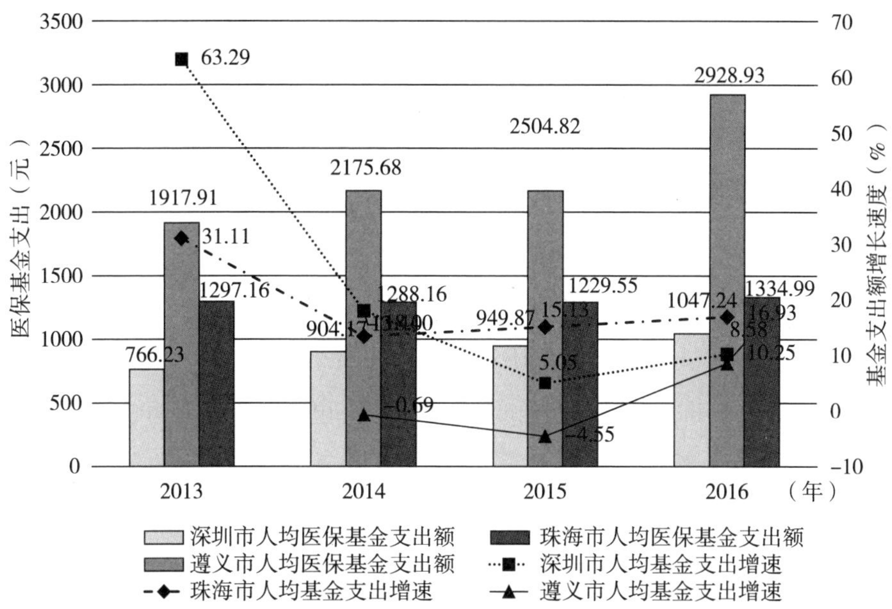

图 2-21　深圳市、珠海市、遵义市三个地区医保基金支出额与增长速度

数据来源：课题组 2017 年 7 月和 8 月于广东省深圳市、珠海市和贵州省遵义市调研所得数据。

企业单位经济效益、人均可支配收入等的不断增长，从而扩大医保基金筹资总额，增强医疗保障基础。参保人数方面，由于深圳市参保人数较多，2016 年达到了 1291.8 万人，而同时期的珠海市和遵义市参保人数分别仅有 112.55 万人和 140.28 万人，因而根据表 2-19，深圳市的医保基金筹资总额 2016 年达到了 2495580 万元，是珠海市的 6.57 倍，遵义市的 11.07 倍。但由于经济发展水平和参保人数会同时影响总筹资额，因而总筹资额高的地区人均筹资额未必最高。从图 2-20 中各市人均医保基金筹资额来看，虽然珠海市总筹资额低于深圳市，但人均筹资额明显高于深圳市和遵义市。遵义市由于总经济增长量和参保人数均低于珠海市和深圳市，因而人均筹资额相对两市而言处于较低水平。从增长速度来看，2013 年到 2016 年，各市的人均筹资总额均在增长，但增速不同，并且变动较大。深圳市、珠海市和遵义市的人均医保基金筹资额年平均增速分别为 19.42%、

17.81% 和 14.84%，由此可见，遵义市在总筹资额、人均基金筹资额及其增速方面，与深圳市和珠海市相比存在很大差距。

医保基金支出额可以在一定程度上反映人们的医疗卫生需求变动以及需求的满足程度。根据表 2–19，深圳市的医保基金支出总额高于同时期的珠海市和遵义市。根据图 2–21，各市人均医保基金支出额的变动也较大，总的来说，深圳市、珠海市和遵义市人均医保基金支出额年平均增长速度分别为 24.15%、19.15% 和 1.11%。深圳市年增速最快，但人均医保基金支出额明显低于同时期的珠海市和遵义市，遵义市相对于珠海市也较低。一方面，与参保人数这一基数有关，再多的医保基金支出总额也可以被大的参保人数所稀释，表现出较低的人均医保基金支出额，另一方面，可能是由于医保部门对医疗费用和医保基金的监管加强，控制了不合理的医疗费用支出，从而一定程度上减少了基金支出额，同时也可能由于对参保人员日益增长的医疗需求的满足程度和保障程度不够。

综上所述，各地区经济发展水平的不同，导致基本医疗保险的筹资水平和支出水平存在明显的地区差距，这种差距也在一定程度上影响到相应地区医疗保障水平。经济发展水平较高的中东部地区相较于经济发展较为落后的西部地区，医疗保障水平较高，也有比较完善的医疗保险配套政策，能够更好地满足人们日益增长的医疗卫生需求。医疗需求的释放也会一定程度上拉动消费支出，从而推进经济的可持续发展。但同时也需要加强对医疗费用和基金支出的监管，限制“小病大养”“过度医疗”等带来的不合理的医疗费用支出，坚决抵制一系列骗保行为。

三、经济、人口变迁引发的社会结构变迁与基本医疗保险制度的关系分析

改革开放四十年以来，我国经济体制由计划经济向市场经济转型，人们居住方式、交往方式、价值观念等经过了一系列变革，社会结构与形态

也发生了翻天覆地的变化。我国基本医疗保险制度的推进与变革在社会结构与思想理念变化过程中承担着承上启下、推波助澜的作用。

（一）基本医疗保险制度发展下家庭养老功能的弱化

1. 家庭结构核心化

在当代社会发展变革的背景下，中国的家庭规模不断向小型化和核心化发展。根据历次人口普查数据，在家庭规模方面，1947 年每户平均人数为 5.35 人，1953 年 4.33 人，1964 年 4.43 人，1982 年 4.41 人，1990 年 3.96 人，2000 年 3.44 人，2010 年 3.10 人。从 1947 年到 2010 年，每户平均人数平均减少了 2.25 人。《中国统计年鉴》中将家庭户数按照每户人数划分为一人户到十人以上户共十大类，截至 2016 年，二人户和三人户分别占比 25.77% 和 26.09%，2—3 人组成的小型家庭占到总家庭户数的 50% 以上，说明中国普遍的家庭都是夫妻核心家庭或者一家三口组成的标准核心家庭。这种家庭规模的形成主要来自人口政策、计划生育政策的影响。除了核心家庭，单人家庭、“空巢家庭”、“丁克家庭”等也在不断地涌现。30—40 岁夫妇普遍孕育一个子女，组成的是一家三口的标准核心家庭，而 45 岁以上年龄段的夫妇多由于子女的求学、工作或结婚而离家，孩子与父母多是分离并逐渐组成自己的标准核心家庭，由此形成大量的由中老年夫妻双方或一方组建的“空巢家庭”。并且农村的空巢率远高于城市，经济发展落后的地区的空巢率远高于经济发达的地区。这主要与现代经济社会发展变迁下城镇化、工业化快速发展、流动人口规模不断扩大等有关。20 世纪 90 年代以来，随着改革开放和市场经济的进一步完善，人口流动以前所未有的规模和速度在全国展开。为了改善生活质量，提高生活水平，农村经济发展水平落后地区的年轻劳动力往往会向经济发展水平较高的城市寻求更好的就业发展机会。加之国家取消了户籍限制，进城经商务工的流动人口的规模不断扩大，很多流动人口也会因为工作或结婚等直接定居在城市或一些经济发达的地区，导致发展相对落后的地区或农村的“空巢家庭”的数量急剧增加。

2. 养老观念变化

传统社会中，养老文化的内涵多为“养亲、尊亲、无违、无改”，子女因拥有“父母在不远游”的文化价值观，一般以农业活动场所为核心在有限的地域范围内活动。随着经济和文化发展的全球化，养老文化逐渐向“盼望子代工作体面，家庭和睦，孙代优秀”的现代观念转变。市场经济制度极大地激发了公众的工作积极性，无论是单位还是个人处于一种快速转型的状态。青年人纷纷为了工作生活等离开父母，对原有家庭的依赖和维系情感逐渐减弱。并且随着妇女工作机会的增加，家庭的生育行为和生育意愿发生了改变。有学者研究指出，孩子的数量与母亲的经济收入呈现负相关关系。因而人们在有经济能力和社会保障的基础上，不再把生育子女看作经济收益的来源，看作养老的保障，而是以自我生存和发展为决策的依据，因此出现了“丁克家庭”。生育孩子的价值观念由“养儿防老”的经济价值关系转向家庭亲情慰藉的精神价值关系。

3. 养老不仅需要医疗保险带来的经济保障，更需要家庭和社会照护

不仅是经济社会文化发展带来养老观念的变化，社会保障体系，特别是基本医疗保障体系的建立与完善有更重要的影响。在医疗保障领域，建立起城镇职工、居民基本医疗保险和新型农村合作医疗为主体的医疗保障体系，包括对城乡困难群众参保和个人医疗费用负担给予帮助的保底医疗救助，共同形成了我国独特的“社会统筹和个人账户”相结合，个人、企业和政府多方筹资的医疗保障模式。这种医疗保障体系从无到有，极大程度地减轻了人们的疾病经济负担，特别是在满足老年人的医疗需求方面起到了关键作用。随着参保率和覆盖率的增加，加上养老保险，父母对子女的医疗费用需求减少，我国的养老模式从传统的“家庭养老”逐步转向“制度化养老”。这样的养老文化虽然是一种社会进步的变现，但也同样存在着一些问题和不足。第一，城乡老年人的医疗保障水平明显存在差异。一方面，农村家庭空巢比例远高于城市，也就意味着农村有更多子女不在身边的空巢老人，另一方面，大部分农村老年人由于没有退休金、养老保险等经济保障，多是靠参加新农合、大病保险等带来的部分医疗保障，保障水平普遍低于城镇职工医保和城镇居民医保，因而相对于城市老年人来说，特别是城市退休职工来说，农村老年人会承受更大的医疗风险和经济负担，这种保障水平的差异也不利于医疗保障体系的持续稳定发展。随着城镇职工医保和新农合合并之后的城乡居民医保制度的建立完善，可能会在一定程度上降低这种差异，保障公平性。第二，不同类型的家庭对风险的承受力不同，家庭规模越大承受风险的能力就越强。随着家庭规模的小型化和核心化，以及不断涌现的单人家庭、“空巢家庭”、“丁克家庭”，老年人往往由于没有子女在身边照料，会对医疗保险产生更多依赖，家庭的医疗需求就会比以往有所扩大。这些家庭结构的家庭成员的养老很大一部分将会由社会进行负担，从而对社会保险的水平和覆盖程度提出了更高的要求并产生了巨大的压力和挑战。第三，老年人养老需求提升，但子女供给相对不足。主要是由于严重的“重幼轻老”代际倾斜问题，更多的年轻人将重心放在子女的照护上，对老人照护的重视程度下降，并且因为资金、资源和规模的局限，对老人的供给显得相对短缺。第四，现阶段的医疗保障体系只初步解决了医疗需求带来的经济问题，而没有解决实际照护问题，包括社会照护和家庭照护。人口与经济的发展变迁同时打破了经济和照护支撑体系，而医疗保险体系仅仅起到了经济杠杆的作用，缓解了疾病带来的经济负担，而照护问题没有得到应有的重视。社会照护主要来自长期护理、医养结合等附加险，而家庭照护主要还是子女带来的精神慰藉，这是社会照护远不能达到的。国外学者哈尔·肯迪格通过20世纪的一项研究发现，当时发展中国家的外部照料较稀少，主要依靠家庭赡养老年人，发达国家的政府也愈加重视家庭照护以缓和财政压力。他肯定了家庭养老的社会经济效应，认为家庭是个人追求福利最大化的理想选择，就像一个有效的“保险公司”，通过代际间转移支付化解个人面临的诸多风险。从全球视角看，“老龄问题国际行动计划”特别把“提倡子女赡养父母”列入向各国政府的建议之中，还提出“家庭是社会基本单位，应根据不同区域的制度文化和老年需求来完善家庭养老模式”。由此可见，无论是当前还是未来，也不论在中国还是其他各国，都不能忽略家庭养老模式的积极作用。尤其是对经济尚不发达的中国农村地区，家庭养老有其不可替代的经济、资源和地域优势。因而，政府需要努力健全社会保障体系，统筹家庭、政府、市场、社区等多个主体的作用以形成合力，在合作框架下完善各主体的责任承担机制，打破单纯传统型家庭养老模式与单纯现代型社会养老模式的两级思维定式，通过多层次的制度安排，将养老压力化解在一个责任共担、纵横交错的安全网络之中。但我国当前处于经济上升期，子女面临更大的工作和生活压力，家庭照护可能一定程度上还达不到要求。随着基本医疗保险制度的完善，在经济支撑体系的基础上建立照护体系，才能实现真正的医疗保障。未来的医疗保险并非单一的模式，需要以基本医疗保险为基础，整合、附加其他的医疗保险，包括大病保险、长期护理、医养结合等附加险，使得医疗保险真正成为一个全面的医疗体系。

（二）基本医疗保险制度下家庭消费结构的变化

内需，即本国居民的消费需求，作为拉动我国经济增长的三驾马车之一，是经济增长的主要动力，同时也是经济增长的重要目的。消费需求的稳定增长已经成为维持一国经济持续发展的重要因素，经济发展的成果应体现为居民的消费水平提高和消费结构升级。20世纪90年代以来，随着经济快速发展，我国居民储蓄率呈下降趋势，最终消费率和居民消费率都呈上升趋势，但进入2000年以后，中国宏观经济由“供给不足”型转向“需求不足”型，居民消费增长低于同期GDP和居民收入的增长速度，而居民储蓄却持续大幅增长。消费需求的缩减和居民储蓄率的持续上升使得经济增长大部分依赖于出口和投资，结构性矛盾日益突出。这种现象的出现主要是因为2000年前后正是我国经济体制改革深化的重要阶段，也带来了住房、养老、教育、医疗等传统保障体系的社会化变革。预防性储蓄理论指出，如果未来支出具有不确定性，居民就会压缩当期消费而增加储蓄，从而实现效用最大化。因为住房、医疗等社会化变革使得人们面临潜在的支出风险，支出存在很大的不确定性，因而人们会选择增加预防性储蓄，降低当前消费支出。低消费率表明居民未能充分享受经济发展所带来的成果，不利于发挥劳动者的生产积极性，削弱了消费对国民经济可持续发展的重要支撑作用。作为社会保障体系的重要组成部分，医疗保险支出的推进与完善提高了居民的医疗保障水平，看病的途径和治疗费用等均有良好保障，因而很大程度上降低居民未来医疗支出的不确定性，进一步释放居民的消费需求，减少预防性储蓄。

由于我国整体经济发展的不均衡，地区间的经济发展水平和收入分配差距显著，有研究指出，是否参保、参保类型、不同收入和地区的城乡家庭对医保制度改革的反应具有异质性。就城镇居民保险而言，相较于未参加医疗保险的家庭，参加医疗保险的家庭医疗消费支出和非家庭医疗消费支出均显著增加。参加城镇居民医保家庭的非医疗消费额大约增加6.9%，可见城镇居民医保对非医疗类消费的正向作用比较稳健。一方面是因为医疗保险减少了参保家庭的医疗开支，使得家庭可以把节约的开支用于家庭消费的其他方面。另一方面参加保险减少了未来支出的不确定性，所以居民把减少的预防性储蓄用于增加当期消费。此外，城镇居民医保还对不同收入家庭和不同地区家庭的各项消费支出有不同影响。参保对于中高收入家庭的消费支出没有显著性影响，而对于中低收入阶层的家庭有较大影响。低收入家庭把减少的预防性储蓄多用于增加家庭日常开支和教育支出等。在增加的家庭消费结构中，增长幅度较为明显的日常生活消费支出、教育支出等，而一些弹性过大，如文化消费，或一些弹性过小，如住房支出等没有显著性增加。根据发达国家经验，以人均 GDP 测算，当前我国文化消费规模应该在 4 万亿元以上，然而我国实际的文化消费水平仅有 1 万多亿元，与理想消费支出存在很大差距。

综上所述，各级政府应不断优化公共支出结构，提高政府对医疗保障资金支出比例，形成医疗保障投入的长效机制，不断完善医疗保障体系的建设，使医疗保障体系能持续引导居民消费的增长。此外，政府还应逐步使医疗保险在各地区不同收入群体之间的待遇水平相互衔接，平衡区域间的保障水平，实现公共服务供给的均等化，这对和谐社会的建设和经济的可持续发展具有深远影响。

（三）基本医疗保险与医疗技术发展的相互影响

医疗领域是和科学技术进步联系最密切的领域之一。随着科学技术的迅猛发展，新的诊疗技术、医疗仪器设备不断涌现。医疗技术的进步、医疗机构软硬件设施配备的增强使得人民的健康得到一定程度上的保障，尤其在新兴疾病和疑难杂症方面作用显著，同时也为满足不断增长的医疗服务需求提供了可能。医疗技术的变化可以通过 5 岁以上儿童死亡率指标值表示，该数值从 1998 年的 42% 降到 2016 年的 10.2%，平均增速为 –7.45%，反映了我国医疗技术水平的不断进步。

医疗技术进步会通过改变对特定医疗服务的供给来影响医疗支出。而供给和需求是紧密联系的一个有机体，新的供给往往带来新的需求。新的诊疗技术、仪器设备和药品可以使之前缺乏合理治疗方法的疾病得到有效治疗，但由于新技术设备前期研发成本高，因而价格相对于普通仪器设备更高，使用高新技术的人们往往会花费更多的医疗费用。攀升的医疗费用带来了更多医疗保险需求，而这种增加的需求又能够在一定程度上促进基本医疗保险发展与完善。医保基金的补偿支付通过比较质量的改进与其带来的费用增加是否合理，在控费和发展之间寻找合理的平衡点，增加诊疗项目目录或药品报销目录，或者对一些高新技术项目实行按病种付费，从而控制医疗保险基金补偿与支付的范围。此外，医疗新技术的运用提高了医疗服务的质量和医疗保障水平。而随着医疗保障水平的提高，人们对高新诊疗技术项目和医疗设施设备的需求不断增加，并追求更高品质和水准的医疗技术，为了满足需求和降低成本，医疗技术会不断创新。可以说医疗保险与医疗技术进步之间呈现双向互动的关系，形成螺旋式上升过程，这种良性互动关系有利于双方之间相互完善并在一定程度上有效遏制医疗费用的不合理攀升。

第三章　中国医疗保险发展目标及其实现路径分析

前面章节讨论分析了医疗保障范围和适宜水平的社会、经济、人口影响因素，确立发展战略框架。在此基础上，结合国际发展经验启示，本章对我国医疗保险的发展目标及其实现路径进行了详细分析。

一、基于理论基础分析医疗保险发展目标

（一）福利经济学

福利经济学是研究社会经济福利的一种经济学理论体系。它是由英国经济学家霍布斯和庇古于20世纪20年代创立的。庇古在其代表作《福利经济学》《财政学研究》中提出了“经济福利”的概念，主张国民收入均等化，且建立了效用基数论等。其核心内容包含以下三个基本定律：[①]

基本定律一：不管初始资源配置怎样，分散化的竞争市场可以通过个人自利的交易行为达到瓦尔拉斯均衡，而这个均衡一定是帕累托有效的配置，既符合帕累托最优效应（帕累托最优的三个条件自动满足）。

基本定律二：每一种具有帕累托效率的资源配置都可以通过市场机制实现。人们所应做的一切只是使政府进行某些初始的总量再分配。

---

① 庇古：《福利经济学》，华夏出版社2007年版。

基本定律三：也叫阿罗不可能性定理，其意思是说在非独裁的情况下，不可能存在有适用于所有个人偏好类型的社会福利函数。

在福利经济学体系中，对应医疗保险制度的是第二定律。第二定律表明，赋予适合的初始禀赋，所有的帕累托的产物，一定程度上都可以通过市场来完成，这也是我们常常所说的市场竞争的公平性和透明性。卫生事业是全世界人民一直追求并为之奋斗的事业。近些年来，卫生资源并不算丰富，很多国家都要在节约卫生资源的基础上，尽可能地提高国民的健康状况。世界卫生组织表示，想要使广大人民的健康指数得到提高，大力发展经济是一方面，但是不能仅仅局限于发展经济。经济在不断进步，在一定程度上可以加大对卫生事业的扶持力度，但是我们应该知道资源是有限的，所以我们应该依据不同人的体质需要，来适度提高其健康水平。

（二）罗尔斯正义论

《正义论》，顾名思义，是研讨正义的。正义观念在人类的思想发展史和社会发展史上有着举足轻重的地位，罗尔斯的正义原则有两个：“第一，每个人对于其他人所拥有的最广泛的基本自由体系相容的类似自由体系都应有一种平等的权利；第二，社会的和经济的不平等应这样安排，使它们在与正义的储存原则一致的情况下，适合于最少受惠者的最大利益；并且，依系于在机会公平平等的条件下职务和地位向所有人开放”。这里，第一条原则实际上就是自由优先的原则，“自由只能为了自由的缘故而被限制”。第二条原则则是机会平等原则和差别原则的结合。两条原则的地位并不一样，第一条原则高于第二条原则；第二条原则中，机会平等原则高于差别原则。[①]

虽然罗尔斯的公平正义理论是基于特定的历史背景提出的，不可避免

① ［美］约翰·罗尔斯：《正义论》，中国社会科学出版社 2009 年版。

地带有一定的局限性。但不可否认，其公平理论对中国医疗保险制度的建设具有重要借鉴意义。罗尔斯的公平正义理论在如何寻找社会保障公平与效率的最佳结合点、如何完善医疗保险制度以缩小收入分配差距并建立对弱势群体的补偿机制等方面都有其独到的见解。但罗尔斯的正义论是以西方发达资本主义国家的现实问题为背景而提出的，并不是一个无懈可击的体系，也不是超越一切社会制度的理论。所以，对待罗尔斯的理论我们不能照单全收，而是应该站在客观的立场上挖掘借鉴其合理成分，推动中国医疗保险制度进一步从较低公平向较高公平的方向迈进。

（三）新自由主义的福利市场化理论

20 世纪 70 年代以来，新自由主义在西方兴起并在政治经济领域占据了主导地位。新自由主义理论思想在各国得到普遍的实践，也应用在社会福利领域的改革。作为凯恩斯主义的对立理论，在社会福利领域内，新自由主义反对福利思想的传播和福利国家的构建，主张通过自由市场机制和个人的自我负责来取代长期由国家提供的社会福利，借以减轻国家的负担，激发个人的进取精神。在新自由主义思想的指引下，英国和美国分别实施了社会福利改革。新自由主义建立了强有力的经验基础，开始在各国社会保障改革中广泛应用。

在新自由主义理论中，以最低限度的政府和自由的市场为基础否定现行的福利国家制度，主张从降低福利标准、减少税收负担、缩减福利开支等方面对福利国家进行改革，放松对福利国家的管制，促进对经济的发展。国家角色首要领域是为自然秩序有效发挥功能提供必要制度框架，这意味着国家主要是扮演规则制定者角色。新自由主义者主张依靠市场和私人部门的力量为人们提供医疗保险服务，通过缩减福利开支的制度安排来提出国家应当回归“小政府”的理念，以实现经济的增长。改革开放以来，随着我国经济体制的转型，为适应市场经济，我国社会保障制度在新自由主义理论影响下开始改革。以医疗保险为例，由于公费医疗和劳保医疗费用的上涨、国家财政负担加重，开始实行市场化导向的医疗保险改革。商业化、市场化走向的体制变革带来的成效主要表现为：通过竞争以及民间经济力量的广泛介入，医疗服务领域的供给能力全面提高。此外，所有制结构上的变动、管理体制方面的变革以及多层次的竞争，明显地提高了医疗服务机构及有关人员的积极性，内部运转效率有了普遍提高。

二、国际医疗保险发展目标比较

（一）美国

美国是多元、非组织化医疗模式的典型代表。多元、非组织化模式是以商业保险公司、各种非盈利性的或者盈利性的保险组织为主分担人们医疗风险，参不参加保险完全取决于个人的意愿，国家不干预或强制要求人们参加医疗保险的行为，投保人可以根据自身条件选择不同的医疗保险的类型。

在该种模式下，医疗保险的险种比社会医疗保险要丰富，覆盖的风险范围更广更宽，但是由于商业保险公司的营利性质所在，社会成员并不是人人都能享受到商业医疗保险，比如收入低而缴纳不起保费的，另外年龄大、疾病风险高的人也会被排斥在外，所以商业医疗保险模式缺乏普遍性、公平性。

美国克林顿政府于1996年颁布的《健康保险可携带性与责任法》、1997年颁布的《州儿童健康保险计划》都标志着美国在医改进程中取得了巨大进步。在奥巴马政府改革医疗保险的进程中，国会两院于2010年通过了《患者保护与平价医疗保健法》，和众议院的H.R.4872议案合称为“奥巴马医改法案”。

（二）德国

社会医疗保险模式是目前全球各国医疗保险模式中采用最多的一种模式，指国家通过立法或颁布相关规定强制实施医疗保险。参加社会医疗保险的个人及其雇主（或单位）必须按规定缴纳一定比例的保险费作为社会医疗保险基金，用于支付参保人员（有的国家包含了家属）的医疗费用。德国是该模式的代表，法定社会医疗保险覆盖 90% 左右的人口，商业医疗保险覆盖 10% 的人口，约有 1% 的人没有任何保险。

在该种模式下，医疗保险基金不是单纯依靠某一个团体、部门来筹集，而是由国家、雇主（或单位）、个人多方参与筹集的。从筹资的角度来看，医疗保险的责任不仅仅是某一方的，而是整个社会的责任。与此同时，个人、雇主（或单位）按照一定比例缴纳保险费，收入越高缴纳的实际数额就越多，但是参保人员享受的保险服务是一样的，这就调节了不同收入人群之间的医疗费用负担，体现了互助共济原则。

从 2009 年起，德国政府设定统一的保费征缴率，征缴的保费将先集中到国家的基金风险池中，然后再根据风险调整人头分配公式（考虑了年龄、性别和 80 种慢性或重大疾病等因素）将基金调剂后分配给各基金管理机构，这一举措增强了疾病风险基金的抗风险能力。

（三）英国

国家医疗保险模式也可以称为政府医疗保险模式，是由政府直接主办社会医疗保险，医疗保险基金的筹集完全由政府财政负担，国民享受由政府提供的免费或低收费的医疗服务。英国的国家医疗保险模式的典型代表，根据英国 1964 年通过的《卫生保健法》，规定凡英国居民均可享受国家医院的免费治疗，卫生服务的经费全部或大部分从国家财政中支出。国家免费提供的服务包括初级卫生保健服务、社区服务和专科医院服务，提供这些服务的机构均国有化。医疗费用的大部分由国家财政支付，个人自负的比例相当小，据国际经济合作组织的统计，英国政府承担了医疗费用的84.9%左右，个人仅负担了2.9%，其余的由商业保险等方式承担。

在该种模式下，政府可以控制医疗总费用。因为医疗保险是卫生服务的最大付费方，因此通过控制医疗保险预算，就基本控制了一国的卫生总费用。同时体现了很强的公平性和福利性。每个国民都可以享受政府提供的免费或低收费服务，而且都不需缴纳保险费，表现出了政府对待国民的一致性，并且提供了高水平的补贴。

英国政府于2011年颁布了《卫生及社会保障法》，2012年正式通过了《健康和社会保障法案》，这些法律的颁布，都有效保证了英国国内医改的有法可依，一方面以法律的强制性促进医疗进程，另一方面规范了医改的实施。

三、基于公共政策角度分析中国特色医疗保险发展目标

健康中国战略是建设中国特色医疗保险体系的重要依托。健康是促进人的全面发展的必然要求，是经济社会发展的基础条件。“健康中国”是以维护和增进全民健康，提高健康公平性为目标，秉持“创新、协调、绿色、开放、共享”的发展理念，以公共健康政策为落脚点，以深化医药卫生体制改革为切入点的国家战略。同时也是我国在全面建设小康社会下提出的全民健康蓝图和目标。作为推进健康中国建设的宏伟蓝图和行动纲领，2016年10月国务院印发《“健康中国2030”规划纲要》，明确了健康中国建设的目标：到2020年，建立覆盖城乡居民的中国特色基本医疗卫生制度，健康素养水平持续提高，健康服务体系完善高效，人人享有基本医疗卫生服务和基本体育健身服务，基本形成内涵丰富、结构合理的健康产业体系，主要健康指标居于中高收入国家前列。到2030年，促进全民健康的制度体系更加完善，健康领域发展更加协调，健康生活方式得到普及，健康服务质量和健康保障水平不断提高，健康产业繁荣发展，基本实

现健康公平，主要健康指标进入高收入国家行列。到2050年，建成与社会主义现代化国家相适应的健康国家。

当前，我国经济发展进入新常态，医疗卫生发展不能再遵循简单追求规模扩张的发展模式，而要更加注重从体系和结构调整中提高效率。推进健康中国建设是稳增长、促改革、调结构、惠民生的必然要求。“健康中国”作为国家发展战略的重要组成部分，其核心是实现健康促进，改善健康状况，需要兼容和协调不同行业、领域促进健康与社会发展。充分实现社会转型期的发展目标，必须牢固树立并切实贯彻“创新、协调、绿色、开放、共享”的发展理念，以新常态破解发展难题，厚植发展优势。

全民健康覆盖是指围绕“人人享有”卫生战略目标，采用“初级卫生保健”策略，以制度、体制、机制作为保障，为全体公众提供公平的、全面的、有效的基本医疗卫生服务，并降低费用风险，最终达到改善公众健康的目的。

实现全民健康的基础是要保证当人们出现了健康方面的需求时，能及时获得医疗保健的服务，包括预防、治疗、康复等一系列的健康促进服务，也即经常被提及的卫生服务可及性。要保证卫生服务可及性，必须使人们在使用卫生服务时能够负担得起，不会因为经济上无法承受而放弃卫生服务从而影响健康。因此要做到这一点，每个国家必须建立起一个良好的卫生保障体系，通过多方位的筹资渠道保证人们在有卫生服务需求时能够负担起所需的服务。

国民的健康是拥有强大综合国力和可持续发展能力的前提和基础。作为全面实现小康社会的核心奋斗任务和基石，全民健康覆盖视阈下的健康中国实际上代表的是最具普世性的价值理念——公平和公正。

在健康中国建设背景下，要实现“贡献共享、全民健康”，全民健康是根本，而全民医保则是保障。全民医保制度通过对人群健康的维护，助力健康中国建设，正因如此，为了保障全民健康必须建立覆盖全体居民的成熟定型的健康保障体系——提高医保水平，改革医保管理和支付方式，完善医保缴费参保政策，实现医保基金可持续平衡发展，加快大病保险制度建立、完善异地就医和异地结算制度，将医保发展为“节约型医保”。建成以基本医疗保障为主体、其他多种形式补充保险和商业健康保险为补充的多层次、成熟、定型的医疗保障体系。进一步健全重特大疾病医疗保障机制，加强基本医保、城乡居民大病保险、商业健康保险与医疗救助等的有效衔接。

四、中国医疗保险发展目标实现路径

（一）在不断改革中医疗保险制度面临的挑战

我国在医药卫生领域改革中取得了很多突破和成就，但是目前中国出现的一系列问题，如贫富差距拉大、社会矛盾冲突加剧、国内消费不振等，在病根上都与我国尚未完善的社会保障制度这一肇因有关。医疗保险制度是我国社会保障制度的一个重要组成部分，反思改革开放以来中国医疗保险制度发展进程，我们面临的困境源自三个层面。

1.“社会政策”与“经济政策”概念上的混淆

我国的医疗保险制度改革，初期目标强调配合经济体制改革，为建立社会主义市场经济创造良好的社会环境，近年强调促进公平，以缓解经济运行所产生的不良后果，这仍囿于奥肯的分析范式①。经济政策和社会政策是相对独立的两个领域，其各自遵循的原则、追求的目标和运行的方式都有本质的区别，两者相辅相成，社会发展必须有相应经济政策支持，经济发展也必须有相应社会政策保障。社会保障同教育、医疗服务一样，无论从法律框架、政府机构设置、政策设计上，都不是单纯作为“经济政策”，

① 孙炳耀：《反思社会政策与经济政策的关系》，《中国经济时报》2009 年 8 月 10 日。

而是和“社会政策”相结合的，“卫生改革”也不是作为“经济改革”的一个附属。经济政策关注效率，社会政策注重公平，二者不能偏废。2005年，我国城镇居民年人均收入为10493.0元，其医疗保健支出为600.9元，农村居民人均年收入为3254.9元，其医疗保健支出为168.1元，以2005年数据为定基，观察2009年至2015年数据发现，我国医疗保险系统的建设总体滞后于其他经济系统的发展，尤其是农村居民个人健康支出增长的速度远远超过其个人收入增长的速度，（如图3-1）提示人群健康的改善速度低于与经济发展速度相称的标准[①]。

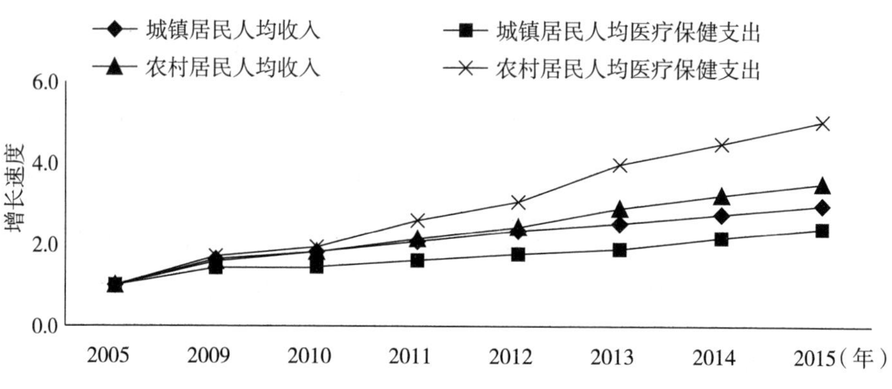

图3-1　我国居民人均收入与医疗支出增长定基比

资料来源：国家卫生和计划生育委员会编：《2016中国卫生和计划生育统计年鉴》，中国协和医科大学出版社2016年版。

2. 健康保障伦理价值上的漠视

1978年开始，中国的社会经济改革曾一度表现为在发展过程中以追求经济增长为首要任务。在这种发展观下的工业化、现代化的持续推进极大地促进了中国社会的发展，但其物本性、短视性、功利性的特点也导致

① Office of the WHO Representative in China and China State Council Development Research Center，*China: Health, Poverty and Economic Development*, Beijing, 2005.

了社会生活中的价值迷失。改革开放以来，中国医疗保障系统在经济长行的价值环境中发展起来，这直接导致医疗保障系统的各种行为主体更多地以经济人而不是道德人的身份，参与了市场经济活动中对最大化利润的追逐，从而加剧了我国社会中健康不公平的程度。

获得健康保障是人的基本权利，为了实现“全民医保”，中国医疗保障制度改革必须重新审视其应有的伦理价值，根据构建社会主义核心价值体系的要求与准则，进行正确的价值判断与选择。

综上所述，在市场经济条件下，如何建立高效的全民医疗保险体系从而实现人人享有以权利公平、机会公平、规则公平为主要内容的社会公平保障体系，同时实现医保机构与医疗机构的良性互动，这是我国医疗保险制度改革面临的关键问题。

（二）医疗保险制度体系的改革与优化

近年来，中国通过职工医疗保险、新农合、城镇居民医疗保险，建立了一张覆盖全国 96.5% 的医疗保障网。在此基础上，还通过大病保险、商业保险、慈善救助等逐步健全了医疗保障体系。2012 年中国宣布进入全民医保时代，这也意味着中国整个医疗保障体系正朝着全民健康覆盖的方向发展。经过一系列改革策略的稳步推进，改变了过去“小病扛、大病等”的情况，中国在保障医疗卫生资源可得性、医疗卫生服务可及性以及提高保障水平上取得了巨大进展。

1. 基本医疗保险覆盖范围不断扩大

截至 2015 年年底，三项基本医疗保险参保人数超过 13 亿，基本实现人员全覆盖，从“极少数人享有”到“人人享有”。由图 3–2 可见，相比于 2008 年，中国基本医疗保险制度覆盖的人口比例提升至 97.19%，在制度上为居民提供了一个保障。至 2015 年年底，全国参加城镇居民医疗保险人数为 3.77 亿人，比上年年末增加 6200 万人；参加城镇职工基本医疗保险人数28893万人，比上年年末增加597万人，增长2.1%，比2010年增加5158万人，年均增长4.0%；参加新型农村合作医疗人口数达6.7亿人，由于受部分城市统一实行城乡居民基本医保制度影响，参合人数减少700万左右。参加城镇基本医疗保险的农民工人数为5166万人，比上年年末减少63万人，见图3-3和图3-4。

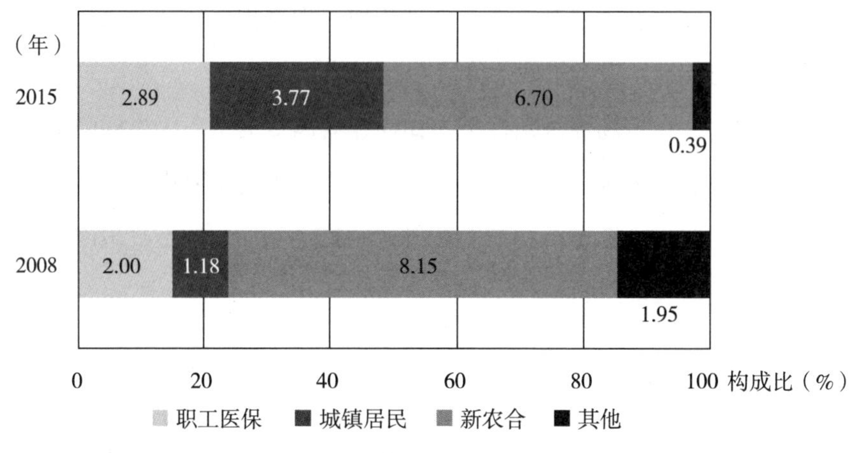

图3-2　中国基本医疗保险各险种参保比例构成图

资料来源：中华人民共和国人力资源和社会保障部：《中国社会保险发展年度报告2015》，中国劳动社会保障出版社2015年版。

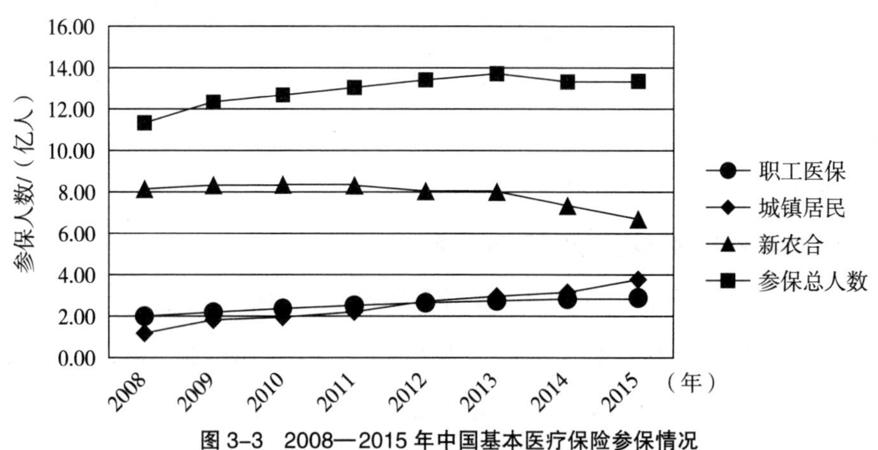

图3-3　2008—2015年中国基本医疗保险参保情况

资料来源：国家人力资源和社会保障部：《中国社会保险发展年度报告2015》，中国劳动社会保障出版社2015年版。

图 3–4　2010—2015 年中国城镇基本医疗保险参保情况

资料来源：国家人力资源和社会保障部：《中国社会保障发展年度报告 2015》，中国劳动社会保障出版社 2015 年版。

2. 基本医疗保险的保障范围和补偿比例不断提高

从保障内容看，根据各地调研情况显示，正从报销住院费用向门诊服务延伸，从基本医疗服务向预防、康复、长期护理等服务延伸，服务内容不断完善，促进了社会公平正义。

从补偿比例看，政策范围内补偿比例从最初 20% 左右增加至现在的 50% 左右。其中，城镇职工基本医疗保险中，在职职工人均缴费 4223 元，政策范围内住院费用基金支付比例 81.9%，城（乡）居民基本医疗保险人均筹资 515 元，各级财政补助 403 元，二级及以下医疗机构政策范围内住院费用基金支付比例达到 68.6%。

受政策干预、企业医疗保险调整和监管体系的不断完善等多重因素影响，基本医疗保险累计结余稳步提升。2015 年全年城镇基本医疗保险基金总收入 11193 亿元，支出 9312 亿元，分别比上年增长 15.5% 和 14.5%。年末城镇基本医疗保险统筹基金累计结存 8114 亿元（含城镇居民基本医疗保险基金累计结存 1546 亿元），个人账户积累 4429 亿元。2015 年新农合筹资总额达 3286.6 亿元，人均筹资 490.3 元。全国新农合基金支出 2993.5 亿元。

3. 居民就医经济负担逐步减轻

个人卫生支出占比继续下降。据初步核算，2015 年全国卫生总费用预计达 40587.7 亿元，其中：政府卫生支出 12533.0 亿元（占 30.88%），社会卫生支出 15890.7 亿元（占 39.15%），个人卫生支出 12164.0 亿元（占 29.97%）。人均卫生总费用 2952 元，卫生总费用占 GDP 百分比为 6.0%。图 3-5 显示，2015 年个人卫生支出占卫生总费用比重较 2014 年下降 1.43 个百分点，比 2001 年的 59.97% 下降了 30.00%，公平性有所改善，但距离世界卫生组织提出的 10%—15% 的公平的筹资体系还有一定距离。

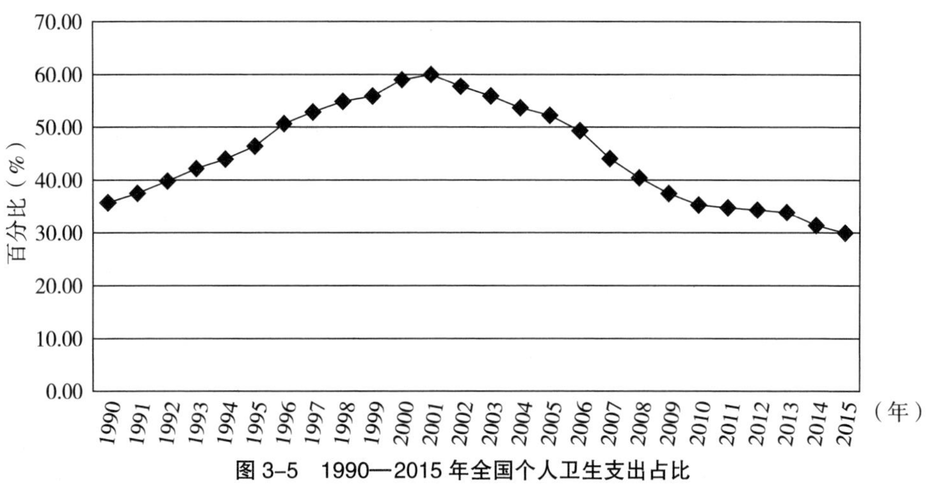

图 3-5 1990—2015 年全国个人卫生支出占比

资料来源：《2015 中国卫生总费用研究报告》和《2015 年卫生计生统计公报》。

基金支付比例提高，居民个人负担逐步减轻。2015 年，全国职工医保政策范围内住院费用基金支付比例为 82.2%，较上年提高 0.1 个百分点。城镇（乡）居民基本医疗保险政策范围内二级及以下医疗机构住院费用基金支付比例为 68.6%，比上年降低 2.3%，比 2010 年提高 5.2%。实际住院费用个人负担比例 45%，自费比例 30.1%，18 个省份高于平均水平（2014 年为 20 省），自付比例 14.9%，11 省份高于平均水平（2014 年为 13 省）。如图 3–6 至 3–8 所示。

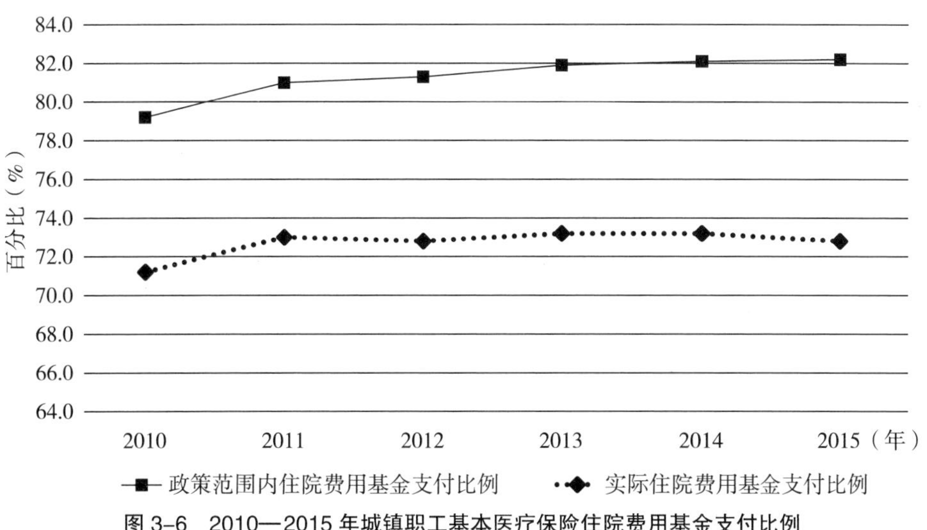

图 3–6　2010—2015 年城镇职工基本医疗保险住院费用基金支付比例

资料来源：国家人力资源和社会保障部：《中国社会保险发展年度报告 2015》，中国劳动社会保障出版社 2015 年版。

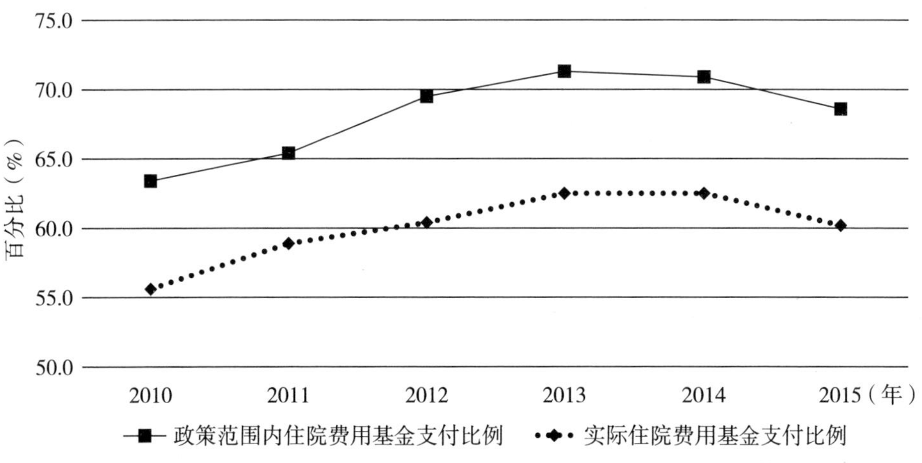

图 3–7　2010—2015 年城镇（乡）居民基本医疗保险二级以下医疗机构住基金支付比例

资料来源：国家人力资源和社会保障部：《中国社会保险发展年度报告 2015》，中国劳动社会保障出版社 2015 年版。

（三）医疗保险运行机制的改革与优化

1. 中国城镇职工基本医疗保险制度

（1）覆盖范围

城镇职工医疗保险制度是中国目前医疗保障体系的基础。其覆盖范围包括城镇所有用人单位，企业（国有企业、集体企业、外商投资企业、私营企业等）、机关、事业单位、社会团体、民办非企业单位及其职工。乡镇企业及其职工、城镇个体经济组织业主及其从业人员是否参加基本医疗保险，由各省、自治区、直辖市人民政府决定。至 2015 年，全国共 28893 万人参加城镇职工基本医疗保险，较 2014 年同比增长 2.1%，比 2010 年增长 21.7%，且增速逐年下降（图 3–9 和表 3–1）。同时，职工退休[①] 比逐年下降，根据职工医保政策，退休人员不缴费，而退休人员人均医疗消费大大高于职工，职工退休比下降提示基金收入减少、支出增加。随着城镇职工医保的基本覆盖，未来参保总人数难以大幅度提升，依靠扩大覆盖面来增加基金收入的效果将难以维持（图 3–10）。

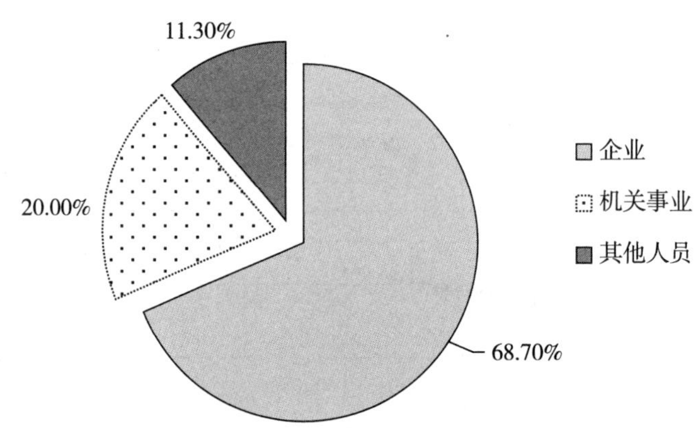

图 3–8　2015 年全国城镇职工基本医疗保险参保人员构成情况（按单位类型）

资料来源：国家人力资源和社会保障部：《中国社会保险发展年度报告 2015》，中国劳动社会保障出版社 2015 年版。

---

① 职工退休比指职工人数与退休人员人数之比。

表 3-1　2010—2015 年全国城镇职工基本医疗保险参保人员情况（按人员类别）

年度	在职职工参保人数（万人）	退休人员参保人数（万人）	职工医保参保人数（万人）	职工退休比（%）
2010	17791	5944	23735	2.99
2011	18948	6279	25227	3.02
2012	19861	6624	26485	3.00
2013	20501	6942	27443	2.95
2014	21041	7255	28296	2.9
2015	21362	7531	28893	2.84

资料来源：国家人力资源和社会保障部:《中国社会保险发展年度报告 2015》，中国劳动社会保障出版社 2015 年版。

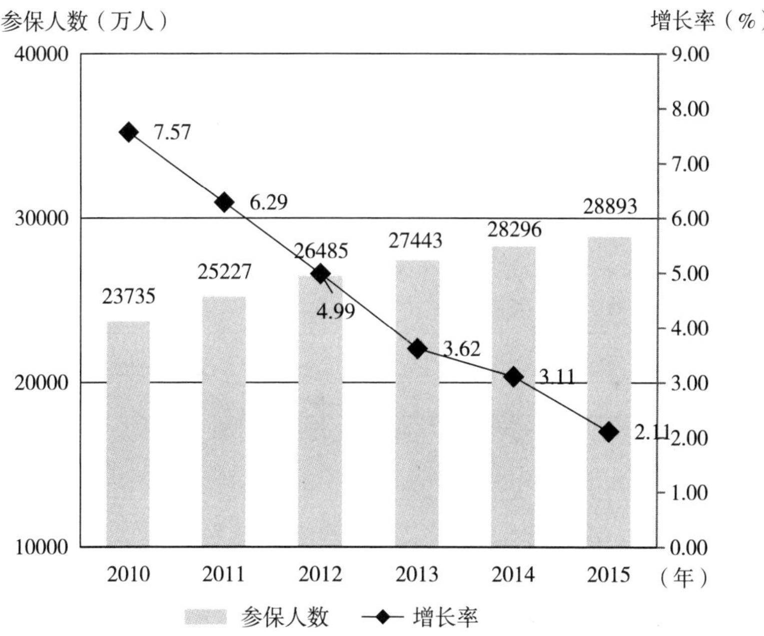

图 3-9　2010—2015 年全国城镇职工基本医疗保险参保情况

资料来源：国家人力资源和社会保障部:《中国社会保险发展年度报告 2015》，中国劳动社会保障出版社 2015 年版。

（2）筹资、支付与基金结余

城镇职工医疗保险原则上以地级以上行政区（包括地、市、州、盟）

为统筹单位，也可以县（市）为统筹单位。医疗保险费由用人单位和职工共同缴纳。用人单位缴费率应控制在职工工资总额的6%左右，职工缴费率一般为本人工资收入的2%。总的保险费分为统筹基金和个人账户两个部分，职工个人缴纳的基本医疗保险费，全部计入个人账户。用人单位缴纳的基本医疗保险费分为两部分，一部分用于建立统筹基金，一部分划入个人账户。划入个人账户的比例一般为用人单位缴费的30%左右，具体比例由统筹地区根据个人账户的支付范围和职工年龄等因素确定。统筹基金和个人账户要划定各自的支付范围，分别核算，不得互相挤占。

职工医保基金收支逐年增加。2015年全国职工医保基金收支总规模达到16615亿元，比上年增加1881亿元，增长12.8%，比2010年增加9388亿元，年均增长18.1%，其中总收入9084亿元，总支出7532亿元，基金累计结存6568亿元，较2014年同比增长18.6%。

（3）医疗服务利用

职工医疗服务需求逐年增加，医疗服务利用稳步提升。2015年，城镇

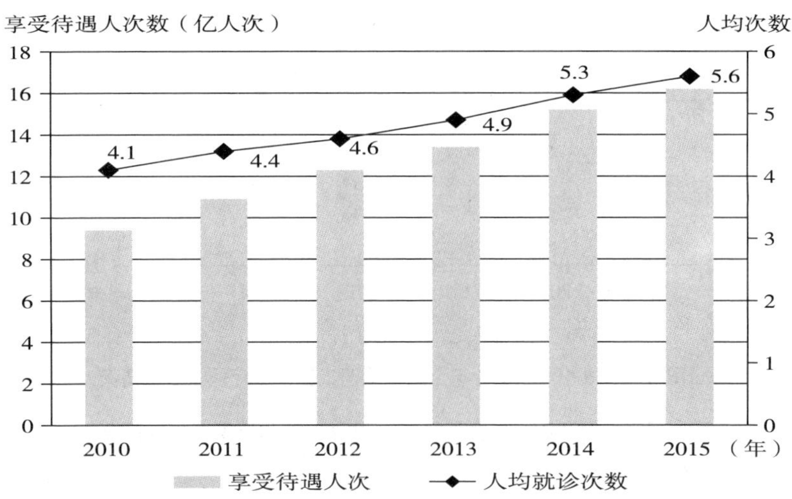

图3-10　2010—2015年全国城镇职工基本医疗保险享受待遇人次情况

资料来源：国家人力资源和社会保障部:《中国社会保险发展年度报告2015》，中国劳动社会保障出版社年2015版。

职工基本医疗保险享受待遇人次为16.2亿人次，比上年同期增加1亿人次，增长6.8%；比2010年增加6.8亿人次，年平均增长11.4%。人均门诊就诊5.6次，比上年增加0.4次；比2010年增加1.5次。住院率为16.5%，较2014年同比增加1.1个百分点，比2010年增加4.8%。

2. 中国城乡居民基本医疗保险制度

（1）覆盖范围

自2008年以来，全国参加城镇居民基本医疗保险的人数不断增加，到2015年参保人数达3.77亿，较上年增长6238万人，增长19.8%，增长速度提升6.1个百分点。其中，参保的成年人达到23346万人，占参保人数的61.9%；中小学生和儿童达到12046万人，占参保人数的32.0%；大学生达到2297万人，占参保人数的6.1%。山东全省，湖南、贵州、江苏部分地市由于开展城乡居民医疗保险统筹，整合城乡居民医保，原新农合参合人员转入城乡居民医保，其中：山东增加5204万，湖南增加351万，广东增加267万，贵州增加250万，江苏增加150万。由于开展城乡居民医疗保险统筹，整合城乡居民医保，原新农合参合人员转入城乡居民医保，截至2015年年底，全国参加新型农村合作医疗人口数达6.7亿人。

自2016年开始推行城乡医疗保险整合至今，全国已有24个省级地区全面实行城乡医疗保险整合。

表3–2　2014—2015年全国新型农村合作医疗情况

	2014	2015
参合人口数（亿人）	7.4	6.7
参合率（%）	98.9	98.8
当年筹资总额（亿元）	3025.3	3286.6
人均筹资（元）	410.9	490.3
当年基金支出（亿元）	2890.4	2993.5

资料来源：国家卫生和计划生育委员会：《2015年全国卫生和计划生育事业发展统计公报》。

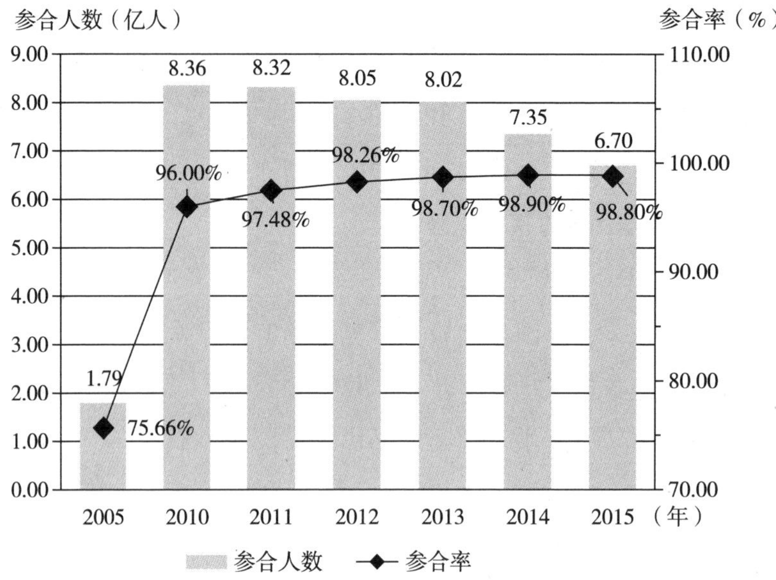

图 3–11　2005—2015 年全国新型农村合作医疗情况

资料来源：国家卫生和计划生育委员会:《2015 年中国卫生和计划生育统计年鉴》《2015 年全国卫生和计划生育事业发展统计公报》。

（2）筹资、支付与基金结余

城镇居民医保以及新农合的主要筹资渠道为财政补助。二者是在个人缴费的基础上，政府给予适当财政补助。参保人按规定缴纳基本医疗保险费，享受相应的医疗保险待遇。

对于城镇居民基本医疗保险而言，财政补助占总筹资水平的 78.25%。居民医保人均筹资水平 2015 年为 515 元，比上年（409 元）增长 26.1%，比 2010 年（164 元）增长 2.1 倍，低于职工医保筹资水平（3236 元 / 人），高于新农合筹资水平（380 元 / 人），其中居民医保个人缴费 112 元 / 人。财政补助增加是城镇居民基本医疗保险人均筹资水平提高的最主要因素，财政补助已由 2008 年的 80 元 / 人逐年增加至 2015 年的 403 元 / 人。2015 年，财政补助（含财政补贴）1585 亿元，比上年（1264 亿）增长 25.4%，财政补助累计未到位 35.6 亿元，比上年减少 0.8 亿元，而各地区因其财政能力的不同使得城镇居民基本医疗保险的总体筹资水平有较大差异，以 2014 年为例，人均筹资水平最高的上海其城镇居民基本医疗保险的人均财政补助达到 772 元 / 人，是人均财政补助最低的河北（168 元 / 人）的 4.6 倍。城镇居民基本医疗保险的人均筹资、个人缴费、财政补助均呈现明显的地域差异：东部地区最高，西部地区次之，而中部地区最低（如表 3–3）。

表 3–3　东、中、西部地区城镇居民基本医疗保险筹资情况　（单位：元）

	人均筹资	个人缴费	财政补助
东部地区	459.55	97.55	361.91
中部地区	308.38	57.25	251.13
西部地区	348.31	58.38	290

资料来源：人力资源和社会保障部：《中国劳动统计年鉴》，中国统计出版社 2015 年版。

根据《国务院关于开展城镇居民基本医疗保险试点的指导意见》，城镇居民基本医疗保险基金重点用于参保居民的住院和门诊大病医疗支出，有条件的地区可以逐步试行门诊医疗费用统筹。近年来全国居民基本医疗保险基金的收支结余总体上较恒定，2015 年，收入增幅高于支出增幅 4 个百分点，收入 2109 亿元，比上年上涨 27.9%；支出 1781 亿元，比上年上涨 23.9%，当期结余率为 15.6%。但累计结余增幅减缓，提示随着居民基本医疗保险利用增加，基金收支平衡的风险值得关注（见图 3–13）。

对于新农合而言，2005—2015 年，全国新农合人均筹资水平由 42.1 元增加到 490.3 元，筹资增长速度快，且为定额增长方式，这主要是由于中央每隔一年或逐年提出中、西部地区的筹资标准，明确筹资增长的额度，东部地区则由各省（市）自行确定筹资增长水平。2015 年新农合筹资

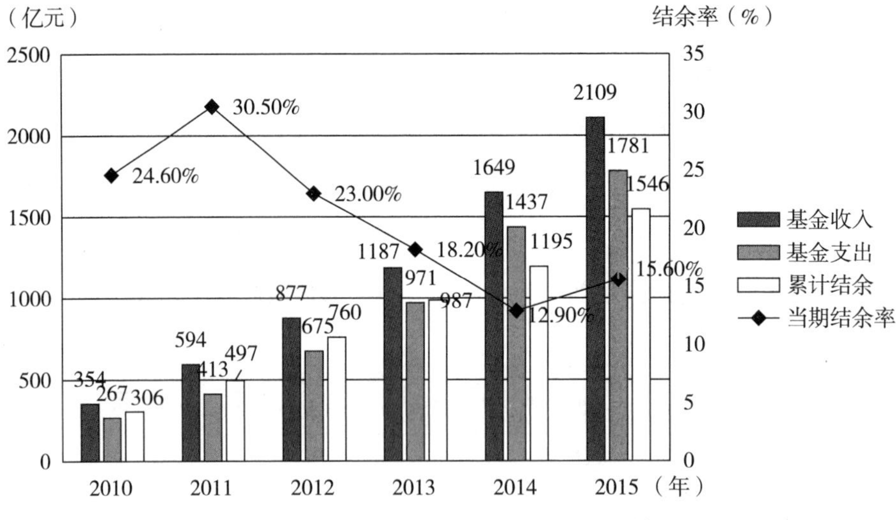

图 3-12　2010—2015 年全国居民基本医疗保险基金收支余

资料来源：国家人力资源和社会保障部：《中国社会保险发展年度报告 2015》，中国劳动社会保障出版社 2015 年版。

总额达 3286.6 亿元，同比增长 8.64%，较 2005 年增长 3211.2 亿元，年均增长率 45.86%。全国新农合基金支出 2993.50 亿元，同比增长 3.57%，较 2005 年增长 2931.75 亿元。基金使用率也从 2004 年的 70.8% 增加到 2014 年的 95.5%。

2016 年，各级财政对新农合的人均补助标准在 2015 年的基础上提高 40 元，达到 420 元。筹资总额的地区排序主要由中央财政投入排序因素决定。其中，中央财政对新增 40 元部分按照西部地区 80%、中部地区 60% 的比例进行补助，对东部地区各省份分别按一定比例补助，这种中央财政的补助方式有利于缩小由于区域间经济发展水平的差异导致的农村健康水平的差异，更好促进健康公平；而地方财政方面，中部地区较西部地区的投入大，而与东部地区水平相当。2016 年农民个人缴费标准在 2015 年的基础上提高 30 元，全国平均达到 150 元左右。

（3）医疗服务利用

医疗服务需求逐年增加，且异地就医逐步增多。2015 年城镇（城乡）居民基本医疗保险享受待遇 58188 万人次，比上年增加 16548 万人次，增长 39.7%；比 2010 年增加 48438 万人次，年平均增长 42.9%，见图 3–14。享受住院待遇 3911 万人次，比上年增加 1110 万人次，增长 39.6%；比 2010 年增加 3027 万人次，年平均增长 34.6%。人均门诊就诊 1.57 次，比上年增加 0.3 次。城镇（城乡）基本医疗保险参保人员住院率为 10.4%，比上年提高 1.5 个百分点，较 2010 年提高 5.9 个百分点。异地就医人数 609 万人，较 2014 年同比增加 148 万人，增长 32.1%。异地就医人次 1223 万人次，比上年增长 42.5%。提示推进异地就医结算工作的迫切性。同时，服务质量有所提升，2015 年次均住院天数 9.6 天，较 2014 年同比减少 0.2 天，比 2010 年减少 0.5 天。

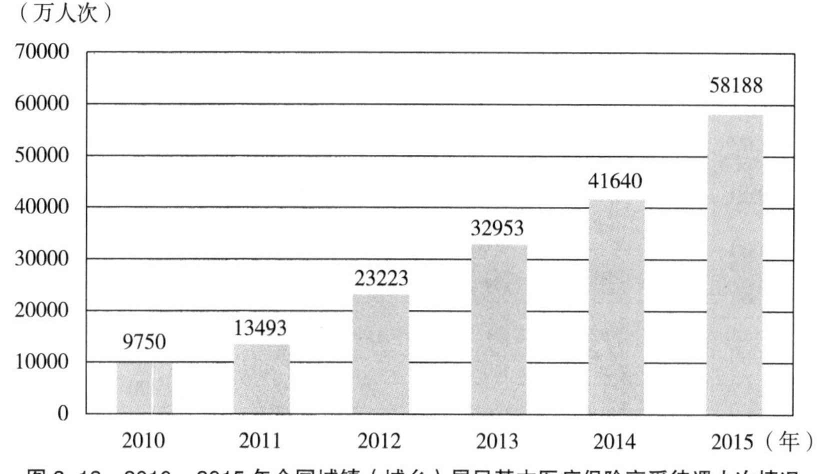

图 3–13　2010—2015 年全国城镇（城乡）居民基本医疗保险享受待遇人次情况

资料来源：国家人力资源和社会保障部：《中国社会保险发展年度报告 2015》，中国劳动社会保障出版社 2015 年版。

新农合基金的支出金额构成以住院补偿为主。以 2013 年为例，全国新农合基金用于住院补偿支出 2324.21 亿元，占基金支出总额的 79.92%

（图 3–15）。

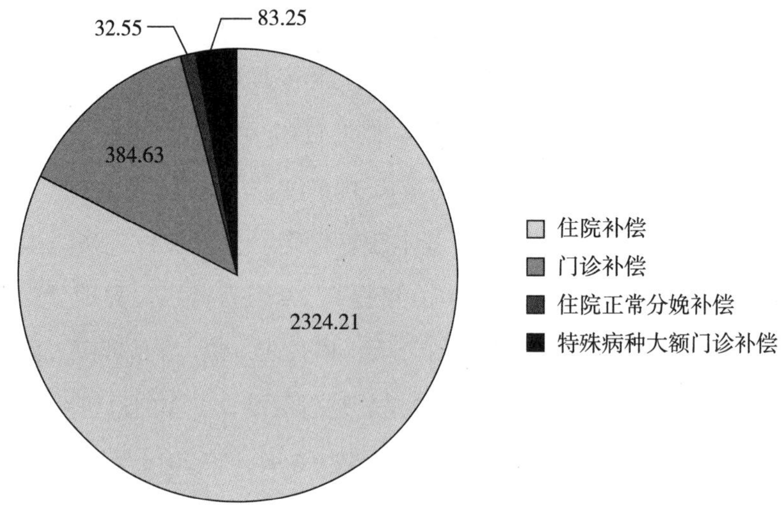

图 3–14　2013 年全国新农合基金补偿情况（亿元）

资料来源：《新型农村合作医疗信息统计手册（2013）》。

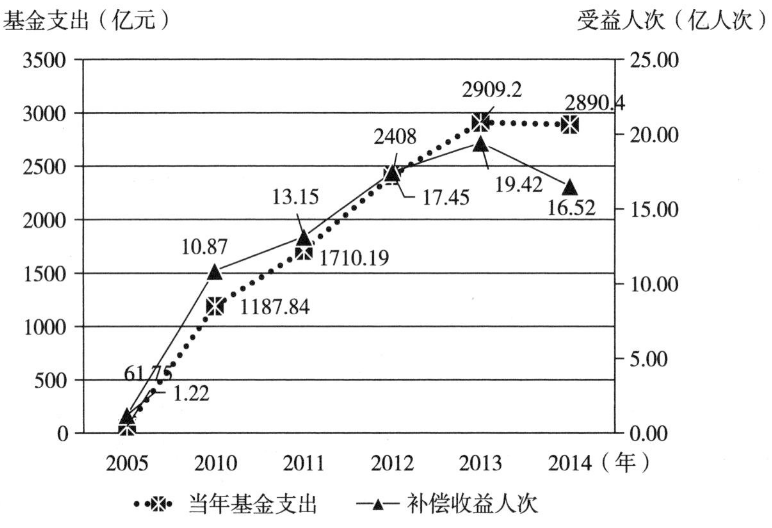

图 3–15　2005—2014 年全国新农合基金支出及补偿受益情况

资料来源：中华人民共和国卫生和计划生育委员会：《2014 年卫生统计年鉴》。

随着新农合制度的不断推进，参加农民受益总人次不断增加，补偿受益人次由 2005 年的 1.22 亿人次增加至 2014 年的 16.52 亿人次。到 2015 年，年度筹资总额 3286.62 亿元，补偿收益 16.52 亿人次，基金使用率 89%，但补偿受益人次、使用率均存在地区差异。东部地区人均筹资水平和基金使用率均高于中部地区和西部地区（表 3–4）。

表 3–4　2015 年不同地区新型农村合作医疗情况

	参加新农合人数（万人）	人均筹资（元）	本年度筹资总额（亿元）	补偿受益人次（万人次）	基金使用率（%）
总计	67029	490	3286.62	165291.71	89
东部	14423	524	756.25	39440.08	94
中部	30253	482	1457.34	75787.59	88
西部	22351	480	1073.06	50064.05	87

资料来源：国家卫生和计划生育委员会编：《2016 中国卫生和计划生育统计年鉴》，中国协和医科大学出版社 2016 年版。

3. 城乡居民大病保险

2012 年 8 月，国家发展改革委等六部门发出《关于开展城乡居民大病保险工作的指导意见》，在全国推行大病保险。截至 2013 年年底，全国已有 23 个省份出台大病保险实施方案，确定 120 个试点城市。据统计，2016 年城乡居民大病保险制度已为全国 10 亿多城乡居民提供了保险保障。目前，除了由单位进行保障的企业职工、军人、公务员和事业单位人员外，我国大病保险已实现全覆盖。大病保险，与覆盖超过 13 亿人的基本医疗保险，共同织成一张更加牢固、细密的“民生保障网”[①]。笔者通过对北京、湖北、青海、福建、江苏、重庆、广东等 7 个省份大病保险实施情况进行

① 中国政府网：《总理承诺的“大病保险全覆盖”提前兑现》，2016 年 12 月 28 日，见 http://www.mohrss.gov.cn/SYrlzyhshbzb/dongtaixinwen/buneiyaowen/201612/t20161228_263242.html。

调研，了解大病保险实施对化解重特大疾病风险即家庭灾难性医疗支出风险的作用程度。

（1）覆盖范围

被调研地区在确定大病保险保障范围时，均依据“指导意见”中所强调的“个人负担的合规医疗费用”。但目前各界对“合规费用”并无统一的认识。在有关部门未明确界定“合规费用”内涵的情况下，绝大部分地区将大病保险保障范围定位为基本医保目录，仅有青海在基本医保目录基础上增加了大病保险诊疗项目（见表 3–5）。

表 3–5　调研地区大病保险覆盖范围

省份	保障范围
北京、福建、广东、湖北、 江苏	沿用基本医疗保险目录
青海	在基本医疗保险目录基础上增加了 1113 项诊疗项目，形成《城乡居民大病医疗保险合规医疗费诊疗项目目录》
吉林	“合规医疗费”的范围界定为“基本医疗保险目录范围 + 新农合目录范围”，增加了 172 个品种

（2）筹资

调研地区大病保险资金均从基本医疗保险基金中划拨。2015 年各地筹资标准的中位数为每人每年 25 元，其中北京最高为 60 元；江苏省宿迁市最低为 15 元。2013—2015 年数据显示，60% 的地区都对筹资标准进行了调整，其中，吉林辽源由于 2013 年当期结余过多，从每人每年 60 元下调至 30 元，其余地区均上调了筹资标准，年均筹资增幅区间为 12.50%—64.00%。多数地区大病保险统筹层次与基本医疗保险一致，部分地区大病保险统筹层次高于基本医保，如青海省基本医保为市级统筹，大病保险为省级统筹，实现筹资标准、起付标准、支付水平、资金管理、招标程序全省统一。吉林省实现了大病保险全省政策统一。

（3）支付水平

目前各地大病保险起付线多设为城镇居民年人均可支配收入的一半。由于医疗费用发生频次呈正偏态分布，较低的起付线导致大病保险资金被较低费用段的患者消费。2013—2015 年，福建龙岩，青海省及湖北襄阳、荆门、宜昌等地未调整起付线，北京、福建福州、吉林辽源等地上调了起付线，只有广东湛江由 5 万元下调至 2 万元。调研地区 2015 年大病保险起付线的中位数为 1.1 万元。各地区间大病保险的起付线差别较大，最低者为青海省 5000 元，最高者为北京 4.03 万元（见表 3–6）。较低的起付线导致大病保险资金被较低费用段的患者消费。

表 3–6　2013—2014 年调研地区大病保险参保情况及受益情况

地区	参保人数（万人）		受益率（%）		起付线（元）	
	2013 年	2014 年	2013 年	2014 年	2013 年	2014 年
北京	—	633	—	0.04	—	40321
重庆	2695	2681	0.29	0.37	11000	11000
辽源	35	35	0.27	0.40	8000	9600
福州	113	120	0.16	0.14	26000	29000
龙岩	31	32	0.17	0.23	15000	15000
荆门	51	51	0.42	0.57	8000	8000
宜昌	55	60	0.44	0.65	8000	8000
襄阳	52.75	100	1.64	0.39	8000	8000
湛江	636.12	643.67	0.09	0.79	50000	20000
西宁 / 海宁 黄南 / 果洛	211	219	0.79	0.75	5000	5000

以某地区为例，从大病保险受益患者医疗费用分段统计看，约 91.25% 的大病保险受益患者集中在个人自付费用小于 1.5 万元的人群，约 91.54%

的大病保险资金补偿给个人自付费用低于 3 万元的人群，即仅有 8.46% 的大病保险资金用于个人自付费用高于 3 万元的患者。①

表 3-7　2014 年某地区大病保险受益患者医疗费用分段情况

分段	受益人数（人）	医疗费用（万元）	受益人数（%）	受益人数累计占比（%）	大病保险补偿占比（%）	大病保险补偿累计占比（%）
5000—	737	1829	60.81	60.81	39.82	39.82
10000—	266	1081	21.95	82.76	23.53	63.35
15000—	103	587	8.50	91.25	12.79	76.13
20000—	55	441	4.54	95.79	9.60	85.73
30000—	24	266	1.98	97.77	5.80	91.54
40000—	9	102	0.74	98.51	2.22	93.76
50000—	11	135	0.91	99.42	2.94	96.70
60000—	1	19	0.08	99.50	0.41	97.11
70000—	2	35	0.17	99.67	0.77	97.87
80000—	1	22	0.08	99.75	0.49	98.36
100000—	3	75	0.25	100.00	1.64	100.00
合计	1212	4593	100.00		100.00	

同时，研究显示医疗总费用超过 5 万后个人自费占比明显提高。大病保险受益患者按费用分段，比较各段个人负担构成中的自付占比和自费占比。可见当医疗总费用为超过 5 万元后，个人自费占比将大幅提高，自付占比相对偏低。主要因为合规目录范围已不能满足这部分病人的医疗需求。同时，大病患者在后期有过度医疗现象。

① 张霄艳、戴伟、赵圣文、方鹏骞：《大病保险保障范围现况及思考》，《中国医疗保险》2016 年第 5 期；张霄艳、赵圣文、陈刚：《大病保险筹资与保障水平现状及改善》，《中国社会保障》2016 年第 9 期。

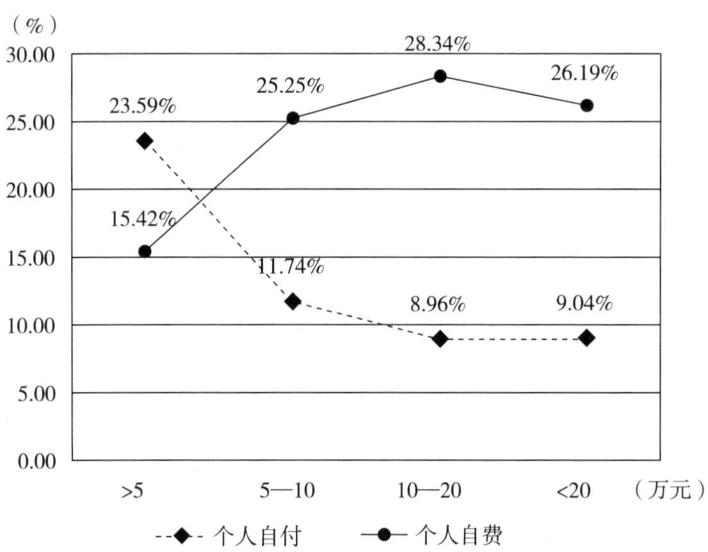

图 3-16 调研地区各医疗费用段大病保险受益患者自付及自费占比

同时，46% 的调研地区设置了大病保险的封顶线。2015 年封顶线的区间为10—50万元，中位数为20万元。封顶线平均为人均可支配收入的8.29倍（区间为［3.08—12.61］），吉林辽源最高。67% 的调研地区采用累进分段比例支付，多数地区首段支付比例设定为 50%，重庆最低，为 40%。吉林分段最多，共设置了 7 个档次，支付比例随着个人负担额度的增长而分段提高，但区间增幅不大。三成地区采用统一的支付比例，福建的福州、龙岩两地支付比例为 50%，青海为 80%。广东肇庆结合基本医保封顶线设置支付比例，超封顶线 7 万元后不分段按 90% 报销，封顶线上 7 万元内自付，超 2 万元按 45% 报销。

五、中国医疗保险目标实现情况

我国基本医疗保险制度的顺利实施和快速推进，保障了参保人员的基本医疗需求，解决了原公费、劳保医疗制度下长期拖欠职工医疗费问题；强化了医疗服务管理，医疗费用不合理增长有所遏制；减轻企业事务性负担，促进了国有企业改革，维护了社会稳定；促进了医药卫生体制改革和医疗卫生事业的发展。改革实践证明，推进医疗保险制度改革是促进社会经济发展必然要求，中央关于推进医疗保险制度改革的决策和确定的大政方针是正确的。总的来说，我国基本医疗制度的成效可以归纳为以下方面。

（一）探索建立医保制度评价方法与指标体系

从现有文献来看，国内外大多数学者在对医疗保险进行评价时，主要侧重于医疗保险的公平性和效率，还有就是对医疗保险进行综合评价，因此基本医疗保险效果评价的方法包括评价公平性的方法、评价效率的方法以及进行综合评价的方法。评价公平性的方法包括洛伦斯曲线、基尼系数、极差法、差异指数、不平等的斜率指数及其相对指数、筹资分布公平性指标、反应法等；评价效率的方法主要包括数据包络分析法、随机前沿分析法等；综合评价方法主要包括 TOPSIS 法、模糊综合评价法、秩和比法、综合指数法层次分析法等。此外，这一领域常见的评价方法还包括关键指标评价、卫生技术评估法、主成分分析法、系统分析法等。

在指标体系构建方面，国内学者也进行了很多探索。在现有研究中，根据基本医疗保险评价的总体目标和原则，可以总结出常见的一级指标包括公平性、效率、质量、可持续性等几个维度。公平性维度常见的二级指标包括筹资公平性、参保公平性、支付公平性、卫生服务利用公平性、医疗费用负担公平性等；效率维度常见的二级指标包括医疗效率、医保基金分配效率、经办机构管理效率、卫生服务利用效率等；质量维度常见的二级指标包括医疗服务质量、医保机构服务质量、参保患者满意度、全面健康指标等；可持续性维度常见二级指标包括政府支持度、社会支持度、医保基金安全性、经济适应性、医保管理有效性等。

（二）不断扩大人群覆盖范围

我国医疗保障体系 20 多年来发展成就显著，取得了世界公认的巨大成就。我国先后建立起包括职工医保、城镇居民医保和新农合 3 项制度构成的覆盖城乡全体居民的基本医疗保险制度体系，截至 2017 年年底，全国参加基本医疗保险人数为 117681 万人，比上年年末增加 43290 万人，其中，参加职工基本医疗保险人数 30323 万人，比上年年末增加 791 万人；参加城乡居民基本医疗保险人数为 87359 万人，比上年年末增加 42499 万人。在参加职工基本医疗保险人数中，参保职工 22288 万人，参保退休人员 8034 万人，分别比上年末增加 568 万人和 223 万人。年末参加基本医疗保险的农民工人数为 6225 万人，比上年末增加 1399 万人。①

（三）财政投入及待遇水平稳步提高，患者经济负担显著降低

截至 2017 年，基本医疗保险基金收支持续增长，规模达 19732 亿，比上年增长 37%，政府对于基本医疗保险的投入不断提高。根据《关于做好 2016 年新型农村合作医疗工作的通知》（国卫基层发〔2016〕16 号），各级财政对新农合的人均补助标准在 2015 年的基础上提高 40 元，达到 420 元。城镇居民医保人均筹资 515 元，各级财政补助 403 元。

医保待遇方面，第一，各地采取综合性政策措施，进一步提高了医保待遇标准，增强制度保障功能。2015 年，全国城镇职工医保政策范围内住院费用基金支付比例达到 81.9%，城镇居民医保政策范围内住院费用基金支付比例达到 64.6%。第二，多地提高或取消最高支付限额。职工医保统筹基金支付限额大体都达到当地职工年平均工资的 6 倍，居民医保统筹基

① 中华人民共和国人力资源和社会保障部：《2017 年度人力资源和社会保障事业发展统计公报》，2018 年 5 月 21 日，见 http://www.mohrss.gov.cn/SYrlzyhshbzb/zwgk/szrs/tjgb/201805/t20180521-294287.html。

金支付限额达到当地居民可支配收入的6倍。第三，保障范围进一步扩大。试点地区整合城乡居民医保制度后，城乡居民使用与职工相同医保目录，大幅提高了农村居民保障标准；部分省份拓展职工医保个人账户功能，如允许个人账户资金在家庭成员间调剂使用、支付个人自付和自费部分医疗费用、建立职工医保门诊统筹制度等；各地门诊大病（慢性病）病种有所增加，目录范围有所扩大。第四，建立补充保险。各地普遍建立机关事业单位公务员医疗补助，普遍建立职工大额医疗费用减负，提高对大病重病医疗费用的补偿水平。

（四）卫生服务利用可及性得到促进

我国基本医疗保险显著促进了参保者利用保健、门诊等基本医疗卫生服务，还极大地促进了卫生服务利用的公平分配。卫生服务利用的公平指的是有卫生服务需求的人在实际卫生服务利用方面的基本公平，不会因为财富、种族等方面的因素而影响实际卫生服务的利用。研究表明，基本医疗保险对参保者卫生服务利用的影响存在人群的结构性差异。基本医疗保险对低健康者应住院卫生服务利用的促进是最为显著的，大幅提升了低健康者住院卫生服务利用的可及性。同时，基本医疗保险提高了参保人门诊和住院服务利用，引导了居民更多地到基层医疗机构门诊就诊，增加了门诊和住院服务利用公平性。

（五）医保基金监管水平提升

医疗保险基金是医疗保险制度平稳运行的基础，党中央、国务院对医保基金的安全历来十分重视。各级人力资源和社会保障部门社保基金监督机构认真贯彻落实党中央、国务院的部署，加大监管力度，为维护医疗保险基金安全作出了不懈的努力。

针对社会保险基金管理出现的问题，一方面，人力资源和社会保障部门研究制定加强社会保险基金管理监督的规范性文件，对严格执行基金管理政策法规、建立健全社会保障监督委员会工作制度、充分发挥主管部门职能作用、强化社会保险基金收支管理等作出了进一步规定；另一方面，加强机制建设，建立了社会保险基金要情报告制度。在健全监督机制推进中，各级基金监督机构大力加强与相关监督部门的协调配合，积极争取财政、审计、纪检监察等部门的支持，逐步形成主体监督和功能监督相结合的协同监管机制，推动完善社会保障监督委员会的工作机制。同时，推广应用了信息化技术，组织研发统一的医疗保险基金监管软件。软件的应用为开展非现场监督提供了有效的信息化手段，从而提高了基金监管质量，实现了利用定点医疗机构实时交易和结算信息平台，建立网上预警机制，把医保监督的行动节点从事后提前到事中、事前监督，及时发现、制止和查处各种违法、违规行为，更好地维护了基金安全。

六、未来发展目标分析及策略展望

（一）持续对基本医疗保险制度进行科学评价

自我国先后建立城镇职工、城镇居民和新农合三大基本医疗保险体系以来，基本医疗保险制度评价研究一直都是学界关注的热点问题。对基本医疗保险制度实施现状、效果的科学评价对于促进医疗保险健康稳定发展，促进三医联动从而推进新一轮深水区医改，促进健康中国战略的实施具有重要意义。目前，我国有关医疗保险效果评价的研究还处于初步探索阶段，随着我国医改的深入和医保政策的不断完善，来自不同领域的研究者们尝试从不同角度和方面逐渐的摸索，从不同的理论角度，试图找到合理的评价标准和模型。但现有的研究多局限于单一种类的医疗保险效果评价，或对医疗保险的某个单一维度进行指标分析，这些指标体系是凌乱、不统一的。因此，构建一个综合、全面的评价指标体系是下一步研究的重点。

（二）推动医保支付方式改革

从已经建立全民医保制度的国家来看，无论采用何种医疗保障制度模式，医保支付方普遍以控制费用和保证质量为目标，通过谈判与合同对服务提供方进行制约。目前国内外常用的医保支付方式包括按项目付费、按住院床日付费、按人头付费、按服务单元付费、按单病种付费、按疾病诊断相关分组付费以及建立在上述各种付费基础上的总额控制。理论和实践证明，服务提供方在传统的按项目付费方式容易产生严重的过度医疗动机和行为，因此各国都在探索和尝试支付方式改革。总体来说，改革呈现两大趋势：一是引入预付制，以按疾病诊断分组支付、按人头支付、总额预算等预付方式为主，以按项目支付为补充。二是目标多元化，支付方式不仅致力于减少不合理医疗费用支出，开始与医疗服务绩效或结果相挂钩，演变成以传统支付方式为基础的按绩效支付方式。利用支付方式的经济杠杆作用，促进公立医疗机构补偿机制的转变，推动公立医院改革。增强医保对医疗的激励约束作用。建立医保经办机构与医疗服务机构之间的谈判协商和风险分担机制。以支付为杠杆，在全面推进付费总额控制的基础上深化付费方式改革，建立谈判协商机构和风险共担机制。

（三）加快医保监管体系建设

探索医疗费用结算与医疗服务定价和药品定价互相制约的医疗费用调控机制。强化医疗保险经办机构的队伍建设，以人为本，科学管理，明确管理服务费用标准和经费渠道。建立和推广医疗保险基金收支预测预警、监测、评估决策支持系统，提高医疗保险基金使用效率，防范基金收支风险。以信息化为手段，全面推进智能监控与实时审核，将监控重点由医疗机构转向医务人员服务行为。

（四）推进城乡居民基本医疗保险制度整合

在我国，建立覆盖全民、统一的基本医疗保险制度是未来的发展方向，2008 年学界就提出过从“3+1”到“2+1”再到“1+1”的制度发展路径，考虑到居民医保制度未来将与职工医保制度整合，因而居民医保制度设计必须预留与职工医保制度衔接乃至整合的接口。此外，还要注意与医疗救助和商业医疗保险等项目的衔接。前些年，社会保障项目制度“碎片化”导致诸多矛盾。未来设计居民医保要以此为鉴，力求全国制度统一，即统一筹资规则、统一医保目录规则、统一医院药店定点规则、统一报销规则，为提高统筹层次奠定基础。

（五）提高整合城乡居民医疗保险制度的统筹层次

目前我国很多地方实行的还是“县级统筹、市（地）级统筹，分级管理”模式。城乡居民基本医疗保险基金的统筹层次还比较低，不但影响了医疗保险基金在城乡之间的调配使用，也降低了医保基金“大数法则”效应，增加了运行风险。加快改革步伐，实现更高层次的统筹，推进市（地）级统筹，完善分级管理，调动地方政府积极性，提高保障力度和水平。增强医保基金的抗风险能力，减少不同地区间保障差异，真正实现城镇居民基本医疗保险和新型农村合作医疗制度碎片化向整体化的彻底转变。在基金统筹调剂使用上，考虑统筹区域内不同地区经济发展水平、医疗资源分布与参保人员结构等差异，不简单强调基金统收统支，而是允许通过建立基金调剂落实分级管理责任，调动区县级管理的积极性。

（六）探索建立长期照护保险制度

为了适应我国人口老龄化的发展趋势，应积极组织开展长期照护保障制度的系统性研究和制度设计工作，鼓励地方探索实践。指定专门机构，汇聚各方面研究力量和资源，开展调研、咨询、论证、规划，为决策提供理论和实证支持，为基层探索创新提供指导。选择几个有条件、有工作基础的地方进行试点。在总结试点经验的基础上，扩大试行范围，积极稳妥地梯次推进长期照护保险制度建设，与现行各项社会保障制度共同构成具有中国特色的、较为完善的社会保障体系。

综上所述，我国的基本医疗保险制度建设才刚开始，面临的政策层面和运行机制的问题还很多，建立和健全社会医疗保障制度，完善现行基本医疗保险制度，政府还有很长的路要走。不仅需要对现行保障制度框架和医疗保险模式选择进行审视，还需从医疗保险制度现行政策目标和具体运行机制等方面进行全面评估和再审视。即需要在宏观整体上把握社会医疗保障制度建设，把医疗保障制度建设置于整个社会发展的综合环境中，建立健全与社会经济发展相适应的社会保障制度；在中观上，需要再审视现行医疗保险制度框架体系和政策评估体系，明确社会医疗保险制度建立的层次性、阶段性政策目标和实现这些目标的有效方式；在微观上，需寻求影响社会医疗保险有效运行的障碍所在和具体解决的方法。

第四章 全民医疗保险效果评价的价值取向

实现全民医保是我国医药卫生体制改革的重要目标，党的十八大报告提出：“要坚持全覆盖、保基本、多层次、可持续方针，以增强公平性、适应流动性、保证可持续性为重点，全面建成覆盖城乡居民的社会保障体系。”由于我国全民医保制度实施时间较晚，在实施过程中突显了各式问题和各方主体的利益冲突，医疗保险制度须不断自我修正和完善。因此需要从公共政策评价的角度对全民医疗保险制度的运行状况、效果进行全面、系统、综合的评价。其中，明确评价的价值取向，不仅是科学判断全民医疗保险政策效果的基础和关键，更为全民医疗保险制度政策的修正和可持续发展提供导向。

一、概述

（一）相关概念

评价（Evaluation）是指在设定出某些标准的前提下，通过比照这些标准来判断测量结果，并使此结果价值化的过程。政策目标作为评价的导向，要求评价在具体实施中应体现政策目标，衡量其实现程度，并对其实施效果进行评估。综合评价是对一个复杂系统的多个指标进行总评价的方法，即依据多个指标评价对象。构成综合评价的基本要素为：被评价对象、评价指标、权重系数、综合评价模型和评价者。评价指标是目标本质属性与特征属性的集中反映，具有行为化、操作化的特点。每一个单项指标只反映社会现象的一个侧面，要了解总体的全貌，反映社会现象内部外部的各种联系就要求用一系列的相互联系的彼此衔接的指标群体即指标体系来说明。相对于某种评价目的来说，评价指标之间的相对重要性是不同的，这种相对重要性的大小可用权重系数来刻画，权重系数确定的合理与否，关系到评价结果的可信程度。所谓的多指标（或多属性）综合评价就是指通过一定的数学模型（或算法）将多个评价指标值“合成”为一个整体性的综合评价值，这个数学模型即为综合评价模型。

效果评价（Effectiveness Evaluation）的目的在于对项目计划的价值做出科学的判断。效果是衡量规划、项目、服务机构经过实施活动所达到的预定目标和指标的实现程度。卫生目标是指制定项目计划时，根据人群卫生需求所要解决的健康问题，如降低发病率、死亡率、患病率、提高期望寿命、生活质量等。评价效果主要是分析目标和指标的实现程度。

价值取向（Value Orientation）指的是一定主体基于自己的价值观在面对或处理各种矛盾、冲突、关系时所持的基本价值立场、价值态度以及所表现出来的基本价值取向，是价值哲学的重要范畴。医疗保险的价值取向是评价医疗保险所持的基本态度，是评价医疗保险的基本出发点和感情倾向，其决定医疗保险最终的评价效果。价值取向具有实践品格，它的突出作用是决定、支配主体的价值选择，因而对主体自身、主体间关系、其他主体均有重大的影响。价值取向的合理化是进步人类的信念。

医疗保险制度的评价首先应该考虑的是评价的价值取向，因为价值取向决定评价标准和评价指标体系的选取。对医疗保险评价的价值取向受到一个国家或地区某一时期的卫生政策的影响。卫生政策的目标会决定医疗保险评价的价值取向，到底是以公平为首要价值取向，还是以效率为首要取向，或是兼顾公平和效率，抑或是其他价值取向。因此，不同国家、不同地区或不同保险制度的医疗保险评价的价值取向是不同的。这种差异导致价值取向没有统一的标准，价值取向的合理性也就值得探讨。

（二）医疗保险制度效果评价的理论基础

1. 卫生经济理论

卫生经济学（Health Economics）是研究卫生服务、人民健康与社会经济发展之间的相互制约关系、卫生领域内的经济关系和经济资源的合理使用，以揭示卫生领域内经济规律发生作用的范围、形式和特点的学科。

西方卫生经济学的研究认为，卫生事业对人口，特别是劳动力的积极影响以及对社会经济的发展起到最重要的健康投资的作用。同时还认为，卫生经济制度的差异对卫生保健的质量的改善起着决定性作用。中国的卫生经济学研究始于 20 世纪 70 年代末期。1978 年以后，卫生部门总结了新中国成立以来卫生事业建设的经验教训，分析了卫生管理体制上存在的弊病和造成卫生资源严重浪费的原因，探讨卫生工作中提出的一系列经济理论问题和实际问题，着手改革管理体制，并采取了加强经济管理的措施，从而推动了卫生经济学研究的开展。1982 年建立了中国卫生经济研究会（1984 年改名为卫生经济学会）。

卫生经济学主要研究医疗卫生服务如何在经济方面产生效益。医疗卫生服务应以我国的基本国情为前提，以社会经济效益为基础，利用市场机制，采取科学、先进的技术，针对医疗卫生服务政策、采取的措施、执行方案的经济效果进行评价，满足卫生经济条件、卫生资源的筹集、分配、使用效益最优化，以实现卫生资源帕累托最优。同时，政府在公共产品使用的过程中，有义务在市场机制产生的效果与公共利益不相平衡的情况下，伸出“看得见的手”对医疗卫生保障体系进行宏观监控。

2. 社会保障理论

社会保障（Social Security）是指国家通过立法，积极动员社会各方面资源，保证无收入、低收入以及遭受各种意外灾害的公民能够维持生存，保障劳动者在年老、失业、患病、工伤、生育时的基本生活不受影响，同时根据经济和社会发展状况，逐步增进公共福利水平，提高国民生活质量。

一般来说，社会保障由社会保险、社会救济、社会福利、优抚安置等组成。其中，社会保险是社会保障的核心内容。全球的社会保障模式，大致可分为国家福利、国家保险、社会共济和积累储蓄四种，分别以英国、苏联、德国、新加坡为代表。目前我国在建的社会保障制度，属于社会共济模式，即由国家、单位（企业）、个人三方共同为社会保障计划融资，而且这是未来相当长一段时期的改革趋势。个人责任的强化已经成为全球社会保障制度改革的共识。社会保障是现代工业文明的产物，是经济发展的“推进器”，是维护百姓切身利益的“托底机制”，是维护社会安全的“稳定器”。社会保障是现代国家一项基本的社会经济制度，是社会安定的重要保障，也是社会文明进步的重要标志。

1936年，英国经济学家凯恩斯（John Maynard Keynes）在《就业、利息与货币通论》[①] 一书中，运用总量分析方法，提出了有效需求不足理论和相应的国家干预思想。凯恩斯主张重新调节国民收入分配可以通过累进税和社会福利等办法进行，“国家可以向远处看，从社会福利着眼”。国家对社会福利领域的干预有助于增加消费倾向，实现宏观经济的均衡。通过社会保障收支的一快一慢运动就会自发地作用于社会总需求，从而具有调节和缓和经济波动的自动稳定器作用。

马克思主义经典作家从以下三个方面重点为社会保障提供了理论和方向：一是建立社会保障制度的必要性和重要性。资本主义社会和社会主义社会可以提取社会保障基金，并将其纳入社会再生产和物质资料生产总过

① 约翰·梅纳德·凯恩斯：《就业、利息与货币通论（重译本）》，高鸿业译，商务印书馆1999年版。

程的各个环节；二是社会保障的实质。[①]认为社会保障可以通过对国民收入的初次分配和再分配两个环节得以实现。[②]社会保障基金充分肯定了人的劳动重要性，无论其来源于剩余价值还是必要劳动都是劳动者创造价值的重要部分；三是明确指出社会保障的责任主体是国家。列宁在社会保障国家责任主体学说中指出国家保险是最好形式的保险。

3. 公共产品理论

公共产品理论，是新政治经济学的一项基本理论，也是正确处理政府与市场关系、政府职能转变、构建公共财政收支、公共服务市场化的基础理论。根据公共经济学理论，社会产品分为公共产品和私人产品。按照萨缪尔森在《公共支出的纯理论》[③] 中的定义，纯粹的公共产品或劳务是这样的产品或劳务，即每个人消费这种物品或劳务不会导致别人对该种产品或劳务消费的减少。而且公共产品或劳务具有与私人产品或劳务显著不同的三个特征：效用的不可分割性、消费的非竞争性和受益的非排他性。而凡是可以由个别消费者所占有和享用，具有敌对性、排他性和可分性的产品就是私人产品。介于二者之间的产品称为准公共产品。

公共产品理论具有三个特征：一是效用的不可分割性。私人产品可以被分割成许多可以买卖的单位，谁付款，谁受益。公共产品是不可分割的。国防、外交、治安等最为典型。二是受益的非排他性。私人产品只能是占有人才可消费，谁付款谁受益。然而，任何人消费公共产品不排除他人消费（从技术加以排除几乎不可能或排除成本很高）。因而不可避免地会出现“白搭车”现象。三是消费的非竞争性边际生产成本为零：在现有

① 马克思等：《共产党宣言》，人民出版社 1993 年版。

②《毛泽东著作选读》（下册），人民出版社 1969 年版。

③ Samuel P.A., “The Pure Theory of Public Expenditure” ,Review of Eonomic Statistic, Vol.36,No.2 (April 1954) .p.1054.

的公共产品供给水平上，新增消费者不需增加供给成本（如灯塔等）。边际拥挤成本为零：任何人对公共产品的消费不会影响其他人同时享用该公共产品的数量和质量。个人无法调节其消费数量和质量。边际拥挤成本是否为零是区分纯公共产品、准公共产品或混合产品的重要标准。根据西方经济理论，由于存在“市场失灵”，从而使市场机制难以在一切领域达到“帕累托最优”，特别是在公共产品方面。如果由私人部分通过市场提供就不可避免地出现“免费搭车者”，从而导致休谟所指出的“公共的悲剧”，难以实现全体社会成员的公共利益最大化，这是市场机制本身难以解决的难题，这时就需要政府来出面提供公共产品或劳务。此外，由于外部效应的存在，私人不能有效提供也会造成其供给不足，这也需政府出面弥补这种“市场缺陷”，提供相关的公共产品或劳务。

4. 大数定律和中心极限定理

概率论历史上第一个极限定理属于 18 世纪瑞士数学家伯努利，后人称之为“大数定律”，又被称为平均法则或者大数法则。简单地说，大数定理就是“当试验次数足够多时，事件出现的频率无穷接近于该事件发生的概率”。该描述即贝努利大数定律。在随机事件的大量重复出现中，往往呈现几乎必然的规律，这个规律就是大数定律。通俗地说，这个定理就是，在试验不变的条件下，重复试验多次，随机事件的频率近似于它的概率。比如，我们向上抛一枚硬币，硬币落下后哪一面朝上本来是偶然的，但当我们上抛硬币的次数足够多后，达到上万次甚至几十万、几百万次以后，我们就会发现，硬币每一面向上的次数约占总次数的二分之一。根据这一发现可以准确计算风险发生的概率，确定科学的保险费率，大数法则为保险业提供了有力的数据支撑。保险业在运作过程中是通过保险业经营的数理基础——大数法则来预测“损失金额”。

全民医疗保险制度以大数法则为数理统计依据，将众多参保者的疾病风险进行分摊。大数法则帮助全民医疗保险制度解决了两个问题：一是疾病风险出现的概率；二是疾病损失幅度的稳定程度，它们的准确性均随着参合人群的扩大而加强，即预期疾病风险出现的概率与实际疾病风险发生的概率、预期损失幅度与实际损失幅度会越接近。对参保人群较大、疾病发生频率较低、但治疗费用较高的疾病进行保险是最具经济效率的风险分担方式。“大数法则”的使用直接关系到筹资标准与补偿标准的制定，关系到该制度的稳定性，是全民医疗保险制度存在和发展的基础。根据大数法则的原理，全民医疗保险制度的参合率越高、参保的人群范围越广，实际疾病的概率越接近预期概率，实际疾病损失幅度越接近预期疾病损失幅度，全民医疗保险制度设计的筹资和补偿方案才能更加科学、合理、稳定。

5. 信息经济理论

1961 年，斯蒂格勒（George.J.Stiger）在政治经济学杂志上发表了《信息经济学》的论文；同年，维克瑞（Wil Liam Wikrey）在财经杂志上发表了《反投机、拍卖和竞争性密封招标》的论文，这两篇文章的发表标志着信息经济学的诞生。从本质上讲信息经济学是信息不对称博弈论在经济学上的应用，主要在委托—代理的框架下分析信息不对称、逆向选择和道德风险等问题。1970 年，阿克罗夫对二手车市场进行了分析，开创了逆向选择理论，发现了由于信息不对称和商家的投机造成的逆向选择现象。信息经济学理论认为医疗保险制度中存在明显的信息不对称、逆向选择和道德风险等问题，该理论是对医疗保险制度设计、政策制定和管理运行进行分析和评价的有力工具。

（三）国际医疗保险制度模式及其效果评价的价值取向

世界上主要有四种医疗保障模式，分别以美国为典型代表的市场主导型、以英国为典型代表的全民医疗型、以德国为典型代表的社会保险型和以新加坡为典型代表的储蓄基金型。这四种医疗保险的模式存在差别，其评价的价值取向也有所不同。

1. 市场主导型

美国的医疗保险模式是市场主导型的典型代表，其主要依靠私营医疗保险实现对居民的保障，即主要依赖私人部分筹集卫生经费、购买和提供卫生服务的卫生保健制度。在以市场为主导型的医疗保险模式下，美国的医疗保障制度的运行、管理和评价，更加看重市场的作用，以期发挥市场配置资源的作用，通过市场竞争和市场调节来决定医疗服务的供给、医疗服务的价格，而不是通过政府来控制和调节。美国的私人医疗保险制度非常发达，其经常被作为一种非工资福利，由雇主购买，也可私人自行购买。另外，不少美国人同时参加公共医疗保险。美国的医疗保障制度主要由两部分组成：一部分是社会医疗保险制度，另一部分是商业医疗保险。其中社会医疗保险又分为医疗照顾方案和医疗救助方案。医疗照顾方案是针对穷人、老年人等建立的一项全国性医疗保险计划。医疗照顾方案的待遇包括住院保险和医疗保险两部分。虽然，美国医疗保险因覆盖不足，保障有限，费用高昂而饱受诟病，但是美国对医疗保险这一领域的研究和探索是十分全面和深入的，在局部和具体的管理层面上经验丰富和卓有成效，许多技术方法是世界领先的。美国国家医疗保险质量认证委员会（NCQA）是一个独立的负责评估和报告管理型医疗保险计划质量的非盈利组织。NCQA 的理事会成员包括雇主、雇员代表、顾客、健康计划、质量专家、政策制定者及医药组织的代表，是负责评价管理型医疗保险计划质量的组织。美国的健康保障筹资、购买及提供服务分别由三个不同的“管理保健网络”体系负责，它们是公共及社会安全部门的政府公共健康保障、公共及补偿性医疗救助保障，以及雇主偿付性医疗保险。管理保健组织负责监督并协调各项服务（从初级保健到三级保健），特别重视预防服务及健康教育，选择最适宜的服务地点（医院或门诊）及医生（初级保健医生或专家）；通过“合作分红”达到降低成本、提高质量和增加效益的目标。美国医疗保险制度运行效果评价比较注重效率的评价，注重节约医疗保险的成本，其次是比较注重医疗服务质量，因为保险的最终落脚点为医疗服务质量。

2. 全民医疗型

1944 年，英国宣布实行国家卫生服务制度（National Health Service，HNS），这种医疗制度，是包括工业化国家和发展中国家在内的许多国家医疗制度的典型代表，即典型的全民医疗保障制度。英国政府强调广泛平等地享受医疗服务，政府主要通过税收资助全国性医疗服务。这一制度包括两个层级的医疗体系，即以社区为主的第一线医疗网（Community-based primary health care），通常为社区驻诊提供医疗保健的一般家庭医师（General Practitioner，GP）及护士，第二层则为 NHS 的医院服务（Hospital-based specialist services），由各科的专科医师负责并接手由 GP 所转介（refer）的病人，或处理一些重大的意外事故及急诊者。英国的医疗保障体系具有五大特点：一是覆盖面广；二是就原则而言具有非歧视性；三是基本上可以满足国民对医疗服务巨大的、多层次的需求；四是成本低；五是就医疗保险体系的整体供应能力和满足病人需要的主动性、积极性而言，英国的国民健康服务体系在主要发达资本主义国家的医疗保险体系中，排在靠后的位置。英国的这种全民医疗保障制度融入了社会主义国家所推崇的共产主义的医疗福利思想，主要强调公平原则，效率次之，但是沉重的医疗负担迫使英国在 1991 年的改革中，引入了“内部市场”机制，以期提高医疗服务质量和效率。2000 年英国全民保健制度（NHS）制定的全民保健制度运行效果评价指标体系，共分 6 方面 51 项终端指标。评价的主要要素是：社会健康状况改善、可及性的公平、适宜卫生服务的有效提供、效率、病人和家属国民卫生保健服务的体验、医疗服务的健康结果。

3. 社会保险型

德国的医疗保险制度是典型的社会医疗保险。德国是世界上第一个建立社会保障制度的国家，从 1883 年首相奥托・冯・俾斯麦（Bismark）时期首创社会医疗保险制度至今，已经有100多年的发展历史。德国一直把建立社会福利国家作为国家制度的基本原则，即它责成国家保护社会上的弱者，并不断谋求公正。因此，在这一国家制度基本原则和遵循富有德国特色的“社会市场经济”基本思想的指导下，在致力建立发达成熟的市场经济的同时，德国的社会保障制度体现出法制健全、体系完备、项目繁多的特点。作为世界上四大保险模式之一社会医疗保险模式的代表，德国医疗保险的特点主要表现为以下几个方面：法定保险（强制）为主、私人保险（自愿）为辅的德国医疗保险体系。即德国医疗保险体系是以法定保险为主体，同时，为体现多元化原则，私人保险也是德国医疗保险的组成部分，占有重要的地位。因此，德国社会医疗保险制度较注重公正，强调根据病人的需求提供医疗服务。在筹资强调支付能力原则，低收入雇工和低收入其他人员的保险费分别由雇主与政府代交纳。德国的医疗保险运行效果评价强调公平性，体现公平原则。

4. 储蓄基金型

医疗储蓄型保险的代表国家是新加坡，这种医疗保险是一种全国性的、强制性参加的储蓄计划，帮助个人储蓄，以用于支付住院费用。新加坡的医疗保障制度是一种赋税资助与个人储蓄相结合的卫生保健体制，其特点是强调卫生保健的个人责任和国家福利性的统一，以储蓄为基础的体制将提高个人的责任感，它提供激励机制，使人们审慎地使用医疗服务，尽可能地降低浪费，提高效率。另外，这种制度较多强调市场机制作用，政府定位于弥补市场机制的缺陷与不足，政府颁布法律建立强制性保健储蓄制度，设立专门的机构负责基金的管理。新加坡医疗保障制度目标是实现公平性和效率性的双重目的。所以，社会保险型保险制度运行效果的评价研究强调公平和效率兼顾。

5. 总结和启示

通过上述各国医疗保障制度，我们发现，英国和德国的制度较注重公平，而美国与新加坡的制度则更强调效率。美国与新加坡的医疗保障体系均体现了“效率优先”的原则，均实施了范围有限的社会医疗保险制度和针对穷人的医疗救助制度，体现了效率前提下的兼顾公平。尤其是新加坡保健储蓄制度的筹资模式采用独特的基金积累模式，更加强调了效率机制和激励作用。这些不同国家医疗保障制度评价模式的实践经验，给我国构建全民医疗保障体系产生如下启示：

一是公平与效率的有效结合。社会保障制度在理论上和实践上的根本问题是正确处理公平与效率的关系问题，医疗保障制度亦是如此。绝对的公平会导致效率的丧失，太过注重效率也会导致公平性低下，公平与效率的关系如果处理不好，最终的结果是既得不到效率也达不到公平。如何在当前和今后的制度建设中妥善处理好公平与效率的关系极为重要。

二是政府责任在医疗保障模式中不容缺失。市场机制对于维持医疗保障体系的活力，提高医疗保障制度的效率十分必要，但是这并不能意味着政府可以在医疗保障模式中缺位。医疗服务市场中有天生的强者和弱者，而市场与社会弱者与福利的最大化从来就不是好伙伴。因此，政府应当通过医疗保障这个重要的系统提供给国民安全和公平。在社会医疗保险制度的发源地德国，俾斯麦政府于 1883 年出台《工人疾病保险法》时，看重的也是这一制度的社会发展“稳定器”、经济运行“减震器”和实现社会公平“调节器”的功能。政府为了获得政治上的支持和社会的稳定，愿意承担社会保险责任。政府政策的目标不仅体现在社会医疗保险的系统结构中，更重要的是要体现在筹资强度、保险覆盖范围、费用控制以及服务提供的效率改善等相互联系的几个方面。

三是医疗保障模式的可持续发展。随着医疗保障制度的发展，覆盖人群的不断扩大，各国都面临一些共同的问题，主要是人们日益增长的医疗保健需求、人口老龄化、医药科技进步等因素造成医疗费用负担日益加重。这些问题都需要通过改革寻求解决途径。我们看到，进入 20 世纪 70

年代以后，各国都在不断地研究和探索，对自己原先的医疗保障模式进行调整或者重塑，以适应形势的发展。因此，任何一种医疗保障模式都不应该是一成不变的，而是需要政府根据国情应势而变，不断进行政策调整或制度改革，完善包括医疗保险基金筹集、支付与管理在内的各项制度，充分发挥各方面的积极性，实现医疗保障制度的可持续发展。

（四）国际医疗保险制度效果评价的探索

1. 理论研究

国外对于医疗保障制度的评价研究从理念和方法上皆有可供借鉴的独到之处。首先，关键指标评价和指标体系综合评价是国际上较为常用的对医疗制度或卫生系统运行效果的评价方法。世界卫生组织 Arhin-Tenkorang 认为，医疗保险计划的根本目标是“为医疗服务调动额外资源和为被保险人提供经济保护”，并创新地提出了评价医疗保险计划的指标，包括“资金筹集能力”和“经济保护效果”两方面内容。其中，资金筹集能力包含参保费用、参保者的医疗成本、外部补贴水平和规模经济 4 个指标；经济效果保护包含参保者的资产组合、保险区域内参保者与非参保者医疗服务使用比、成本恢复比率、风险池的大小 4 个指标。[①] 美国 Wei Hu 教授认为，医疗保险评价的核心因素是：可及性、费用和质量，其中可及性包括医疗保险公平性和医疗服务利用情况评价；费用评价包括医疗效率和医疗费用控制评价内容；质量评价包括健康结果产出和患者满意度内容评价。[②] H. D.Banta 和 B.R.Luce 提出的卫生技术评估法（Health Technology Assessment,

① Arhintenkorang D，*Health Insurance for the Informal Sector in Africa : Design Features, Risk Protection, and Resource Mobilization*，2001.

② Wei Hu, Li C, Shchukin D G，*Ceramic Honeycomb-like Alumina Film As Corrosion Inhibitors Carrier and Mechanism Analysis*，Colloids & Surfaces A Physicochemical & Engineering Aspects, 2018.

HTA）是目前在国际上已经得到普遍承认和广泛应用的评价方法。[①] 它通过对卫生技术的功效、安全性、成本—效果 / 成本—效益以及社会影响（伦理、道德、法律等）做出的系统评价，为有关卫生技术的决策和政策制定提供信息。美国经济研究委员会 Rena Eichler 和 Elizabeth Lewis 提供的评价方法包括框架、调查问卷及电子数据表。框架包括了与医疗保险紧密相关的内容，可供评价方选择；其次，调查问卷可帮助用户检查评价所必须包含的重要因素，而电子数据表可帮助自动完成计算。

2. 各国实践

（1）英国

英国除了研究理念上的创新以外，在实践操作上更有许多值得深入学习的地方。英国是典型的福利国家，实行的是面向全体国民的医疗保障制度，也称国家卫生服务制度。2000 年制定的对该制度的运行效果评价指标体系，共分为社会健康状况改善、可及性的公平、适宜卫生服务的有效提供、效率、病人和家属国民卫生保健服务的体验、医疗服务的健康结果六方面内容和包括健康改善、效率、期望寿命（男性）、期望寿命（女性）、住院日、癌症死亡人数、普通药处方（使用）数目、循环系统疾病死亡人数等在内的 51 项指标。

该评价体系十分重视医疗卫生保健制度所带来的社会群体健康水平的改善和医疗服务质量的提高，以及卫生保健的可及性评价，它涵盖了预防保健、社区卫生服务等内容。它主要选取了一些特定的疾病指标来代表 NHS 最终健康结果的改善状况。由于英国实施的是国家健康保险制度，以税收作为筹资来源，面向全体国民，由国家所有的医疗卫生体系提供免费的健康保险服务，所以并不涉及筹资、参保、资源配置、基金管理等方面

① Banta. H. D. and B.R. Luce，*Health Care Technology and its Assessment: An International Perspective*，New York: Oxford University Press,1993.

的评价内容。另外，英国的医疗卫生体系和健康保险体系是合二为一的，评价健康保险制度实际上也是评价整个医疗卫生体系的效果。英国从 1948 年实施全民健康保险制度以来，迄今已有 50 多年的历史，制度成熟、运行稳定，故应重点评价的是健康保险制度的长期效果，而对过程评价的内容较少。表 4–1 给出 2002 年英国《国家卫生保健制度（NHS）》制定的全民保健制度效果评价指标体系。

表 4–1　英国国民医疗保险制度效果评价指标体系

一级指标	二级指标
社会健康水平提高	男性期望寿命
	女性期望寿命
	癌症死亡率
	循环系统疾病死亡率
	年龄 18 岁以下女孩怀孕率
	5 岁儿童龋齿缺齿和补牙率
	婴儿死亡率
公平可及性	乳腺癌筛检率
	宫颈癌筛检率
	冠心病手术率
	人工关节替代手术率
	白内障复明手术率
	每十万人口全科医生人数
	医疗服务中的药品滥用增加率
适当有效的医疗保健供给	儿童免疫接种率
	流感疫苗接种率
	脑卒中住院治疗后回家率
	髋部骨折住院治疗后回家率
	急诊入院服务率
	急性病基层保健管理率

续表

一级指标	二级指标
适当有效的医疗保健供给	慢性病门诊服务率
	慢性病基层保健管理率
	精神卫生基层保健服务率
	（开）抗生素处方率
	（开）溃疡治疗药物处方率
	器官捐赠率
效率	日就诊率
	入院滞留时间
	常用处方药率
	门诊预约爽约率
	数据质量
患者及其照看者 NHS 的经历	住院等待（少于）6 个月的百分比
	门诊等待 13 周的百分比
	癌症患者等待 2 周的百分比
	出院延迟率
	患者及时预约到全科医生的百分比
医疗服务的健康结果	急诊入院率
	下呼吸道感染的儿童急诊入院率
	精神患者再次入院率
	出院后（紧急）急诊再次入院率
	髋部骨折治疗后急诊再次入院率
	脑卒中治疗后再次入院率
	乳腺癌存活率
	肺癌存活率
	大肠癌存活率
	紧急入院外科手术后 30 天后死亡率
	心脏搭桥手术 30 天内死亡率
	髋部骨折入院 30 天内死亡率
	脑卒中入院 30 天内死亡率

续表

一级指标	二级指标
医疗服务的健康结果	非紧急入院外科手术后 30 天内死亡率
	戒烟者四周吸烟率

（2）美国

美国的医疗保障是以市场为主导的商业医疗保险模式。这种模式下的医疗服务质量较高但公平性较差。美国医疗保险制度运行效果的评价主要侧重于效率评价和服务质量的评价。国家医疗保险质量认证委员会（NCQA）是专门负责评价医疗保险计划质量的组织。2013 年美国的卫生质量评估框架包括常见临床疾病诊疗的有效性、整个生命周期卫生保健的有效性、病人安全、及时性、病人中心性、医疗服务的协同性、效率、卫生系统的基础建设和医疗卫生服务的可及性 9 个维度，共计 200 多个指标。

另外，美国公共医疗服务的绩效评估分为官方和非官方两类。官方评估包括医疗保险和医疗补助中心（the Centers for Medicare and Medicaid Services，CMS）、针对联邦医疗补助开支实施的医疗补助支付正确度评估项目（Medicaid Payment Accuracy Measurement Project）、针对联邦医疗保险开支实施的全面差错率评估项目（Comprehensive Error Rate Testing Program）、医院支付管理项目（Hospital Payment Monitoring Program）、消费者健康计划评估调查（Consumer Assessment of Health Plans Surveys）、公共医疗保险受益人调查项目（the Medicare Current Beneficiary Survey）等。非官方的评估有WESTAT有限公司组织的医疗保险项目受益人调查（Medicare Current Beneficiary Survey）等。

（3）其他

德国人 Buchner 认为，评价一个国家医疗保险制度发展状况最重要的方面是公平获得参加医疗保险的权利，即健康权。他对危地马拉的三种医疗保险制度运用成本效用分析法实施了评价①。指标的选取主要来源于文献阅读及对专家和地方医疗保险制度的决策者进行咨询；医疗保险制度由短长期可持续筹资，医疗服务的有力保障，居民公平的获得医疗服务三个要素组成；评价指标从以下八个方面来开展：参保率、存档信息、财务独立性、赤字赦免、医疗服务效果、共同性、可及性、预防性。

美国加利福尼亚大学的 Wei Hu 认为对医疗保险进行评价的重要因素包括：费用、质量、可及性，费用评价又可分为效率和医疗费用控制；质量评价又可分为健康结果和患者满意度两个方面；可及性评价又分为利用情况和公平性两个方面。②

Chris Atim 对加纳和喀麦隆两个非洲国家的医疗保险进行了评价。研究的重点内容是非营利性的医疗保险制定方案的标准为制度运行效率、社会运动、公平性、可及性和筹资结果等重要因素。着重研究了为达到提高人口卫生保健的公平、效率和可及性及筹资目标时，社会运动对医疗保险有没有影响以及如何影响。③

2010 年世界卫生报告提出医疗保险的全覆盖需要考虑覆盖人群比例、可提供卫生服务的范围以及承保卫生服务费用的比例三个方面。

（4）总结和启示

综上所述，各国在构建医疗保险制度效果评价指标体系中，第一个评

① Florian Buchner , *Manfred wildner Anne Brunner*（*2001*）*.Health rights dimensions are part of a valid evaluation of health insurance programmes in rural Guatemala*. Critical Public Health,Vol.11.pp.341-345

② Hu, R., Shi, L., Pierre, G., Zhu, J., & Lee, D.-C.（2015）. *Diabetes and medical expenditures among non-institutionalized U.S. adults. Diabetes Research and Clinical Practice*, 108（2）, pp.223-234.

③ Chris Atim（1999）*.Social movements and health insurance: a critical evaluation of voluntary non-profit insurance schemes with case studies from Ghana and Social Science & Medicine*,Vol.48,pp.881-896.

价标准是公平性，因为举办社会保险最基本的目标是促进社会的公平化；第二个评价标准是医疗保险制度改革是否控制了医疗费用的上涨；第三个评价标准是政策实施的效率；第四个评价标准是改革对医疗质量的影响。纵观国外医疗保险评价研究，我们可得到几点启示：第一，公平性是社会医疗保险评价的必不可少的要素；第二，我国的医疗保险制度评价应当重视效率的评价；第三，医疗服务质量是评价的重要内容；第四，对于社会医疗保险来说，社会效益高于经济效益、社会健康效果是医疗保险制度的终极目标。

二、我国医疗保险制度效果评价的价值取向

（一）我国不同时期医疗保险制度效果评价的价值取向

1. 计划经济时期

在计划经济时期，我国主要有三种医疗保障制度：农村合作医疗制度、劳保医疗制度和公费医疗制度。其中，农村合作医疗制度始于 1958 年的“人民公社化”运动。1959 年 11 月，卫生部在全国卫生工作会议上肯定了农村合作医疗的形式，促使了合作医疗进一步兴起和发展。1965 年 6 月 26 日，毛泽东做出了“把医疗卫生工作的重点放到农村去”的重要指示。1965 年 9 月，中共中央批转卫生部党委《关于把卫生工作重点放到农村的报告》，强调要加强农村基层卫生保健工作，全面普及农村合作医疗保障事业。到 70 年代末期，全国农村约有 90% 的行政村实行了合作医疗保健制度，合作医疗制度覆盖了全国 85% 的农村人口。

我国公费医疗制度最早出现是在第一次国内革命战争时期，这是国家通过医疗卫生部门向国家工作人员提供的制度内的免费的医疗预防服务制度，由政府承担全部医疗费用。1952 年 6 月政务院发布《关于全国各级人民政府、党派、团体及所属事业单位的国家工作人员实行公费医疗预防的

批示》，同年，卫生部公布《国家工作人员公费医疗预防实施办法》，由此，公费医疗在全国推行起来。公费医疗制度享受人员主要是政府机关、党派、社会团体及文化、教育、科研、卫生等事业单位职工，以及在乡的二等革命伤残军人和高等学校的在校学生。公费医疗的经费来源于政府的财政拨款，各级卫生行政部门设立专门的公费医疗管理机构进行管理。

1951年，原政务院公布了《中华人民共和国劳动保险条例》，标志着劳保医疗制度的初步建立。劳动部随后公布、实行了《中华人民共和国劳动保险条例实施细则修正草案》，在全国范围内的各企业、商业单位实施劳保医疗制度，所需医疗费用采取个人不缴费的原则，由企业按照其职工工资总额的一定比例从企业福利费中提取，企业完全负担全部医疗费。

在计划经济时期，我国的医疗保险制度，特别是农村合作医疗制度取得了辉煌的成就，国外学者们将中国作为向大量的低收入农村人口提供初级卫生保障的成功典型，并探讨其他国家可以向中国借鉴的经验。世界银行指出，中国医疗保险制度几乎覆盖了所有城市人口和85%的农村人口。[①] M.Lampton从政治体制、制度运行环境角度出发，分析了中国20世纪六七十年代农村卫生保障成功运作的特征和环境支持，认为当时社会主义的政治体制是制度运行的关键，政府有责任保证全体民众的福利，乡村医生愿意在艰苦贫困的农村为农民服务，这一特殊的政治体制能够使得政府推行的政策高效而在全国推广。[②] 说明当时，政府的出发点是建立广覆盖且相对公平的医疗保险制度，政府有责任保证全民的福利，对计划经济时期医疗保险制度的评价要考虑当时特殊的政治和经济环境。

---

① Network H D., Bank T W., *World Bank strategy in the education sector: process, product and progress*[J]. International Journal of Educational Development, 2002, 22(5):429-437.

② Lampton D M., *Development and health care: Is China's medical programme exportable?*[J]. World Development, 1978, 6(5):621-630.

2. 改革开放初期

1978 年 12 月十一届三中全会制定了改革开放政策。1985 年，在中国改革开放的大背景之下，医疗卫生系统也开启了改革的历程。医改的核心思路是：放权让利，扩大医院自主权。医改的政府态度是：给政策不给钱。其政策为药品可加价 15%，以弥补政府投入之不足。这就使得原来以计划经济为基础的农村合作医疗制度、劳保医疗制度和公费医疗制度，失去了存在的政策环境和经济基础。随后，中国的医疗保障体系进入了重建时期。20 世纪 90 年代，中国基本医疗制度的重建中，把建立费用分担机制作为关键，如城镇职工基本医疗保险的个人账户及统筹补偿中的个人自付，与原来的公费、劳保医疗制度相比，费用负担从集体、单位负担向保险基金和个人双方负担转变，共付带来对需方卫生服务利用、保险基金使用的限制，有利于提高资源使用效率，但可能带来需方卫生服务利用不足和“穷帮富”的问题。20 世纪末，我国医疗保障体制的初期改革丧失了解决公共卫生和基本医疗保险全民覆盖的最佳时期。改革后，我国的基本医疗保险制度“重城市”“轻农村”，着力改革城镇企业职工医疗保险制度，而忽略农村医疗卫生体制改革。对于城镇企业职工医疗保险制度而言，覆盖人群从劳保医疗中的职工及其家属缩小到只有城镇职工。而城镇中的季节工、小时工、自由劳动者等非正规就业群体由于没有强制参保要求、雇主逃避缴费责任或者自身收入水平低限制其参保缴费能力等原因，而没有完全被医疗保险所覆盖。因此，这一时期对医疗保险制度的效果评价更加侧重于医疗保险制度的效率方面的评价。

3. 基于全民覆盖思想的医疗保险制度重构时期

自从计划经济时期的医疗保险制度瓦解以后，我国政府就开始着手建立新的医疗保险制度。从 1994 年“两江”医疗保障综合改革试点开始，到 1998 年 12 月国务院颁布《关于建立城镇职工基本医疗保险制度的决定》，新的城镇职工基本医疗保险制度基本框架已经在我国确立。从 2003 年下半年起，一种新的医疗保障制度，即新型农村合作医疗保障制度在全国范围内开始实施。2007 年城镇居民基本医疗保险制度试点工作正式启动，2010 年在全国全面推行。统计数据显示，2010 年新型农村合作医疗的参保人数已达到 8.35 亿人，占农村人口总数的 96.3%，城镇职工基本医疗保险和城镇居民基本医疗保险的参保人数也分别达到 2.34 亿人和 1.87 亿人，三大基本医疗保障制度已覆盖大陆超过 93% 的人口，标志着我国全民医疗保障政策体系已基本形成，我们正进入一个全民医保的新时代。[①] 中国特色全民医保模式的总体构架为"三纵三横"。"三纵"即城镇职工基本医疗保险制度、新型农村合作医疗制度和城镇居民基本医疗保险制度。"三横"即主体层、保底层和补充层。三项基本医疗保险制度构成了主体层，充分体现社会公平原则。保底层是面向困难群众，通过城乡医疗救助和社会慈善捐助给予帮助。而对于群众更高的、多样化的医疗需求，则可以通过补充医疗保险和商业健康保险来满足。我国目前正在探索的全民医疗保障制度模式无疑是对上一阶段医保制度公平性缺失的召唤和回归。同时，效率的重要性也并没有因为公平的回归而有所降低。这种模式构建的多渠道资金来源、多层次缴费标准和享受待遇，以及即将开展的医疗卫生体制改革，正是为了在促进公平的基础上提高医疗保障制度的效率，实现制度的良性运行。充分突显在基本医疗保障中政府的作用，突显在医疗保障中公平优先，公平与效率相结合的指导思想。

（二）全民医疗保险制度效果评价的价值取向

在借鉴国外医疗保障评价价值取向的基础上结合我国发展现状，全民医疗保险制度评价应充分体现公平性、效率性和可持续发展性。

① 黄庆瑞：《城镇职工基本医疗保险存在的问题及对策探讨》，《时代经贸》2017 年第 9 期。

1. 公平性

公平性是社会保障的基本原则之一，也是评价全民医疗保险制度实施效果的重要价值取向。公平，是指平等地对待每一个国民并满足其基本医疗保障需求，普遍性地增进国民的福利，不因身份、性别、民族、地域等差异而歧视或者排斥任何人。核心是通过相应的制度安排，创造并保证国民生存与发展的起点公平和维护过程公平，同时促进结果公平或者尽可能合理缩小结果的不公平。使得每个参保人得到的医疗保险的数量和质量都是平等的。从这个原则出发，医疗保障的公平性不仅仅体现在进入的公平，即只要有人患病就可享受国家医疗保障待遇，而需要更多地考量是否通过医疗保障制度这种再分配方式缩收入分配差距，缩小公民参与社会竞争起点的差距，进而促进社会稳定和社会融合。

2. 效率性

社会医疗保险资源相对于参保人对医疗保障的需求来说是有限的。因此，如何合理地、有效地利用医疗保障资源是全民医疗保险效果评价的关键价值取向。

医疗保险的效率并不等于单纯的经济效益，它的宏观效率，应当是这一制度可以创造或者产生的经济效益、社会效益的总和；而微观效率，则是指制度在管理与运行中的效率，可以通过成本核算及相应的比较进行计量。从这个原则出发，全民医疗保险制度的效率性是指在医疗保障基金的积累和利用上达到用最小的成本提供最优的服务，使医疗保障制度的社会安全功能达到最佳状态，保证和促进社会稳定和经济发展。

3. 可持续发展性

由于全民医疗保险制度的发展与社会经济发展、国家的政策方针改变、科学技术水平提升以及人们健康需求等因素息息相关，因此，全民医疗保险制度的评价不应该是一成不变的，而是随着周围环境的变化及时进行动态调整，从而保障政策的可持续健康发展。

（三）全民医疗保险制度效果评价

1. 评价标准

评价标准是评价活动方案的核心部分，是人们价值认识的反映，它表明人们重视什么、忽视什么，具有引导被评价者向何处努力的作用。因此，评价标准的设定直接影响评价结果的准确性及其功能的发挥，是价值取向的反映，具有重要的作用。

各个国家都非常重视医疗保险效果评价，从而科学地评判医疗保险政策实施后带来的质量、社会效益、经济效益和公平性。当代西方国家采用“4E”作为总要求建立公共组织绩效体系，即经济、效率、效益和公平，对医疗保险的评价具有较大的借鉴意义。全民医疗保险制度效果评价可以通过是否增进公众的健康水平、公众满意度和是否降低了就医费用等评价，建立相关指标体系考核。

2. 指标体系构建原则

在效果评价的过程中，指向被评价对象效果体现的各个方面就是评价指标，通过评价指标来测量效果的等级。评价效果的指标并不是单一的，而是由多个指标构成指标体系，这样才能全面测量政策效果。确定评价体系后应该明确效果评价指标的标准和权重，即指标的水平和指标的重要程度。国内外学者近年来从不同角度运用多种方法建立医疗保险指标体系标准和权重。

评价指标的合理构建是效果评价的关键，评价指标错误或者不科学，那么评价结果就不客观、不准确；所以要准确、科学地评价全民医疗保险效果，就必须建立一套科学、综合的指标体系。指标体系构建原则包括：

（1）系统性原则

评价指标是目标本质属性与特征属性的集中反映，具有行为化、操作化的特点。每一个单项指标只反映社会现象的一个侧面，要了解总体的全貌，反映社会现象内部外部的各种联系，就要求用一系列相互联系、彼此衔接的指标群体即指标体系来说明效果评价指标体系不只是单一的指标，而是由一定数量的指标所构成的系统集合，各个评价指标之间相互独立，构成一个有机的整体，从多个方面系统地对效果进行评价，从而反映全民医疗保险实施情况和存在问题。

（2）定性与定量相结合原则

由于医疗保险效果分析中的评价指标具有多维性，且质和量相互联系、互为条件，是评价指标的基本属性。所以，效果评价的指标应既有定量指标又有定性指标。定量指标是指可量化的指标，例如婴儿死亡率、医疗保险覆盖率等；定性指标是指无法直接通过数据计算分析评价内容，需对评价对象进行客观描述和分析来反映评价结果的指标，例如患者满意度等。

（3）可操作性原则

在实证性研究中可操作性尤为重要，它是研究是否有价值的重要前提。这就要求所建立的指标体系具有可行性，包括数据容易收集、数据处理简洁方便，评价指标不宜过于复杂，应易于掌握和操作。

（4）独立性原则

独立性是指各个指标功能应该相互独立，反应不同的信息，相互之间不能取代，不会发生内涵上的重复。

（5）动态性原则

由于全民医疗保险制度的发展与社会经济发展、国家的政策方针改变、科学技术水平提升以及人们健康需求等因素息息相关，因此，全民医疗保险制度的评价指标不应该是一成不变的，而是随着周围环境的变化及时进行动态调整，从而保障政策的可持续健康发展。

（6）常规性原则

评价指标要便于操作，能够用于督导医疗保险的日常工作，对于医疗保险工作的开展应具有普遍的指导意义。因此指标数据的获取应方便、及时，可以常规报表和统计数据中获取，而不需要专门组织调研，并且评价的方法应该易于操作，以便于利用信息化网络进行处理和科学管理。

3. 构建指标体系的方法

文献法（Documentary Research Method）也称历史法。它是根据一定的研究目的或课题，搜集和分析研究各种有关文献，从中选取自己研究所需要的资料，并进行综合整理、分析以达到研究目的的方法。

德尔菲法（Delphi Method）又名专家意见法或专家函询调查法，是依据系统的程序，采用匿名发表意见的方式，即团队成员之间不得互相讨论，不发生横向联系，只能与调查人员发生关系，以反复的填写问卷，以集结问卷填写人的共识及搜集各方意见，可用来构造团队沟通流程，应对复杂任务难题的管理技术。德尔菲法本质上是一种反馈匿名函询法。其大致流程是：在对所要预测的问题征得专家的意见之后，进行整理、归纳、统计，再匿名反馈给各专家，再次征求意见，再集中，再反馈，直至得到一致的意见。它有三个明显区别于其他专家预测方法的特点，即匿名性、多次反馈、小组的统计回答。

层次分析法（Analytic Hierarchy Process，AHP）是指将一个复杂的多目标决策问题作为一个系统，将目标分解为多个目标或准则，进而分解为多指标（或准则、约束）的若干层次，通过定性指标模糊量化方法算出层次单排序（权数）和总排序，以作为目标（多指标）、多方案优化决策的系统方法。该方法是美国运筹学家匹茨堡大学教授萨蒂于20世纪70年代初，在为美国国防部研究“根据各个工业部门对国家福利的贡献大小而进行电力分配”课题时，应用网络系统理论和多目标综合评价方法，提出的一种层次权重决策分析方法。该方法是将决策问题按总目标、各层子目标、评价准则直至具体的备择方案的顺序分解为不同的层次结构，然后使用求解判断矩阵特征向量的办法，求得每一层次的各元素对上一层次某元素的优先权重，最后通过再加权和的方法递阶归并各备择方案对总目标的最终权重，此最终权重最大者即为最优方案。这里所谓“优先权重”是一种相对的量度，它表明各备择方案在某一特点的评价准则或子目标，标下优越程度的相对量度，以及各子目标对上一层目标而言重要程度的相对量度。层次分析法比较适合于具有分层交错评价指标的目标系统，而且目标值又难于定量描述的决策问题。其用法是构造判断矩阵，求出其最大特征值。及其所对应的特征向量 W，归一化后，即为某一层次指标对于上一层次某相关指标的相对重要性权值。

综合指数法是指在确定一套合理的经济效益指标体系的基础上，对各项经济效益指标个体指数加权平均，计算出经济效益综合值，用以综合评价经济效益的一种方法。即将一组相同或不同指数值通过统计学处理，使不同计量单位、性质的指标值标准化，最后转化成一个综合指数，以准确地评价工作的综合水平。综合指数值越大，工作质量越好，指标多少不限。该方法将各项经济效益指标转化为同度量的个体指数，便于将各项经济效益指标综合起来，以综合经济效益指数为企业间综合经济效益评比排序的依据。各项指标的权数是根据其重要程度决定的，体现了各项指标在经济效益综合值中作用的大小。综合指数法的基本思路则是利用层次分析法计算的权重和模糊评判法取得的数值进行累乘，然后相加，最后计算出经济效益指标的综合评价指数。

（四）全民医疗保险效果评价的基本数理统计和运筹学方法

国内外大多数学者在对医疗保险进行效果评价时，主要侧重于医疗保险的公平性和效率，还有就是对医疗保险进行综合评价，因此医疗保险效果评价的方法包括评价公平性的方法、评价效率的方法以及进行综合评价的方法。

1. 评价公平性的方法

（1）洛伦兹曲线

洛伦兹曲线（Lorenz Curve），也译为“劳伦兹曲线”。最初是为了研究国民收入在国民之间的分配问题而被提出的。是指在一个总体（国家、地区）内，以“最贫穷的人口计算起一直到最富有人口”的人口百分比对应各个人口百分比的收入百分比的点组成的曲线。

洛伦兹曲线用以比较和分析一个国家在不同时代或者不同国家在同一时代的财富不平等，该曲线作为一个总结收入和财富分配信息的便利的图形方法得到广泛应用。通过洛伦兹曲线，可以直观地看到一个国家收入分配平等或不平等的状况。画一个矩形，矩形的高衡量社会财富的百分比，将之分为五等分，每一等分为 20 的社会总财富。在矩形的长上，将 100 的家庭从最贫者到最富者自左向右排列，也分为 5 等分，第一个等分代表收入最低的 20 的家庭。在这个矩形中，将每一等分的家庭所有拥有的财富的百分比累计起来，并将相应的点画在图中，便得到了一条曲线，就是洛伦兹曲线。整个的洛伦兹曲线是一个正方形，正方形的底边即横轴代表收入获得者在总人口中的百分比，正方形的左边即纵轴显示的是各个百分比人口所获得的收入的百分比。从坐标原点到正方形相应另一个顶点的对角线为均等线，即收入分配绝对平等线，这一般是不存在的。实际收入分配曲线即洛伦兹曲线都在均等线的右下方。

（2）基尼系数

基尼系数，是 20 世纪初意大利经济学家基尼，根据劳伦茨曲线所定义的判断收入分配公平程度的指标。是比例数值，在 0 和 1 之间，是国际上用来综合考察居民内部收入分配差异状况的一个重要分析指标。

基尼根据洛伦茨曲线提出的判断分配平等程度的指标。设实际收入分配曲线和收入分配绝对平等曲线之间的面积为 A，实际收入分配曲线右下方的面积为 B。并以 A 除以 A+B 的商表示不平等程度。这个数值被称为基尼系数或称洛伦茨系数。如果A为零，基尼系数为零，表示收入分配完全平等；如果B为零则系数为1，收入分配绝对不平等。收入分配越是趋向平等，洛伦茨曲线的弧度越小，基尼系数也越小，反之，收入分配越是趋向不平等，洛伦茨曲线的弧度越大，那么基尼系数也越大。

（3）极差法

极差法是最常用也是最简单的一种测量方法。它是将调查人群用4分位或5分位或更多的分组方法将其分为4组或5组或更多组，比较其最高与最低组之间健康状况、医疗服务利用、支付强度的差异，从而表明健康在不同经济状况人群之间分布的不平等。这种方法简单明了，仅反映了最高组和最低组之间的差别而没有考虑到中间各组的变化。此外，还可按城市农村分组，或按社会经济发展程度把城市或农村分为一类、二类、三类等地区，比较各组之间指标的差别。

（4）差异指数

差异指数表示各社会经济分组中人群健康的分布与同组人群的分布间的差异，公平的健康状况应是人群健康的分布与人群的分布相一致。若差异越大，不公平程度越高；或差异越小，公平程度越高。差异指数同洛伦兹曲线一样，能反映社会经济状况对健康不公平的影响，即使它是按照社会经济状况分组，它表示的是人群健康状况在每个社会经济组分布的差异，而不是这种差异与各组之间社会经济状况的比。

（5）不平等的斜率指数及其相对指数

这种方法是将人群按社会经济分组后，计算每组健康状况的平均值，然后按其社会经济状况而不是健康状况排序。不平等斜率指数指各组的健康状况与其对应的社会经济组的序次之间回归线的斜率。反映出从最低组到最高组之间健康状况的改变，其优点是能反映社会经济状况对健康不公平的影响。不平等的相对指数是不平等斜率指数的派生指标，等于不平等斜率指数与平均健康之比。

（6）筹资分布公平性指标

在健康系统的筹资公平性方面，世界卫生组织在 2000 年提出了筹资分布公平性指标 FFC（Fairness of Financial Contribution），用来度量筹资贡献的公平性和财政风险的防范水平。它假设支付应当与支付能力成比例。定义健康筹资贡献 HFC 为卫生费用在家庭支付能力中的比例。它所定义的卫生费用包括通过各种方式对健康系统的资金贡献。家庭支付能力包括全部消费加上未包括在其中的税减去食品的支出。

（7）反应法

前几年，世界卫生组织提出了用反应性（Responsiveness）来衡量卫生服务提供的公平性，极大地丰富了公平性的内涵。反应性包含两方面的内容：基本人权和病人对医疗服务的满意度。其中前者包括对人的尊重、治疗时的自主性和保密性，后者包括治疗的及时性、社会支持网络、医疗服务机构的基本设施，以及对医疗服务提供者的选择性。

2. 评价效率的方法

（1）数据包络分析法

数据包络分析（Data Envelopment Analysis，DEA）的方法，是由著名的运筹学家 A.Charnes,W.W.Cooper 和 E.Rhodes 在 1978 年首先提出的，这种方法是基于线性规划去评价部门间的相对有效性（因此被称为 DEA 有效），是目前卫生服务效率评价方面较为常用的方法之一。

DEA 是一个线形规划模型，表示为产出对投入的比率。通过对一个特定单位的效率和一组提供相同服务的类似单位的绩效的比较，它试图使服务单位的效率最大化。在这个过程中，获得 100% 效率的一些单位被称为相对有效率单位，而另外的效率评分低于 100% 的单位称为无效率单位。

（2）随机前沿分析法

随机前沿分析（SFA）是由艾格纳（Aigner）、洛夫尔（Loveu）和施密特（Schmidt），以及穆森（Meeusen）和布勒克（Van Den Broeck）分别于

1977 年提出的，它是一种基于生产前沿面理论的参数方法。之后逐渐发展起来的随机前沿生产函数法则允许技术效率的存在，并将全要素生产率的变化分解为生产可能性边界的移动和技术效率的变化，这种方法比传统的生产函数法更接近于生产和经济增长的实际情况。能够将影响 TFP 的因素从 TFP 的变化率中分离出来，从而更加深入地研究经济增长的根源。

3. 综合分析的方法

（1）TOPSIS 法

TOPSIS 法，即逼近理想点排序法，TOPSSI 法是系统工程中有限方案多目标决策分析的一种常用的决策技术。为与理想方案相似性的顺序选优技术，是系统工程中有限方案多目标决策分析的一种常用方法。该方法从归一化后的原始数据矩阵，找出有限方案中的最优方案和最劣方案（分别用最优向量和最劣向量表示），然后分别计算所有评价对象与最优方案和最劣方案间的距离，获得各评价对象与最优方案的相对接近程度，以此作为评价优劣的依据。

（2）模糊综合评价法

模糊综合评价法是应用模糊数学的理论，针对评价对象在定性和定量上的模糊性，应用模糊关系合成的原理，根据多个评价因素，对评判事物隶属等级状况进行综合评价的一种方法。该法由美国自动控制专家 L.A.Zdaeh 于 1965 年提出。近 20 年来，该法已在人力、卫生资源、生存质量、医疗质量、食品卫生、计划免疫等工作中得到广泛应用。

（3）秩和比法

采用 SPSS13.0、SAS9.0 统计软件对资料进行统计分析与评价，然后采用秩和比法进行综合评价。

秩和比法的基本思想：在一个 n 行 m 列矩阵中，通过秩转换，获得无量纲统计量 RSR；在此基础上，运用参数统计分析的概念与方法，研究 RSR 值对评价对象的优劣直接排序或分档排序。采用分档排序，共分为 3

档（优、良、差）。具体见表 4–2。

表 4–2　分档情况、百分位数 Px 临界值及概率单位 Probit 值

等级	百分位数 P_x	Probit
差	$<P_{15.866}$	<4
良	$P^{15.866-}$	4^{-}
优	$P^{84.134-}$	6^{-}

（4）综合指数法

将研究事物的多个性质不同、计量单位各异的指标实测值综合成一个无计量单位，反映其相对平均变化水平的综合指标称为综合指数（synthetic index）。利用综合指数的计算方式，对研究事物进行综合评价的方法称为综合指数法。综合指数法可用于评价医院的医疗质量、环境卫生以及工作绩效的综合评价。

（5）层次分析法

如前所述，层次分析法（Analytic Hierarchy Process，AHP）是将与决策总是有关的元素分解成目标、准则、方案等层次，在此基础之上进行定性和定量分析的决策方法。该方法是指将一个复杂的多目标决策问题作为一个系统，将目标分解为多个目标或准则，进而分解为多指标（或准则、约束）的若干层次，通过定性指标模糊量化方法算出层次单排序（权数）和总排序，以作为目标（多指标）、多方案优化决策的系统方法。该方法的优点有：系统性的分析方法、简洁实用的决策方法和所需定量数据信息较少。

4. 其他方法

（1）关键指标评价和指标体系综合评价

关键指标评价和指标体系综合评价是国际上较为常用的对医疗制度或卫生系统运行效果的评价方法，美国经济研究委员会 Richler 和 Lewis 于

1999年提供的评价方法包括问卷调查法、电子数据表法、建立框架评价法。问卷调查法可以帮助参保者检查所需的重要因素；电子数据表法可以帮助工作人员自动完成数据的计算；建立框架评价法，其框架包含与医疗保险相关度较高的指标、样本等内容，可以为评价方法提供选择。

（2）卫生技术评估法

Banta和Luee于1993提出了“卫生技术评估法”，该方法是当今世界上广泛应用的评价方法，主要对卫生技术的安全性、功效性、成本效果、成本效益以及社会影响做出系统评价，为有关卫生技术决策和政策制订提供信息。[①]

（3）实证分析法与规范分析法

实证分析主要是研究对象“是什么”的问题，探究事物的本质；规范分析主要研究的是“应该是什么”的问题。

（4）主成分分析法

根据网络资源和历年全国卫生统计年鉴等数据资源，采用SPSS系统分析软件进行标准化分析，并利用主成分分析模块对我国医疗保障制度的运行效果进行对比分析，准确描述长阳县新型农村合作医疗运行效果的状况。

（5）数理统计法

克朗巴赫a系数（Cronbach's a Coefficient）是指通过计算克朗巴赫a系数分析评价指标体系的信度。

因子分析（Factor Analysis）利用降维方法进行统计分析的一种多元统计方法，可看成主成分分析的推广，将多个变量综合为少数几个因子，以再现原始变量与因子之间的相关关系。因子分析是检验结构效度最常用的方法。可以通过因子分析对指标体系的结构效度进行检验。

---

① Banta. H. D. and B.R. Luce., *Health Care Technology and its Assessment: An International Perspective*. New York: Oxford University Press,1993.

聚类分析（Hierarchy Analysis）和方差分析（Analysis of Variance，ANOVA）。聚类分析通过寻找能客观反映事物之间相似程度的统计量，并根据这种统计量和规定的分类准则对事物进行分类；方差分析用于完全随机设计的多个样本均数间的比较，推断各样本所代表的总体均数是否相等本研究采用聚类分析将样本分组，通过方差分析比较每组间有无差异，以检验指标体系的区分度。

变异系数法。指标筛选主要是从指标的敏感性、特异性、代表性和独立性考虑进行筛选。采用变异系数法进行综合评价指标筛选。变异系数法是从敏感性和稳定性角度挑选指标，指标的变异系数太小，用于评价时的区别性就差，变异系数太大将影响评价结果的稳定性，在筛选评价指标时剔除变异系数太大和太小的指标。

系统分析法。从民医疗保险制度的实施情况、运行效果和有待完善等方面、全方位进行分析和考察，从整体上把握与之相关的各种概念、制度，考虑多种影响医疗保险制度实施的因素，运用定性、定量分析等方法来确定解决问题的方案。

（五）全民医疗保险制度效果评价的有关研究

我国医疗保险评价研究开展得比较晚，研究者提出了各具特点的评价内容和指标体系，从公平性、效率、质量和可持续性等方面进行了初步探讨。

1. 公平性和可及性评价

为了不断改进对医疗保险的管理，提高医疗保险的运行质量，促进医疗保险制度的发展，世界各国在医疗体制改革的同时，都十分重视对医疗保险的运作效果以及公平性进行评价工作。评价标准主要是：第一，强调基本医疗保险权利与机会的公平化和社会化。医疗保险的基本目标是促进人们在健康生存权利和医疗机会的公平化，以化解全体公民范围内的医疗风险。第二，医疗保险制度及其改革是否控制了医疗费用的上涨，而不是费用的转移。第三，医疗卫生资源的配置与使用公平性。第四，医疗体制改革对医疗质量的影响。吴成丕通过计算基尼系数、集中系数等指标，通过多元回归分析以及直接标准化方法，探讨收入所影响的卫生服务利用的不平等。得出的结论是：威海模式改善了收入影响的不平等，但其他因素影响变化各异。改革后筹资不平等有所改善，但筹资系统的再分配效应加大了收入不平等，改革前后这种效应的变化大小依赖于风险厌恶程度。[①]刘平首先阐明了什么是城镇职工基本医疗保险的公平性及其内容，并且引入正义分配理论作为理论支撑，构成了本问题的定性分析，也是衡量公平性的标准；接着对应此标准，分析了其各自的现状，用数据说明与理论上公平性的差距，这构成了定量的分析，作为对此的深化。[②]马涛运用洛伦兹曲线等方法定量分析了青岛市医疗保险在参保率、筹资和医疗服务等方面的公平程度，从发挥多层次医疗保障方式、建立覆盖全民的医疗保障体系和发挥医疗机构在医疗保险公平性作用等三个方面探讨了建立医疗保险公平性运行机制的对策。[③]乐端通过对比发现：非参保群众在医疗服务可及性以及可得性上相对存在不公平并提出了相应的措施。[④]李珍基于制度变迁的视角，根据世界卫生组织提出的健康公平性三维度指标，即医疗保障的“宽度”“深度”“高度”，对城镇职工基本医疗保险制度与改革前的“劳保医疗”进行比较。[⑤]闫敬婷首先阐述了公平性的意义，然后构建了社会医疗保险公平性的评价标

---

① 吴成丕：《中国医疗保险制度改革中的公平性研究——以威海为例》，《经济研究》2003年第6期。

② 刘平：《我国城镇职工基本医疗保险公平性研究》，武汉大学2005年版。

③ 马涛：《社会医疗保险制度公平性研究》，青岛大学2008年版。

④ 乐端：《基本医疗保险制度对诊疗行为的影响分析》，华中科技大学2005年版。

⑤ 李珍、赵青：《制度变迁视角下的城镇职工基本医疗保险公平性评估》《北京社会科学》2014年第7期。

准，该标准包括筹资公平标准、支付公平标准和医疗服务利用公平标准。然后从筹资方式及标准，支付方式及标准、管理组织形式、报销方式及标准和医疗资源配置及医疗服务等方面比较分析山西省三项医疗保险制度。[①]

2. 控费效果评价

刘小兵认为按职工工资总额的8%确定基本医疗保险缴费并不属于一种低水平状态，而且，试图将医疗保险费率水平定位在因“广覆盖”而“低水平”的这种设想是没有根据的，也不符合建设社会主义市场经济的客观要求。[②] 在此基础上，在一定的假设条件下他对合理的费率水平重新作了测算。得到的基本结论是，在将基本医疗保险界定在急、危重症范围之内和保险费用支付不封顶的基本假设下，合理的医疗保险费率水平大致应确定在职工工资总额的2.66%左右为宜。赵曼提出医疗行业信息不对称，使得该领域道德风险发生频率高且规避难度大，这导致了医疗费用的急剧攀升，并进而损害了医疗保险制度的效率基础。[③] 通过引入激励与约束机制，从制度创新的角度，提出了约束医疗保险费用的路径选择：不完全合同以及供方控制。郭有德认为利用供方的信息优势提高供方控制费用的激励机制，有利于医疗费用的有效控制。[④] 方鹏骞认为供方、患方、保方以及政府在费用控制方面都应该采取策略。[⑤] 赵仲华认为应该采取加强费用控制、促进竞争和提高效率的政策措施。张亚东把医疗费用、医疗保险、医疗保障以及三者之间的相互关系作为研究的主要内容，最终得出如下结论：医

---

① 闫敬婷：《城乡医疗保险制度公平性研究》，山西财经大学2014年版。

② 刘小兵：《对中国基本医疗保险范畴界定的再研究》，《财经研究》2002年第11期。

③ 赵曼：《社会医疗保险费用约束机制与道德风险规避》，《财贸经济》2003年第2期。

④ 郭有德、王焕华：《中国医疗保险制度改革的再思考》，《人口与经济》2002年第1期。

⑤ 方鹏骞、张禄生、董四平：《城镇职工基本医疗保险费用控制策略研究》，《中国卫生事业管理》2009年第5期。

疗保险与医疗服务一体化；医疗保障体系“产权”化；基于“风险最小化”与“风险专用性”进行保险投资；合理开发和利用人体卫生资源。[①]

3. 满意度评价

孙涛提出构建社会医疗保险公众满意度指数模型和指标体系，包括公众信息、公众期望等7个变量，根据不同的社会医疗保险制度特点，将7个变量细分为具体的三级指标和四级指标，并对指标进行量化、确定权重，以及信度和效度检验。[②] 孙全胜等采用分层抽样法，自制问卷对黑龙江省城镇职工进行问卷调查，了解城镇职工对基本医疗保险信息知晓情况以及满意度的调查。[③] 张昕把新型农村合作医疗保险制度运行情况作为研究对象，以四川省珙县作为调查地点，结合统计资料分析当地新农合政策实施效果，并且通过发放问卷的形式对当地农户进行满意度评价的调查。[④]

4. 效率评价

陈雪煌运用层次分析法，并结合调研实践，构建了新农合公平与效率的评价指标体系。[⑤] 该指标体系分解为三个层次：综合评价层、准则层和具体操作层。其中，在具体操作层设计了30多个具有可操作性的具体评价指标，运用该具体指标对三个样本县市新农合运行公平与效率进行描述性统计分析和纵横两方向的比较分析。曹莉通过搜集我国2006年31个省区

---

① 张亚东：《基于风险最小化与资产专用性的保险投资研究》，《金融教学与研究》2003年第4期。

② 孙涛、张佳滢、孙全胜、张帆、林海峰、李恒：《社会医疗保险公众满意度测评指标体系的构建》，《卫生经济研究》2009年第4期。

③ 孙全胜：《黑龙江省职工医疗保险制度改革运营管理研究》，《中国卫生事业管理》2000年第12期。

④ 张昕：《新型农村合作医疗保险制度的实施效果及满意度评价研究》，四川农业大学2013年版。

⑤ 陈雪煌：《新型农村合作医疗制度公平与效率的评价及制度安排》，江西财经大学2009年版。

新型农村合作医疗制度运行的相关数据，利用随机前沿成本模型，定量测算我国31个省区的新型农村合作医疗保险基金运行的效率，再运用比较分析方法分析评价我国东、中、西部地区新农合基金运行效率差异及原因。[①]

（六）全民医疗保险制度效果评价的指标体系构建的总体设计

本章依据全民医疗保险效果评价价值取向，在国内外医疗保险评价研究和实践的基础上，综合运用多种理论与方法，确定医疗保险制度效果评价的基本要素（即指标体系的基本框架）：公平性、效率、质量和发展性、可及性和效益等。按照层次分析结构模型：总目标是以改革目标为导向的医疗保险制度运行效果评价，反映总目标的一级指标是公平性、效率、质量、发展性、可及性和效益，一级指标向下分解为更为具体的二级指标，二级指标再次向下分解为终端的三级指标，形成系统全面、层次分明、逻辑严密、相互独立的指标体系。

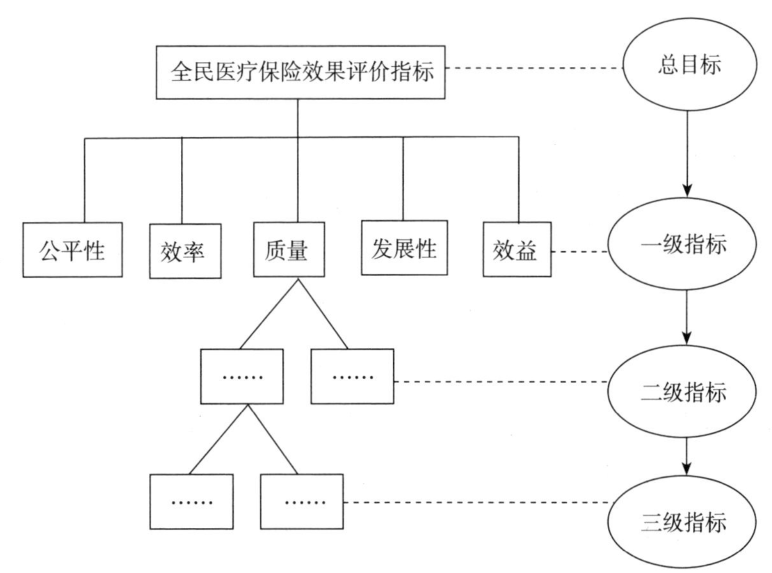

图 4–1　全民医疗保险制度效果评价的层次分析结构模型

① 曹莉：《我国新型农村合作医疗保险基金的运行效率分析》，西北大学2009年版。

1. 公平性评价

公平性评价包括参保公平性、筹资的公平性、基金报销公平性、医疗服务利用公平性、医疗费用负担公平性和医疗服务可得性等内容。参保公平性，包括总参保率、贫困人口参合率、非贫困人口参合率、稳定参保率、参保人数、参保人数增长率、不同收入人群参保公平性（包括垂直公平和水平公平）、基本医疗保险覆盖率、居民大病医疗保险覆盖率、医疗救助人数。筹资的公平性，包括各级财政拨款比例、各级政府对保险人均补助金额、政府对贫困户五保户人均救助金额、个人筹资负担率、人民缴纳比例、人均筹资额、地方财政人均筹资、筹资未到位率。基金报销公平性，包括统筹基金的起付标准、统筹基金最高支付限额、医疗救助费用、参保患者门诊费用中个人现金支付比例、住院统筹基金最低起付标准、门诊统筹基金最低起付标准、住院统筹基金最高封顶线、门诊统筹基金最高封顶线。医疗服务利用公平性，包括不同收入人群普通门诊利用公平性、不同收入人群特殊门诊利用公平性、不同收入人群住院利用公平性。医疗费用负担公平性，基金用于支付门诊费用的总金额及比例、基金用于支付住院费用的总金额及比例、基金的流向基层卫生机构及以上各级医院的比例、住院医疗费用中个人负担比例、全额自费比例、补偿费用及补偿比、人均个人负担占社平工资比例、人均费用支出的增长率与人均 GDP 的增长率的比值、参保患者门诊费用中个人现金支付比例、参保患者人均现金支付门诊费用占其人均纯收入比例。医疗服务可得性，包括每千参保人定点医疗机构医护人员数、每千参保人定点医疗机构病床数、每 10 万参保人定点药店执业药师数、基层医疗卫生机构纳入定点比例、两周就诊率。

2. 效率评价

如何有效地评价医疗服务机构的效率，促进医疗保险资源的合理分配也是近年来各国社会保障机构共同关注的问题。效率评价包括保险资源配置效率、医疗效率、经办机构管理效率和服务利用效益（即参保人服务利用提高与医疗需求满足的程度）等内容。保险基金分配率，包括当期保险基金总额占当地 GDP 的比例、社会统筹基金占保险基金总额的比例、三级医院二级医院和一级医院保险费用支出的比例、门诊费用与住院费用的比值、住院医疗费中药品费的比例。医疗效率，包括出院者人均住院日、平均每床日住院费用、次均门诊费用、次均住院费用的增长率、次均门诊费用的增长率。经办机构管理效率，指管理人员年人均承担参保数、管理费用与当期保险费用支出的比值。医疗服务利用效率，包括参保前后人群门诊服务利用率的比值、参保前后人群特殊门诊服务利用率的比值、参保前后人群平均住院床日数的比值。

3. 质量评价

实施全民医疗保险制度的目标是为广大劳动者提供与生产力水平相适应的、比较优质的基本医疗保障，最终提高社会健康水平。参保人所享有的全民医疗保障是一项服务，保证这项服务的高质量也是医疗保险运行质量评价的重要内容。公平和效率主要反映了宏观上的制度运行质量特性，并没有反映出微观上参保人享受到的保险服务质量的高低。所以，作为衡量一项制度的产出结果，质量评价必然要纳入评价体系中。

完整的医疗保险服务主要包括医保服务和医疗服务两个方面的内容。而作为服务形式的产品，评价服务质量一方面可以用一些客观的指标来进行衡量，对以客观标准来评价的医疗服务质量，可称为医疗技术质量；另一方面还体现在接受服务方的自身体验与主观感受上，也就是接受服务方满意度，对从主观上评价的医疗服务质量，可称为医疗功能质量。因此，一是从医疗保险的服务内容来看，分为医疗服务质量和医保服务质量评价；二是从主观和客观两个角度来进行评价。此外，医疗服务质量与医疗保险制度的最终衡量结果应当是人群健康状况的改善程度。在医疗可及性一定的前提下，医疗服务质量决定了参保人群健康改善水平。因此，健康结果也是质量评价中的重要内容。医疗服务质量，包括住院参保患者治愈好转率、手术事故率、大型设备检查阳性率、出院2周内因同病再入院率。医保机构服务质量，包括参保单位对医保管理与服务的满意度、参保人对医保管理与服务的满意度、定点医药机构对医保管理与服务的满意度、及时准确报销率、定点医疗机构及时报销率、信息化管理率、人员培训率。参保患者满意度，包括门诊参保患者的医疗服务满意度、住院参保患者的医疗服务满意度、参保人对医保管理与服务的满意度、参保患者继续参保率、补偿比例满意率、补偿方式满意率、参保人停保率、参保人对制度的知晓、参合人期望、感知质量、感知价值、参合人信任程度、参合人抱怨程度。全面健康指标，包括参保前后癌症死亡率、参保前后慢性疾病死亡率、参保前后婴儿死亡率、参保前后职业病死亡率、参保前后总死亡率、参保前后人口的平均预期寿命、参保前后因病未就诊率。

4. 发展性评价

以上3个方面是在一个静态的环境中解析了基本医疗保险制度的政策目标，确定了公平性、效率、质量是评价基本医疗保险制度运行质量的3个重要方面，整个解析过程局限于在基本医疗保险制度这个系统内部。根据制度经济学的理论，任何一项制度的发展不仅需要一个良好的内部运行机制，同时也需要一个良好的外部发展关系。公平性、效率和质量从3个独立但相辅相成的方面评价了基本医疗保险制度内部的运行情况，作为一项社会制度，它与整个社会、经济的发展是息息相关的，需要在系统内部要素和外部关系协调的基础上，获得长期、稳定、良性的发展，以符合社会的长远利益要求。从公共卫生政策评估研究来看，政策发展性评价是不可或缺的重要内容。因此，我们借助“发展性”这一概念作为制度运行质量的评价要素之一。

发展性的相关指标为：政府支持力度、社会支持度、保险基金稳定性、经济适应性、保险管理有效性、保险对医院发展的影响、保险管理人员负担性和医院的管理水平等。政府支持度，包括在各级行政单位设有专门的保险行政机构、建有专门的保险危机，管理系统、建有保险部门与其他相关部门协作制度，把保险管理列入对下级绩效考核内容，给予医保管理人员相应的级别和待遇。将保险管理列入县（市）社会经济发展规划并作为全面实现小康社会的考核指标。县（市）人大政府制定保险管理的规范性文件，县（市）设有保险管理的管理监督组织，县（市）乡有党政领导专人分管。相关部门有明确分工，保险实施情况列入县（市）乡村干部年度目标考核内容，县（市）设有保险的经办机构，乡有派出机构属事业编制，经费列入财政预算，管理与监督保险管埋机构编制人员经费是否落实。社会支持度：社会人员对医疗保险改革的支持度、医疗机构对医疗保险改革的支持度。保险基金安全性，主要考量因素包括实际筹资额与期望筹资额差值、统筹基金当期结余率、当期筹资总额占 GDP 的比例、统筹基金累计结余率、统筹基金人均累计结余与社平工资的比例、个人账户人均累计结余与社平工资的比值、是否封闭运行、基金的投资方式、是否在国有银行设立基金专户、统筹基金的长期平衡性、统筹基金的动态适应性、是否收支分离管用分开、基金赔付率。经济适应性，包括人均保险费用支出的增长率 / 当地人均 GDP 的增长率、参保人均保险费支出占社平工资的比例。保险管理有效性，包括公示制度、审计制度、基金预警制度、住院医疗目录内药品使用率、定点医疗机构的预留考核金返还率、违规费用占当期保险总支出比例、信息化管理率。保险对医院发展的影响，包括参保人门诊费用占定点医疗机构门诊业务总收入的比例、参保人住院费用占定点医院住院业务总收入的比例、统筹基金支付定点医院住院费用的增长率 / 住院业务总收入的增长率。管理人员负担性，包括保险管理机构工作人员年人均服务人数、保险管理机构行政费用与保险基金当期收入的比值、每 10 万人口保险管理机构人数。医院的管理水平，包括医疗保险的支付方式、是否实行临床路径、是否有过度医疗行为、是否建有诊疗规范和转诊制度。

5. 可及性评价

可及性评价也是医疗保险制度运行效果评价的重要内容。医疗保险可及性是衡量医疗保险制度措施是否满足社会基本医疗需求程度的标准。其中，质量是可及性的重要组成内容。此外，医疗保险可及性的评价内容，还应当包含以下内容：首先是保险制度覆盖人群的可及性；其次是保险项目覆盖范围的可及性，受到基本医疗保障制约；再次是保险项目提供的可及性，受当地医疗条件制约；最后是医疗服务利用的可及性：地理上的障碍、时间上的障碍、经济上的障碍等。其中，医疗服务项目提供、距离因素、时间因素并非医疗保险制度所能显著改善的。保险覆盖医疗服务项目各地都比较统一，是根据各地经济条件、医疗条件来确定的，不是评价所能显著改善的。药品目录也是由国家和省市统一制订的。因此，对这些内容的可及性评价意义不大。相对而言，以下几个方面内容则显得比较重要：保险制度覆盖人群的可及性，医疗可得性（定点制度覆盖范围），医疗服务利用的经济可及性（保险共济提高参保患者的经济支付能力，通过支付医疗费用补偿、分散、转移和减少疾病风险带来的损失，降低了医疗服务利用的经济障碍，从而能够提高与满足人们医疗需求，发挥医疗保险的保障功能）。这些内容可以从公平性、效率等方面得到体现。换句话说，如果一个地区基本医疗保险制度具有较好的公平性、较高的效率和较优的质量，那么该地区医疗保险的可及性也必然较高。因此，可及性评价的内容与其他评价要素有交叉，并能够从其他评价要素内容中得到体现，为了避免重复评价，我们不单独设置可及性评价要素，但要充分考虑可及性原则要求。

6. 效益评价

医疗保险的目的就是为了保障公民的基本健康权和生存权，实现收入再分配，改善社会公平。因此，效益指标是评价医疗保险的重要指标。效益指标又可分为正向效益指标和负向效益指标，其中正向效益指标包括总体受益率、参保居民住院受益率、参保居民门诊受益率、人均住院补助金额、人均门诊补助金额、住院补助比例、普通门诊费用实际报销比、门诊统筹费用实际报销比、住院费用实际报销比、参保居民年医疗费用占个人年纯总收入的比重住院受益率、住院补偿比、平均报销费用占平均住院费用百分比、人均住院补偿占人均纯收入百分比。负向指标包括参保居民住院医药费用自负率、参保居民住院自付医药费负担率、因病致贫和因病返贫率、两周患病未就诊率（以人为单位）、半年需住院者未住院率（以人为单位）、入保者到保险系统外 / 内医疗机构就医人次之比、急性病患者就诊平均发病的第几天、孕妇产前检查率、家庭分娩的新法接生率、一次住院超过封顶线的人次比、大病补偿额、大病支出率。

总的来说，公平性、效率、质量、发展性、可及性和效益在实践中互为条件，相辅相成。一个公平的社会制度，只有实现了效率、质量、效益、可及性才具有发展性，也才能收获最后的效益；一个可以长期实行的政策，必然要具备公平、效率、质量、可及性和效益这些条件。

第五章　基本医疗保险绩效评价指标体系构建

国民的健康是拥有强大综合国力和可持续发展能力的前提和基础。作为全面实现小康社会的核心奋斗任务和基石，全民健康覆盖视阈下的健康中国实际上代表的是最具普适性的价值理念——公平和公正，推进健康中国建设是社会转型期的发展新常态，是稳增长、促改革、调结构、惠民生的必然要求。基本医疗保险制度的可持续发展是健康中国建设的关键保障。

诠释基本医疗保险制度绩效，明确其构成要素、划分结构层次，并厘清其相互关系之后，递进式建立基本医疗保险制度绩效评价指标体系，运用数理统计和运筹学方法，采用特定的指标体系，对照统一的标准，按照一定的程序，通过定量定性对比，对现阶段的基本医疗保险制度作出客观、公正和准确的综合评判，有较强的理论意义和实践启示。

一、文献检索

（一）文献来源范围

以《国务院关于建立城镇职工基本医疗保险制度的决定》（国发［1998］44 号）颁布的时间 1998 年 12 月为起点，以 2016 年 12 月为结点，以中国知网、万方数据、维普数据作为文献检索库，查询范围为核心期刊与学位论文。

（二）文献检索关键词

使用主题检索，根据三种基本医疗保险制度，以医疗保险（医保）/新型农村合作医疗（新农合）+评价、医疗保险（医保）/新型农村合作医疗（新农合）+指标体系和医疗保险（医保）/新型农村合作医疗（新农合）+绩效三组主题词为作为检索词，共检索到545篇文献（如表5-1所示）。

表5-1　基本医疗保险制度评价文献检索结果

检索词	文献数（篇）
医疗保险（医保）/新型农村合作医疗（新农合）+评价	326
医疗保险（医保）/新型农村合作医疗（新农合）+指标体系	64
医疗保险（医保）/新型农村合作医疗（新农合）+绩效	155
合计	545

（三）文献的筛选

对于以上检索方式检索的文献按以下标准进行收录：剔除重复文献、单纯通知型文献、未提及怎样进行医疗保险评价的文献、其他无关内容的文献。按照以上标准共收集文献227篇。根据样本量计算公式 $n=P(1-P)/(e2/Z2+P(1-P)/N)$，$P$ 取值样本变异程度最大时的值0.5，结果在95%的置信范围以内，Z 的统计量为1.96，总体单位数为545时样本量为225。文献检索结果略大于简单随机抽样计算样本量，可以说筛选的文献具备代表性。

（四）文献概况

国内社会医疗保险评价共阅读文献227篇。文献的时间、研究类型、研究方法、研究论述的程度等基本情况如下。

1. 研究时间

根据文献的发表年度，1999—2004年期间，除2002年为0篇，其他每年为1篇（0.44%），2005年开始，医疗保险评价的学术关注明显提高，为10篇（4.4%），2006年为7篇（3.1%），2007年为6篇（2.6%），2008年为10篇（4.4%）。2009年之后，医疗保险评价的相关研究维持较高的数量，2009年为13篇（5.7%），2010年为11篇（4.8%），2011年为12篇（5.3%），2012年为28篇（12.3%），2013年为34篇（15.0%），2014年为34篇（15.0%），2015年为29篇（12.8%），2016年为28篇（12.3%）（如图5-1所示）。

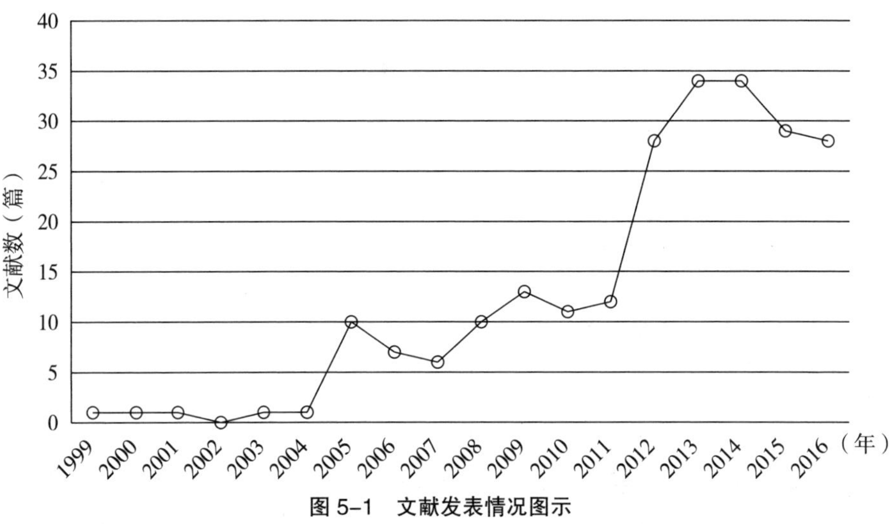

图5-1 文献发表情况图示

从1999年到2016年的这18年间，我国的医疗保障体系不断完善和发展，相继建立多层次的医疗保险制度、健全医疗保障体系。分别于1998年、2003年和2007年推行（或试点）职工医保、新农合和城镇居民医保。2009年，深化医药卫生体制改革启动，要求在我国建立覆盖城乡居民的基本医疗保障体系。

根据学术研究成果的发表周期，结合医疗保险制度建设与改革的关键节点，本研究划分了3个医疗保险评价文献分析阶段：1999—2004年、2005—2009年、2010—2016年。第一阶段，也职工医保运行的最初5年，人们对医疗保险评价的关注不高；第二阶段，关注度明显提升，文献数量由第一阶段的5篇增加到46篇；第三阶段，医疗保险评价研究维持在较高水平，其文献数占总文献数的77.5%（表5-2）。

表5-2 文献研究阶段

年份	文献数	百分比（%）
1999—2004	5	2.2
2005—2009	46	20.3
2010—2016	176	77.5
合计	227	100.0

2. 研究类型

文章的类型为：33.5%的文献属于研究者对医疗保险评价的思辩和议论；由于医疗保险评价的特性，其实证经验介绍性文章比例也较高，占28.6%；学位论文占比17.5%，说明国内相关研究群体对以医疗保险评价为选题深入研究的认可（表5-3）。

表5-3 文献类型

文献类型	篇数	百分比（%）
思辩性理论研究（原议论性文章）	76	33.5
案例实证研究（原经验介绍性文章）	65	28.6
综述	29	12.8
学位论文	40	17.6
消息和文摘	17	7.5
合计	227	100.0

综上所述，有关医疗保险制度评价的研究还处于初步探索阶段，研究者们从不同的角度和方面在逐渐摸索，但是多局限于单一种类的医疗保险进行评价，仅仅是建立单独针对某一种医疗保险的评价指标体系，并未将多种医疗保险评价的指标体系进行整合。因此，这些指标体系是分散的、较片面的指标体系。故研究者将进行的任务就是在文献分析的基础上，建立基本医疗保险制度绩效评价指标体系，为基本医疗保险制度可持续发展提供建议。

二、基本医疗保险制度绩效评价指标体系的框架

（一）评价指标体系设计原则

为保证客观、公正、系统地评价基本医疗保险制度绩效，体现出被评价统筹地区基本医疗保险制度的现状与发展潜力，本研究在评价指标遴选上，结合前期理论分析和基本医疗保险制度的实际，筛选出高层次、标志性的指标集，确保评价指标简洁、可比较、易操作、可验证和可持续等。

1. 系统性

基本医疗保险制度绩效的评价必须通过一定数量和类别的指标进行衡量，指标间互相联系与制约，各三级指标都能明确归入相应二级指标，二级指标能充分体现一级指标的内涵与外延，有较强的系统性。同时，评价体系中的每个指标都给予明确和科学的定义与说明，体现指标的科学性。

2. 导向性

基本医疗保险制度绩效评价的目的不是单纯评出优劣，更重要的是，引导统筹地区了解自身基本医疗保险制度的情况，回答基本医疗保险制度领域发生了什么、为什么发生、将如何做这 3 个可持续发展的基本问题。同时，基本医疗保险制度绩效评价研究政策相关性强，能够帮助统筹地区在医保具体实践和下一步制度设计中认清形势，提高制度绩效，推进健康

中国建设。

3. 操作性

被选择的指标既要符合绩效理论的研究成果，又要体现基本医疗保险制度的目标，反映出各项具体工作，并确保评价指标在实际操作中易于测量和比较，数据获取相对容易，评价过程方便简单。在尽力保证评价结果客观性的前提下，精简指标，尽量选择定量指标，减少对评价结果贡献小的指标。此外，为提高数据的准确性与可比性，依照指标的相关性进行了部分调整。

4. 动态性

基本医疗保险制度绩效评价指标体系测量对象本身具有动态性，而指标体系也应该具备一定的可更新性，每隔一段时间应该根据健康中国建设现状、基本医疗保险制度运行而进行调整。同时，指标体系还应该方便各统筹地区相关部门根据自己的实际情况进行改良，使得指标体系既能满足基本医疗保险制度的当前需要，也能满足其未来可持续发展的需要。

（二）评价指标体系初步框架

源于联合国环境规划署（UNEP）和经济合作与发展组织（OECD）共同开发的可持续发展政策分析的概念模型，PSR 分析模型即压力—状态—响应模型，它用来描述可持续发展中人类活动与资源环境的相互作用和影响，在此理论框架下建立可持续发展指标体系。选择 PSR 模型搭建基本医疗保险制度绩效评价指标体系的框架，基本医疗保险制度作为重要的社会政策，需要厘清所处环境、现实状态以及如何改善，这与 PSR 的内在逻辑是一致的，可以说，基本医疗保险制度绩效评价是 PSR 模型下的可持续发展评价。

按照 PSR 模型的 3 个维度，初步构建了基本医疗保险制度绩效评价指标体系为一级指标 5 项，二级指标 14 项，三级指标 36 项。

表 5-4　基本医疗保险绩效评价指标体系框架

<table>
<tr><th rowspan="2">目标层</th><th rowspan="2">准则层</th><th colspan="2">指标层</th></tr>
<tr><th>一级指标</th><th>二级指标</th></tr>
<tr><td rowspan="15">基本医疗保险绩效
——可持续发展指数</td><td rowspan="15">PSR 模型压力指数
状态指数
响应指数</td><td rowspan="4">1. 公平性</td><td>1.1 参保公平性</td></tr>
<tr><td>1.2 筹资公平性</td></tr>
<tr><td>1.3 基金报销公平性</td></tr>
<tr><td>1.4 费用负担公平性</td></tr>
<tr><td rowspan="3">2. 效率</td><td>2.1 基金分配效率</td></tr>
<tr><td>2.2 医疗服务效率</td></tr>
<tr><td>2.3 医保管理效率</td></tr>
<tr><td>3. 质量</td><td>3.1 功能质量</td></tr>
<tr><td rowspan="3">4. 效益</td><td>4.1 正向效益</td></tr>
<tr><td>4.2 负向效益</td></tr>
<tr><td>4.3 双向效益</td></tr>
<tr><td rowspan="3">5. 发展性</td><td>5.1 基金安全性</td></tr>
<tr><td>5.2 经济适应性</td></tr>
<tr><td>5.3 医保对医院的影响</td></tr>
</table>

三、评价指标体系专家咨询结果

（一）专家基本情况

2017 年 6 月，在湖北省武汉市召开专家咨询会，征询专家对指标体系构成的意见，并对指标的相对重要性给出比例分数（1—5 分），以筛选指标。本次专家咨询共发放调查表 18 份，回收 18 份，有效率为 94.4%。专家基本情况见表 3-2。参与本次咨询的专家是高等院校、科研机构长期从事医保研究与卫生管理研究的专家，以及医保经办机构长期从事管理工作的人员，男性稍多。专家年龄的均值是 45.7 岁，学历在研究生以上的占 88.3%，职称在副高以上占 94.1%，82.4% 的专家具有研究生导师资格，工作经验在 10 年以上的占 88.2%。

表 5–5　专家基本情况

类别	频数	构成比（%）
性别		
男	10	58.8
女	7	41.2
年龄（岁）		
均值 ± 标准差	45.7 ± 8.4	
分组		
30—39	6	35.3
40—49	3	17.6
50 —59	7	41.2
≥ 60	1	5.9
学历		
本 科	2	11.8
硕士研究生	2	11.8
博士研究生	13	76.5
技术职称		
正 高	11	64.7
副 高	5	29.4
中 级	1	5.9
导师资格		
博士生导师	6	35.3
硕士生导师	8	47.1
无	3	17.6
专业领域		
卫生事业管理	14	82.4
社会保障	2	11.8
医疗保险经办	1	5.9

续表

类别	频数	构成比（%）
工作年限（年）		
<10	2	11.8
10—20	6	35.3
21—30	3	17.6
＞30	6	35.3

（二）专家权威程度

根据专家权威程度公式 q=(q1+q2+q3)/3，计算专家的权威程度，q 表示指标 q1 为专家学术水平权数（计算方法见表 5–6），q2 为指标的判断系数从理论分析、实践经验、同行了解和专家直觉四个方面分大、中、小三个等级进行评分（计算方法见表 5–7），q3 代表熟悉程度系数分为很熟悉、熟悉、一般、不太熟悉和不熟悉五个等级依次赋值（1.0、0.8、0.5、0.2、0.0）。通过计算得到 17 位专家的平均学术水平权数为 0.818，判断系数为 0.871，熟悉程度 0.818，最终三者平均后计算得到的专家权威程度 0.835。一般认为专家权威程度大于或等于 0.70 即可接受，可见本研究专家权威程度较高。

表 5–6　专家学术水平权量化表

职称或资格	博士生导师	硕士生导师或教授	其他高职	副高职	其他
学术水平权	1	0.9	0.7	0.5	0.3

表 5–7　专家指标判断依据量化表

判断依据	判断依据对专家判断的影响程度		
	大	中	小
理论分析	0.3	0.2	0.1

续表

判断依据	判断依据对专家判断的影响程度		
	大	中	小
实践经验	0.5	0.4	0.3
同行了解	0.1	0.1	0.1
专家直觉	0.1	0.1	0.1

（三）专家协调程度

为检验专家评分的一致性，计算专家对众多指标评分的 Kendall 和谐系数（W）。Kendall 和谐系数是检验多列等级变量相关程度的一种方法。其值一般介于 0—1 之间，值越大表明一致性越高。一般认为，如果 Kendall 和谐系数的 $P<0.05$，则认为评分者对被评分者的评价结果具有一致性。由专家协调系数可以看出，专家的评价结果具有一致性，可信度较高（表 5-8）。

表 5-8　专家协调程度

内容	协调系数	χ^2	P
一级指标	0.485	32.971	<0.001
二级指标	0.126	91.826	<0.001

（四）指标筛选结果

82.4% 的专家认为本研究列出的指标体系初步框架比较合理，47.1% 的专家认为指标数量应在 10—20 之间。36 个三级指标中，除 4 个指标外其他指标平均得分都在 3 分以上（评分标准 1—5 分），变异系数在 0.30 以内的指标有 13 个，说明专家总体上认可这些指标，但在具体指标的判断上存在分歧。

三级指标的统计分析，计算其平均分、标准差、变异系数，按照三级指标平均分进行排序（表 3–6），并计算其四分位数。具体计算：第一四分位数 (Q1)，又称较小四分位数，等于样本中所有数值由小到大排列后第 25% 的数字（3.13）；第二四分位数 (Q2)，又称中位数，等于样本中所有数值由小到大排列后第 50% 的数字（3.47）；第三四分位数 (Q3)，又称较大四分位数，等于样本中所有数值由小到大排列后第 75% 的数字（3.71）。据此，原则上将得分在 25% 及以下的指标排除，得分在 75% 及以上的直接纳入，得分在 26%—74% 间的指标，综合考虑专家意见与得分决定其取舍。

表 5–9　三级指标得分统计结果

级指标	三级指标	均值	标准差	变异系数
3	参保人对医保管理与服务的满意度	4.12	0.99	0.24
1	住院医疗费用个人负担比例	4.06	1.03	0.25
2	统筹基金当期结余率	4.00	1.17	0.29
1	人均医疗消费支出占总消费支出的比例	4.00	1.17	0.29
1	总参保率	3.82	1.33	0.35
5	老年人口抚养比	3.82	1.13	0.30
5	当期筹资总额占当地 GDP 的比例	3.82	1.24	0.32
4	总体受益率	3.76	1.20	0.32
4	参保人均医疗保险基金支出	3.71	1.26	0.34
1	人均筹资额	3.71	1.21	0.33
4	参保人群住院受益率	3.65	1.11	0.31
4	政策范围内住院费用占总住院费用的比例	3.59	1.12	0.31
2	管理费用与当期保险费用支出比值	3.59	1.00	0.28
5	职工医保社会统筹基金占保险基金总额的比例	3.59	1.18	0.33
4	次均住院补偿金额	3.59	1.23	0.34
5	统筹基金累计结余率	3.53	1.12	0.32
5	次均住院费用的增长率	3.47	1.01	0.29

续表

级指标	三级指标	均值	标准差	变异系数
2	管理人员每人年均承担参保人数	3.47	0.72	0.21
3	两定机构对医保管理与服务满意度	3.47	1.01	0.29
4	参保人群门诊受益率	3.41	1.12	0.33
1	贫困人口参保率	3.35	1.11	0.33
4	次均门诊补偿金额	3.29	1.21	0.37
1	统筹基金最高限额	3.18	0.88	0.28
1	医保门诊报销金额与住院报销金额的比值	3.18	1.01	0.32
5	基金人均累计结余与当地社会平均工资的比值	3.18	1.01	0.32
5	个人账户人均累计结余与当地社会平均工资比值	3.18	1.01	0.32
5	医保基金支付住院费用增长率比住院总收入增长率	3.18	1.07	0.34
2	平均每床日住院费用	3.12	0.99	0.32
2	次均普通门诊费用的增长率	3.12	0.99	0.32
1	基金流向二级医疗机构的比例	3.00	0.79	0.26
1	统筹基金起付标准	3.00	0.87	0.29
2	政策范围内住院费用中药品费用的比例	3.00	1.17	0.39
4	参保人住院医药费用自负率	2.82	0.95	0.34
5	参保人住院费用占定点医疗机构住院总收入比例	2.82	1.01	0.36
2	出院患者平均住院日	2.76	0.75	0.27
5	参保人门诊费用占定点医疗机构门诊总收入比例	2.71	0.99	0.36

注：1、2、3、4、5分别代表公平性、效率、质量、效益、发展性。

从表5–9可以看出，按照所有36个指标的四分位数要排除平均得分在3.47以下的三级指标17个；对照本研究所用数据主要来源《中国统计年鉴》《中国劳动统计年鉴》《中国卫生和计划生育统计年鉴》等统计资料的相关指标，现阶段不再纳入平均得分在26%—74%间的指标；初步纳入平均得分在3.71及以上的指标10个。同时，综合考虑专家的意见和数据的可获得性、权威性与可比性，对具体指标进行适当调整，住院医疗费用个人负担比例数据难以从统计资料中获取，最终确定9个指标评价基本医疗保险制度绩效。

四、构建指标体系

按照前期设计的5个一级指标来看，9个三级指标的属性分别是公平性2个、效率1个、质量1个、效益3个和发展性2个。在此前提下，按这5个一级指标组织指标体系的意义不大。

根据基本医疗保险制度绩效研究以可持续发展为目标的需要，将评价指标体系的一级指标调整为PSR模型的3个层面，经过专家咨询和研究组讨论，最终9个指标在每个层面下具体指标数均为3个。

从指标性质上看，定量指标8个，定性指标1个。

从指标方向上看，正向指标6个，逆向指标2个，适度指标1个。基金当期结余率为适度指标，现有国内有关政策的描述中，多将医保统筹基金当年结余率的目标界定为15%以内，而发达国家医保基金的当期结余率一般控制在10%以下。综合考虑我国的实际情况，本研究将这一指标的适度值界定为15%。

根据PSR模型的设计，将9个指标调整为二级指标，压力、状态、响应分别为3个一级指标，建立基本医疗保险制度绩效评价指标体系（表5–10）。

表5–10 基本医疗保险制度绩效评价指标体系

目标层	准则层（一级维度）	指标层（二级维度）	指标方向
基本医疗保险制度绩效评价	1. 压力	1.1 人均医疗消费支出占总消费支出的比例（%）	–
		1.2 老年人口抚养比（%）	–
		1.3 人均医保基金支出（元）	+

续表

目标层	准则层（一级维度）	指标层（二级维度）	指标方向
基本医疗保险制度绩效评价	2. 状态	2.1 总参保率（%）	+
		2.2 总体受益率（%）	+
		2.3 参保人数增长率（%）	+
	3. 响应	3.1 人均筹资额（元）	+
		3.2 当期筹资总额占当地 GDP 的比例（%）	+
		3.3 基金当期结余率（%）	适度指标

压力指标包括医疗费用、人口老龄化和医保基金支出，总体来说因为压力指标属于逆向指标，得分越高，表明基本医疗保险制度面临的压力越小。因此，在具体指标上，人均医疗消费支出占总消费支出的比例和老年人口抚养比越高，压力越大；而人均医保基金支出则反映出医保基金的支付能力，因此，这一指标越高表明压力越小。状态指标则是基本医疗保险制度的现实状况，包括参保与受益两方面。响应指标是应对当前的压力和状态，促进基本医疗保险制度可持续所采取的措施，将筹资作为评价指标，因为它直接体现各级政府财政投入，而基金结余情况一定程度上是医保补偿政策、支付方式改革等措施的综合反映。

（一）确定指标权重

1. 数据的选择

根据《中国统计年鉴》《中国劳动统计年鉴》《中国卫生和计划生育统计年鉴》等统计资料数据，直接获取或者间接计算出研究构建的基本医疗保险制度绩效评价指标体系的数据。

由于新农合制度启动较晚，部分地区于 2012 年开展城乡居民医疗保险试点，因此，从研究设计出发，新农合的数据在完整性与连续性上存在不足，而三项医保制度的数据统计口径、指标都不同，难以整合为一体支持研究需求。因此，研究使用的数据主要来自职工医保和居民医保，但总体受益率这一指标在职工医保和居民医保中，都无法从已有统计资料获取，本研究使用的是新农合的总体受益率。在下一步研究中，随着城乡居民基本医疗保险整合，这一指标有望替换为居民医保的数据。

综上，本研究以居民医保可获得完整数据年度为起点，以现有可收集最新数据年度为终点，从《中国统计年鉴》《中国劳动统计年鉴》《中国卫生和计划生育统计年鉴》中收集、整理 2008—2015 年全国各省级行政区基本医疗保险制度统计数据，主要包括参保人数、受益人次、基金收入、基金支出、人均消费支出及构成、当地 GDP、老年人口抚养比等，通过计算获得评价指标体系 9 个指标的原始值。根据不同指标的方向的公式进行数据标准化处理。并运用熵权法确定基本医疗保险制度绩效评价指标体系中各核心指标的权重，构建符合基本医疗保险制度可持续发展要求的绩效评价指数。

2. 熵权—综合指数法的计算原理

信息熵最早由申农（C. E. Shannon）在其论文《通讯的数学理论》(*The mathematical theory of communication*，1948）一文中提出，熵权法是一种客观赋权的方法，其基本思路是根据各项指标的变异程度，利用信息熵计算各指标的熵值，并对各指标权值进行校正，从而获得客观指标权重，即根据指标变异性的大小来确定客观权重。熵权法将指标的赋权完全客观化。一般来说，若某个指标的信息熵越小，表明指标值的变异程度越大，提供的信息量越多，在综合评价中所能起到的作用也越大，其权重也就越大。相反，某个指标的信息熵越大，表明指标值的变异程度越小，提供的信息量也越少，在综合评价中所起到的作用也越小，其权重也就越小。

综合指数法（Comprehensive Index Analysis）是一种以正负均值为基准，求每项指标的折算指数然后再汇总的评价方法，综合指数值越大，研究对象的综合效益越好。

3. 具体计算步骤

（1）数据指标归一化

将各个指标的数据进行标准化处理。

假设给定了 K 个指标 X_1，X_2，…，X_k，其中 $X_i=\{x_1, x_2, \cdots, x_n\}$。假设对各指标数据标准化后的值为 Y_1，Y_2，…，Y_k，那么存在：

对于正向指标即高优指标而言，第 j 个评价对象第 i 个评价指标上的标准值 Y_{ij} 为

$$Y_{ij}=\frac{x_{ij}-\min(x_{ij})}{\max(x_i)-\min(x_i)}$$

对于负向指标即低优指标而言，第 j 个评价对象第 i 个评价指标上的标准值 Y_{ij} 为

$$Y_{ij}=\frac{\min(x_{ij})-x_{ij}}{\max(x_i)-\min(x_i)}$$

对于适度指标而言，第 j 个评价对象第 i 个评价指标上的标准值 Y_{ij} 为（A 取值为 15）

$$Y_{ij}=1/(1+|x_{ij}-A|)$$

因为存在负数，对指标进行非负化平移

$$Z_{ij}=Y_{ij}'+A$$

A 为平移幅度，$A=\text{int}(\min(Y_{ij}'))$

其中，$Y_{ij}\in[0,1]$。

（2）求各指标的信息熵

根据信息论中信息熵的定义，一组数据的信息熵 $E_j=-\ln(n)-1\sum_{i=1}^{n}p_{ij}\ln p_{ij}$。

其中 $p_{ij}=y_{ij}\sum_{i=1}^{n}/y_{ij}$，如果 $p_{ij}=0$，则定义 $\lim\limits_{p_{ij}\to 0}p_{ij}\ln p_{ij}=0$。

（3）确定各指标权重

根据信息熵的计算公式，计算出各个指标的信息熵为 E_1，E_2，…，E_k。

通过信息熵计算各指标的权重：$W_i=\frac{1-E_i}{k-\sum E_i}(i=1,2,\cdots,k)$。

（4）确定指标的综合权数

评估者根据自己的目的和要求将指标重要性的权重确定为：

α_j，j=1，2，…，n，

就可以得到指标 j 的综合权数$\beta_j=\frac{\alpha_i W_i}{\sum_{i=1}^{m}\alpha_i W_i}$。

当各备选项目在指标 j 上的值完全相同时，该指标的熵达到最大值 1，其熵权为 0。说明该指标未能向决策者提供有用的信息，即在该指标下，所有的备选项目对决策者都无差异，可考虑去掉该指标。

计算基本医疗保险制度绩效熵权综合指数

为了定量地评价基本医疗保险制度绩效，需建立一个综合指数，取值范围为［0，1］，利用前面构建的指标体系，构建基本医疗保险制度绩效指数（Basic Medical Insurance Performance Index，BMIPI）。

$$B=\sum_{i=1}^{m}X_i$$

$$X_i=\sum_{i=1}^{n}W_{ij}\times P_{ij}$$

$$\sum_{i=1}^{m}W_j=1$$

其中，H 为基本医疗保险制度绩效综合指数，X_i 为第 i 个维度的权重，W_{ij} 为 i 维度第 j 项指标的权重；P_{ij} 为第 i 维度第 j 项指标的标准化数据加权值。

一般而言，数据在经过归一化和熵权法运算后，$X_i\in$［0，1］，且其值较小不利于直观地比较和分析各个指标和样本之间的差异。故设第 h 年第 1 个一级指标标准化加权值 X_{hl}=100（h=1，2，3，…，m），其余年份的数值 X'_{il}（i=1，2，3，…，m，$i\neq h$），以 X_{hl} 为标准进行转换，同样的以 H_{hl} 为基准进行转换，将其综合计算结果转化为综合指数 $BMIPI_{hl}$，具体公

式如下：

$$\forall l(1<l<8), X'_{il}=\frac{100X_{il}}{X_{hl}}(i=1,2,3,\cdots,m,i\neq h)$$

$$BMIPI_{il}=\frac{100B_{il}}{B_{hl}}(i=1,2,3,\cdots,m,i\neq h)$$

4. 利用 MATLAB 实现熵权综合指数

利用 MATLAB 软件编写代码，对数据进行归一化处理和熵权—综合指数运算，计算每一个指标的熵值和权值，编写代码，求得各维度具体权重。具体指标描述见表 5-11。

据此，基本医疗保险制度绩效指数

$$BMIPI=X_P+X_S+X_R$$

其中，P、S、R 分别表示压力、状态、响应。

表 5-11　基本医疗保险制度绩效评价指标及权重

一级维度	二级指标	序号	定义（计算公式）	W
压力 0.1773	人均医疗消费支出占总消费支出的比例	I1	= 城镇居民人均年医疗消费支出 / 城镇居民人均年消费性支出 ×100%	0.0383
	老年人口抚养比	I2	= 区域内 65 岁以上人口数 /15—64 岁劳动年龄人口数 ×100%	0.0340
	人均医保基金支出	I3	= 当期医保基金支出总额 / 参保人数	0.1049
状态 0.5246	总参保率	I4	= 当期参保人数 / 城镇人口数 ×100%	0.0452
	总体受益率	I5	= 当期医保基金补偿人次 / 参保人数 ×100%	0.2364
	参保人数增长率	I6	=（当期参保人数 – 上期参保人数）/ 上期参保人数 ×100%	0.2429
响应 0.2981	人均筹资额	I7	= 当期医保基金收入总额 / 参保人数	0.0754
	当期筹资总额　占当地 GDP 的比例	I8	= 当期医保基金收入总额 / 当地 GDP×100%	0.0554
	基金当期结余率	I9	= 当期医保基金结存额 / 医保基金收入总额 ×100%	0.1674

第六章　基本医疗保险绩效评价实证分析及对策建议

在构建基本医疗保险制度绩效评价指标体系的基础上，利用这一指标体系评价 31 个省级行政区和全国的基本医疗保险制度绩效，计算包括各地区分年度的综合得分、分维度（压力、状态和基础）得分。并且比较分析同一地区不同时间、不同地区同一时间的基本医疗保险制度绩效。试图通过核心数据定量评价 2008—2015 年我国基本医疗保险制度的发展历程，寻找、发现问题，为基本医疗保险制度的可持续发展针对性地提出建议。

一、基本医疗保险制度绩效综合得分

（一）综合得分计算步骤

根据述构建过程，以选择全国平均在 2008—2015 年的相应数据为例（表 6–1），进行数据标准化（表 6–2）带入 BMIPI 指数模型，求得各年份对应一级维度数据和综合指数数据的标准加权值（表 6–3）。

表 6–1　全国基本医疗保险制度绩效评价原始数据

指标	年份							
	2008	2009	2010	2011	2012	2013	2014	2015
I1	6.99	6.98	6.47	6.39	6.38	6.05	6.54	6.75
I2	13.04	13.24	11.90	12.27	12.68	13.00	13.70	14.33

续表

指标	年份							
	2008	2009	2010	2011	2012	2013	2014	2015
I3	635	697	818	936	1039	1192	1361	1399
I4	50.99	62.23	64.59	68.54	75.36	78.06	79.75	86.34
I5	71.79	91.10	130.05	158.13	216.70	242.14	224.40	246.60
I6	42.63	26.16	7.76	9.43	13.30	6.40	4.69	11.44
I7	907	915	996	1170	1294	1445	1621	1681
I8	0.90	1.05	1.04	1.13	1.28	1.39	1.50	1.63
I9	30.01	23.82	17.89	20.00	19.67	17.55	16.04	16.80

表 6-2　全国平均水平基本医疗保险制度绩效评价标准化数据

指标	年份							
	2008	2009	2010	2011	2012	2013	2014	2015
I1	0.523	0.524	0.588	0.598	0.599	0.640	0.579	0.553
I2	0.525	0.510	0.611	0.583	0.552	0.528	0.476	0.428
I3	0.156	0.178	0.220	0.261	0.296	0.349	0.408	0.421
I4	0.291	0.453	0.487	0.545	0.643	0.682	0.707	0.802
I5	0.035	0.046	0.068	0.083	0.116	0.130	0.120	0.133
I6	0.235	0.154	0.063	0.071	0.090	0.056	0.048	0.081
I7	0.168	0.170	0.187	0.223	0.249	0.280	0.317	0.330
I8	0.227	0.271	0.269	0.295	0.340	0.370	0.404	0.442
I9	0.062	0.102	0.257	0.167	0.176	0.282	0.491	0.357

表 6-3　全国平均水平基本医疗保险制度绩效评价得分

	压力	状态	响应	综合
2008 年	0.054	0.079	0.036	0.169
2009 年	0.056	0.069	0.045	0.170
2010 年	0.066	0.053	0.072	0.192
2011 年	0.070	0.062	0.061	0.193
2012 年	0.073	0.078	0.067	0.218

续表

	压力	状态	响应	综合
2013 年	0.079	0.075	0.089	0.243
2014 年	0.081	0.072	0.128	0.282
2015 年	0.080	0.087	0.109	0.276

（二）2008—2015 年基本医疗保险制度绩效得分

1.2008—2015 年基本医疗保险制度绩效整体得分

同理，求出 2008—2015 年全国 31 个省级行政区的基本医疗保险制度绩效得分。最终得到了 32 个样本单位（31 个省级行政区和全国平均水平）8 年 3 个维度得分和综合得分（表 6–4）

表 6–4　全国基本医疗保险制度绩效评价得分

	2008 年				2009 年				2010 年				2011 年			
	Ⅰ	Ⅱ	Ⅲ	Ⅳ	Ⅰ	Ⅱ	Ⅲ	Ⅳ	Ⅰ	Ⅱ	Ⅲ	Ⅳ	Ⅰ	Ⅱ	Ⅲ	Ⅳ
北京	0.172	0.054	0.054	0.064	0.255	0.079	0.059	0.117	0.261	0.101	0.078	0.082	0.283	0.110	0.081	0.092
天津	0.237	0.045	0.056	0.136	0.179	0.059	0.070	0.051	0.266	0.063	0.138	0.064	0.191	0.063	0.075	0.053
河北	0.145	0.044	0.068	0.033	0.132	0.039	0.058	0.035	0.129	0.048	0.041	0.039	0.146	0.055	0.045	0.045
山西	0.136	0.049	0.051	0.036	0.172	0.048	0.086	0.039	0.151	0.055	0.042	0.054	0.163	0.060	0.051	0.051
内蒙古	0.140	0.048	0.064	0.027	0.150	0.048	0.069	0.032	0.164	0.055	0.049	0.061	0.228	0.064	0.039	0.125
辽宁	0.145	0.041	0.062	0.042	0.160	0.042	0.071	0.047	0.230	0.050	0.054	0.127	0.172	0.052	0.049	0.071
吉林	0.114	0.033	0.059	0.022	0.146	0.031	0.087	0.028	0.162	0.035	0.060	0.067	0.133	0.044	0.054	0.036
黑龙江	0.131	0.037	0.058	0.037	0.176	0.037	0.095	0.044	0.158	0.048	0.045	0.066	0.157	0.052	0.048	0.056
上海	0.334	0.078	0.176	0.081	0.372	0.069	0.184	0.119	0.399	0.092	0.224	0.082	0.405	0.106	0.202	0.097
江苏	0.167	0.044	0.089	0.034	0.164	0.049	0.063	0.051	0.177	0.059	0.065	0.053	0.193	0.062	0.071	0.060
浙江	0.176	0.057	0.078	0.041	0.201	0.058	0.090	0.053	0.211	0.072	0.069	0.069	0.215	0.073	0.088	0.054
安徽	0.134	0.037	0.071	0.026	0.114	0.041	0.038	0.034	0.165	0.047	0.043	0.075	0.145	0.046	0.048	0.051
福建	0.185	0.060	0.093	0.033	0.175	0.060	0.074	0.042	0.197	0.073	0.030	0.094	0.148	0.074	0.025	0.048

续表

	2008年				2009年				2010年				2011年			
	Ⅰ	Ⅱ	Ⅲ	Ⅳ	Ⅰ	Ⅱ	Ⅲ	Ⅳ	Ⅰ	Ⅱ	Ⅲ	Ⅳ	Ⅰ	Ⅱ	Ⅲ	Ⅳ
江西	0.159	0.047	0.096	0.016	0.118	0.051	0.044	0.024	0.131	0.058	0.039	0.033	0.124	0.058	0.032	0.034
山东	0.164	0.049	0.081	0.034	0.203	0.049	0.092	0.063	0.227	0.054	0.063	0.111	0.219	0.055	0.100	0.064
河南	0.169	0.039	0.108	0.022	0.124	0.035	0.062	0.027	0.143	0.042	0.046	0.056	0.136	0.048	0.042	0.046
湖北	0.185	0.042	0.109	0.034	0.152	0.045	0.073	0.035	0.172	0.054	0.060	0.058	0.163	0.050	0.069	0.045
湖南	0.188	0.037	0.119	0.031	0.149	0.037	0.080	0.031	0.122	0.048	0.039	0.035	0.162	0.051	0.041	0.070
广东	0.182	0.061	0.093	0.029	0.171	0.062	0.072	0.037	0.162	0.069	0.055	0.038	0.214	0.071	0.102	0.040
广西	0.159	0.052	0.079	0.028	0.162	0.053	0.080	0.030	0.128	0.055	0.038	0.035	0.131	0.055	0.034	0.041
海南	0.183	0.049	0.101	0.033	0.150	0.052	0.057	0.041	0.179	0.063	0.068	0.048	0.182	0.066	0.066	0.050
重庆	0.175	0.033	0.109	0.033	0.156	0.034	0.084	0.039	0.142	0.040	0.044	0.057	0.187	0.037	0.129	0.021
四川	0.147	0.046	0.067	0.035	0.158	0.043	0.072	0.043	0.149	0.055	0.046	0.048	0.170	0.056	0.060	0.054
贵州	0.147	0.054	0.064	0.030	0.172	0.053	0.084	0.035	0.151	0.057	0.043	0.051	0.150	0.060	0.043	0.047
云南	0.210	0.060	0.101	0.048	0.192	0.059	0.075	0.058	0.212	0.071	0.058	0.082	0.196	0.069	0.054	0.073
西藏	0.264	0.086	0.123	0.055	0.212	0.091	0.053	0.068	0.233	0.104	0.053	0.076	0.248	0.107	0.065	0.076
陕西	0.162	0.040	0.086	0.036	0.135	0.043	0.057	0.036	0.128	0.051	0.041	0.037	0.155	0.051	0.061	0.043
甘肃	0.128	0.044	0.051	0.033	0.135	0.046	0.043	0.047	0.143	0.047	0.048	0.048	0.171	0.053	0.047	0.071
青海	0.162	0.075	0.019	0.069	0.199	0.076	0.038	0.085	0.215	0.075	0.072	0.067	0.209	0.082	0.040	0.087
宁夏	0.163	0.049	0.079	0.036	0.159	0.050	0.061	0.048	0.169	0.060	0.046	0.063	0.208	0.070	0.050	0.088
新疆	0.275	0.059	0.140	0.077	0.210	0.063	0.072	0.075	0.269	0.071	0.056	0.142	0.235	0.070	0.060	0.105
全国平均	0.169	0.054	0.079	0.036	0.170	0.056	0.069	0.045	0.192	0.066	0.053	0.072	0.193	0.070	0.062	0.061

	2012年				2013年				2014年				2015年			
	Ⅰ	Ⅱ	Ⅲ	Ⅳ	Ⅰ	Ⅱ	Ⅲ	Ⅳ	Ⅰ	Ⅱ	Ⅲ	Ⅳ	Ⅰ	Ⅱ	Ⅲ	Ⅳ
北京	0.309	0.128	0.072	0.108	0.343	0.147	0.075	0.121	0.361	0.146	0.080	0.135	0.390	0.144	0.089	0.157
天津	0.220	0.063	0.071	0.086	0.214	0.070	0.083	0.061	0.256	0.078	0.077	0.102	0.311	0.087	0.078	0.146
河北	0.157	0.055	0.055	0.047	0.179	0.064	0.052	0.063	0.175	0.063	0.051	0.061	0.175	0.062	0.046	0.067
山西	0.167	0.064	0.050	0.053	0.188	0.069	0.050	0.068	0.208	0.067	0.047	0.094	0.255	0.065	0.045	0.144
内蒙古	0.242	0.065	0.045	0.131	0.252	0.070	0.041	0.141	0.217	0.071	0.039	0.108	0.203	0.071	0.039	0.094
辽宁	0.182	0.060	0.058	0.064	0.195	0.067	0.058	0.070	0.180	0.058	0.059	0.063	0.179	0.059	0.058	0.062

续表

	2012年				2013年				2014年				2015年			
	Ⅰ	Ⅱ	Ⅲ	Ⅳ	Ⅰ	Ⅱ	Ⅲ	Ⅳ	Ⅰ	Ⅱ	Ⅲ	Ⅳ	Ⅰ	Ⅱ	Ⅲ	Ⅳ
吉林	0.140	0.043	0.057	0.040	0.171	0.037	0.052	0.082	0.152	0.036	0.051	0.064	0.170	0.038	0.051	0.081
黑龙江	0.252	0.053	0.050	0.148	0.183	0.060	0.053	0.070	0.191	0.061	0.055	0.074	0.186	0.049	0.062	0.074
上海	0.432	0.109	0.222	0.102	0.467	0.108	0.248	0.111	0.490	0.108	0.265	0.117	0.507	0.103	0.278	0.125
江苏	0.207	0.066	0.075	0.066	0.226	0.074	0.070	0.083	0.323	0.068	0.096	0.158	0.313	0.072	0.097	0.144
浙江	0.256	0.077	0.119	0.060	0.322	0.077	0.165	0.080	0.274	0.075	0.114	0.085	0.242	0.074	0.082	0.086
安徽	0.167	0.046	0.053	0.067	0.162	0.056	0.049	0.056	0.265	0.059	0.056	0.150	0.217	0.059	0.045	0.112
福建	0.152	0.076	0.031	0.046	0.158	0.079	0.031	0.049	0.170	0.085	0.031	0.055	0.179	0.084	0.032	0.064
江西	0.185	0.059	0.086	0.040	0.153	0.061	0.052	0.041	0.167	0.061	0.051	0.055	0.164	0.063	0.055	0.046
山东	0.161	0.060	0.047	0.054	0.241	0.058	0.102	0.081	0.241	0.071	0.080	0.091	0.380	0.047	0.241	0.092
河南	0.155	0.049	0.059	0.047	0.172	0.055	0.069	0.048	0.312	0.058	0.065	0.189	0.286	0.054	0.071	0.161
湖北	0.190	0.052	0.075	0.063	0.191	0.061	0.073	0.057	0.180	0.062	0.070	0.048	0.240	0.056	0.068	0.115
湖南	0.227	0.046	0.075	0.106	0.171	0.052	0.048	0.072	0.274	0.053	0.044	0.177	0.204	0.055	0.071	0.079
广东	0.198	0.070	0.084	0.043	0.214	0.069	0.093	0.051	0.219	0.073	0.088	0.058	0.225	0.078	0.086	0.061
广西	0.155	0.058	0.038	0.059	0.255	0.066	0.037	0.153	0.243	0.067	0.040	0.137	0.201	0.070	0.036	0.095
海南	0.211	0.064	0.070	0.076	0.243	0.073	0.079	0.091	0.213	0.074	0.061	0.078	0.216	0.066	0.067	0.082
重庆	0.332	0.034	0.241	0.057	0.187	0.034	0.064	0.089	0.177	0.037	0.068	0.072	0.193	0.042	0.080	0.072
四川	0.214	0.062	0.067	0.085	0.322	0.058	0.065	0.198	0.227	0.054	0.067	0.106	0.269	0.066	0.073	0.131
贵州	0.169	0.066	0.042	0.061	0.166	0.073	0.045	0.048	0.161	0.070	0.043	0.048	0.292	0.069	0.095	0.128
云南	0.336	0.073	0.053	0.209	0.253	0.069	0.096	0.088	0.219	0.073	0.064	0.081	0.231	0.075	0.064	0.092
西藏	0.257	0.105	0.076	0.077	0.292	0.114	0.082	0.096	0.297	0.125	0.069	0.102	0.320	0.133	0.076	0.112
陕西	0.143	0.052	0.049	0.042	0.169	0.053	0.066	0.050	0.205	0.053	0.053	0.099	0.195	0.054	0.057	0.083
甘肃	0.172	0.055	0.057	0.060	0.176	0.066	0.052	0.058	0.177	0.072	0.034	0.072	0.207	0.066	0.052	0.090
青海	0.234	0.082	0.055	0.097	0.227	0.102	0.044	0.081	0.281	0.096	0.058	0.127	0.316	0.096	0.060	0.160
宁夏	0.415	0.054	0.309	0.052	0.212	0.059	0.073	0.080	0.234	0.055	0.075	0.104	0.203	0.050	0.073	0.081
新疆	0.233	0.076	0.062	0.094	0.231	0.083	0.067	0.081	0.253	0.087	0.065	0.101	0.260	0.089	0.065	0.106
全国平均	0.218	0.073	0.078	0.067	0.243	0.079	0.075	0.089	0.282	0.081	0.072	0.128	0.276	0.080	0.087	0.109

注：加粗的数值为当年该指标的最大、最小值；

Ⅰ是综合得分，Ⅱ是压力维度，Ⅲ是状态维度，Ⅳ是响应维度。

2. 2008—2015 年基本医疗保险制度绩效最高分与最低分

在整体得分基础上，分别以年为单位，比较 31 个省级行政区基本医疗保险制度绩效综合得分和分维度得分的最大、最小值（表 6–5）。

表 6–5 基本医疗保险制度绩效最高（最低）得分情况

	压力	状态	响应	综合
2008 年	西藏	上海	天津	上海
	（重庆）	（青海）	（江西）	（吉林）
2009 年	西藏	上海	上海	上海
	（吉林）	（安徽）	（江西）	（安徽）
2010 年	西藏	上海	新疆	上海
	（吉林）	（福建）	（江西）	（湖南）
2011 年	北京	上海	内蒙古	上海
	（重庆）	（福建）	（重庆）	（江西）
2012 年	北京	宁夏	云南	上海
	（重庆）	（福建）	（吉林）	（吉林）
2013 年	北京	上海	四川	上海
	（重庆）	（福建）	（江西）	（江西）
2014 年	北京	上海	河南	上海
	（吉林）	（福建）	（湖北）	（吉林）
2015 年	北京	上海	河南	上海
	（吉林）	（福建）	（江西）	（江西）

注：( ) 内为当年最低的地区。

从具体得分上看，综合得分 8 年的最高值都是上海市，每年度最低分吉林省和江西省各有 3 次，安徽省和湖南省各 1 次。

压力维度，2008—2010 年的最高值是西藏自治区，2011—2015 年最高值是北京市；而最低分重庆市和吉林省各 4 次。由于压力维度是逆向的，压力得分越高的地区其基本医疗保险制度压力越小。

状态维度，除 2012 年是宁夏回族自治区得分最高，其他 7 年都是上海市得分最高；状态最低分 2008 年是青海省、2009 年是安徽省，2010—2015 年 6 年的最低值都是福建省。

响应维度最高分与最低分涉及的省份相对前两个维度来说比较分散，2008—2013 年的最高分分别是天津市、上海市、新疆维吾尔自治区、内蒙古自治区、云南省和四川省，2014 年、2015 年最高分是河南省；2008—2010 年、2013 年和 2015 年江西省有 5 年是最低分，重庆市、吉林省和湖北省各有 1 次。

根据以上得分最大最小值以及相应省份频次的整理，给进一步讨论的启示是：综合得分可以分析上海市、吉林省和江西省；压力维度主要分析北京市、重庆市和吉林省；状态维度主要分析上海市和福建省；响应维度主要分析河南省和江西省。综合来看，后文可以主要分析的省份是上海市、北京市、河南省、吉林省、江西省、重庆市和福建省。

二、基本医疗保险制度绩效综合指数

（一）综合指数基本情况

在综合得分的基础上，选择 2008 年全国平均水平的数据为基期数据，对其他各地各年份的数值进行转化。即 2008 年全国基本医疗保险制度绩效综合得分 0.1686、压力得分 0.0543、状态得分 0.0785 和响应得分 0.0357 都赋值为 100 分，其他地区的所有年份通过标准化计算 BMIPI 综合指数（表 6–6）。

表 6–6　全国基本医疗保险制度绩效指数

	2008 年				2009 年				2010 年				2011 年			
	Ⅰ	Ⅱ	Ⅲ	Ⅳ	Ⅰ	Ⅱ	Ⅲ	Ⅳ	Ⅰ	Ⅱ	Ⅲ	Ⅳ	Ⅰ	Ⅱ	Ⅲ	Ⅳ
北京	102	100	68	180	151	146	75	328	155	186	99	230	168	202	104	256

续表

天津	141	82	72	381	106	108	89	143	158	117	176	180	114	117	95	149
	2008 年				2009 年				2010 年				2011 年			
	Ⅰ	Ⅱ	Ⅲ	Ⅳ	Ⅰ	Ⅱ	Ⅲ	Ⅳ	Ⅰ	Ⅱ	Ⅲ	Ⅳ	Ⅰ	Ⅱ	Ⅲ	Ⅳ
河北	86	81	87	92	78	71	74	98	76	89	53	110	86	102	58	126
山西	81	90	65	101	102	87	109	109	89	102	53	151	96	111	65	144
内蒙古	83	89	82	76	89	89	88	91	98	101	62	171	135	118	49	350
辽宁	86	76	79	118	95	77	91	132	136	91	68	355	102	96	62	199
吉林	68	61	75	62	86	57	110	79	96	65	76	188	79	80	68	102
黑龙江	78	68	73	103	105	69	121	123	94	87	57	185	93	96	61	158
上海	198	144	224	226	221	127	234	334	236	170	285	231	240	196	257	271
江苏	99	81	114	95	97	91	81	144	105	108	83	149	115	115	90	169
浙江	105	106	100	114	119	107	115	149	125	133	88	193	128	135	112	152
安徽	79	68	91	72	68	76	49	96	98	86	55	209	86	85	61	144
福建	110	110	118	91	104	110	94	117	117	134	38	263	88	137	32	136
江西	94	87	122	45	70	94	56	66	78	107	50	94	74	106	41	95
山东	98	91	104	94	121	90	117	176	135	99	80	310	130	102	127	178
河南	100	72	138	61	74	65	79	77	85	76	59	156	81	88	54	128
湖北	110	78	139	94	90	82	93	97	102	100	77	162	97	92	87	125
湖南	111	68	152	87	88	68	102	88	72	89	50	97	96	94	52	197
广东	108	112	118	80	101	115	91	104	96	126	70	107	127	131	130	113
广西	94	96	101	78	96	98	101	84	76	101	49	99	77	101	44	116
海南	108	91	128	92	89	96	72	115	106	115	86	136	108	122	85	140
重庆	104	60	139	93	93	62	107	108	84	75	57	159	111	69	164	59
四川	87	84	85	97	94	80	91	120	88	101	59	134	101	103	76	152
贵州	87	99	81	84	102	97	107	98	89	104	55	144	89	111	54	132
云南	124	111	129	135	114	108	96	163	125	131	74	229	116	126	69	205
西藏	156	159	157	153	126	167	68	191	138	191	67	213	147	197	83	212
陕西	96	73	110	101	80	79	72	101	76	93	52	103	92	95	78	120
甘肃	76	81	65	92	80	84	54	130	85	87	61	133	102	98	60	200
青海	96	138	24	193	118	141	49	237	127	138	92	189	124	150	51	245

续表

宁夏	97	91	100	100	94	91	78	134	100	111	58	175	123	128	64	247
	2008年				2009年				2010年				2011年			
	Ⅰ	Ⅱ	Ⅲ	Ⅳ	Ⅰ	Ⅱ	Ⅲ	Ⅳ	Ⅰ	Ⅱ	Ⅲ	Ⅳ	Ⅰ	Ⅱ	Ⅲ	Ⅳ
新疆	163	108	178	215	124	116	92	209	159	130	71	397	139	129	77	293
全国平均	100	100	100	100	101	103	87	126	114	122	68	202	114	129	78	171
	2012年				2013年				2014年				2015年			
	Ⅰ	Ⅱ	Ⅲ	Ⅳ	Ⅰ	Ⅱ	Ⅲ	Ⅳ	Ⅰ	Ⅱ	Ⅲ	Ⅳ	Ⅰ	Ⅱ	Ⅲ	Ⅳ
北京	183	236	92	303	204	271	96	340	214	269	102	379	232	266	114	439
天津	131	117	90	242	127	128	105	171	152	144	98	284	185	161	100	408
河北	93	101	70	133	106	118	66	176	104	115	65	172	104	114	59	186
山西	99	118	63	148	111	128	64	191	124	124	60	263	151	120	58	405
内蒙古	143	120	58	368	149	128	52	396	129	131	49	302	121	130	49	263
辽宁	108	111	74	180	116	124	73	197	107	107	75	176	106	108	74	175
吉林	83	80	72	112	101	68	67	229	90	67	65	179	101	71	65	227
黑龙江	149	98	64	415	109	111	67	195	113	113	70	208	110	91	79	208
上海	257	201	282	285	277	199	315	311	291	199	338	327	301	191	354	350
江苏	123	122	96	185	134	136	89	233	191	125	123	443	185	132	124	402
浙江	152	141	152	169	191	142	210	224	163	138	145	239	144	136	105	242
安徽	99	85	68	188	96	104	62	158	157	109	71	419	129	109	58	315
福建	90	139	39	130	94	145	39	136	101	156	39	153	106	155	40	178
江西	110	109	109	112	91	112	66	114	99	113	65	155	97	117	70	130
山东	95	110	60	152	143	107	130	226	143	130	102	254	225	86	307	258
河南	92	90	76	131	102	102	88	134	185	106	83	529	170	100	91	450
湖北	113	95	95	177	113	112	93	159	107	114	90	133	142	104	87	323
湖南	135	85	95	297	102	95	61	201	163	98	56	496	121	101	90	221
广东	117	129	108	121	127	128	119	144	130	134	112	162	133	143	109	172
广西	92	107	48	164	151	121	47	427	144	123	51	383	119	130	45	266
海南	125	118	90	214	144	134	101	255	126	136	78	217	128	122	86	231
重庆	197	62	306	160	111	62	82	250	105	68	87	200	115	76	102	201

续表

四川	127	115	85	238	191	107	83	555	135	99	85	297	160	121	92	367
	2012 年				2013 年				2014 年				2015 年			
	Ⅰ	Ⅱ	Ⅲ	Ⅳ	Ⅰ	Ⅱ	Ⅲ	Ⅳ	Ⅰ	Ⅱ	Ⅲ	Ⅳ	Ⅰ	Ⅱ	Ⅲ	Ⅳ
贵州	100	121	54	170	98	134	57	135	95	130	54	134	173	128	122	357
云南	199	135	68	586	150	127	122	247	130	135	82	227	137	138	81	259
西藏	153	193	97	215	173	209	105	269	176	231	88	286	190	244	96	314
陕西	85	96	63	118	100	98	84	140	122	98	67	278	116	100	73	233
甘肃	102	102	73	168	104	122	66	162	105	132	43	202	123	121	66	252
青海	139	151	70	271	135	188	56	226	167	177	75	355	188	177	77	448
宁夏	246	100	394	144	126	109	93	223	139	101	96	291	120	91	93	226
新疆	138	140	79	265	137	154	85	226	150	161	83	282	154	164	83	296
全国	129	134	100	188	144	146	96	249	167	149	92	360	164	147	111	306

注：加粗的数值为 8 年该指标的指数最大、最小值；

Ⅰ是综合指数，即 BMIPI，Ⅱ是压力维度，Ⅲ是状态维度，Ⅳ是响应维度。

对照 2008 年全国平均水平，8 年中基本医疗保险制度绩效综合指数最高的是 2015 年的上海市（301），最低的是 2009 年的安徽省（68）；压力维度最高的是 2013 年的北京市（271），最低的是 2009 年的吉林省（57）；状态维度最高的是 2012 年的宁夏回族自治区（394），最低的是 2008 年的青海省（24）；响应维度最高的是 2012 年的云南省（586），最低的是 2008 年的江西省（45）。

（二）综合指数的变化趋势

1. 全国平均水平综合指数

2008—2015 年，综合指数（BMIPI）总体上呈现出不断提高的趋势，相较于 2008 年的 100，2015 年增加到 164。从具体维度上看，压力维度的发展趋势与综合指数最为接近，相对平稳地上升，从 2008 年 100 到 2015 年 147；状态维度从起止年看变化不大，2015 年为 111，但 2010 年、2011

年指数较低，分别是 68、78；响应维度波动最大，2015 年为 306，2010 年和 2014 年明显有大幅提高，分别为 202、360。

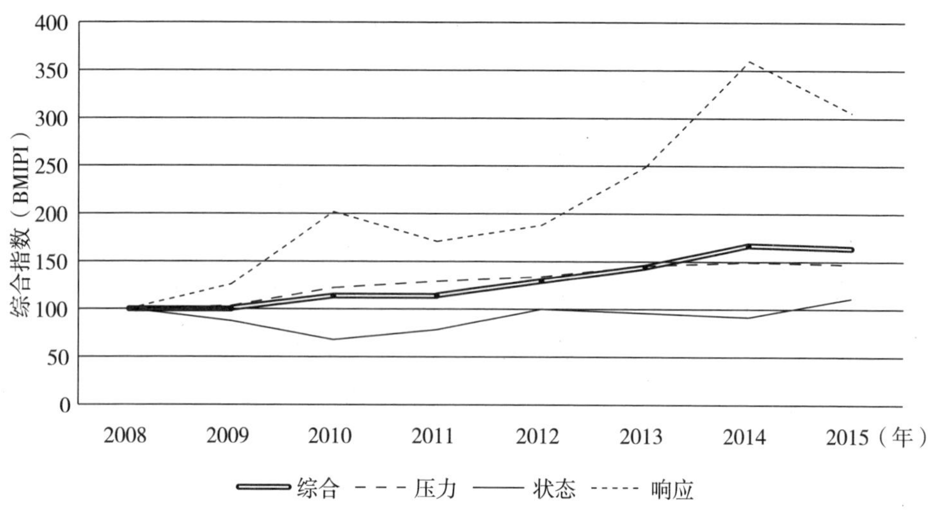

图 6-1　全国平均基本医疗保险制度绩效综合指数变化趋势

2. 各省级行政区综合指数复合年均增长率

为计算各省级行政区基本医疗保险制度绩效综合指数的复合年均增长率（Compound Annual Growth Rate，CAGR），计算公式为复合年均增长率 =（现有价值 / 基础价值）^(1/ 年数)−1。基本医疗保险制度绩效综合指数的复合年均增长率则为：

$$CAGR_{BMIPI} = (BMIPI_{2015} / BMIPI_{2008})^\wedge(1/7) - 1$$

使用 2008 年、2015 年的数据分别计算各省级行政区综合指数和分维度复合年均增长率，分别以压力、状态、响应 3 个维度的复合年均增长率为 X 轴、Y 轴和 Z 轴，绘制 31 个省级行政区和全国平均水平 2008—2015 年复合年均增长率 3D 散点图（图 6-2）。

综合 3 个维度的复合年均增长率来看，北京市在压力、状态、响应 3 个维度发展势头相对较好。从数值看（表 6-7），也较其他地区均衡。

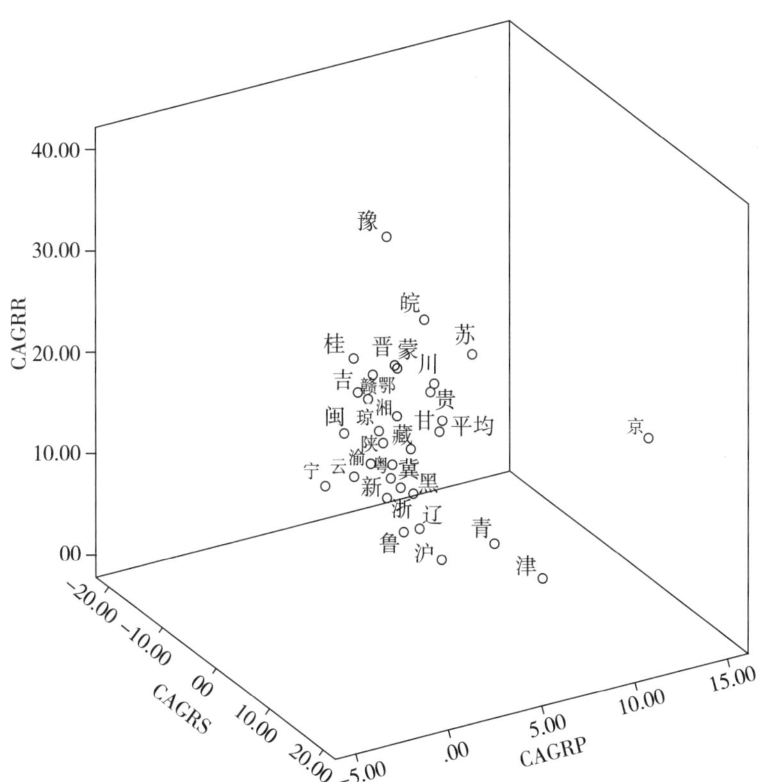

图 6-2　基本医疗保险制度绩效 P-S-R 复合年均增长率

表 6-7　各省级行政区综合指数和分维度复合年均增长率（2008—2015 年）

	BMIPI	P	S	R
北京	12.42	14.98	7.57	13.62
天津	3.97	10.09	4.81	0.97
河北	2.70	4.95	–5.30	10.54
山西	9.39	4.18	–1.69	21.90
内蒙古	5.47	5.58	–7.01	19.31
辽宁	3.01	5.19	–1.04	5.81
吉林	5.85	2.17	–2.12	20.28
黑龙江	5.10	4.22	1.15	10.55
上海	6.11	4.13	6.79	6.43

续表

	BMIPI	P	S	R
江苏	9.39	7.36	1.24	22.91
浙江	4.64	3.64	0.73	11.30
安徽	7.15	6.96	−6.22	23.56
福建	−0.49	4.94	−14.31	10.03
江西	0.44	4.35	−7.77	16.28
山东	12.70	−0.79	16.75	15.48
河南	7.81	4.77	−5.77	32.95
湖北	3.81	4.22	−6.49	19.29
湖南	1.21	5.75	−7.22	14.16
广东	3.09	3.64	−1.07	11.48
广西	3.40	4.43	−10.77	19.10
海南	2.43	4.28	−5.54	14.05
重庆	1.42	3.50	−4.36	11.66
四川	8.97	5.32	1.13	20.86
贵州	10.29	3.76	5.96	22.94
云南	1.39	3.17	−6.42	9.72
西藏	2.82	6.36	−6.73	10.83
陕西	2.67	4.54	−5.65	12.70
甘肃	7.14	5.92	0.12	15.52
青海	9.99	3.66	18.16	12.79
宁夏	3.13	0.10	−1.10	12.34
新疆	−0.82	6.10	−10.33	4.67
全国	7.31	5.67	1.53	17.28

（三）典型省级行政区比较

1. 典型省级行政区确定原则

在绩效得分较高可以主要讨论的上海市、北京市、河南省、吉林省、江西省、重庆市和福建省的基础上，结合各省级行政区复合年均增长率的情况，进一步计算各省级行政区 2008—2015 年基本医疗保险制度绩效综合指数的平均值（表 6-8）。更加聚焦于以上海市和北京市为现阶段基本医疗保险制度绩效典型，同时把吉林省和江西省（8 年综合指数均值最低的两个省份）的绩效评价原始数据与之比较，发现问题。

表 6-8 各省级行政区综合指数描述（2008—2015 年）

地区	均值	标准差	地区	均值	标准差
北京	176.11	38.68	湖北	109.19	14.47
天津	139.03	23.82	湖南	110.97	26.54
河北	91.71	11.01	广东	117.40	13.19
山西	106.68	20.75	广西	106.41	27.04
内蒙古	118.33	23.83	海南	116.95	16.10
辽宁	107.08	13.88	重庆	114.85	32.35
吉林	88.09	10.77	四川	122.74	35.19
黑龙江	106.29	19.56	贵州	104.38	26.60
上海	252.54	33.02	云南	136.98	25.88
江苏	131.21	35.02	西藏	157.39	19.86
浙江	140.76	25.84	陕西	95.86	15.09
安徽	101.46	26.83	甘肃	97.12	14.74
福建	101.18	9.35	青海	136.70	26.76
江西	89.14	13.05	宁夏	130.66	46.06
山东	136.18	37.86	新疆	145.63	12.26
河南	111.05	39.47	全国	129.15	24.98

2. 典型地区原始数据比较

从 4 个典型地区原始数据来看（表 6-9），人均医疗消费支出占总消费支出比例（I1）8 年算术平均值，4 个地区由低到高依次是上海市（4.8%）、江西省（5.2%）、北京市（7.0%）和吉林省（10.0%）；老年人口抚养比（I2）上海市（13.6%）相对更高，其他3个地区在11.5%—12.0%；人均医保基金支出（I3）差别较大，由高到低依次是北京市（3082元）、上海市（2209元）、吉林省（598元）、江西省（514元）；总参保率（I4）最高的是吉林省（87.5%）上海市和北京市分别为77.6%和77.9%，江西省最低（66.4%）；总体收益率（I5）差异明显，上海市高达1379.8%，北京市为220.0%，江西省为129.2%，吉林省为53.6%；参保人数增长率（I6），由于受2008年较大数值的影响，平均值最高的是江西省（9.8%），其次是吉林省（8.2%），北京市（7.5%）和上海市（6.1%）；人均筹资水平（I7）北京市和上海市分别为3293元和2964元，吉林省为770元，江西省为686元；筹资额占GDP的比例（I8）北京市上海市分别是2.6%、2.4%，吉林省0.9%，江西省0.8%；基金当期结余率（I9）上海市（22.5%）、吉林省（24.3%）、江西省（27.1%）在22.5%以上，北京市为7.8%。

表6-9　典型地区原始数据

指标	地区	2008年	2009年	2010年	2011年	2012年	2013年	2014年	2015年
I1	北京	9.50	7.77	6.66	6.93	6.90	5.43	6.06	6.47
	吉林	9.40	10.27	10.03	8.52	9.91	10.62	10.72	10.71
	上海	3.89	4.77	4.33	4.54	3.87	4.16	6.62	6.39
	江西	5.55	5.65	4.94	5.46	5.25	4.86	5.02	5.03
I2	北京	12.86	12.62	10.54	10.70	10.48	10.53	10.52	13.45
	吉林	11.61	11.26	10.52	11.07	9.67	12.29	13.10	14.16
	上海	16.50	17.97	12.46	9.39	10.92	13.30	12.07	16.47
	江西	12.17	11.55	10.79	10.75	11.49	12.63	13.20	13.04
I3	北京	1309	1955	2405	2833	3557	4035	4130	4430
	吉林	297	351	395	504	615	766	833	1027
	上海	1564	1527	1803	2108	2245	2514	2838	3074
	江西	182	292	374	456	553	646	775	831

续表

指标	地区	2008 年	2009 年	2010 年	2011 年	2012 年	2013 年	2014 年	2015 年
I4	北京	67.65	68.56	71.59	77.46	80.26	83.00	86.35	88.24
	吉林	64.43	85.08	91.03	91.99	92.76	92.45	91.48	90.66
	上海	71.45	80.88	80.98	75.93	77.08	76.27	77.23	81.26
	江西	66.33	67.95	67.47	64.83	67.23	66.82	65.51	64.94
I5	北京	101.85	165.91	249.37	243.10	211.52	221.27	240.02	326.77
	吉林	43.21	55.27	50.13	54.48	73.62	49.47	51.03	51.89
	上海	880.01	957.25	1365.91	1308.97	1387.63	1607.83	1729.79	1800.61
	江西	27.27	41.98	62.59	38.73	359.48	152.31	164.95	186.20
I6	北京	9.44	6.57	11.38	11.64	6.21	5.82	5.90	3.26
	吉林	22.19	32.58	7.32	1.26	1.43	0.62	0.10	0.04
	上海	23.56	16.87	5.14	–4.40	2.94	0.73	1.70	2.43
	江西	53.83	7.73	2.00	0.25	8.19	2.65	1.19	2.42
I7	北京	1880	2243	2472	2869	3541	4056	4383	4897
	吉林	491	579	478	671	817	923	1025	1173
	上海	1745	1764	1980	2695	3330	3786	4012	4404
	江西	321	458	486	599	715	849	966	1096
I8	北京	1.72	2.00	2.11	2.38	2.84	3.10	3.30	3.53
	吉林	0.72	0.99	0.73	0.86	0.94	0.98	1.03	1.15
	上海	1.68	1.86	1.92	2.23	2.70	2.86	2.86	3.01
	江西	0.56	0.78	0.68	0.68	0.79	0.87	0.92	1.00
I9	北京	30.39	12.83	2.68	1.24	–0.45	0.52	5.77	9.54
	吉林	39.57	39.44	17.27	24.83	24.75	17.05	18.80	12.47
	上海	10.36	13.42	8.95	21.77	32.60	33.59	29.27	30.19
	江西	43.30	36.24	23.10	23.87	22.57	23.92	19.81	24.15

三、基本医疗保险制度绩效分析

（一）全国综合指数分析

从全国范围上看，2008—2015 年各省级行政区基本医疗保险制度综合绩效整体上逐年递增，其中，2012—2014 年增幅明显，2015 年稍有放缓。而且，基本医疗保险制度面临的压力在逐年减轻，状态上相对稳定，响应受相关政策的影响，波动与涨幅最大。

这可能是受惠于《中共中央 国务院关于深化医药卫生体制改革的意见》（中发〔2009〕6 号），2009—2011 年推进基本医疗保障制度建设、建立国家基本药物制度、健全基层医疗卫生服务体系、促进基本公共卫生服务逐步均等化、推进公立医院改革试点。五项改革对基本医疗保险制度的综合作用，从 2012 年起逐渐显露。可以说，在基本医疗保险制度对压力的承受力逐渐加强，而整体状态趋向稳定的阶段，通过改善响应维度提升综合绩效是高效可行的。由于响应维度受政策影响较大，如何制定符合现实、可持续的政策，直接影响到基本医疗保险制度的绩效。在一定程度上保持政策的相对稳定性，可能减轻绩效的波动。因此，相关政策的循证决策是保障基本医疗保险制度绩效的路径之一。

（二）典型地区绩效分析

上海市、北京市、江西省和吉林省 4 个地区在 9 个具体绩效指标上各有高低，这一点在全国其他省级行政区亦是如此。绩效相对低的吉林省和江西省，基本医疗保险基金筹资（人均筹资额、筹资总额占 GDP 的比例）和支出情况远远低于绩效相对较高的上海市和北京市，在基金筹资与支出都在较低水平的情况下，这两个省份的基金当期结余率在较高水平，进一步影响了基本医疗保险制度绩效和可持续发展。

此外，上海市基本医疗保险制度绩效综合得分最高，其综合指数和各维度复合年均增长率相对均衡（4.1%—6.8%），目前它存在的主要问题较高的老年人口抚养比是其医保面临的压力之一，而且平均高达 22.5% 的基金当期结余率与 15% 的适宜水平发达国家 10% 以内的平均水平尚有较大差距。北京市的发展趋势表现最好，但较高的医保基金筹资与支出并存，同时较低的基金当期结余率，需要不断加大合理控费的力度。

（三）绩效地区差异分析

从本研究的数据及结果看，东部地区、中部地区和西部地区在9个具体绩效指标的平均值上，老年人口抚养比由高到低依次是东部、中部、西部，西部人口结构相对年轻；总参保率则是东部最高、中部次之、西部最低，与之相对应的是参保人数增长率自然是西部最高、中部次之、东部最低；基金当期结余率，东部19.3%，中部21.0%，西部20.6%；而人均医疗消费支出占总消费支出的比例、总体受益率、人均医保基金支出、人均筹资水平和当期筹资总额占当地GDP的比例这5个指标的表现，都是东部第一，西部次之，中部最差。

基金当期结余率、人均医疗消费支出占总消费支出的比例、总体受益率、人均医保基金支出和当期筹资总额占当地GDP的比例都与人均筹资水平关系密切，或者说一定程度上受到筹资水平的影响。因此，从人均筹资水平来看，2015年，东部地区、中部地区和西部地区人均筹资水平分别为2321元、1436元和1920元。如果按照东部（北京市、天津市、河北省、上海市、江苏省、浙江省、福建省、山东省、广东省和海南省）、中部（山西省、安徽省、江西省、河南省、湖北省和湖南省）、西部（内蒙古自治区、广西壮族自治区、重庆市、四川省、贵州省、云南省、西藏自治区、陕西省、甘肃省、青海省、宁夏回族自治区和新疆维吾尔自治区）、东北部（辽宁省、吉林省和黑龙江省）进行比较，各地区人均筹资水平东部2380元、中部1400元、西部1920元、东北部1526元。

作为基本公共服务之一的基本医疗保险，受制于当地的经济发展水平。东部地区经济发展水平高，政府有能力提供较高水平的公共服务，因而基本医疗保险筹资水平也比较高。近年来，国家不断加大对西部地区的扶持力度，以2017年城镇居民基本医疗保险为例，中央财政对西部、中部地区分别按照 80%、60% 的比例进行补助，对东部地区各省分别按一定比例进行补助（《关于做好 2017 年城镇居民基本医疗保险工作的通知》(人社部发［2017］36 号))。按照现有经济发展状况和中央财政补助水平，结合响应维度较高的复合年均增长率，人均筹资水平的地区差异可能会保持一定时间甚至继续拉大。并可能影响基本医疗保险的基金支出、结余、医疗费用和医保受益情况。

四、基本医疗保险制度绩效提升策略

通过计算 31 个省级行政区和全国平均水平的基本医疗保险制度绩效综合得分、分维度（压力、状态和基础）得分，分析 2008—2015 年综合指数和分维度复合年均增长率，进一步细化比较典型地区 9 个绩效评价指标的具体数值。从绩效状况到发展趋势再回到原始数据，深入挖掘数据资料体现的绩效综合水平和结构特征。在实证分析的基础上，本章将围绕 PSR 模型，探讨基本医疗保险制度绩效的现实，尝试提出基本医疗保险制度可持续发展的一些建议。

（一）基本医疗保险制度绩效的提升策略

1. 压力维度：提高基本医疗保险制度的偿付能力

从基本医疗保险制度绩效评价指标体系来看，通过熵权法定量确定的权重结果显示，压力的权重在 PSR 模型 3 个维度中最小，相当于状态权重的 1/3，响应权重的 3/5。也就是说，与状态和响应相比，压力对基本医疗保险制度绩效的影响相对较小。具体到每个指标的权重，3 个指标中人均医保基金支出（0.1049）的权重最大，人均医疗消费支出占总消费支出的比例和老年人口抚养比的权重分别是 0.0383 和 0.0340。

在本研究的界定中，人均医保基金支出的高低在一定程度上体现了医保基金的补偿压力，人均医保基金支出越高，则说明基本医疗保险基金偿付压力越小。人均医疗消费支出占总消费支出的比例反映参保人群医疗费用负担，比例越高基本医疗保险制度压力越大。老年人口抚养则主要体现人口老龄化的压力。而压力维度整体上是逆向的，压力维度得分越高，说明基本医疗保险制度压力越小。因此，具体到3个指标涉及的3个方面，医疗费用负担和人口老龄化是逆向指标，数值越低压力越小，偿付能力越高压力越小。

在这3个方面，人口老龄化是不可避免、所有地区共同面对的问题，而医疗费用负担受社会经济、医疗需求与利用、医疗价格等诸多因素的影响，2008—2015年间，31个省级行政区该指标整体变动较小，且有升有降。可以说，压力维度主要关注的是基本医疗保险制度的偿付能力。这一指标各地区多是逐年上升，但地区间差异巨大。北京市、上海市、西藏自治区都远高于其他地区水平。当然，这与经济发展水平和转移支付力度都有一定关系，各地区如何在现有压力水平下，逐步提升偿付能力，应基本医疗保险制度从设计到组织实施到监管都必须全过程考虑的问题。

2. 状态维度：提高参保人群的受益率和满意度

状态维度总参保率和参保人数增长率在基本医疗保险制度发展到一定阶段变化就很小。因此，2008—2015年，总参保率逐年上涨，同时参保人数增长率逐年下降。由于参保人数增长率最初是为了测量参保人群对医保服务与管理的满意度，满意度指标同参保人数增长率一样，当到达一定水平后每提高0.1%都很难但也更有意义。可以说，对于基本医疗保险制度来说，如何提高参保人群的受益率和满意度，几乎占其绩效的一半。

对于目前中国的医保阶段来说，使全民尽可能享有尽可能公平、普遍的基本保障，这是现阶段基本医疗保险重要的目标。广覆盖和保基本的原则实际上也在一定程度上由参保人群受益率体现。以2015年为例，上海市的参保受益率是全国平均水平的6倍多，这一指标的高得分，在上海市综合最高得分中起到了很大的作用。

3. 响应维度：维持适度的基金当期结余率

响应维度回答的是如何解决问题。从权重上看，最重要的是基金当期结余率，它的权重比两个筹资指标（人均筹资额、当期筹资总额占 GDP 的比例）的权重之和更大。人均筹资额在这一维度主要体现的是基本医疗保险制度的筹资力度，与基金偿付能力一样，受经济水平、转移支付等因素的影响。而当期筹资总额占 GDP 的比例与地区经济水平的联系更为密切，北京市和上海市 2008 年的比例就超过了 2015 年全国 2/3 省份。

基金当期结余率，是基本医疗保险制度的一个敏感性、适度指标，本研究选取 15% 作为适度值，2015 年全国各省份平均值在 16.1%，但是除上海市超过 30%，仍有 7 个省级行政区超过 20%。在响应维度，如何在做好风险管理的基础上，通过制度设计、合理保障、有效管理，将基金当期结余率朝适度方向靠近，将是基本医疗保险制度关注的重点之一。

4. 发展趋势：均衡压力、状态、响应的复合年均增长率

从各省级行政区和全国平均水平数据来看，综合指数和压力、状态、响应的增长率在相对均衡的状态下，基本医疗保险制度绩效相对稳定地提高（如上海市）。当压力、状态、响应 3 个维度的增长率都处于高速增长时，综合指数的发展潜力较大，有利于缩小与更高绩效水平地区的差距（如北京市）。相对于压力和响应维度，状态维度增长率对绩效的影响更为重要，但响应维度的增长率的增幅更大，即可改进的空间更大。

（二）基本医疗保险制度典型地区的发展建议

1. 高综合绩效水平地区：控制适度的当期结余率

从上海市和北京市两个高绩效水平地区来看，高的综合绩效水平有各自的发展模式。上海市是压力、状态、响应三维度均衡发展，将综合绩效维持在较高水平，但是相对于其他地区意识到自身绩效的不足（综合指数不高）而积极改进（主要体现在响应维度的复合年均增长率），上海市在

响应维度的改变意愿与措施明显不如其他地区，尤其是2015年最高的基金当期结余率，提示了基金使用的效率不足。北京市的高绩效水平是以高的三维度复合年均增长率为支撑，相应需要高的筹资水平，同时有高的支出，因此，同样面临基金当期结余率的问题，不同的是2010—2015年基金当期结余率有4年在3%以下，面临透支风险。因此，高绩效水平地区下一步要多注重响应维度的改进，努力达成适度（既不能太高也不能过低）的基金当期结余率。

2. 低综合绩效水平地区：保证适度的筹资水平

从吉林省和江西省两个相对低绩效水平地区来看，较低的筹资水平往往伴有较低的人均支出和受益率，影响综合绩效。因此，对经济相对欠发达地区，如何保证适度的筹资水平是其需要关注的首要问题。更具体地说，吉林省和江西省即使经济水平较弱，也可以先从提高筹资总额占GDP的比例开始，首先改善8年平均比例不足1%（吉林平均值为0.92%，江西平均值为0.79%）的现状。

3. 状态维度得分较低地区：提高参保受益率

状态维度得分较低，同时复合年均增长率有近2/3的省级行政区是负值，当然，这受到总参保人数增长率的影响，但是，更为重要的是，这些负复合年均增长率地区的总体受益率也较低。下一步，可以通过不断提高受益率，来维持并提高参保人数，改善基本医疗保险制度的状态维度。

（三）国家层面改进基本医疗保险制度绩效的建议

1. 中央财政补助针对性倾斜

中部地区人口总数较多人均筹资水平最低，2015年全国参保人数的1/6，人均筹资水平是东部的58.8%、西部的72.9%。东北部地区老年人口比重大、基金筹资与支付压力较大，2015年东北部老年人口抚养比为15.0%，同期全国平均水平为13.7%；2015年医保基金当期结余率8.7%，随着劳动力流失、老年人口不断增多，存在基金亏空的风险。因此，建议中央财政补助不按现有东部、中部、西部划分，按照东部、中部、西部和东北部划分，在具体比例分配上考虑中部和东北部地区的筹资压力，予以一定的政策倾斜。

2. 监测压力、状态、响应的关键指标

从本研究建立的基本医疗保险制度绩效评价指标体系来看，综合权重、指标数值和增长率的差异，现阶段基本医疗保险制度绩效在压力、状态、响应维度的关键指标分别是人均医保基金支出、总体受益率和基金当期结余率，这 3 个指标的权重之和达到 0.509。可以说，通过综合这三方面的数据对基本医疗保险制度绩效进行初步估计，帮助医保决策与监管部门基于地区的绩效状况，针对性地采取相关措施，促进基本医疗保险制度可持续发展。

第七章 全民健康覆盖的基本医疗保险制度整合模式

党的十九大报告提出："按照兜底线、织密网、建机制的要求，全面建成覆盖全民、城乡统筹、权责清晰、保障适度、可持续的多层次社会保障体系。全面实施全民参保计划。完善城镇职工基本养老保险和城乡居民基本养老保险制度，尽快实现养老保险全国统筹。完善统一的城乡居民基本医疗保险制度和大病保险制度。"第十三届全国人民代表大会第一次会议批准《国务院机构改革方案》，组建国家医疗保障局，整合此前人社、民政、卫计委、发展改革委等多个部门的相关职能，这有利于统筹推进医疗、医保、医药"三医联动"改革以及整合医保管理体制，进一步为推进基本医疗保险制度整合助力。

基本医疗保险体系，这是我国医疗保障体系的主体层次。目前基本医疗保险体系包括城镇职工基本医疗保险、城镇居民基本医疗保险和新型农村合作医疗三项制度。截至 2017 年年底，基本医疗保险目前覆盖 13 亿多人，基本实现了全民医保。全民健康覆盖的基本医疗保险制度整合是我国医药卫生体制改革的重要目标，新时代对医保改革发展提出的新目标、新任务、新要求。

一、制度整合的背景及总体进展

医疗保险系统涵盖了政府、医疗服务提供组织、医疗保险组织和救助组织。我国的医疗保险是由一种混合模式实现的，呈现出城乡制度分设、管理分割、资源分散的“三分”格局和“碎片化”现象，且无论医疗服务组织还是医疗保险与救助组织中政府都居于主导地位。医疗保险系统内部要素配置和结构关系之间的失衡制约了它的功能实现，这种失衡表现在：其一，医疗服务资源在城乡之间的不均匀分布损害了健康服务提供的公平性，而恶性市场竞争和生产者的逐利行为损害了医疗服务组织的公益性；其二，医疗保险组织在城乡之间采用了三种不同制度设计以达到全面覆盖，但三种制度设计之间所存在的差异带来了深层次的制度性不公平，导致受益水平在不同人群中出现了分布不公（见表 7–1）；其三，医疗保险和救助组织与医疗服务组织之间缺乏良性契约关系，导致激励机制与监管机制扭曲，制约了保障资源的有效利用。

表 7–1　基本医疗保险体系保障待遇水平比较

保险类型	保障范围	个人账户	平均住院补偿比 %
城镇职工基本医疗保险	住院和门诊治疗	有	66.2
城镇居民基本医疗保险	住院和门诊大病	无	49.2
新型农村合作医疗	住院和部分地区保障门诊	大部分设立	36.4

面向三个不同群体的三大医保制度之间，存在着给付水平的巨大差异，在管理上也分别属于社保、卫生等不同政府部门管理。因此，我国基本医疗保障制度呈现出城乡制度分设、管理分割、资源分散的“三分”格局和“碎片化”现象。制度“碎片化”导致城乡之间以及地区之间的医保待遇存在很大差异，且衔接困难，所以，基于医疗保障制度“碎片化”增加了管理成本、造成了资源的浪费，也容易引发待遇攀比、群体矛盾，不利于社会和谐。2009 年人力资源和社会保障部出台的《流动就业人员基本医疗保障关系转接接续暂行办法》中规定，从 2010 年 7 月 1 日开始，流动人员跨省就业时可以将个人账户随医保关系的转移同时划转，城镇企业

职工基本医疗保险、城镇居民基本医疗保险、新型农村合作医疗三种不同类型的医疗保险关系可随参保人身份的变化互相转移。但是，在实际操作层面，三种制度通常无法有效接续。

2016 年，国务院出台《关于整合城乡居民基本医疗保险制度的意见》（国发［2016］3 号，以下简称《意见》），提出要整合城镇居民基本医疗保险和新型农村合作医疗（以下简称新农合）两项制度，按照“统一制度、整合政策、均衡水平、完善机制”的总体思路，从实现覆盖范围、筹资政策、保障待遇、医保目录、定点管理、基金管理“六个统一”建立统一的城乡居民基本医疗保险制度。《意见》的下发具有里程碑意义，标志着我国全民基本医疗保险城乡分割“二元结构”的终结，标志着我国全民医保向更加公平更可持续目标迈出关键一步。2017 年 3 月 5 日，李克强总理在两会上再次强调“整合城乡居民基本医保制度，财政补助由每人每年 380 元提高到 420 元”，城乡医保制度的整合已经被提升到国家战略高度。建立城乡统一的基本医疗保险制度对于推进卫生体系改革、保障城乡居民公平享有健康权利、促进社会公平正义、增进人民福祉、促进城乡经济社会协调发展、全面建成小康社会具有重要意义。[①]

2016 年，我国全面推进城乡居民基本医疗保险制度整合。按照《意见》关于各省（区、市）要对整合工作作出规划部署的任务要求，重点推动各省出台整合制度规划部署文件，明确时间表、路线图，健全工作推进与考核评估机制，严格落实工作责任制，确保各项政策措施落地。截至 2016 年年底，全国 31 个省、自治区、直辖市和新疆生产建设兵团，除西藏外均已出台文件对本省全面推进整合制度工作做出了规划部署。

以上各省在规划部署文件中，均按统一覆盖范围、统一筹资政策、统

① 中华人民共和国国家卫生和计划生育委员会：《国务院关于整合城乡居民基本医疗保险制度的意见》，《中国实用乡村医生杂志》2016 年第 6 期。

一保障待遇、统一医保目录、统一定点管理、统一基金管理，对整合制度基本政策、实现“六个统一”提出了要求。其中大部分省份在整合制度基本政策的基础上，还明确统一理顺医保管理体制。目前，北京、天津、河北、山西、内蒙古、黑龙江、上海、浙江、江苏、江西、山东、河南、湖南、湖北、广东、广西、四川、重庆、云南、宁夏、青海、新疆22个省份和兵团明确划归人社部门，实现了全民基本医保三项制度与整个社会保险的统一管理。此外，福建实现了全民基本医保三项制度统一管理，暂挂财政部门；甘肃省实现了全民基本医保三项制度基金统一管理，划归人社部门。

整合城乡居民基本医疗保险制度取得显著成效。截至2018年1月1日，全国京津沪渝4个直辖市全面启动；333个地市中已有286个地市出台整合制度实施方案且绝大部分已开始启动运行，占到地市总数的86%。目前，大部分地区统一城乡的居民基本医疗保险制度已基本建立。全国23个省份、80%以上地市、11.8亿参保人纳入人力资源社会保障部门统一管理，形成了五项社会保险城乡一体化统一管理服务的“大社保”格局。[①]

二、制度整合的内涵及运行情况——以福建省三明市、广东省深圳市为例

（一）福建省三明市城乡居民医保整合模式

1. 三明市城乡整合式医保改革方案的基本内容

2013年，三明市将城镇职工医保、居民医保和新农合3种险种分别隶属人社部门、卫生计生委的24个医保基金经办机构进行整合，组建成三明市医疗保障基金管理中心（以下简称医管中心），挂靠在财政部门，拉

① 方木：《推进统一的城乡居民基本医疗保险制度全面建立》，《中国医疗保险》2018年第2期。

开了三明医保整合的序幕。

2013 年 6 月，三明市发布了《关于全市实行城乡居民基本医疗保障一体化的通知》，率先将梅列区、三元区、沙县、大田县城镇居民基本医疗保险与新农合并轨整合，统一执行三明市新农合制度，实行“六统一”，即统一参保范围、统一筹资方式和缴费标准、统一医疗“三目录”和补偿政策、统一基金管理、统一服务监管、统一信息管理。2014 年颁布《三明市城乡居民基本医疗保险 2014 年统筹管理实施方案》后，三明市城乡居民医保全民铺开，并进一步明确参保对象、筹资水平及补偿方案，率先实现两保合一。整合前后的主要政策对比见表 7–2，三明市城乡医保整合以后实行就低不就高的个人缴费、就高不就低的补偿模式[①]。

2015 年 3 月，《中共三明市委三明市人民政府关于进一步深化医药卫生体制改革工作的意见》（明委发〔2015〕3 号）规定，自 2015 年 4 月 1 日起，城镇职工基本医疗保险和城乡居民医疗保险执行统一（城镇职工）的用药目录、诊疗目录及服务标准，实现“三统一”。

表 7–2　三明市城乡居民医保整合前后政策对比

	整合前（2013 年）		整合后（城乡居民医保）		
	新农合	城镇居民	2014 年	2015 年	2016 年
筹资	人均筹资额为 330 元，其中个人缴费 50 元	成年人 240 元，其中个人缴纳 140 元；未成年人 80 元，其中个人缴纳 40 元	人均筹资额 390 元，其中个人缴费 70 元	人均筹资额 470 元，其中个人缴费 90 元	人均筹资 530 元，其中个人缴费 120 元

① 李浩淼、方鹏骞、高红霞等：《福建省三明市城乡医保整合模式探索》，《中国卫生经济》2017 年第 11 期。

续表

		整合前（2013 年）		整合后（城乡居民医保）		
		新农合	城镇居民	2014 年	2015 年	2016 年
住院补偿	一级医院	≤ 300 元 :60% >300 元 :95%	>200 元 :85%	80–300 元：60% >800 元 :80%	同 2014 年	>80 元：90%
	二级医院	>400 元 :85%	>500 元 :75%	400—4000 元：85% 4000—6000 元：80% >6000 元 :75%	同 2014 年	>400 元：85%
	三级医院	600—4000 元：50% 4000—8000 元：65% >8000 元：70%	>700 元 :65%	600—4000 元：50% 4000—8000 元：60% >6000 元 :80%	同 2014 年	>600 元：85%
门诊统筹		年封顶线 400 元 / 户，政策补偿比 60%，次均 40（乡）/30（村）元封顶	年封顶线 400 元 / 人，在一级医疗机构补偿 60%，二级及以上 30%	政策补偿比 60%，次均 40（乡）/40（村）元封顶，个人 120 元年封顶	同 2014 年	同 2015 年，补充：中药饮片在各级定点医疗机构均补偿比例 100%
大病补偿		6000—2 万：65% 2—4 万：75% >4 万：85%	80001—15 万元：50% 150001—20 万元：55% 200001—30 万元：65%	按照 2013 年新农合补偿方案执行	按照 2013 年新农合补偿方案执行	按照 2013 年新农合补偿方案执行

注：大病补偿起付线是指普通住院补偿后的自付费用。

2. 三明市医保整合经验——医保管理体制创新

城镇居民医保与新农合本身在筹资机制、福利性质的相似性为建立城乡居民医保提供了先天优势，[①]医管中心的成立则是医保得以整合的起点和

① 陈仰东：《保费征收要做到"颗粒归仓"》，《中国医疗保险》2012 年第 5 期。

必要条件，也是三明市城乡医保能够顺利整合的最关键因素。医管中心成立后，对城镇职工医保及原有的城镇居民医保、新农合基金统一管理、业务统一经办，从管理层次上实现了“三保合一”。2016 年 7 月 10 日，三明市再将医管中心升级为医疗保障管理局，实现单位合法化和人员职业化，为促进医保公平、提高医保经办效率提供了坚实的行政基础，并进一步促使医保将各项功能最大化。

具体来说，三明市通过医保管理体制的整合与创新实现医保整合：[①]

（1）医管中心高度集权，并总体把控全市医保基金征缴、使用、监控等一系列职能，这对于管理部门来说，避免了新农合和城镇居民医保管理归属的争端，减少了管理过程中的繁琐环节，大大节约了管理成本。通过医管中心整合城乡医保以后，极大程度上增强了政府实施医改的主导权和医保的政策导向权，自此，医管中心管理下的基本医疗保险体系，不仅将医保控费功能最大化，而且参与多项改革举措，拓展医保功能（图 7–1），全面推进了三医联动进程。虽然部分举措在整合前便已存在，但医保的整合无疑提高了医保参与各项改革的功能效率。对于三明来说，医管中心的成立，是三明市能够实现三医联动的基础，为三明大刀阔斧地开启医药卫生体制改革之路奠定了基础。需要注意的是，要做到医保基金“颗粒归仓”，财政部门所设置的筹资水平、主体筹资比例以及补偿水平，不仅要保证支出不超过收入预算，还要保证在支出超过收入预算的时候维持收支平衡。[②]因此，城乡居民医保要有效且长期运行，对财政部门所有测算的精细化提出了更高要求。

（2）医管中心成立以后，并非对医保政策进行大幅度的变革，而是通

① 李浩淼、方鹏骞、高红霞等：《福建省三明市城乡医保整合模式探索》，《中国卫生经济》2017 年第 11 期。

② 陈仰东：《保费征收要做到“颗粒归仓”》，《中国医疗保险》2012 年第 5 期。

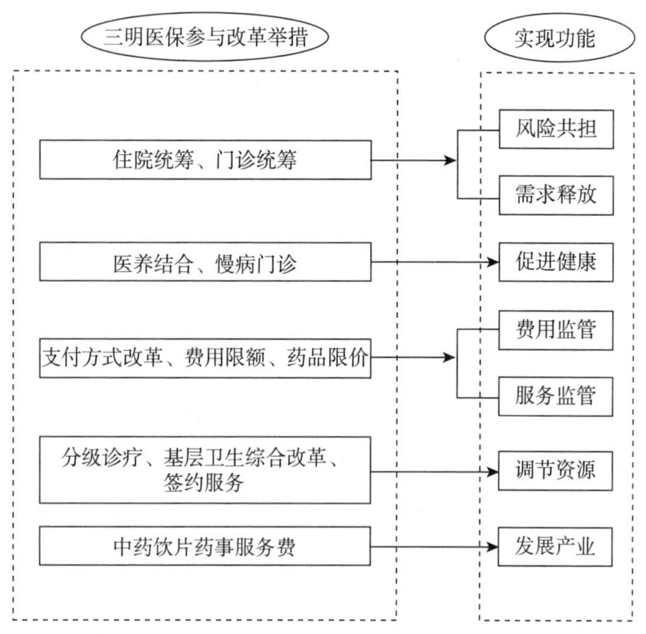

图 7-1　医管中心管理下的三明医保功能

过有层次、有分寸的政策调整，逐步构建适宜于当地的城乡居民医保制度。从筹资水平来看，人均筹资费用逐年提高，其中个人缴费部分对于农村居民来说每年以 20—30 元的速度增长，而对于城镇居民来说反而下降，因此，居民的参保热情没有消减，参保人数逐年增加，2016 年达到 221.21 万人。从补偿水平来看，对比 2013 年和 2016 年政策，对于农村居民来说，在一级医院降低了起付线，二级医院维持不变，三级医院则大幅提高补偿比例；对于城镇居民来说，无论哪级医疗机构，补偿水平都有了明显的提高。

（3）三明市医保整合后，并未像其他地区实行“一制多档”，而是直接实行一制一档。由于城乡居民收入水平的差异，一制多档可以在一定时期内，满足不同人群的需求，是在整合过程中一种有效的过渡形式[①]，城乡

① 张晓、胡汉辉、张文杰等：《对城乡居民医保制度整合实施“一制多档”的分析》，《中国医疗保险》2014 年第 5 期。

居民可以基于自身需求，选择适合的医保档次。但是，研究表明，一制多档依然是基于居民的经济能力而不是实际需求[①]，选择低档次的仍然以农村居民居多，农村居民所享受到的医保待遇依然比不上城镇。三明市实行一制一档，消除了居民选择医保档次时究竟是应该基于健康水平还是基于经济水平的困惑。

3. 城乡居民医保整合后评估

三明市通过成立医管中心成功建立了城乡居民基本医疗保险制度，成效值得肯定，但考虑到城乡居民收入差距、财政能力、人口特征，医保基金的安全性、居民的实际受益水平和公平性并不一定能达到预期，因此，笔者认为有必要对整合后的城乡居民医保筹资、补偿问题进行深入分析，从而证明当前三明城乡居民医保政策是否合理。

根据税负公平原则，在社会主义国家，需要通过征税的普遍性、公平性来防止两极分化、实现共同富裕[②]，其公平性主要体现在根据支出能力确定税收水平并实现社会财富的公平分配[③]。类似地，对于医保筹资，既要通过扩大筹资覆盖面来扩大基金池，又要通过合理的筹资、偿付机制来实现公平、实现医保基金的风险共担并与社会经济水平、财政能力相适应，最终使居民公平受益、公平享有健康[④]。筹资的公平性包括横向公平和纵向公平，横向公平是指具有相同支付能力的人支付同等的卫生服务，纵向公平则是指实际支付额度与支付能力成正相关，即支付能力高的人应当多支付[⑤]。

---

① 陈迎春、李浩淼、方鹏骞等：《健康中国背景下构建全民医保制度的策略探析》，《中国医院管理》2016 年第 11 期。

② 潘石、孙飞：《论中国税负公平原则》，《税务与经济》1999 年第 2 期。

③ 王惠：《论税负公平》，《法学家》1994 年第 6 期。

④ 仇雨临、翟绍果：《完善全民医保筹资机制的理性思考》，《中国医疗保险》2010 年第 5 期。

⑤ 李斌：《卫生筹资公平性研究进展》，《中国卫生经济》2004 年第 2 期。

而对于偿付来讲，公平性又主要体现在医保基金对经济风险大、健康状况差的人群给予更高水平的补偿，即经济能力较强的人帮助经济能力较弱人群负担疾病经济风险，健康人群帮助非健康人群承担疾病经济风险。

三明市城乡医保整合以后实行就低不就高的个人缴费、就高不就低的补偿模式，有利于保证居民参保积极性。但是，三明城乡居民收入水平本身差异较大，城镇总体收入水平为农村居民收入水平的两倍（三明政府统计月报显示，2016 年三明城镇居民人均可支配收入为 29677 元，农村为 13918 元），如此设置同样的筹资、补偿水平，是否真的能保证公平呢?

首先，从筹资主体来看，三明市筹资以政府为主，2014 年至 2016 年城乡居民医保筹资中，政府筹资部分所占比例分别为 82.05%、80.85%、77.36%。个人筹资比例逐步增高，也是在保证参保人群稳定性的前提下，对权利对等原则的落实[①]，只是目前来看，受经济水平影响，个人筹资能力还十分有限。

其次，从个人筹资水平来看，城乡居民个人筹资水平占收入的比例虽然都在上升，但农村上升的幅度大于城镇（图 7–2）。如果说整合前医保基金是经济水平类似、健康状况不同人群的风险共担，整合后则演变为不同经济水平、不同健康水平人群的风险共担，有可能会出现疾病经济风险大的人群补贴疾病经济风险稍小的人群，由此可见，三明市筹资机制与医保筹资的横向公平与纵向公平都还存在一定差距，可能导致统筹后的城乡居民医保更大程度上造福城镇居民，出现穷人补贴富人的逆向再分配现象[②]。同时，除了城乡差异，人群特征也是需要考虑的重要因素，例如儿童是医保筹资的完全无能力者，老人也是筹资能力相对弱势的群体，是否需要针

① 郑功成:《城乡医保制度整合的九个关键点》,《中国医疗保险》2013 年第 6 期。

② X.F. Pan, J. Xu, Q. Meng, *Integrating Social Health Insurance Systems in China*, Lancet, No.10025（2016）, pp.1274–1275.

对不同人群实行差异化的筹资政策或筹资分配比例，有待考虑。

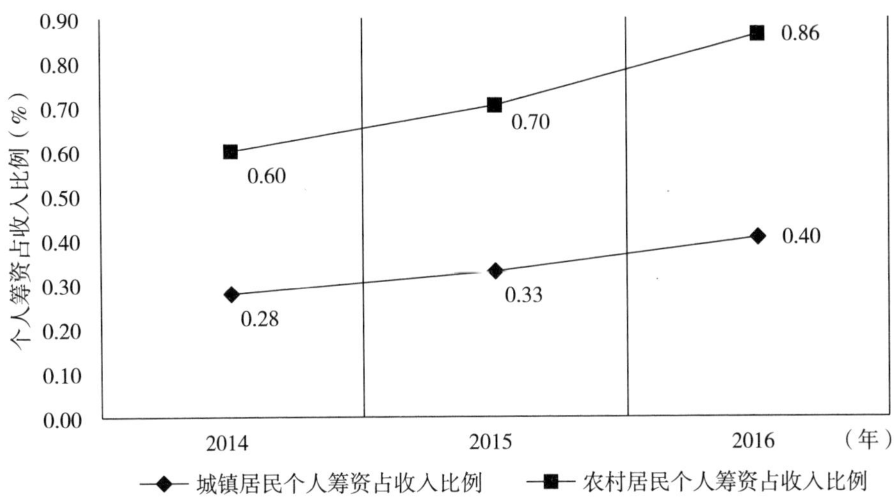

图 7–2　2014—2016 年三明市城乡居民医保个人筹资占收入比例情况

同时，从补偿情况来看，医保基金也存在风险：城乡居民医疗需求逐步释放，2016 年城乡居民医保住院人次较 2015 年增长 4.81%，普通门诊人次更是增长了 106.02%（与开通诊查费和中药饮片实时结报有关），增大了医保基金负担；人口老龄化现象突出，2015 年三明市 65 岁及以上人口的比重较 2010 年上升 1.9 个百分点，无疑是医保基金安全性的又一挑战；三明拓展城乡居民医保的报销目录，与城镇职工保持一致，扩大居民受益范围，一方面会引起居民卫生服务利用率的提高，另一方面同样威胁着医保基金。在医保筹资主要依靠政府投入的情况下，医保基金的负担加重便等同于政府财政负担的加重，从地方财政收入与城乡居民医保筹资的政府投入对比可以发现，三明财政收入不够稳定，而政府医保筹资水平却在以稳定的速度逐年提高（图 7–3），个人筹资水平的提高目前似乎并不足以补贴这一空缺，因此，对于财政来说，既要提高补偿水平加大医保保障力度，又要维持医保基金可持续性和财政收支平衡，具有较大的难度。

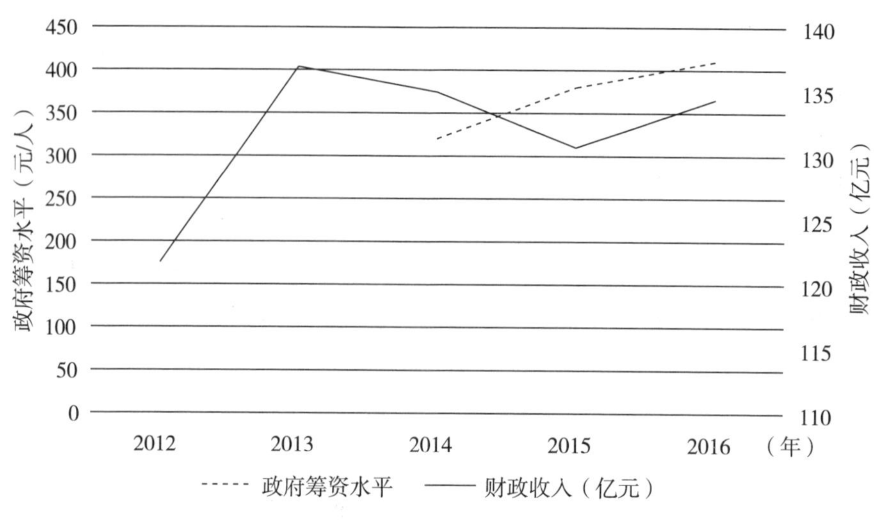

图 7-3　三明市城乡居民医保政府筹资水平和财政收入增速对比

（二）广东省深圳市医疗保险整合模式

1. 深圳市社会医疗保险整合方案

深圳市医疗保险经过 26 年的发展，形成了多层次、多形式全民医保体系。多层次，即建立了基本医保、地方补充医保、公务员医疗补充和企业补充医保、商业医保等医疗保障方式；多形式，即基本医保实行“一制三档”。

1992 年 5 月 1 日，《深圳市社会保险规定》（深圳市人民政府令第 128 号）正式实施，建立了对包括医疗保险、养老保险以及住房公积金制度的“社会保险”。

2008 年 3 月 1 日，《深圳市社会医疗保险办法（2008 年版）》（深圳市人民政府令第 180 号）正式实施，《深圳市社会医疗保险办法》首次将农民工纳入地方补充医疗保险，享受地补待遇。同时《深圳市城镇职工社会医疗保险办法》（深圳市人民政府令第 125 号）以及《深圳市劳务工医疗保险暂行办法》废止。

2014 年 1 月 1 日，《深圳市社会医疗保险办法》（深圳市人民政府令第 256 号，以下简称《办法》）正式实施，《深圳市社会医疗保险办法（2008 年版）》废止，标志着深圳医保迈入深化改革新阶段。《办法》实施后，原来综合医疗保险、住院医疗保险、农民工医疗保险分别更名为基本医疗保险一、二、三档。一档参保人总缴费比例由 8.5% 降为 8.2%，其中由用人单位缴交的地补医保缴费比例由 0.5% 调整为 0.2%，见表 7–3、表 7–4。

表 7–3　深圳市人民政府令第 180 号《深圳市社会医疗保险办法（2008 年版）》

项目	2008 年		
	综合医疗保险	住院医疗保险	农民工医疗保险
筹资	在职人员：按缴费基数 8% 按月缴交，其中用人单位缴交 6%，个人缴交 2%，没有用人单位的人员：个人按缴费基数的 8% 按月缴交。设置个人账户：未退休人员：不满 45 周岁按缴费基数的 5%，45 周岁以上按缴费基数的 5.6%，退休人员：按缴费基数的 8.05%	在职人员：用人单位按缴费基数的 0.6% 缴交，个人按缴费基数的 0.2% 缴交	每人每月 12 元的标准缴交，其中用人单位缴交 8 元，个人缴交 4 元
住院补偿	起付线：市内一级及以下医院为 100 元，市内二级医院为 200 元，市内三级医院为 300 元，非本市医院为 400 元，药品、诊疗项目和一般医用材料退休人员补偿 95%、其他人员 90%，单价在 1000 元以上的一次性医用材料，按国产普及型价格的补偿 90% 或按进口普及型价格补偿 60%	待遇同综合医疗保险	在综合医疗保险、住院医疗保险同起付线、报销比例基础上，市内一级医院、二级医院、三级医院、市外医院的支付比例分别为 95%、90%、80%、70%，其余部分由参保人支付

续表

项目	2008 年		
	综合医疗保险	住院医疗保险	农民工医疗保险
门诊补偿	社康中心：个人账户支付 70%，补偿 30%	每年封顶线 800 元 / 年，社康中心：甲类药品补偿 80%、乙类药品补偿 60%，单项价格 120 元以下诊疗项目或医用材料补偿 90%、120 元以上补偿 120 元，其他定点医疗机构：按社康中心的 90% 报销	待遇同住院医疗保险
大病统筹	门诊大型医疗设备检查和治疗费用补偿 80%，慢性肾功能衰竭门诊透析，器官移植后门诊用抗排斥药，恶性肿瘤门诊化疗、介入治疗、放疗或核素治疗费用补偿 90%，门诊输血费补偿 90%	门诊大型医疗设备检查和治疗费用补偿 80%，慢性肾功能衰竭门诊透析，器官移植后门诊用抗排斥药，恶性肿瘤门诊化疗、介入治疗、放疗或核素治疗费用补偿 90%，门诊输血费补偿 70%	待遇同住院医疗保险

缴费基数确定：1. 在职人员月工资总额为缴费基数；2. 在职人员月工资总额超过本市上年度在岗职工月平均工资 300% 的，按本市上年度在岗职工月平均工资的 300% 为缴费基数；3. 在职人员月工资总额低于本市上年度在岗职工月平均工资 60% 的，按本市上年度在岗职工月平均工资 60% 为缴费基数；4. 没有用人单位的人员的缴费基数由本人在本市上年度在岗职工月平均工资的 60% 至 300% 之间选择执行。

2. 深圳市社会医疗保险整合经验——深化医保改革

（1）调整缴费年限

深圳市医疗保险原实行终生缴费制度，本市按月领取养老金人员的医保费由市养老保险基金支付。为与《中华人民共和国社会保险法》内容相衔接，规定从 2014 年起办理按月领取养老保险待遇的人员，累计缴费满 15 年，其中在本市实际缴费年限满 10 年的，可停止缴费并继续享受医保

表 7-4　深圳市人民政府令第 256 号《深圳市社会医疗保险办法（2013 年版）》

项目	基本医疗保险一档	基本医疗保险二档	基本医疗保险三档
筹资	职工：以本人月工资总额 8% 的标准按月缴费，其中用人单位缴交 6%，个人缴交 2%。本人月工资总额超过本市上年度在岗职工月平均工资 300% 的，按本市上年度在岗职工月平均工资的 300% 缴费；月工资总额低于本市上年度在岗职工月平均工资 60% 的，按本市上年度在岗职工月平均工资的 60% 缴费。 非在职人员（2）：在本市上年度在岗职工月平均工资的 40% 至 300% 之间选择缴费基数，其中男性未满 60 周岁、女性未满 50 周岁的，按缴费基数的 8% 缴费；男性满 60 周岁、女性满 50 周岁的，按缴费基数的 11.5% 缴费，非在职人员（3）：由其本人以本市上年度在岗职工月平均工资的 11.5% 按月缴费 非在职人员（4）、（5）：由民政部门、残联部门统一办理参保手续并为其缴纳医疗保险费 非在职人员（7）：按其基本养老金或退休金的 11.5% 按月缴费 非在职人员（8）：同在职人员 非本市户籍：同在职人员缴费基数，个人支付 地方补充医疗保险：按其缴费基数的 0.2% 按月缴费 设置个人账户：8% 缴费基数者：不满 45 周岁按缴费基数的 5%，45 周岁以上按缴费基数的 5.6%，11.5% 缴费基数者：按缴费基数的 8.05%	职工：以本市上年度在岗职工月平均工资的 0.7% 按月缴费，其中用人单位缴交 0.5%，个人缴交 0.2% 非在职人员（1）：由其本人或家庭以本市上年度在岗职工月平均工资的 0.7% 按月缴费，其中学生、幼儿由所在学校、科研院所或托幼机构于每年 9 月向市社会保险机构统一办理参保手续 非在职人员（2）：以本市上年度在岗职工月平均工资的 0.7% 缴费 非在职人员（6）：由市社会保险机构以本市上年度在岗职工月平均工资的 0.7% 为其按月缴费，费用从失业保险基金列支 非在职人员（7）：按本市上年度在岗职工月平均工资的 0.7% 按月缴费 非在职人员（8）：同在职人员 非本市户籍：同在职人员缴费基数，个人支付 地方补充医疗保险：按其缴费基数的 0.1% 按月缴费	职工：以本市上年度在岗职工月平均工资的 0.5% 按月缴费，其中用人单位缴交 0.4%，个人缴交 0.1% 非在职人员（8）：同在职人员 非本市户籍：同在职人员缴费基数，个人支付 地方补充医疗保险：按其缴费基数的 0.05% 按月缴费

续表

项目	基本医疗保险一档	基本医疗保险二档	基本医疗保险三档
住院补偿	起付线：市内一级及以下医院为100元，市内二级医院为200元，市内三级医院为300元，非本市医院为400元，未按规定办理转诊或备案的为1000元，11.5%缴费基数者：补偿95%，8%缴费基数者：补偿90%，单价在1000元以上的一次性医用材料，按国产普及型价格的补偿90%或按进口普及型价格补偿60%	起付线：市内一级及以下医院为100元，市内二级医院为200元，市内三级医院为300元，非本市医院为400元，未按规定办理转诊或备案的为1000元，补偿90%，单价在1000元以上的一次性医用材料，按国产普及型价格的补偿90%或按进口普及型价格补偿60%	在综合医疗保险、住院医疗保险同起付线、报销比例基础上，市内一级医院、二级医院、三级医院、市外医院的支付比例分别为85%、80%、75%、70%，单价在1000元以上的一次性医用材料，按国产普及型价格的补偿90%或按进口普及型价格补偿60%
门诊补偿	社康中心：个人账户支付70%，补偿30%	每年封顶线1000元/年 社康中心：甲类药品补偿80%、乙类药品补偿60%，单项价格120元以下诊疗项目或医用材料补偿90%、120元以上补偿120元，其他定点医疗机构：按社康中心的90%报销	待遇同住院医疗保险
大病补充	门诊大型医疗设备检查和治疗费用补偿80%，慢性肾功能衰竭门诊透析，器官移植后门诊用抗排斥药，恶性肿瘤门诊化疗、介入治疗、放疗或核素治疗费用补偿90%，门诊输血费补偿90%	门诊大型医疗设备检查和治疗费用补偿80%，慢性肾功能衰竭门诊透析，器官移植后门诊用抗排斥药，恶性肿瘤门诊化疗、介入治疗、放疗或核素治疗费用补偿90%，门诊输血费补偿70%	待遇同住院医疗保险

非在职人员界定：非在职人员（1）为本市户籍未满18周岁的非从业居民、本市中小学校和托幼机构在册且其父母一方正在参加本市社会保险并满1年以上的非本市户籍少年儿童、在本市各类全日制普通高等学校（含民办学校）或科研院所中接受普通高等学历教育的全日制学生；非在职人员（2）为达到法定退休年龄前具有本市户籍且年满18周岁的非从业居民；非在职人员（3）为达到法定退休年龄后随迁入户本市且没有按月领取职工养老保险待遇或退休金的人员；非在职人员（4）为享受最低生活保障待遇的本市户籍非从业居民；非在职人员（5）为本市户籍一至四级残疾居民；非在职人员（6）为领取失业保险金期间的失业人员；非在职人员（7）为在本市按月领取职工养老保险待遇或退休金的人员；非在职人员（8）为达到法定退休年龄并在本市继续缴纳养老保险费的人员。

待遇。之后实际缴费年限和累计缴费年限每递增 1 年，到 2024 年退休人员累计缴费年限达到 25 年及本市实际缴费年限达 15 年的，才可不再缴纳医保费而继续享受医保待遇；缴费年限不足的，继续缴费至规定年限。参加基本医保 1 档满 15 年的，享受基本医保 1 档待遇，不满 15 年的享受基本医保 2 档待遇；基本医保 1 档不满 15 年的，由本人申请继续参加基本医保 1 档至 15 年后也可享受 1 档待遇。

（2）调整缴费比例

2012—2013 年，基本医保 2 档和 3 档均出现年度赤字，因此深圳市对缴费比例进行结构性调整[①]。一是基本医保 2 档总缴费比例仍维持 0.8% 不变（其中单位缴 0.6%，个人缴 0.2%），但基本医保和地方补充医保缴费比例，由原来的市上年度在岗职工月平均工资的 0.6% 和 0.2% 调整为 0.7% 和 0.1%。二是改变基本医保 3 档的缴费模式，由原来每人每月 12 元的定额缴费改为按本市上年度在岗职工月平均工资的 0.5%（其中单位缴 0.4%，个人缴 0.1%）。

（3）调整参保政策

调整地方补充医保的参保范围及缴费比例。首次将基本医保 3 档参保人纳入地方补充医保参保范围，由用人单位参照本市上年度在岗职工月平均工资的 0.05%，按月缴纳；将基本医保 1 档和 2 档参保人的地方补充医保缴费比例由原来的 0.5% 和 0.2% 分别降低为 0.2% 和 0.1%；缴费年限与待遇水平挂钩。此外，允许用人单位为职工补缴不超过两年的医保费，补缴后的年限可合并计算，但医保基金仅按规定支付新发生的医疗费用。

（4）提高医疗保障水平

提高自行市外就医报销比例。参保人自行到市外定点医疗机构和市外

① 曾思克、沈华亮：《深圳市深化医保改革的成效与后续举措分析》，《中国医疗保险》2015 年第 11 期。

非定点医疗机构就医住院发生的医疗费用，报销比例由分别在规定支付标准基础上降低20%、40%调整为分别按规定支付标准的90%、70%支付。提高基本医保2档和3档门诊统筹待遇。门诊统筹基金年度支付限额由原来的800元提高至1000元。为基本医保3档参保人增加了地方补充医保待遇。对超出地方补充医保基金最高支付限额的医保目录范围内的医疗费用，由地方补充医保基金再支付50%。

（5）简化市外就医流程

针对参保人市外转诊的情况，不需再到市社保机构办理，全部手续可在负责转诊的定点医院办理，由定点医院核准和报备。

（6）加强医保管控

《办法》规定，对于参保人违反医保规定的，市社保机构可暂停其社会保障卡记账功能3个月；造成医保基金损失的，暂停记账功能12个月。社会保障卡暂停期间，发生的医疗费用符合医保基金支付范围的，可申请报销，但医保统筹基金对其待遇减半支付。

医疗机构、药品经营单位等医保服务机构以欺诈、伪造证明材料或者其他手段骗取医保基金的，由市社保行政部门责令退回，并处骗取金额5倍的罚款；属于医保服务机构的，解除服务协议；直接负责的主管人员和其他直接责任人员有执业资格的，依法吊销执业资格；涉嫌犯罪的，移送司法机关。

3. 职工、居民医保整合后评估

（1）基本医保基金当期收支平衡

2013—2016年深圳市基本医保总体上收支平衡，且有一定结余。截至2016年年底，医保基金总收入为199.33亿元，基金支出为135.53亿元，结余率为32.01%。医保基金总体当期结余2014年最低为40.52亿元，2016年最高为63.80亿元，年均增长率为3.16%，实现了基金收支平衡、略有结余的目标（表7–5）。

表 7–5 深圳市统筹基本医疗保险筹资和补偿情况（单位：万人、亿元）

项目	2013 年	2014 年	2015 年	2016 年	年均增长率 %
参保人数	1157.65	1157.83	1213.16	1291.80	3.72
城镇职工	999.53	1004.16	1039.12	1093.06	3.03
城镇居民	158.12	153.67	174.04	198.74	7.92
基金收入	153.88	152.75	166.90	199.33	9.01
城镇职工	144.58	144.73	156.36	186.85	8.93
城镇居民	9.30	8.02	10.54	12.48	10.30
基金支出	95.76	112.23	113.85	135.53	12.28
城镇职工	69.78	81.85	99.29	117.28	18.90
城镇居民	25.98	30.38	14.56	18.25	–11.11
当期结余	58.12	40.52	53.05	63.80	3.16

资料来源：深圳市社会保险基金管理局：《2013—2016 年 HI 基金财务报表》。

（2）职工医保基金支出上涨幅度明显高于收入增长幅度

2013—2016 年参保人数由 1157.65 万人增至 1291.80 万人，年均增长 3.72%；其中职工（含退休）参保人数由 999.53 万人增至 1093.06 万人，年均增长 3.03%，与总参保人数增长率保持同步。医保基金总收入由 153.88 亿元增至 199.33 亿元，年均增长 9.01%，基金总支出由 95.76 亿元上升至 135.53 亿元，年均增长 12.28%，医保基金支出年均增长率比同期基金收入年均增长率高 3.27 个百分点，总体上看可控。其中，职工（含退休）基金收入由 144.58 亿元增至 186.85 亿元，年均增长 8.93%，而基金总支出由 95.76 亿元上升至 135.53 亿元，年均增长 12.28%。医保基金支出年均增长率比同期基金收入年均增长率高 15.6 个百分点，长此以往，职工医保基金面临赤字风险（表 7–5）。

（3）城镇居民医保补偿不足

2013—2016 年，深圳市参保人数基本在 1200 万人左右，总体增长稳定。其中，居民由 2013 年的 158.12 万人上升至 2016 年 198.74 万人，年均增长7.92%。筹资也由9.30亿元上升至12.48亿元，年均增长10.30%。基金支出由2013年的25.98亿元降至2016年的18.25亿元，年均减少11.11%。深圳市的医疗保险实行的是“一制三档”的基本医保，其中，职工通过单位交费只能选择基本医疗保险一档，少儿医保和大学生医保为基本医疗保险二档，非深户可以选择任何一个医疗档次，居民以基本医疗保险二档为主要参保类型。一档在普通门诊有相当的优势，住院和大病门诊方面一档、二档待遇一致，三档参保人在各级医院的住院补偿比例均是最低的。深圳市医保筹资、补偿基金在同一个基金池子中，这一方面提高了基金的管理效率和使用效率，与此同时，不同基本医疗保险缴费档次的待遇差别很大，以个人缴费为主的参保人往往倾向于低档次缴费，并享受较低医保待遇。在居民参保人数、基金收入均增长的同时，基金支出却呈现明显的下降趋势，揭示可能存在补偿不足、保障不到位的情况（表7-5）。

（4）分档缴费和待遇并未体现真正公平

“分档筹资，缴费与待遇挂钩”的措施虽然适应参保人缴费能力差别和医疗需求，但不同的待遇水平对应了不同的缴费标准，由单位代缴的职工强制性选择一档，而经济困难居民通常选择低缴费门槛的档次从而也在患病后享受低待遇。所有的居民患病时面临的医疗支出是相同的，分档的筹资和待遇使经济困难群体医疗负担沉重的问题依旧无法解决。

三、完善基本医疗保险制度整合的政策建议

1. 建立差异化的筹资补偿政策

医保整合以后，以怎样的水平筹资和补偿才能促进公平，必须经过医保部门通过科学的测算获得。在测算时，必须充分考量当地城镇居民和农村居民的人口结构、收入水平差异、医疗服务费用变化、疾病谱差异，在测算各类疾病经济风险的基础上，根据支付能力对不同人群实行差异化筹资，根据实际需求合理分配资金，从而设计出能最大程度保障城乡居民基

本医疗需求的医保制度。在参保者实现合理风险共担的基础上，加大政府对弱势群体、困难群体的补助力度。同时，需要配合其他医改措施进一步控制医疗费用，一方面避免超出财政支付能力，维持医保基金稳定性，另一方面提高居民自身对健康的重视程度，从源头上降低疾病经济负担。

2. 以强基层为突破口，强化医保整合效果

在三明市医改已经取得重大突破的情况下，要把强基层纳入下一步改革的重点项目。而在加强基层能力建设过程中，人力建设是重点。一方面，需要通过订单定向培养等方式，引入全科人才；另一方面，加强县级医疗机构对基层医疗机构的帮扶力度，通过县乡村一体化建设，实现医务人员在县域内的流通与互助。同时，配合基层医务人员和社会的力量，强化居民健康意识，促使居民预防疾病，从源头上降低居民疾病经济风险和医保基金风险。此外，还需要完善签约制度，通过医保对签约过程中相关费用的支付以及对签约人员的重点培训，强化签约效果，以签约为助动力，引导城乡居民理性就医，推进分级诊疗。

3. 继续推进医保支付制度改革

深化总额控制付费方式改革，继续推进引导合理控费的医保支付制度。深圳市医保支付方式采用总额控制下复合式支付。门诊以按人头付费为主，按单元付费和按项目付费为辅；住院采用按单元付费为主，按病种付费和按项目付费为辅[①]。推进科学合理的定点医疗机构医保费用年度预决算、探索以临床路径为基础的病种付费方式，以及通过进一步调整自付比例引导病人到基层就医等；根据医改部门的统一部署，按照上级部门出台的医保药品支付标准制定规则，探索建立引导医保药品价格合理形成机制，促进定点医疗机构和零售药店主动降低价格，减轻医保基金支付压力

---

① 曾思克、沈华亮：《深圳市深化医保改革的成效与后续举措分析》，《中国医疗保险》2015 年第 11 期。

和参保人经济负担[①]。

4. 加强完善医保智能监督信息系统和医保监管力量

城乡医疗保险制度整合、职工医保和居民医保制度整合，都涉及管理体制和经办机构的整合，避免了重复建设和人员的重复参保，能够提升经办服务效率，节约管理资源。而管理平台的扩展也扩充了医保制度的信息基础，有助于健康大数据的实现[②]。异地就医直接结算、多支付方式、医保支付标准等改革目标正是依赖医疗保险和居民健康等大数据建设作为技术支撑，建立一个较完善的医保智能监督信息系统势在必行。

与此同时，各地参保人数增长已没有太大的空间，即依靠扩面拉动医保基金收入增长已不现实，加上参保人年龄结构老化和退休人员不缴费，如果不能采取有效措施控制医保基金支出上涨幅度过快问题，收不抵支的现象就可能会出现，建立较完善的医保智能监督信息系统迫在眉睫。

同时，还需要注意，尽管医保智能监督信息系统可以做到全覆盖，不留盲区，大大提高效率，但仅靠智能监督信息系统，而减少甚至取消监督工作人员的认识也存在误区。尽管智能监督信息系统可以替代人工进行前期的筛查，但由于工作效率提高而发现的问题会更多，需要更多的人力去核实和处理。由于政府公职人员编制受到严格限制，短期内大量增加经办人员是不现实的，因此应以政府购买服务的形式，充实医保监督力量。

5. 实行医疗、医药和医保“三改并举”

第十三届全国人民代表大会第一次会议批准《国务院机构改革方案》，组建国家医疗保障局，整合此前人社、民政、卫计委、发展改革委等多个

---

① 李建国、关玉施、林海岳等：《广州市城乡居民医保制度整合进程回顾与思考》，《中国医疗保险》2018 年第 2 期。

② 仇雨临、王昭茜：《城乡居民基本医疗保险制度发展评析》，《中国医疗保险》2018 年第 2 期。

部门的相关职能，这有利于统筹推进医疗、医保、医药“三医联动”改革以及整合医保管理体制。医疗卫生体制、医药生产流通体制和医保制度应同步推进，集中力量，联合作战，引导参保人到基层医疗机构就医，从而减轻参保人经济负担和医保基金支付压力[①]。一是实行分级诊疗，各级医疗机构应明确定位，大医院主要收治疑难病症，将常见病、多发病绝大部分解决在基层；二是加强基层医疗机构建设，落实内科、妇科、儿科、中医等医生晋升副主任医师或主任医师前在基层医疗机构工作至少半年的规定，加大全科医生的培养力度，除基药外还应配备能满足常见慢性病治疗需要的基本医保目录范围内的药品等；三是调整医疗服务价格，适当提高体现劳务价值的服务价格，大幅降低药品、大型医疗检查和高值医用材料的价格，拉开各级医疗机构医生诊费的差距；四是完善医保支付方式，探索激励式付费机制，利用经济手段鼓励医疗机构选择性价比高的医疗服务，医院由被动控费变成主动控费，实现医、保、患三方共赢；[②]五是财政补助向基层倾斜，严格控制大型公立医院的规模，将更多的财政资金投到基层医疗卫生事业，加强基层医疗、预防、保健、康复、健康教育等队伍建设，改革绩效工资计发办法，调动医护人员工作积极性，降低疾病的发病率，从根本上保障人民群众身体健康。[③]

① 曾思克、沈华亮：《深圳市深化医保改革的成效与后续举措分析》，《中国医疗保险》2015 年第 11 期。

② 蓝志成：《柳州市建立医保激励付费机制的探索与思考》，《中国医疗保险》2018 年第 2 期。

③ 华中科技大学李浩淼对本章内容有相同贡献。

第八章　支付方式改革与医保控费效果分析

一、概念内涵与政策梳理

（一）支付方式的概念

目前国内外的众多研究中，对于支付方式的概念并不明晰和统一。有学者认为医保支付方式是指医疗保险机构对于医疗服务提供过程中消耗的资源进行补偿，既包括医保机构对医疗服务提供者（医院）的补偿，也包括被保险人（患者）在接受医疗服务后，医保机构对其支付的医疗费用进行的补偿，因此可以分为对需方的支付方式和对供方的支付方式两大类。[①] 目前的文献和相关研究中，许多人将以上两大类的支付方式相互混淆、混为一谈。[②] 也有学者认为，医疗保险机构对医疗服务提供方的补偿即为支付方式[③]。由于医学专业性，医患双方信息不对称，在医疗服务市场中，医疗服务提供者占有绝对的主导地位。不同医保支付方式的本质目标是通过

① 王保真、钟建威：《医疗保险中的费用支付制度分析》，《中国卫生经济》2001 年第 11 期。

② 陈瑶：《新型农村合作医疗支付方式的利益均衡研究》，博士学位论文，华中科技大学，2009 年。

③ 李林贵、杨金侠、李士雪：《山东省新型农村合作医疗基金补偿方案评价》，《中国卫生经济》2005 年第 10 期。

不同的激励机制，从而对医疗服务市场的供给及相关行为产生影响，最终形成不同的资源流向和经济后果。因此，对于供方支付方式的改革，在对整个医疗服务市场的影响中占据主导地位[①]，越来越多的研究中便直接将医保支付方式定义为对供方的支付。

笔者认为，广义的支付方式应当包括医保机构对供需双方的支付两方面；狭义的支付方式即为医保机构对医疗服务提供者的支付。由于供方支付方式是整个医疗保险支付制度和支付方式改革的重点，因此本研究中的“支付方式”采用其狭义概念，仅关注供方支付方式，指医疗保险参保人在获得医疗服务后，医保经办机构对医疗服务提供机构进行医疗费用结算时的方法与途径。

（二）不同支付方式概念和比较

医保支付方式按照支付时间，可以分为预付制和后付制。按照不同的医保费用测算与付费方式分类，常见的有总额预付制、按服务项目付费、按服务单元付费、按床日付费、按人头付费、按病种付费、按诊断相关组（diagnosis related groups，DRGs）付费。不同支付方式主要特点如下：

后付制是指在医疗服务提供以后，医疗费用已经发生，医保保险机构根据实际发生的医疗费用按照约定的支付标准向医疗服务机构进行结算。我国一直以来的传统支付方式即为后付制。后付制的优点在于操作简便，不用事先测算，能保证医疗服务的提供；缺点在于由于经济刺激，可能诱导医疗需求，导致医疗费用快速增长。

预付制是指在医疗服务提供前，医疗费用还未发生，医疗保险机构和医疗服务提供机构之间就医疗服务的内容与费用制定一个规定的支付标

① 王晓京、朱士俊：《医疗费用支付方式的比较》，《中华医院管理杂志》2006年第7期。

准，医保支付方式全部或者部分将医疗费用预先支付给医疗服务机构。预付制最大的优点是将医疗费用由收入转化为成本，刺激医疗机构进行主动控费；缺点为预付标准测算困难，可能导致医疗服务提供不足。近年来，由于各国的医疗卫生费用都存在快速上涨的问题，许多国家的医保支付方式均从后付制向预付制转变[①]，探索适合各自国情的预付制付费方式。

按服务项目付费，简称按项目付费，是最传统、也是运用最广泛的付费方式，是典型的后付制付费方式。按项目付费指医保机构根据医疗机构实际所提供的医疗服务项目种类和数量，按照事先制定的医疗服务项目价格，对医疗机构进行结算的方式。其优点在于操作简单，有利于调动医疗服务提供者的积极性；患者的选择空间大，需求容易得到满足，因此接受度和满意度较高。按项目付费具有后付制的缺点，容易诱导和刺激需求，形成过度医疗，导致医疗费用快速增长。从国内外实践经验与教训来看，单一的按项目付费是造成过去几十年医疗费用快速上涨的重要原因之一。[②]

按服务单元付费，是后付制的一种，指把医疗服务过程按一定的标准划分成若干个相同的组成部分，每个部分称为一个单元，例如一个就诊人次、一张病床、一个床日等。根据医疗机构的历史数据测算每个服务单元的平均费用，乘以该医疗机构在一定时期内提供医疗服务的单元数量即为医保需要支付的金额。因此，按床日付费也是按服务单元付费的一种类型，例如精神病患者等长期住院，但是治疗手段变化不大的，多为按床日付费。其优点在于由于限定了每个服务单元的平均费用标准，相比按项目付费，能够提高医院和医务人员主动控费意识和工作积极性，为了获得更

① 刘芳、杨军：《对基本医疗保险制度支付方式的研究和探索》，《中国初级卫生保健》2011 年第 5 期。

② 谢春艳、胡善联、孙国桢等：《我国医疗保险费用支付方式改革的探索与经验》，《中国卫生经济》2010 年第 5 期。

多利益，医务人员积极提供更多的医疗服务单元。缺点在于可能导致医院对患者分解住院以增加服务人次、延长住院时间等手段来获得更多的医保费用；同时由于次均费用已定，可能出现筛选患者，推诿重症等现象。

总额预付制，顾名思义，是预付制最常见的一种付费方式。指医保机构和医疗机构通过协商或者谈判的方式，在一定时期内（通常为 1 年），确定医保机构对医疗机构医疗支付的医疗费用预算总额，[①]并定期（按年度、季度、月度）预先支付部分或全部医疗费用。该方式下，医疗机构的通常为“结余留用、超支自理或超支分摊”的模式，即在一个结算期内，若医疗机构实际发生的需医保结算的医疗费用在预算医保基金基础上有结余，则结余部分归医疗机构所有，可用于医疗机构发展；若医保基金出现超支，超支部分则由医疗机构自行承担，或由医疗机构和医保机构按一定比例进行分摊。总额预付制的优点与预付制相同，控费效果好，医保基金管理方便，操作简单，因此成为许多国家和地区控制医疗费用不合理增长的首选支付方式。[②] 其缺点也与预付制相似，在于科学合理的总额预算金额的测定较为困难，容易降低医院和医务人员的积极性，导致医疗服务提供不足，患者医疗需求得不到满足。

按人头付费，是预付制的一种，在一定时期内（通常为 1 年），事先测算人均医疗费用标准（人头费），医保机构再根据医疗机构服务的参保人次数（人头数）乘以人头费的标准，预先对医疗机构支付相应费用的方式。该方式主要用于门诊费用的支付。其优点在于操作简单方便，能够促使医疗机构开展预防工作，以减少后期患病带来的高昂的治疗性服务，从

① 魏江：《总额预付制下的医疗费复合支付方式改革研究》，硕士学位论文，南昌大学，2017 年。

② 程晓明：《DRGs 和按单病种付费的理论与实践探讨》，《中国医疗保险》2010 年第 6 期。

而从源头上减少医疗支出，控制医疗费用。其缺点在于可能导致医生为降低医疗费用，降低医疗质量或服务提供不足，推诿重症患者等。

按病种付费是预付制的一种，指医保机构和医疗机构根据测算确定各个病种的支付标准，医保机构按此标准结合各病种诊疗人次数向医疗机构支付医保费用的方式。因此按病种付费可以进一步分为单病种付费和按DRGs付费。单病种付费，指针对单一病种进行测算，对所有医疗费用打包支付，常用于疾病诊断清晰，治疗方案明确，无合并症和并发症的常见病和多发病。其优点在于单病种付费一般低于同一病种的按项目付费费用[①]，可以较好地控制医疗费用，减少医疗资源浪费，同时将按病种付费和临床路径有效结合后，可以规范医疗服务，提高医疗质量。其缺点在于由于多数疾病的复杂性，该方式的适用范围较窄；疾病费用测算难度大，运作和监管成本高、难度大；医院容易推诿重症患者。

按诊断相关组（Diagnosis Related Groups，DRGs）付费与单病种付费相比，充分考虑了疾病复杂程度及患者性别、年龄、并发症等因素，将同一疾病按照不同复杂进行分组，再分别测算每一个组的费用。该支付方式具备单病种付费有效控费、规范医疗行为、提高医疗治疗的优点的同时，比单病种支付更先进之处在于费用测算更加科学、防止医院推诿重症患者，是医疗机构在控制成本和改进医疗质量方面最重要的方法之一，可作为评价医院病例组合、医疗质量的客观标准[②]。然而按DRGs支付依然存在不足之处，由于疾病复杂多变，疾病分组和费用测算十分复杂、难度高，

① 张冬梅：《单病种服务限价初探》，《卫生经济研究》2000年第12期。

② 杨玉婷、项耀钧：《医保总额预付制对医院服务质量、效率与费用的影响研究》，硕士学位论文，第二军医大学，2014年；郭志伟：《DRGs的原理与方法及在我国的应用对策》，《中国卫生经济》2010年第8期。

管理成本较高[①]；同时为了减低住院费用，可能出现医疗机构诱导部分检查前移至门诊由患者自费，有损患者利益，也不利于整体医疗费用的控制。

综上，不同类型的支付方式有自身的特点。为了更直观地展示各种支付方式之间的区别，参考相关研究[②]，笔者对按服务项目付费、按服务单元支付、总额预付制、按人头支付、按病种支付、按 DRGs 付费六种支付方式的主要特点进行了归纳总结，详见表 8–1。

表 8–1　不同类型支付方式比较

支付方式	服务质量	控费效果	管理难度	医务人员积极性	类型
按项目付费	4	1	2	4	后付制
按服务单元付费	3	1	2	3	后付制
总额预付制	2	4	1	1	预付制
按人头付费	2	4	1	2	预付制
按单病种付费	3	3	3	2	预付制
按 DRGs 付费	4	3	4	2	预付制

注：以上数字含义：1—低；2—较般；3—较高；4—高。

不同种类的支付方式有自身的特点，如何选择合适的支付方式对医疗机构进行支付补偿，既能够保证医疗质量，又能降低医疗成本，从而使风险最小化，确保多方利益的实现，是支付方式理论探讨的最主要问题。多项研究表明，由于现行的支付方式各有利弊，单一支付方式不能有效控制医疗服务提供方的行为，无法兼顾医保支付过程中医保机构、医疗机构、患者三方的利益，因此应该适当地综合使用不同的支付方式，既能互相弥补缺点又能发挥各自所长。

① 程晓明：《DRGs 和按单病种付费的理论与实践探讨》，《中国医疗保险》2010 年第 6 期。

② 胡璇：《医疗保险支付方式改革对我国公立医院效率的影响研究》，硕士学位论文，东南大学，2016 年。

（三）支付方式改革的发展与政策梳理

我国支付方式改革最初开始于各地的实践与探索。20世纪90年代开始，我国各地已开始内容丰富、形式多样的支付方式改革试点。除了医疗保险建立初期的按项目付费方式，各地于国家政策之前，已逐步探索总额预付制、按病种付费、按人头付费等多种付费方式。

1997年，海口的六家医院开始了支付方式改革，将传统的按项目付费改变为按月度进行总额预付制。医保机构核算医院上一年度对应月份的医疗费用为依据，按90%的比例对医院当年该月份进行医保基金预付，剩余10%用于年终考核合格后再补发。在医院当年的医疗费用和诊疗量不低于上一年度90%的基础上，医院的医保基金实行“结余留用、超支分摊”的使用原则，该方法有效控制了费用的增长。[①]

镇江作为“两江”医改试点城市之一，从1994年就已开始医疗保险制度改革，长期的支付方式改革和不断完善，使镇江医疗费用控制取得了一定的成绩。[②] 改革初期，镇江采取定额结算，控制每一个单元费用的额度。1997—1998年，开始实施“总额控制＋定额结算”的支付方式，从总量和单位费用上对医疗费用进行双重控制。1999—2000年，镇江的统筹基金已全面实施总额控制，根据历年费用进行总额测算，个人账户按实际发生的费用进行支付。2001年以后，镇江开始实施82种疾病的按病种付费，在病种范围内按规定的标准支付，结余留用，超支不补。[③] 有研究显示，镇江实施按病种付费的医院次均住院费用显著低于江苏平均水平，2001—

① 姚奕、陈仪、石菊：《医疗保险支付方式改革：实践与研究进展评述》，《中国卫生经济》2017年第4期。

② 姚晓曦：《回忆“两江”医改试点》，《中国医疗保险》2014年第6期。

③ 中华人民共和国国家健康委员会：《公立医院改革试点工作简报》第188期；《镇江市医保支付改革实现医保患三方共赢》，2012年1月13日，见http://www.nhfpc.gov.cn/yzygj/s10008/201201/755be7c2f395415da454926587bf872f.shtml。

2003年间年均费用增长率也低于10%。[①]

2002年开始，上海开始探索总额预付制，以控制医保费用的快速增长给医保基金带来的压力。该方法是以当年医保基金的筹资水平来确定总额控制标准，按月支付、年终考核结算。该方式较好地控制了医疗费用，但是简单的总控导致2003年医保拒付费用达到了近11亿，医院开始出现推诿病人的现象[②]。2004—2005年针对城镇职工医保，选取了15个病种，实施部分按病种付费试点，到2011年扩充为17个病种[③]。单病种费用测算的标准为同级别医院该病种的平均费用，例如：阑尾炎+阑尾切除术，三级医院费用标准为3372元，二级医院费用标准为3321元。上海的支付方式改革有效地控制了医院医疗费用增长。[④]

2009年新医改实施以来，国家和相关部委出台多项政策，把医保支付方式改革作为深化医改的重要内容和关键目标之一。随着我国覆盖城乡居民的基本医疗保障制度的初步建立，参保率和保障水平均不断提高，标志着我国的全民医保制度基本实现。基于医疗费用快速增长以及公立医院改革推进缓慢等背景，2012年国务院下发深化医改“十二五”规划实施方案，提出要发挥全民医保在医改中的基础性保障作用，进一步深化付费方式改革作为推进医改的重要突破口。此后，医保支付方式改革成为医改的重点

① 吴阿元、李一平、张咏杨等：《按病种付费在医保费用结算中的实践与探索》，《中国卫生经济》2004年第9期。

② 梁鸿、王峦、荆丽梅等：《上海市城镇职工基本医疗保险支付方式改革的历程及启》，《中国卫生资源》2013年第4期。

③ 郭文博、张岚、张春艳：《医疗保险费用支付方式研究评述》，《卫生经济研究》2011年第10期。

④ 中华人民共和国国家健康委员会：《上海市积极探索医保支付方式改革》，2011年8月12日，见 http://www.nhfpc.gov.cn/yzygj/s10006/201108/a5eee3ad27da49dfb68375149debbd79.shtml。

内容之一，历年的深化医改方案、公立医院改革等政策等提出：要深化支付方式改革，建立总额预付制下，按病种、按人头、按床日等多种付费方式；结合基金预算管理全面推行总额控制；所有城市公立医院改革试点地区推行按病种付费不少于100个病种等。近年来，我国支付方式改革相关主要政策如表8–2所示。

表8–2　我国支付方式改革相关政策梳理

发文时间	发文部门	文件名称
2010年1月	国务院	《国务院关于试行社会保险基金预算的意见》（国发〔2010〕2号）
2011年5月	人社部	《关于进一步推进医疗保险付费方式改革的意见》（人社部发〔2011〕63号）
2012年4月	原卫生部、国家发展改革委、财政部	《关于推进新型农村合作医疗支付方式改革工作的指导意见》（卫农卫发〔2012〕28号）
2012年12月	人社部、财政部、原卫生部	《关于开展基本医疗保险付费总额控制的意见》（人社部发〔2016〕3号）
2013年7月	国务院办公厅	《关于印发深化医药卫生体制改革2013年主要工作安排的通知》（国办发〔2013〕80号）
2014年5月	国务院办公厅	《关于印发深化医药卫生体制改革2014年重点工作任务的通知》（国办发〔2014〕24号）
2015年5月	国务院办公厅	《关于印发深化医药卫生体制改革2014年工作总结和2015年重点工作任务的通知》（国办发〔2015〕34号）
2016年4月	国务院办公厅	《关于印发深化医药卫生体制改革2016年重点工作任务的通知》（国办发〔2016〕26号）
2016年4月	原国家卫生计生委、财政部	《关于做好2016年新型农村合作医疗工作的通知》（国卫基层发〔2016〕16号）
2016年12月	财政部、人社部、原国家卫生计生委	《国务院办公厅关于进一步深化基本医疗保险支付方式改革的指导意见》（财社〔2016〕242号）
2017年1月	国家发展改革委、原国家卫生计生委、人社部	《关于推进按病种收费工作的通知》（发改价格〔2017〕68号）
2017年6月	国务院办公厅	《国务院办公厅关于进一步深化基本医疗保险支付方式改革的指导意见》（国办发〔2016〕26号）

目前我国的支付方式改革的整体设计为复合式支付方式，改革的基本思路如图 8–1 所示。在全面总额预算管理的大框架下，按门诊、住院、不同疾病性质等，分别进行按病种付费、按床日付费、按人头付费、按项目付费，有条件的地区和医院探索按 DRGs 付费。

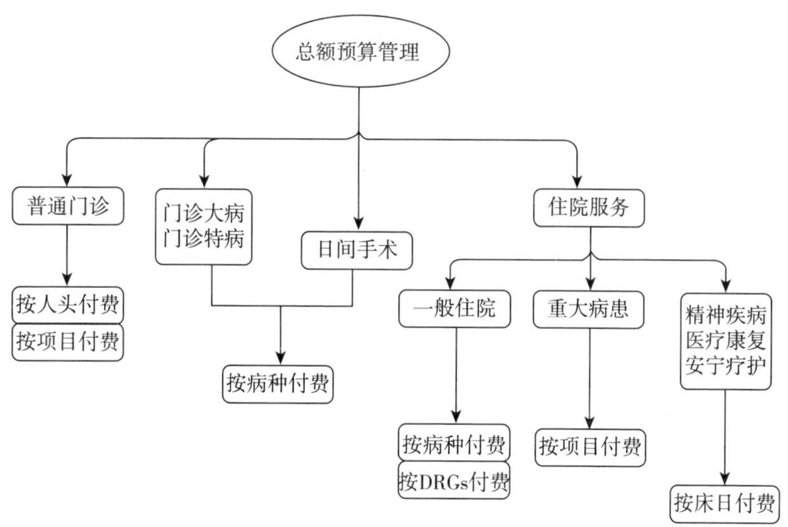

图 8–1　我国支付方式改革制度设计

二、支付方式改革的控费效果实证研究

（一）资料来源与方法

本研究采用分层抽样的方法抽取代表性样本。根据地理位置及经济发展水平，综合考虑各地医疗保险工作开展政策实施情况，分别从东部和西部选取广东省珠海市、贵州省遵义市作为调查地区，每个地区随机抽取 1 家三级医保定点医疗机构和 1 家二级医保定点医疗机构。共选取 4 家医疗机构及其所在地的卫生行政部门、医保管理部门进行调查。结合发病率、医院就诊人次、疾病复杂程度和变异程度等因素，选取急性阑尾炎作为典型病种进行研究。具体调查方法与内容如下。

1. 政策文件收集

在人社部门、医保机构等收集支付方式制度设计、实施方案、病种选择、费用测算据、定点医疗机构支付方式管理、统计报表等相关政策文件；在医疗机构收集医保定点机构协议、支付方式改革相关的临床路径、医保管理、绩效考核、统计报表等制度文件。

2. 病案首页收集

采取分层随机抽样的方法，每家医院2014—2016年抽取100名急性阑尾炎住院患者，调取病案首页信息。4家医院共收集急性阑尾炎患者病案首页1200例，经过筛选，剔除关键信息不完整的患者后，剩余1114例。主要内容包括：住院号、性别、年龄、医保类型、入院时间、出院时间、住院天数、术前住院天数、出院主诊断疾病名称、出院其他诊断名称、主要手术或操作名称、其他主要手术或操作名称、总费用及费用构成等信息。

3. 半结构式访谈

行政部门访谈指的是对被调查地区人社局、医保局、卫生计生委、医改办等行政主管部分负责人进行深度访谈，了解当地支付方式改革现状、问题以及对支付方式改革和医保控费的看法、态度和期望等。

医疗机构访谈指的是对医疗机构分管领导、医保科及相关科室负责人进行深度访谈，了解在支付方式改革前后，医院内医保成本控制措施等情况，以及其对支付方式改革控制医疗费用等政策的看法、态度和期望等。

（二）样本医院基本情况

本研究共抽取了珠海市三级医院A、遵义市三级医院B、珠海市二级医院C、遵义市二级医院D四家医院进行调查，探索支付方式改革背景下医疗行为和医疗费用的变化。四家医院的基本情况如表8-3所示。

遵义市两家医院于2015年1月开始实施总额预付制。珠海市两家医院从2014年7月1日开始实施总额预付制，至2015年6月30日为第一个医保统计年，签订定点医疗机构医疗服务协议，并在协议中规定了总控基本标准（人次、费用）。

由于珠海市的医保统计年与一般统计中所用的“自然年”不一致，因此，本研究以2015年作为本研究中珠海市和遵义市4家医院总额预付制开始时间，便于后期进行统计数据的分析与比较。

表8–3　被调查医院基本情况

医院	地区	级别	床位数（张）	门急诊量（人次）	住院人次（人次）	支付方式改革情况
医院A	珠海	三级	1500	150.00	4.00	2014年7月总额预付
医院B	遵义	三级	2862	212.13	12.49	2015年1月总额预付
医院C	珠海	二级	290	45.64	1.09	2014年7月总额预付
医院D	遵义	二级	420	19.67	2.12	2015年1月总额预付

（三）急性阑尾炎医保控费效果分析

1.次均住院费用

由于手术患者和非手术患者在治疗方案选择和医疗费用方面均有明显差异，因此本研究对手术患者和非手术患者分别进行次均费用和住院天数的分析和讨论。

从表8–4和图8–2可以看出，急性阑尾炎手术患者的医疗费用整体为上升趋势，但是2015年较2014年次均费用涨幅为7.25%，2016年较2015年次均费用下降4.27%，急性阑尾炎手术患者的次均费用得到了较好的控制。从对各调查医院的分析可知，三级医院的次均费用远高于二级医院，其中遵义市三级医院B的医疗费用在所有医院中最高。医院B、医院C、医院D次均住院费用均呈现先上涨后下降的趋势，2015年的次均费用涨幅为正，2016年次均费用涨幅为负；遵义市三级医院A，医疗费用逐年上涨，且涨幅均为10%以上。

从表 8–4 和图 8–3 可以看出，非手术患者的整体医疗费用呈上涨趋势，2016 年涨幅较 2015 年稍有下降，但依然超过 10%，相比手术患者，非手术患者的控费效果不明显。就每个医院来看，珠海市三级医院和二级医院的差别相对较小，遵义市不同级别的医院费用差距较大，二级医院 D 的费用最低，三级医院 B 的费用最高。

表 8–4　被抽取急性阑尾炎患者次均住院费用（元）

	手术患者			非手术患者		
	2014 年	2015 年	2016 年	2014 年	2015 年	2016 年
珠海三级医院 A	8505.39	9658.74	10902.87	3752.16	4728.31	4651.86
遵义三级医院 B	14064.66	15841.96	14849.7	5770.39	5479.48	5799.7
珠海二级医院 C	5219.34	6228.63	6060.99	3654.24	3316.01	4144.92
遵义二级医院 D	6921.55	7371.75	6923.15	2510.62	2591.80	2741.88
整体	8205.42	8800.46	8424.27	2901.71	3480.5	3998.07

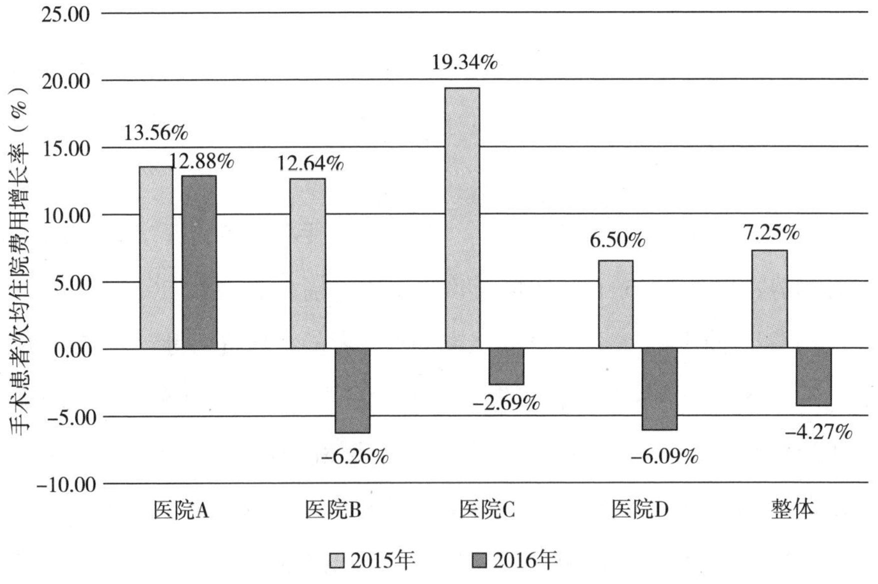

图 8–2　手术患者次均住院费用增长率

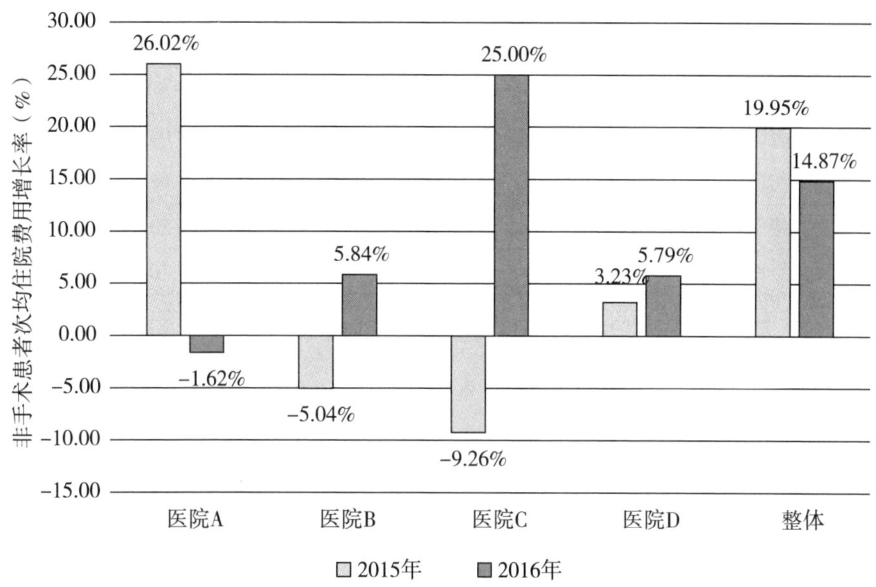

图 8-3　非手术患者次均住院费用增长率

2. 平均住院日

从表 8-5 和图 8-4 可以看出，2014—2016 年，急性阑尾炎手术患者的平均住院日分别为 8.83 天、8.31 天、7.01 天，基本接近临床路径中规定的标准住院天数 7 天。支付方式改革前后，整体平均住院日呈下降趋势，并且 2016 年降幅超过 2015 年，说明每家医院在急性阑尾炎的平均住院日和病床周转方面控制较好。珠海的医院 A、C 的平均住院日先上涨后下降，遵义的医院 B、D 的平均住院日则持续下降。

2014—2016 年，非手术患者的平均住院日比手术患者短。支付方式改革后，非手术患者整体的平均住院日不降反升。从图 8-5 可知，二级医院平均住院日 2015 年至 2016 年涨幅较大，可能原因为目前病人偏好去大医院看病就医，二级医院的床位相对宽裕，医院对住院日的控制力度较低。

表 8–5　被抽取急性阑尾炎患者平均住院日（单位：天）

	手术患者			非手术患者		
	2014 年	2015 年	2016 年	2014 年	2015 年	2016 年
珠海三级医院 A	6.98	7.54	6.45	5.42	6.00	5.70
遵义三级医院 B	9.31	8.00	6.75	6.75	6.62	6.31
珠海二级医院 C	6.33	6.83	5.77	4.30	3.50	4.80
遵义二级医院 D	9.79	8.96	7.75	5.64	5.10	5.74
整体	8.83	8.31	7.01	5.50	5.24	5.65

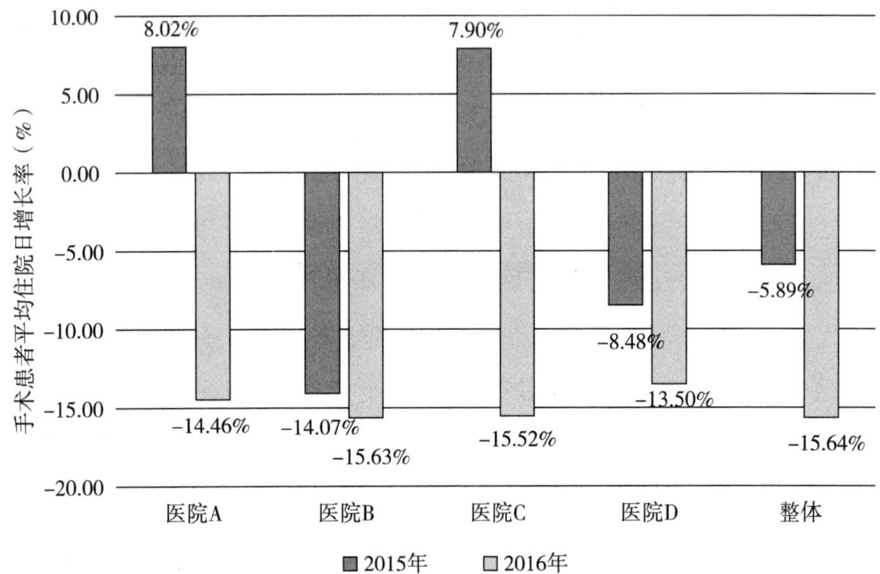

图 8–4　手术患者平均住院日增长率

3. 术前平均住院日

对手术患者进一步分析其术前住院天数，从表 8–6 可以看出，除医院 D 以外，其他医院和整体的术前住院天数在 2015 年前上涨，在 2016 年呈下降趋势。其次，从图 8–6 看出，二级医院的术前住院天数变化较大，三级医院较为平稳。原因可能为三级医院诊断水平较高，患者可以快速确诊，二级医院对不同患者的诊断需要用时有较大差异。

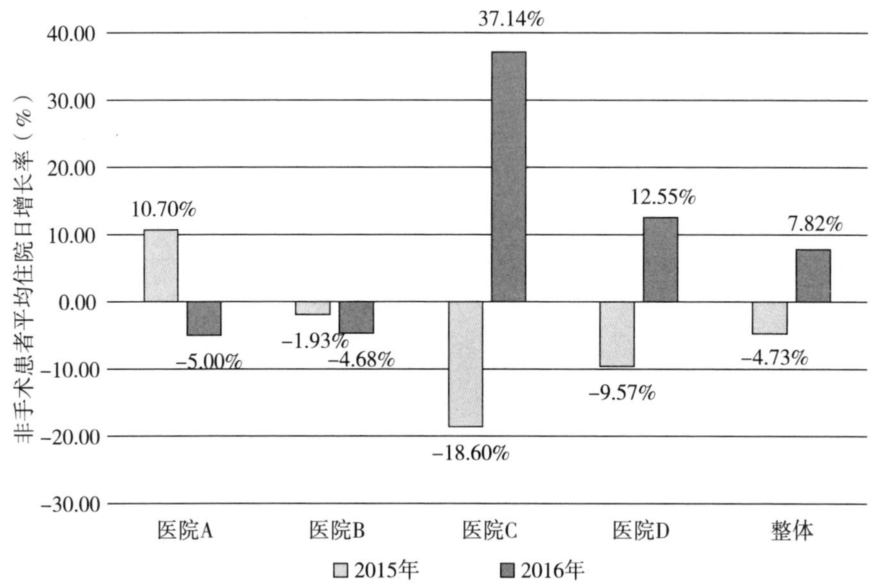

图 8–5　非手术患者平均住院日增长率

表 8–6　被抽取急性阑尾炎手术患者术前平均住院日（单位：天）

	2014 年	2015 年	2016 年
珠海三级医院 A	0.52	0.48	0.44
遵义三级医院 B	0.75	0.84	0.88
珠海二级医院 C	0.27	0.32	0.17
遵义二级医院 D	0.62	0.43	0.64
整体	0.45	0.60	0.43

4. 药占比

对每家医院的手术和非手术患者药占比进行分析，结果如表 8–7 所示：手术患者的整体药占比下降明显；但是二级医院的药占比明显低于三级医院，三级医院药占比还未达到国家规定的 30% 的标准。非手术患者的药占比整体非常高，呈逐年上涨趋势，2016 年平均药占比已高达 45.4%，部分医院的药占比甚至高于 50%。尽管 2015 年 4 家样本医院均取消药品加成，但是非手术患者的药品费用控制效果不佳。

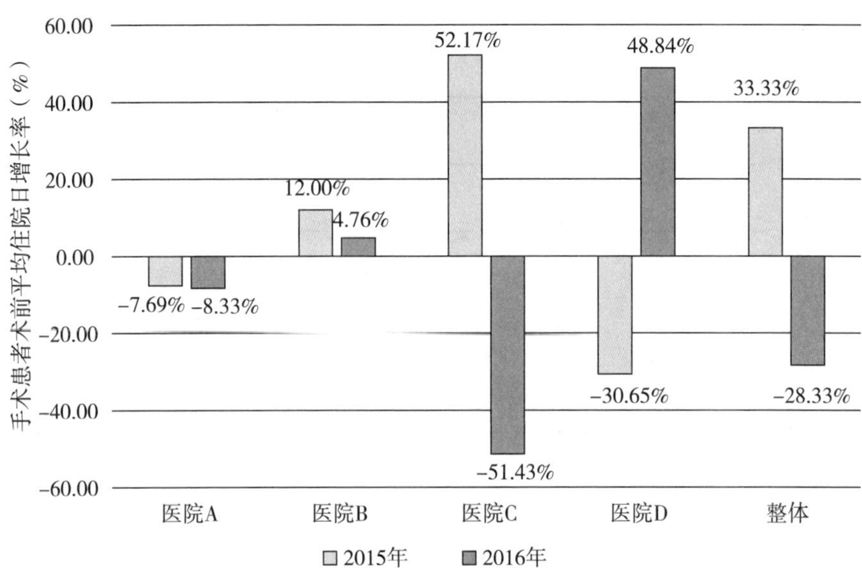

图 8-6　手术患者术前平均住院日增长率

表 8-7　急性阑尾炎患者的药占比（%）

	手术患者			非手术患者		
	2014 年	2015 年	2016 年	2014 年	2015 年	2016 年
珠海三级医院 A	31.8	27.8	33.6	37.6	44.7	45.6
遵义三级医院 B	42.7	39.4	33.0	52.9	56.9	56.1
珠海二级医院 C	15.9	15.2	11.2	61.4	40.7	58.1
遵义二级医院 D	27.5	21.0	14.2	30.5	24.9	18.0
整体	35.3	27.7	21.7	37.6	42.4	45.4

（四）急性阑尾炎住院费用构成与灰色关联分析

1. 住院费用构成分析

（1）住院费用分类标准

为了方便分析与比较，本研究参照我国病案首页中住院费用分类方法，并进一步归纳汇总，将住院费用分为：综合医疗服务费、诊断费用、治疗费用、药品费用、耗材费用、其他费用六大类。主要内容如下：

第一，综合医疗服务费，包括：诊查费、挂号费、床位费、护理费等；

第二，诊断费用，包括：病理诊断、实验室诊断、影像学诊断、临床诊断，即传统的检查费、化验费等包含其中；

第三，治疗费用，包括：非手术治疗费、手术费、麻醉费、康复费、中医治疗费等；

第四，药品费用，包括：西药费、中药费、血液和血液制品类费用；

第五，耗材费用，包括：检查用一次性医用材料费、治疗用一次性医用材料费、手术用一次性医用材料费；

第六，其他费用，包括：空调费、陪护费等。

（2）住院费用构成分析

如表 8-8 所示，手术患者的治疗费用占比最大且逐年上涨，2014—2016 年分别占总费用的 28.3%、30.2% 和 32%。药品费用逐年下降，耗材费用呈上涨趋势。

如表 8-9 所示，非手术患者的药品费用占比最大且逐年上涨明显，2014—2016 年分别占总费用的 39.5%、41.2% 和 41.7%。除“其他费用”以外，综合医疗服务费、诊断费用、治疗费用、耗材费用等也均有不同程度的上涨趋势。其中，综合医疗服务费增长最快，2015 年和 2016 年的增长率分别为 31.8% 和 35.8%。

表 8-8　急性阑尾炎手术患者的住院费用与构成

（单位：元）

年份	总费用	综合医疗服务费	诊断费用	治疗费用	药品费用	耗材费用	其他费用
2014	2901.71	179.74	572.71	509.16	1146.14	290.75	203.21
2015	3480.50	236.95	720.94	505.32	1434.89	431.30	151.10
2016	3998.07	321.69	832.55	589.88	1668.56	464.65	120.74

表 8–9　急性阑尾炎非手术患者的住院费用与构成

（单位：元）

年份	总费用	综合医疗服务费	诊断费用	治疗费用	药品费用	耗材费用	其他费用
2014	2901.71	179.74	572.71	509.16	1146.14	290.75	203.21
2015	3480.50	236.95	720.94	505.32	1434.89	431.30	151.10
2016	3998.07	321.69	832.55	589.88	1668.56	464.65	120.74

2. 灰色关联分析

（1）计算步骤①

为进一步探究急性阑尾炎住院各分类费用对住院总费用的影响，本研究采用灰色关联分析方法，计算步骤如下：

①建立原始数据库。分别选取急性阑尾炎手术患者和非手术患者住院总费用和各分类费用作为评价指标，建立灰色关联分析数据库。

②确定参考数列。选取总费用作为参考数列，6 项分类费用作为比较数列。

③对原始数据进行无量纲处理，可以加强指标之间的可比性，常用的方法有：初值法、均值法等。本文采用初值法去量纲。

④计算每个比较数列与参考数列的绝对差值，找出最大值 Δ_{max} 和 Δ_{min}。

⑤计算关联系数 $L_{0i}(k)$。ρ 为分辨系数，本文取 ρ=0.5。计算公式如下：

$$L_{0i}(k)=\frac{\Delta_{min}+\rho\Delta_{max}}{\Delta_{0i}(k)+\rho\Delta_{max}}$$

⑥求关联度 R_{0i}，计算公式如下：

① 孙振球、王东三：《综合评价方法及其医学应用》，人民卫生出版社 2014 年版，第 279—230 页。

$$R_{0i}=\frac{1}{N}\sum_{k=1}^{N}L_{0i}(k)$$

⑦根据关联度大小，确定关联序。

（2）灰色关联分析结果

按照上述计算步骤，分别对手术患者和非手术患者住院费用进行灰色关联分析，结果如表 8–10 所示。一般认为，关联系数 $0<R_{0i}<0.35$ 为弱关联，$0.35\leqslant R_{0i}<0.65$ 为中关联，$0.65\leqslant R_{0i}<1$ 为强关联[①]。

对于手术患者的住院总费用，治疗费用、诊断费用、综合医疗服务费三个因素为强关联（关联度 $R_{0i}>0.65$），其中治疗费用和诊断费用对住院总费用的影响最大。对非手术患者的住院总费用，治疗费用、药品费用、诊断费用与住院总费用均为强关联（$R_{0i}>0.65$），对总费用有较大的影响，是导致非手术患者住院费用上涨的重要因素。治疗费用、诊断费用对于手术患者和非手术患者的住院总费用均有较大影响。药品对于非手术患者住院综合费用的影响很大，排在第 2 位，对于手术患者的影响却较小，排在第 5 位。

表 8–10　灰色关联分析结果

		综合医疗服务费	诊断费用	治疗费用	药品费用	耗材费用	其他费用
手术患者	关联度	0.825	0.889	0.889	0.602	0.595	0.603
	排序	3	1	1	5	6	4
非手术患者	关联度	0.646	0.741	0.863	0.744	0.629	0.596
	排序	4	3	1	2	5	6

① 曹明霞：《灰色关联分析模型及其应用的研究》，硕士学位论文，南京航空航天大学，2007 年。

（五）小结

1. 急性阑尾炎医疗费用控制效果较好

对急性阑尾炎病种患者进行研究的结果显示，急性阑尾炎患者的次均住院费用控制效果较好，整体的增幅明显下降，部分医院次均费用甚至低于上一年度。从访谈中得知，医院在得到医保部门的总额指标以后，在医院内部进行了具体的控费措施，其中包括单病种定额、临床路径管理等措施，例如阑尾炎这类临床路径明确，治疗方案明确的常见多发病，是医院临床路径管理的重要病种。因此总额控制与临床路径管理结合，控费效果更好。

2. 手术和非手术患者费用变化趋势不同

结果显示，被调查的急性阑尾炎手术患者每年的次均住院费用均显著高于非手术患者，达到 2 倍以上。同时，手术患者次均费用的增长速度整体得到了较好的控制，其中三家医院费用甚至有显著降低；而非手术患者费用增幅比前一年减缓，但住院费用依然有 8.56% 的增长。此外，非手术患者的药品费用占比最高 45.4%，且呈逐年上涨趋势，综合医疗服务费、诊断费用、治疗费用、耗材费用等也均有不同程度的上涨。说明非手术患者整体的控费效果不好。原因可能为非手术治疗的患者医疗费用低，手术患者医疗费用更高，费用控制的空间更大，因此医院内部控费过程中首选费用较高的手术患者进行控费。

3. 不同费用结构的变化趋势不同

一是药品费用对手术患者控费效果显著。被调查的急性阑尾炎手术患者药占比明显下降，从 2014 年的 35.3% 下降至 2016 年的 21.7%。而非手术患者的药占比逐年上涨，从 2014 年的 37.6% 上涨至 2016 年的 45.4%。原因可能为，2014 年及之前的手术患者可能存在用药过度或者用药偏昂贵现象，在 2015 年实施总额控制的同时，国家对于药占比进行限制，促使医生对该部分患者减少不必要用药或使用较便宜的药品。而非手术患者以药物治疗为主，减少用药的空间较小。

二是耗材费用上涨最明显，控费效果不佳。无论是手术患者或者非手术患者，均呈快速增长趋势。手术患者耗材费用由 2014 年的 1368.27 元上涨至 2016 年的 2092.09 元；非手术患者的耗材费用由 2014 年的 290.75 元上涨至 464.65 元。许多研究也表明，近年来，医疗耗材费用占总费用的比例明显增加，[①] 说明大部分医院的控费措施主要集中于药品费用控制，减少了以药补医，却逐渐形成以耗材补医的现象。

三是其他费用医保控费效果各不同。诊断费用（含检查费、化验费）在非手术患者中上涨明显；在手术患者中，2015 年上涨明显，2016 年有所下降，依然说明手术患者的控费效果较好。治疗费用（含手术费、麻醉费）在手术患者费用中占有较大比例，但相对为刚性需求，因此控费效果不明显，反而由于新技术的开展略有上升。由于近年来国家医务人员薪酬制度改革中提出上调医生挂号费、诊疗费、医事服务费等体现医务人员技术劳动价值的费用，因此综合医疗服务费呈逐年上涨趋势。

三、支付方式改革和医保控费的建议与展望

（一）实行总额预付下多种付费方式共存的复合式支付方式

不同支付方式对于医保机构、医院、患者等都有各自的优缺点，单一的支付方式在实施过程中都有明显的弊端，很难做到平衡各方利益，因此

① 包晓焰：《住院患者医疗耗材费用的变化趋势及影响因素》，《中国医疗设备》2015 年第 8 期；程志辉、张柯庆：《医用高值耗材对医疗费用产生影响的分析和思考》，《南京医科大学学报（社会科学版）》2013 年第 1 期。

复合式支付方式能最好地适应实际需求和社会变化新形势。[①]由于医疗机构性质和功能定位的不同，患者疾病种类复杂，就医方式不用，因此采取支付方式的多样性，是提高覆盖率、达到控费效果的有效途径。[②]总额预付制能够从医保基金使用总量上进行有效把控，有利于基金安全和平稳运行。按病种付费可以对各病种的费用进行有效控制，但是此种方式的病种覆盖率有待进一步提高。DRGs付费可以兼顾疾病的复杂程度，弥补按单病种付费的不足。[③]因此，为满足社会需求，医保支付方式应当实行以总额预付为前提，按病种付费为主的多种付费方式共存的复合式支付方式，有条件的地区积极探索DRGs付费。

（二）引入科学测算方法，确定医保支付标准

总额预付制的支付标准直接关系着定点医疗机构和患者的直接利益，目前各地实践中，总额预付制中的总额标准一般有两种思路：一是依据医疗机构历年的医疗总费用；二是依据该地区医保基金当年的筹资水平和理想的收支结余。按病种付费的重要测算依据有：一是病种平均费用法，将该地区该病种历年平均费用作为支付标准；[④]二是临床路径法，依据病种诊疗规范，测算标准化的诊疗费用作为支付标准；[⑤]三是成本核算法，根据医

① 魏江：《总额预付制下的医疗费复合支付方式改革研究》，硕士学位论文，南昌大学，2017年。

② 周晓庆、陈芸、赵斌等：《新农合支付方式改革对患者住院均次费用的影响研究》，《中国医院管理》2014年第5期。

③ 刘同芗、郭健美、唐红梅：《单病种付费改革存在的问题与对策——基于山东省单病种实施现状调查》，《中国保险》2014年第2期。

④ 刘红玉：《中医按病种付费方式探讨》，硕士学位论文，华中科技大学，2013年。

⑤ 孙红梅、官印成、王敬梅等：《基于临床路径的单病种费用测算研究》，《中国卫生经济》2007年第9期。

院提供医疗服务过程中所有人力与资源消耗来测算支付标准。国际上的主流测算方法为结合 DRGs 分组，根据疾病复杂程度划分级别，对应不同级别定制支付标准。[①] 此外，总额预付下的病种分值法（点数法）也在越来越多的地区开始实践，2017 年 10 月珠海市颁布《珠海市基本医疗保险市内住院医疗费用病种点数法实施细则》，遵循“总额预算、按月预付、点数计算、年终清算”的原则，通过确定病种和病种点数、医院系数、考核清算系数等方式，综合考虑不同病种、不同医院及考核结果，最终确定医保支付标准。

（三）进一步加强耗材费用控制

本研究结果显示耗材费用逐年上涨。因此，应当建议进一步加强耗材费用控制。一是取消耗材加成，将耗材和药品同时采取零差率政策，直接降低耗材的价格。二是针对高值耗材，要和药品一起通过招标采购平台进行招标，通过“带量采购”“两票制”等政策，压低耗材价格。三是对于低值耗材，由于其种类繁杂，市场较为散乱，目前尚未形成统一的质量标准与规范，临床使用也无明确的操作标准可循，因此应当首先建立明确的质量和市场规范，再进一步纳入招标采购。四是耗材价格控制不能“一刀切”，应根据医疗需求事先进行预算与规划，否则部分医院年底停止部分耗材的使用，患者医疗需求无法得到满足。

（四）加强医院内部成本控制和精细化管理

我国以公立医院为主导，公在医院具有公益性，应以满足人民医疗服务需求的基础上控制成本、优化配置，提高资源利用效率，而不是追求更

① 陈瑶：《新型农村合作医疗支付方式的利益均衡研究》，博士学位论文，华中科技大学，2009 年。

高的经济利润。因此医院应当转变经营理念，加强成本控制，提高运行效率，才能继续生存和发展。一是要实行全面预算管理，对医院的各项成本和支出的进行全面化、精细化测算的基础上，有针对性得制定医院内部成本控制措施。二是在精细化测算的基础上，对不同科室、不同病种、不同治疗方式进行针对性控费措施，例如本研究中的耗材费用增长较快，应采取限制高值耗材使用条件等措施。

（五）加强医疗、医保、医药利益均衡，协调联动

医疗、医保、医药之间应当基于利益均衡，相互协作，协调联动，才能更好地在公立医院改革中发挥三医联动的机制与功能。[①]无论哪一方面的利益受损，无法完成其基本职能，都会影响整体的改革效果。例如，医保为保障控制基金使用，过度控制医疗费用，压低医院总额和医药招标采购的价格，医院和医药企业等利益受损，因此出现医疗服务提供不足、药品共赢不到位等问题，最终导致医疗服务无法顺利提供，患者利益受损。因此，为了增加三医联动的积极性，应坚持统一领导，才能有共同的目标[②]；其次三者之间应当建立平等谈判协商制度，例如医保与医院之间充分协作，平等谈判，才能确定合理的支付标准，实现多方共赢。

① 陈迎春、常静肼、李浩淼等：《三明市以医保为支点推进“三医”联动模式探讨》，《中华医院管理杂志》2017 年第 4 期。

② 沈莎：《创新管理机制，推进三医联动》，《中国卫生事业管理》2016 年第 8 期。

第九章　不同区域住院患者医疗服务利用及疾病直接经济负担

在人类社会中，疾病对经济、政策以及人们的生活具有较为显著的影响。而进行关于患者医疗服务利用及疾病直接经济负担研究，则是用具体的经济数字来直观地反映患者医疗服务利用情况及由疾病给患者造成的直接经济影响。

一、研究背景与意义

疾病经济负担是指由于疾病以及疾病所造成的失能和早死给患者、家属与社会带来的经济损失，包括为了防治疾病而消耗的卫生经济资源。按疾病对社会与人群的影响分为直接经济负担、间接经济负担和无形经济负担三个部分。直接经济负担的计量是以货币为单位，包括直接医疗费用和直接非医疗费用；间接经济负担是用时间损失来衡量的；无形经济损失指肉体上的疼痛和精神上的痛苦或生活上的不便等。

根据《中华人民共和国2015年国民经济和社会发展统计公报》及国务院关于印发《"十三五"国家老龄事业发展和养老体系建设规划的通知》（国发〔2017〕13号）的数据显示，我国60周岁及以上人口达22200万人，占总人口的16.1%；65岁及以上人口达14386万人，占总人口的10.5%；预计到2020年，全国60周岁及以上人口将增加至2.55亿人左右，约占总人口的17.8%。中国目前正处于并将在很长一段时期内处于老龄化社会，在老龄化社会趋势加速的背景之下，因对老年慢性病进行诊疗而产生的医疗费用占我国医疗总费用支出的比例正逐年增加，而这些疾病在给个人带来巨大医疗费用压力的同时，也给国家和社会造成严重的疾病经济负担。同时受到工业化、城镇化以及老龄化等因素的影响，人类的疾病谱发生了显著的变化，影响人类健康的危险因素已经从传染性疾病转向慢性非传染性疾病，卫生部 2012 年发布的《中国慢性病防治工作规划 2012—2015》文件中的数据显示，慢性非传染性疾病在我国的发病率上升较快，患病人数较多，因慢性病而导致的死亡占我国总死亡的 85%，在所有疾病负担中所占比重约为 70%，已经远远超过传染病和其他伤害所造成的疾病经济负担。而慢性病所拥有的病程长、流行广、费用高、致残致死率高等特点，使得在慢病治疗的过程中，病情没有特殊变化的前提下，将依赖于长时期的门诊治疗和家庭治疗，持续性的治疗过程会导致患者医疗服务费用在日积月累中不断增加，最终产生高昂的慢病治疗医药费用，在给患者带来巨大的医疗费用的同时，也导致个人疾病经济负担显著增加，甚至导致患者及其家庭出现“因病致贫”和“因病返贫”的现象。

医疗保险制度是对投保人因治疗疾病所产生的医疗费用给予一定的资助或补偿的保险制度。我国的基本医疗保障体系由城镇职工基本医疗保险制度、城镇居民基本医疗保险制度和新型农村合作医疗制度三个部分组成。2013 年我国城镇职工、城镇居民基本医疗保险和新农合的参保率、参合率分别稳定在 90% 和 95% 以上。2016 年我国参加城镇职工和城镇居民医保的人数为 29524 万人和 45315 万人，新型农村合作医疗的参合率为 99.36%。[①] 然而基本医疗保险制度的可及性从广泛覆盖到全覆盖只是全民医保建设的第一步，投保人在基本医疗医保制度运行过程中的受益公平才更为重要。

① 国家卫生和计划生育委员会：《2017 中国卫生和计划生育统计年鉴》，中国协和医科大学出版社 2017 年版。

随着医疗保险制度持续改革，城乡居民大病保险也在不断向前推进，但由于对大病概念界定的模糊不清，导致部分地区对于大病保险以病种划分的做法欠妥，仍有大量重大疾病患者患病后依旧存在“因病致贫、因病返贫”的现象。目前许多地区现有的医疗保险制度中，重大疾病的诊疗费用所规定的起付线偏高，封顶线偏低，无法发挥医疗保险的风险分散和损失补偿的作用。由于医疗保障制度仍然有待完善，患者依旧负担有较为严重的疾病直接经济负担。在人均筹资水平不断提高、医保基金规模不断扩大的背景下，通过何种途径来有效提高医疗保障制度的保障能力便成了基本医疗保险制度研究的关键所在。

因此本研究通过不同地区（主要是我国东西部地区）医院住院患者医疗服务利用及疾病直接经济负担的研究，包括主要费用构成、个人自付比例及其影响因素等进行分析，充分了解当地患者医疗费用情况以及影响医疗费用的因素，为减轻当地居民的疾病直接经济负担，合理有效地实施精准扶贫提供科学依据。同时为完善区域内基本医疗保障制度及健康扶贫政策，以及有效控制卫生服务费用的上涨以及科学合理的卫生资金投入和优质医疗服务的有效供给提供相应的参考与建议。

二、西部地区住院患者医疗服务利用及疾病直接经济负担

在四川省抽取一家县级市人民医院（计为 A 医院）和一家城市三级医院（计为 B 医院）作为调查研究对象，两家医院均为三级医院，在每家医院抽选 2014—2017 年 3 月和 9 月的全部住院患者的基本信息及医疗费用数据，以进行住院患者医疗服务利用和直接经济负担分析。

（一）针对 A 医院的住院患者医疗服务利用和直接经济负担分析

在 A 医院抽选 2014—2017 年住院患者病例数为 23002，住院患者参

保类型主要包括城镇职工医保、城镇居民医保和新型农村合作医疗保险制度，还有 5116 例住院患者为自费医疗。通过描述性分析和 Kruskal-Wallis H 检验方法（非参数检验）分析 A 医院住院患者医疗总费用情况，以及性别、年龄、参保类型、住院天数和年度对住院患者医疗总费用的影响。通过统计分析，可以看到 A 医院住院患者平均医疗总费用为 6426.27 元，性别、年龄、参保类型、住院天数和不同年份对医疗总费用都有显著性影响（$P<0.05$），男性住院患者人次均住院总费用为 10641.21 元，显著高于女性住院患者人次均住院总费用的 8271.92 元；年龄越大的住院患者人次均住院总费用越高，61 岁以上的住院患者人次均住院总费用要高于 46 到 60 岁之间的，46 到 60 岁之间的住院患者人次均住院总费用要高于 31 到 45 岁之间的，31 到 45 岁之间的住院患者人次均住院总费用要高于 30 岁及以下的住院患者；有基本医疗保险的住院患者人次均住院总费用要显著高于自费医疗的住院患者（$P<0.05$）；住院天数越长的住院患者人次均住院总费用越高，住院天数在 1—5 天的患者人次均住院总费用为 2904.43 元，住院天数在 6—10 天的患者人次均住院总费用为 4185.74 元，住院天数在 11—15 天的患者人次均住院总费用为 6366.74 元，住院天数在 16 天及以上的患者人次均住院总费用为 16260.01 元；随着社会经济的发展，住院患者人次均住院总费用也逐年在提高，2014 年住院患者人次均住院总费用为 5922.44 元，2015 年住院患者人次均住院总费用为 6009.42 元，2016 年住院患者人次均住院总费用为 6624.17 元，2017 年住院患者人次均住院总费用为 6869.26 元，具体相关数据见表 9-1。

表 9-1　A 医院住院患者基本情况及医疗总费用情况分析

社会特征		数量	占比（%）	人次均住院总费用（元）	非参数检验值	P 值
性别	男	10598	46.1	10641.21	42.827	0.000
	女	12404	53.9	8271.92		

续表

社会特征		数量	占比（%）	人次均住院总费用（元）	非参数检验值	P 值
年龄	≤ 30	6042	26.3	3479.99	2775.52	0.000
	31—45	3625	15.8	6409.46		
	46—60	4849	21.1	7489.27		
	>61	8486	36.9	7742.64		
参保类型	基本医疗保险	17886	77.8	6426.27	424.779	0.000
	自费医疗	5116	22.2	6125.80		
住院天数	1—5	4879	21.2	2904.43	9088.68	0.000
	6—10	10154	44.1	4185.74		
	11—15	4040	17.6	6366.74		
	>16	3929	17.1	16260.01		
年度	2014	5546	24.1	5922.44	127.208	0.000
	2015	5753	25.0	6009.42		
	2016	6239	27.1	6624.17		
	2017	5464	23.8	6869.26		
合计		23002	100	6426.27	—	—

运用卡方检验的方法分析不同性别、年龄段、参保类型和年度的住院患者住院天数的差异情况，可以看到不同性别、年龄和参保类型对住院患者的住院天数有显著性影响（P<0.05）。男性住院患者住院天数在 11 天及以上的较多，占到男性病例总数的 40.5%，而有 39.7% 的男性住院患者住院天数在 6—10 天之间，女性住院患者住院天数在 6—10 天的较多，占到女性病例总数 47.9%；在年龄方面，年龄越大的住院患者住院天数倾向于越长，61 岁及以上的住院患者住院天数在 11 天及以上病例数最多，占到 49.4%，46—60 岁之间的住院患者住院天数在 6—10 天和 11 天及以上病例数较多，分别占到 42.9% 和 41.8%，大多数 31—45 岁之间的住院患者住院天数都在 6—10 天之间，占到病例总数的 51.8%，而有 57.5% 的 30

岁及以下的住院患者住院天数在 6—10 天之间，30.9% 的在 1—5 天，只有 11.6% 的在 11 天及以上；是否有基本医疗保险对住院天数也有显著性影响，有基本医疗保险的住院患者住院天数在 11 天及以上的占 38.0%，住院天数在 6—10 天之间的占 45.3%，住院天数在 1—5 天的占 16.7%，而自费医疗患者住院天数在 11 天及以上的占 34.6%，住院天数在 6—10 天之间的占 40.1%，住院天数在 1—5 天的占 36.8%，有基本医疗保险的住院患者住院天数显著长于自费医疗住院患者；不同年度对住院患者住院天数没有显著性影响（P>0.05）（具体相关数据见表 9–2）。

表 9–2　A 医院住院患者的住院天数情况

社会特征		住院天数			卡方值	P 值
		1—5 天	6—10 天	11 天及以上		
性别	男	2100（19.8%）	4210（39.7%）	4288（40.5%）	296.878	0.000
	女	2779（22.4%）	5944（47.9%）	3681（29.7%）		
年龄	≤ 30	1868（30.9%）	3473（57.5%）	701（11.6%）	2519.048	0.000
	31—45	698（19.3%）	1876（51.8%）	1051（29.0%）		
	46—60	740（15.3%）	2082（42.9%）	2027（41.8%）		
	>61	1573（18.5%）	2723（32.1%）	4190（49.4%）		
参保类型	基本医疗保险	2995（16.7%）	8103（45.3%）	6788（38.0%）	1034.554	0.000
	自费医疗	1884（36.8%）	2051（40.1%）	1181（34.6%）		
年度	2014	1115（20.1%）	2495（45.0%）	1936（34.9%）	12.194	0.058
	2015	1247（21.7%）	2556（44.4%）	1950（33.9%）		
	2016	1385（22.2%）	2721（43.6%）	2133（34.2%）		
	2017	1132（20.7%）	2382（43.6%）	1950（35.7%）		

除去自费医疗的住院患者病例数，分析参加基本医疗保险制度的住院患者自付费用及平均个人自付费用占比情况，以了解住院患者的疾病直接经济负担。从总体上看，A 医院有基本医疗保险的住院患者的平均自付费用为 3200.78 元，平均个人自付费用占比为 49.84%。通过 Kruskal–Wallis

H 检验可以看到不同性别对住院患者平均个人自付费用及其占比都有显著性影响（P<0.05），女性住院患者平均个人自付费用略高于男性患者，而且女性住院患者平均自付费用占比也略高于男性患者；不同年龄段的住院患者自付费用和自付费用占比也有显著性差异（P<0.05），年龄处于越高年龄段的住院患者，其自付的住院费用越高，具体为处于 61 岁及以上的住院患者自付费用要高于 46—60 岁年龄段的住院患者，处于 46 岁及以上的住院患者自付费用要高于 31—45 岁年龄段的住院患者，处于 31 岁及以上的住院患者自付费用要高于 30 岁及以下的住院患者，同时可以发现 61 岁及以上的住院患者平均自付费用占比最低为 49.46%，30 岁及以下住院患者平均自付费用占比最高为 50.79%；住院天数对住院患者平均个人自付费用及其占比也都有显著性影响（P<0.05），住院天数越长患者的自付费用越高，但平均个人自付费用占比却并不一定高；不同年度的住院患者自付费用和自付费用占比也有显著性差异（P<0.05），2014 年住院患者平均自付费用为 2841.72 元，2015 年为 2938.21 元，2016 年为 3460.51 元，2016 年为 3524.98 元，处于逐年上升趋势。2015 年相较于 2014 年住院患者平均个人自付费用上涨了 3.40%，2016 年相较于 2015 年上涨了 17.78%，2017 年相较于 2016 年上涨了 1.83%，住院患者平均个人自付费用上涨趋势逐步在控制。在住院患者平均自付费用占比方面，总体呈现上升趋势，在 2014 年住院患者平均自付费用占比为 44.86%，2015 年为 44.79%，2016 年为 55.14%，2017 年为 53.90%，因此应采取适当措施降低患者的平均自付费用占比，以减轻患者直接经济负担（相关数据见表 9-3）。

表 9-3　A 医院住院患者平均个人自付费用及其占比情况

社会特征		N	患者自付费用（元）	非参数检验值	P 值	患者平均自付费用占比（%）	非参数检验值	P 值
性别	男	8357	3387.55	9.410	0.002	49.64	5.965	0.015
	女	9529	3036.98			50.03		

续表

社会特征		N	患者自付费用（元）	非参数检验值	P 值	患者平均自付费用占比（%）	非参数检验值	P 值
年龄	≤ 30	3870	1812.40	1471.877	0.000	50.79	32.662	0.000
	31—45	2586	3076.79			49.64		
	46—60	4033	3600.50			49.77		
	>61	7397	3752.57			49.46		
住院天数	1—5	2995	1549.04	5757.135	0.000	48.86	1516.920	0.000
	6—10	8103	2135.00			50.08		
	11—15	3551	3169.81			49.93		
	>15	3237	7430.89			50.08		
年度	2014	4225	2841.72	432.736	0.000	44.86	1516.920	0.000
	2015	4431	2938.21			44.79		
	2016	4839	3460.51			55.14		
	2017	4391	3524.98			53.90		
合计		23002	3200.78	—	—	49.84	—	—

注：患者平均自付费用占比 = 患者自付费用 / 人次均住院总费用。

从 A 医院住院患者医疗费用中药费和检查费及其占比变化趋势角度分析，可以看到男性住院患者人次平均药品费用和检查费用要高于女性，药品费用和检查费用的占比也要高于女性，男性住院患者平均药品费用占比为 22.51%，女性为 17.57%，而男性住院患者平均检查费用占比为 24.38%，女性为 23.54%。在年龄方面，处于越高年龄段的住院患者人次平均药品费用越高，药品费用占比也越高，年龄在 61 岁及以上的住院患者药品费用占比为 24.10%，而 30 岁及以下的住院患者药品费用占比为 13.50%；同时处于越高年龄段的住院患者人次平均检查费用也越高，但检查费用占比的变化趋势并不大。住院天数越长的患者人次平均药品费用越高，药品费用占比也越高，住院天数在 16 天及以上的患者药品费占比为 26.06%，住院天数在 1—5 天的患者药品费占比为 9.99%；而对于住院天数越长的患者人次平均检查费用也越高，但检查费用占比却越低，住院天数在1—5天的患者检查费占比为28.19%，住院天数在16天及以上的患者检查费占比为18.30%。相较于自费医疗的患者，有基本医疗保险的住院患者人次平均药品费用较高，药品费用占比也较高，同时人次平均检查费用和占比也较高。在不同年份比较方面，2014—2017年人次平均药品费用虽然逐年增长，但药品费用占比总体上却呈现下降趋势，2014年A医院住院患者人次平均药品费用占比为20.63%，而2017年人次平均药品费用占比为19.52%；同时检查费用占比总体上也呈现下降趋势，2014年住院患者人次平均检查费用占比为25.13%，到2017年人次平均检查费用占比为22.69%，具体相关数据见表9-4。

表9-4　2014—2017年A医院住院患者医疗费用药费和检查费占比变化

社会特征		人次平均药品费用（元）	药费占比（%）	人次平均检查费用（元）	检查费占比（%）
性别	男	1590.80	22.51	1315.98	24.38
	女	1051.77	17.57	1115.10	23.54
年龄	≤30	424.48	13.50	673.82	23.14
	31—45	1114.58	17.33	1180.76	23.99
	46—60	1598.21	22.17	1392.56	24.30
	>61	1832.52	24.10	1493.58	24.25
住院天数	1—5	235.52	9.99	640.67	28.19
	6—10	759.65	19.75	906.81	24.17
	11—15	1517.77	25.95	1370.50	23.63
	>15	3795.15	26.06	2521.79	18.30
参保类型	基本医疗保险	1336.77	20.98	1261.51	24.01
	自费医疗	1172.04	15.87	1019.38	23.64
年度	2014	1254.53	20.63	1191.36	25.13
	2015	1271.77	20.07	1224.90	25.42
	2016	1328.99	19.22	1179.11	22.56

续表

社会特征		人次平均药品费用（元）	药费占比（%）	人次平均检查费用（元）	检查费占比（%）
年度	2017	1343.30	19.52	1238.64	22.69

注：药品费用包括西药、中草药和中成药费用；检查费包括化验费等；

药品费用占比 = 人次平均药品费用 / 人次均住院总费用；检查费用占比 = 人次平均检查费用 / 人次均住院总费用。

（二）针对B医院的住院患者医疗服务利用和直接经济负担分析

在B医院共抽选2014—2017年住院患者病例数为18016。运用描述性分析抽选的住院患者基本情况，同时运用Kruskal-Wallis H检验方法（非参数检验）分析B医院住院患者医疗总费用情况（具体相关数据见表9-5）。在B医院2014年病例数为3003，占16.7%，2015年病例数为4038，占22.4%，2016年病例数为4805，占26.7%，2017年病例数为6170，占34.2%。住院天数1—5天的病例数为2315，占12.9%，住院天数在6—10天的病例数为5890，占32.8%，住院天数在11—15天的病例数为4179，占23.3%，住院天数在16天及以上的病例数为5586，占31.1%。在住院患者医疗总费用方面，随着住院天数的增加人次均住院总费用呈上升趋势，同时随着经济发展，2014—2016年住院患者人次均住院总费用呈上升趋势，但到2017年可以看到人次均住院总费用低于2016年，因此可以发现控制医疗费用的上涨有了一定的成效（具体相关数据见表9-5）。

表9-5　B医院住院患者基本情况及医疗总费用情况分析

		数量	占比（%）	人次均住院总费用（元）	F	P
住院天数	1—5	2315	12.9	5083.05	7594.18	0.000
	6—10	5890	32.8	7793.61		

续表

		数量	占比（%）	人次均住院总费用（元）	F	P
住院天数	11—15	4179	23.3	12265.54		
	>15	5586	31.1	24353.66		
年度	2014	3003	16.7	12744.34	29.424	0.000
	2015	4038	22.4	13484.90		
	2016	4805	26.7	14045.44		
	2017	6170	34.2	13766.41		
合计		18016	100	13607.37	—	—

在 B 医院住院患者平均个人自付费用及其占比方面，随着住院天数越长，患者自付费用越高，但患者平均自付费用占比却是越低的，通过 Kruskal-Wallis H 检验方法（非参数检验）分析可以看到差异是显著的（P<0.05）。住院天数为 1—5 天的患者平均自付费用占比为 54.08%，住院天数为 6—10 天的患者平均自付费用占比为 46.13%，住院天数为 11—15 天的患者平均自付费用占比为 39.54%，住院天数为 16 天及以上的患者平均自付费用占比为 35.61%。2014—2017 年 B 医院住院患者平均个人自付费用是逐年增加的，同时患者平均自付费用占比也是逐年增加的，2014 年住院患者平均自付费用占比为 39.73%，而到 2017 年住院患者平均自付费用占比为 44.56%（具体相关数据见表 9-6），这说明住院患者的直接经济负担并没有有效减轻，需要进一步提高基本医疗保险的补偿比。

表 9-6　B 医院住院患者平均个人自付费用及其占比情况

社会特征		患者自付费用（元）	F	P	患者平均自付费用占比（%）	F	P
住院天数	1—5	2518.86	4736.933	0.000	54.08	2881.835	0.000
	6—10	3401.28			46.13		

续表

社会特征		患者自付费用（元）	F	P	患者平均自付费用占比（%）	F	P
	11—15	4728.39			39.54		
	＞16	8514.94			35.61		
年度	2014	4620.04	171.189	0.000	39.73	308.587	0.000
	2015	4963.06			41.08		
	2016	5304.09			42.32		
	2017	5491.78			44.56		
合计		5177.91	—	—	42.38	—	—

注：患者平均自付费用占比 = 患者自付费用 / 人次均住院总费用。

通过卡方检验可以看到 2014—2017 年 B 医院住院患者的住院天数没有显著性差异（P>0.05），2014 年住院天数在 16 天及以上的患者占 31.1%，住院天数在 11—15 天的占 23.2%，住院天数在 6—10 天的占 31.2%，住院天数在 1—5 天的占 14.4%；2017 年住院天数在 16 天及以上的患者占 31.3%，住院天数在 11—15 天的占 22.8%，住院天数在 6—10 天的占 33.8%，住院天数在 1—5 天的占 12.1%，具体相关数据见表 9-7。

表 9-7　2014—2017 年 B 医院住院患者的住院天数情况

社会特征		住院天数				X^2	P
		1—5 天	6—10 天	11—15 天	16 天及以上		
年度	2014 年	432（14.4%）	935（31.2%）	696（23.2%）	932（31.1%）	16.845	0.051
	2015 年	531（13.2%）	1338（33.2%）	922（22.9%）	1237（30.7%）		
	2016 年	607（12.7%）	1536（32.0%）	1158（24.2%）	1494（31.2%）		
	2017 年	745（12.1%）	2081（33.8%）	1403（22.8%）	1923（31.3%）		

从 B 医院住院患者医疗费用中药费和检查费及其占比变化趋势角度分析，可以看到住院天数越长的患者人次平均药品费用越高，药品费用占比

也越高，住院天数在1—5天的患者药品费占比为26.05%，住院天数在6—10天的患者药品费占比为31.71%，住院天数在11—15天的患者药品费占比为36.16%，住院天数在16天及以上的患者药品费占比为38.53%；而对于住院天数越长的患者人次平均检查费用也越高，但检查费用占比却越低，住院天数在1—5天的患者检查费占比为30.63%，住院天数在6—10天的患者检查费占比为24.22%，住院天数在11—15天的患者药品费占比为19.61%，住院天数在16天及以上的患者检查费占比为15.01%。在不同年份比较方面，2014—2017年人次平均药品费用虽然逐年增长，但药品费用占比总体上却呈现下降趋势，2014年B医院住院患者人次平均药品费用占比为38.23%，到2017年人次平均药品费用占比为27.63%；而2014—2017年人次平均检查费用也呈现逐年增长的趋势，同时检查费用占比也呈现逐年上升的趋势，2014年为19.81%，2015年为19.97%，2016年为20.85%，2017年为23.01%（具体相关数据见表9-8）。可以发现在B医院住院患者人次均住院总费用中虽然药费占比呈现逐年下降的趋势，但检查费占比却呈现逐年上升趋势。

表9-8　2014—2017年B医院住院患者医疗费用药费和检查费占比变化

		人次平均药品费用（元）	药费占比（%）	人次平均检查费用（元）	检查费占比（%）
住院天数	1—5	1238.37	26.05	1286.11	30.63
	6—10	2302.74	31.71	1574.90	24.22
	11—15	4088.58	36.16	1982.03	19.61
	>15	8806.80	38.53	3004.84	15.01
年度	2014	4804.26	38.23	1733.06	19.81
	2015	5132.70	38.51	1912.67	19.97
	2016	5133.14	36.10	2075.25	20.85
	2017	3715.44	27.63	2250.72	23.01

注：药品费用包括西药、中草药和中成药费用；检查费包括化验费等。

三、东部地区住院患者个人直接经济负担

在广东省珠海市选择两家三级医院（分别计为C医院和D医院）作为调查研究对象，同时选择两家二级医院（分别计为E医院和F医院）作为研究对象，在每家医院抽选2014—2016年3月和9月的住院患者的基本信息及医疗费用数据，以进行住院患者医疗服务利用和直接经济负担分析。

（一）针对C医院的住院患者直接经济负担分析

在C医院共抽选2014—2016年住院患者病例数为14915。可以看到其中2014年病例数为4617，占31.0%，2015年病例数为4697，占31.5%，2016年病例数为5601，占37.6%。通过Kruskal-Wallis H检验方法（非参数检验）分析不同年度住院患者人次均住院总费用的差异，C医院住院患者人次均住院总费用在2014年为8991.27元，2015年为9982.76元，2016年为11996.10元，可以看到C医院住院患者人次均住院总费用逐年有显著性增长（$P<0.05$），具体相关数据见表9-9。同时2015年C医院住院患者人次均住院总费用较2014年增长了11.03%，而2016年较2015年增长了20.17%，人次均住院总费用没有得到较有效控制。

表9-9　C医院住院患者基本情况及医疗总费用情况分析

年度	数量	占比（%）	人次均住院总费用（元）	F	P
2014	4617	31.0	8991.27	146.160	0.000
2015	4697	31.5	9982.76		
2016	5601	37.6	11996.10		
合计	14915	100	10431.91	—	—

通过Kruskal-Wallis H检验方法（非参数检验）分析不同年度住

院患者平均个人自付费用及其占比的差异，可以看到差异都是显著的（P<0.05）。2014—2016 年 C 医院住院患者平均个人自付费用有显著增长，2014 年为 2544.46 元，2015 年为 2863.92 元，2016 年为 3194.67 元；而 2014—2016 年 C 医院住院患者平均个人自付费用占比却是显著降低的，2014 年为 27.84%，2015 年为 25.67%，2016 年为 24.80%，具体相关数据见表 9-10。

表 9-10　C 医院住院患者平均个人自付费用及其占比情况

年度	患者自付费用（元）	F	P	患者平均自付费用占比（%）	F	P
2014	2544.46	157.971	0.000	27.84	79.001	0.000
2015	2863.92			25.67		
2016	3194.67			24.80		
合计	2889.24	—	—	26.01	—	—

注：患者平均自付费用占比 = 患者自付费用 / 人次均住院总费用。

（二）针对 D 医院的住院患者直接经济负担分析

在 D 医院共抽选 2014—2016 年住院患者病例数为 9521。可以看到其中 2014 年病例数为 2600，占 27.3%，2015 年病例数为 3095，占 32.5%，2016 年病例数为 3826，占 40.2%。通过 Kruskal-Wallis H 检验方法（非参数检验）分析不同年度住院患者人次均住院总费用的差异，可以看到差异是有显著性的（P<0.05）。在 2014 年 D 医院住院患者人次均住院总费用为 7013.14 元，2015 年为 7602.50 元，2016 年为 7641.01 元，总体人次均住院总费用逐年上升。而 2015 年住院患者人次均住院总费用相较于 2014 年增长了 8.40%，2016 年相较于 2015 年增长了 0.51%，在一定程度上可以说明在 D 医院人次均住院总费用增长得到了较有效控制，具体相关数据见表 9-11。

表 9-11 D 医院住院患者基本情况及医疗总费用情况分析

年度	数量	占比（%）	人次均住院总费用（元）	F	P
2014	2600	27.3	7013.14	126.895	0.000
2015	3095	32.5	7602.50		
2016	3826	40.2	7641.01		
合计	9521	100	7457.03	—	—

通过 Kruskal-Wallis H 检验方法（非参数检验）分析不同年度住院患者平均个人自付费用及其占比的差异，可以看到差异也都是显著的（P<0.05）。2014—2016 年 D 医院住院患者平均个人自付费用有显著下降趋势，2014 年为 2503.45 元，2015 年为 2393.72 元，2016 年为 2122.92 元；同时 2014—2016 年 D 医院住院患者平均个人自付费用占比也是显著逐年降低的，2014 年为 36.98%，2015 年为 32.50%，2016 年为 30.76%，具体相关数据见表 9-12。

表 9-12 D 医院住院患者平均个人自付费用及其占比情况

年度	患者自付费用（元）	F	P	患者平均自付费用占比（%）	F	P
2014	2503.45	21.636	0.000	36.98	186.132	0.000
2015	2393.72			32.50		
2016	2122.92			30.76		
合计	2314.87	—	—	33.02	—	—

注：患者平均自付费用占比 = 患者自付费用 / 人次均住院总费用。

（三）针对两家二级医院的住院患者直接经济负担分析

1. 针对 E 医院的住院患者直接经济负担分析

在 E 医院共抽选 2014—2016 年住院患者病例数为 3412。可以看到其中 2014 年病例数为 319，占 9.3%，2015 年病例数为 1306，占 38.3%，2016

年病例数为 1787，占 52.4%。通过 Kruskal-Wallis H 检验方法（非参数检验）分析不同年度住院患者人次均住院总费用的差异，在 2014 年 E 医院住院患者人次均住院总费用为 4420.83 元，2015 年为 4970.54 元，2016 年为 5149.87 元，可以看到 E 医院住院患者人次均住院总费用逐年有显著性增长（P<0.05），具体相关数据见表 9-13。同时 2015 年 E 医院住院患者人次均住院总费用较 2014 年增长了 12.43%，而 2016 年较 2015 年增长了 3.61%，在一定程度上可以说明在 E 医院人次均住院总费用增长得到了较有效控制。

表 9-13　E 医院住院患者基本情况及医疗总费用情况分析

年度	数量	占比（%）	人次均住院总费用（元）	F	P
2014	319	9.3	4420.83	78.155	0.000
2015	1306	38.3	4970.54		
2016	1787	52.4	5149.87		
合计	3412	100	5013.07	—	—

通过 Kruskal-Wallis H 检验方法（非参数检验）分析不同年度住院患者平均个人自付费用及其占比的差异，可以看到差异都是显著的（P<0.05）。2014—2016 年 E 医院住院患者平均个人自付费用有显著降低，2014 年为 1420.16 元，2015 年为 1255.71 元，2016 年为 1104.89 元；而 2014—2016 年 E 医院住院患者平均个人自付费用占比却是显著降低的，2014 年为 33.32%，2015 年为 26.83%，2016 年为 22.48%，具体相关数据见表 9-14。

表 9-14　E 医院住院患者平均个人自付费用及其占比情况

年度	患者自付费用（元）	F	P	患者平均自付费用占比（%）	F	P
2014	1420.16	35.846	0.000	33.32	309.190	0.000
2015	1255.71			26.83		

续表

年度	患者自付费用（元）	F	P	患者平均自付费用占比（%）	F	P
2016	1104.89			22.48		
合计	1192.09	—	—	25.16	—	—

注：患者平均自付费用占比 = 患者自付费用 / 人次均住院总费用。

2. 针对 F 医院的住院患者直接经济负担分析

在 F 医院共抽选 2014—2016 年住院患者病例数为 1247。可以看到其中 2014 年病例数为 360，占 28.9%，2015 年病例数为 448，占 35.9%，2016 年病例数为 439，占 35.2%。在 2014 年 F 医院住院患者人次均住院总费用为 5459.55 元，2015 年为 5398.51 元，2016 年为 6182.53 元，可以看到 E 医院 2015 年住院患者人次均住院总费用较 2014 年有所下降，但 2016 年住院患者人次均住院总费用较 2015 年又有所上升，具体相关数据见表 9–15。

表 9–15　F 医院住院患者基本情况及医疗总费用情况分析

年度	数量	占比（%）	人次均住院总费用（元）	F	P
2014	360	28.9	5459.55	20.687	0.000
2015	448	35.9	5398.51		
2016	439	35.2	6182.53		
合计	1247	100	5692.14	—	—

通过 Kruskal–Wallis H 检验方法（非参数检验）分析不同年度住院者平均个人自付费用及其占比的差异，可以看到患者平均自付费用占比差异是具有显著性的（P<0.05）。2014—2016 年 F 医院住院患者平均个人自付费用是逐年下降的，但不具有显著性（P>0.05），2014 年住院患者平均个人自付费用为 1385.91 元，2015 年为 1279.10 元，2016 年为 1219.45 元；

而2014—2016年E医院住院患者平均个人自付费用占比却是显著下降的（$P<0.05$），2014年住院患者平均个人自付费用占比为30.15%，2015年为26.29%，2016年为22.47%，具体相关数据见表9–16。

表9–16 F医院住院患者平均个人自付费用及其占比情况

年度	患者自付费用（元）	F	P	患者平均自付费用占比（%）	F	P
2014	1385.91	1.821	0.402	30.15	135.115	0.000
2015	1279.10			26.29		
2016	1219.45			22.47		
合计	1288.94	—	—	26.06	—	—

注：患者平均自付费用占比 = 患者自付费用 / 人次均住院总费用。

四、结论与建议

针对住院患者医疗服务利用及疾病直接经济负担的研究有利于进一步引导患者合理选择就诊机构，降低患者的疾病直接经济负担，为相关病人就医、提高生命质量提供引导；为医疗机构的医疗行为提供经济学分析，从卫生经济学的角度，为医疗机构的医疗行为提供科学合理的依据；由于卫生资源是有限的，结合对区域内居民的疾病经济负担的具体情况进行分析，能够为合理配置本地区内所拥有的有限的医疗资源提供科学依据，提高该地区卫生资源的利用效率，提高医疗保障制度的保障能力以及为政府制定相关基本医疗保险政策提供相关依据。

（一）进一步控制医疗费用不合理增长

一方面由于社会经济发展，在本章调查的6家医院中大多数医院住院患者人次均住院总费用都呈现逐年增长趋势，但有的医院住院总费用增长率呈逐年上升，有的医院呈下降趋势，在一定程度上说明在有些医院医疗总费用得到有效控制，而在另一些医院医疗总费用并没有得到有效控制，需进一步关注医疗总费用的不断增长趋势；另一方面通过分析住院患者人次均住院总费用中药品费用和检查费用占比，可以发现在有的医院住院费用中药占比和检验费用占比都呈现逐年下降的趋势，但在有的医院虽然住院费用中药占比呈现下降的趋势，但检查费用占比却呈现逐年上升的趋势，因此在控制药费的同时应关注其他费用的不合理增长，真正做到对医疗费用不合理增长的合理控制。

（二）关注西部地区患者疾病直接经济负担

通过分析我国东部地区两家三级医院和西部地区两家三级医院的住院患者人次均住院总费用、自付费用、自付费用占比等数据，可以发现我国西部地区住院患者的疾病直接经济负担要高于东部地区。在西部地区的A医院（县级市医院），有基本医疗保险的住院患者的平均自付费用为3200.78元，平均个人自付费用占比为49.84%，在B医院（城市医院）住院患者的平均自付费用为5177.91元，平均个人自付费用占比为42.38%；而在东部地区C医院，住院患者的平均自付费用为2889.24元，平均个人自付费用占比为26.01%，在D医院住院患者的平均自付费用为2314.87元，平均个人自付费用占比为33.02%。因此从总体上分析可以看到我国西部地区住院患者的疾病直接经济负担要高于东部地区。住院患者自付费用占比变化趋势方面，在西部地区A医院和B医院住院患者自付费用占比都呈现逐年上升趋势，但在东部地区C医院和D医院住院患者自付费用占比都呈现逐年下降趋势，因此应多关注我国西部地区患者疾病直接经济负担问题。

（三）正确引导患者合理选择就诊机构

通过分析东部地区珠海市的两家三级医院和两家二级医院，可以发现2014—2016年两家三级医院的住院患者平均自付费用均高于两家二级医院。2014—2016年两家三级医院C医院住院患者平均自付费用为2889.24元，D医院为2314.87元，两家二级医院E医院为1192.09元，F医院为1288.94元。同时到2016年两家三级医院的住院患者平均自付费用占比均高于两家二级医院，C医院住院患者平均自付费用占比为24.80%，D医院为30.76%，E医院为22.48%，F医院为22.47%。因此从住院患者疾病直接经济负担的角度，可以看到珠海市较好地通过基本医疗保险报销的差异正确引导患者合理选择就诊机构。

（四）适当提高基本医疗保险的补偿比例，特别是西部地区

加大政府对医疗卫生的投入力度，增加居民医疗保险基金的筹资水平，资金使用多向贫困人口和西部地区倾斜，提高医疗保障制度的公平性，同时提高整体医疗保障水平。随着我国慢性病疾病谱的转变，有专家建议在基本医疗保险制度设计中，实行慢性病患者与非慢性病患者差别管理，增强医疗保障的保障能力，针对慢病和重大疾病高发人群，加快建立重大疾病医疗保险体系，逐步完善健康风险正式应对机制，以提高基本医疗保险对减轻疾病风险和疾病经济负担的针对性。同时在本研究数据中也可以看到西部地区基本医疗保险补偿比例的不足，因此在适当提高基本医疗保险的补偿比例时应特别关注我国西部地区。

（五）给予老年人更多的医疗保障福利

随着年龄的增长，老年人健康状况逐渐下降，慢性病患病率及医疗服务需求上升，给医疗筹资带来挑战。随着我国老龄化社会迅速发展，老年人有更多的医疗服务需求，在本研究中也可以看到60岁以上的老年人人次均住院总费用更高，自付费用也更高，住院天数也更长，因此应通过适当的措施给予老年人更多的医疗保障福利，提高老年人生命质量，进一步促进“健康中国”的建设。

第十章　城镇基本医疗保险参保患者医疗服务利用及费用分析——基于单病种

随着社会经济发展、生活水平提高、生活模式转变以及人口老龄化的快速到来，高血压、糖尿病等慢性非传染性疾病的患病率和患者数量正快速增加。高血压、糖尿病等慢性非传染性疾病是导致人类死亡、伤残和失能的重要疾病原因。高血压于2009年被世界卫生组织列为全球五大健康风险因素之一。而根据世界银行亚太地区报告的预测，糖尿病将成为下个十年我国最流行的疾病。在我国，高血压疾病的患病率超过了30%，糖尿病的发病率在过去20年增加了10倍左右。高血压、糖尿病等慢性非传染性疾病在严重影响患者健康状况的同时，也给患者及其家庭带来了沉重的经济负担，由于慢性非传染性疾病往往不能根治，患者需要接受终身治疗，因此慢性非传染性疾病病情发展及其发病率的升高会大大增加患者的社会经济负担。另外，我国还存在手术患者住院医疗费用增长不合理等问题。2010—2015年，我国住院病人人均医药费用由6525.6元增加到8953.3元，年均增长率为6.53%。[①] 住院费用的增加、物价水平上涨等因素严重影响了患者的生活质量，增加其经济负担，本章节选取髋关节相关手术作为代表分析外科手术住院病人住院服务利用及费用变化情况。

① 中华人民共和国国家卫生计划生育委员会：《2017中国卫生统计年鉴》，中国协和医科大学出版社2017年版。

基本医疗保险是缓解患者家庭经济负担、有效化解疾病风险最直接、最有效的经济干预措施。医疗卫生体制改革以来，我国基本医疗保险体系建设得到了迅速的发展，制度覆盖范围的不断扩大、筹资水平的不断提升，医保基金的共济性得到更大的提升。2017 年，我国基本医疗保险覆盖人数达 11.77 亿人，其中城镇职工和居民医疗保险参保人数分别为 40199 万人和 51255 万人。

本章节主要从社会经济角度分析高血压、糖尿病等慢性非传染性疾病在人群间的医疗服务利用和费用特征。在此基础上，将城镇基本医疗保险视为减轻患者疾病经济负担的重要因素，对医保基金实际支付金额和实际报销比例进行分析，发现城镇基本医疗保险的补偿效果。

一、数据来源

本章节数据均来源于统筹地区医疗保险经办信息系统中城镇基本医疗保险参保患者的医疗服务利用数据。

高血压病种分析数据来源于 2013 年度天津市医疗保险经办信息系统中城镇职工参保患者的门诊医疗服务利用数据。本研究根据天津市十六个行政区的经济发展水平、人口规模大小和出生率高低将行政区划分为三个层级，采用系统抽样的方法在不同层级中随机抽取 2013 年高血压患者总人次 5% 的数据。调查数据内容主要包括高血压参保患者基本信息和医疗服务费用明细两部分内容。

糖尿病病种分析数据来源于 2013—2015 年度杭州市医疗保险经办信息系统中城镇职工和城镇居民参保患者的门诊和住院医疗服务利用数据。采用机械抽样抽取 2013—2015 年度的糖尿病患者总人次 2% 的数据。调查数据内容主要包括糖尿病参保患者基本信息和医疗服务费用明细两部分内容。

髋关节相关手术分析数据来源于 2010—2013 年度北京市、上海市和广州市医疗保险经办信息系统中城镇职工和城镇居民医疗保险参保患者的住院医疗服务利用数据。三个直辖市采用机械抽样抽取 2010—2013 年度的髋关节相关手术患者总人次 2% 的数据。调查数据内容主要包括髋关节相关手术患者基本信息和医疗服务费用明细两部分内容。

二、基于高血压病种的城镇职工医保参保患者门诊服务利用及费用分析

（一）基本情况

69.39%的调查者来自天津市经济最为发达的中心城区，该部分患者就医次数构成比高达 73.51%。仅 11.33%的人来自经济欠发达的远郊城区。样本中男女比例为 1∶1.07。样本的平均年龄为 60.61 岁（标准差 = 13.68），其中 53.63%的患者年龄在 59 岁以上。年龄处于 60—74 岁之间的患者的就诊人次构成比最大，比例为 43.25%。

表 10–1　调查样本基本情况

变量		患者人数		就诊人次数	
		n	%	n	%
总体	21434	100	401679	100	
城镇化水平	1(最高)	14873	69.39	295290	73.51
	2	4133	19.28	67710	16.86
	3(最低)	2428	11.33	38679	9.63
年龄	25—45	3044	14.2	36498	9.09
	46—59	6896	32.17	122064	30.39
	60—74	8106	37.82	173742	43.25
	≥ 75	3388	15.81	69375	17.27
性别	男	10346	48.27	197445	49.15
	女	11088	51.73	204234	50.85

（二）患者门诊服务利用

1. 就医次数分析

2013 年，天津市高血压门诊患者的人均就医次数为 18.75 次，其中二级以上医院为 4.29 次（占比 22.88%），基层医疗卫生机构为 13.62 次（占比 72.64%），药店为 0.81 次（占比 4.32%）。基层医疗卫生机构在高血压患者的门诊医疗服务利用中使用频率最高。不同城镇化水平，不同年龄组和性别的高血压患者门诊服务利用存在显著性差异。来自中心城区的高血压患者的人均就医次数最多，年龄越大则人均就医次数越多，男性高血压患者的人均就医次数多于女性。

表 10–2　不同类型患者在不同机构的人均就医次数

类别		总体（标准差）	二级及以上医院（比例 %）	基层医疗卫生机构（比例 %）	药店（比例 %）
总体		18.75（18.45）	4.29（22.88）	13.62（72.64）	0.81（4.32）
城镇化水平	1（最高）	19.86（18.99）	3.99（20.09）	14.85（74.77）	1.02（5.14）
	2	16.38（16.71）	5.40（32.97）	10.65（65.02）	0.33（2.01）
	3（最低）	15.93	4.20（26.37）	11.28（70.81）	0.45（2.82）
	P	<0.001	<0.001	<0.001	<0.001
年龄	25—45	12.00（13.56）	3.78（31.35）	7.71（64.25）	0.48（4.00）
	46—59	17.70（17.58）	4.14（23.39）	12.78（72.20）	0.78（4.41）
	60—74	21.42（19.89）	4.41（20.59）	16.08（75.07）	0.96（4.48）
	≥ 75	20.49（18.66）	4.74（23.13）	14.85（72.47）	0.90（4.39）
	P	<0.001	<0.001	<0.001	<0.00
性别	男	19.08（18.81）	4.59（24.06）	13.95（71.70）	0.81（4.25）
	女	18.42（18.09）	3.99（21.66）	13.59（73.78）	0.84（4.56）
	P	<0.001	<0.001	0.001	0.278

2. 基于负二项分布的就诊频率分析

负二项分布就诊频率分析结果显示：高血压患者所在区域的城镇化水

平越高，高血压患者的年龄越大，门诊服务利用越频繁，这与上表的分析结果一致。

表 10–3　负二项分布就诊频率分析结果

变量		频率分析	
		系数	P
城镇化水平	1（对照）	—	—
	2	–0.035	0.079
	3（最低）	–0.088	<0.001
年龄	25—45（对照）	—	—
	46—59	0.2	<0.001
	60—74	0.249	<0.001
	≥ 75	0.243	<0.001
性别	男（对照）	—	—
	女	–0.002	0.887

注：中心城区患者，25—45 岁年龄组患者，男性患者在模型中被设为对照组。

（三）患者门诊就医费用分析

1. 不同类别患者人均就诊费用分析

总的来说，患者人均总费用和人均个人负担费用分别为 1992.75 元和 498.63 元，城镇职工医疗保险的实际报销比例为 75.36%。从城镇水平来看来自中心城区的高血压门诊患者的人均总费用和人均个人负担费用最高；年龄方面，从 25—45 岁年龄组到 65—74 岁年龄组，高血压门诊患者的人均总费用和人均个人负担费用逐渐增加，≥ 75 岁年龄组的人均总费用和人均个人负担费用略有下降。不同性别患者的门诊就医费用无显著性差异。不同类型高血压门诊患者的人均总费用和其就医频率呈现出一致的趋势，门诊医疗服务利用越频繁，人均就医总费用越高。

表 10-4　不同类别患者人均就诊费用分析

类别		人均总费用（元）	人均个人负担费用（元）	实际报销比例（%）
总体		1992.75（767.70–4295.40）	498.63（138.15–1151.82）	75.36（13.82）
城镇化水平	1（最高）	2290.5（902.82–4679.94）	578.94（177.3–1254.45）	75.00（13.27）
	2	1490.4（591.36–3409.50）	353.01（85.20–930.9）	76.38（14.75）
	3（最低）	1342.29（539.46–3130.29）	309.33（80.28–869.34）	75.86（15.32）
年龄	25—45	1092.18（461.10–2601.45）	256.89（62.91–727.35）	75.68（16.19）
	46—59	1897.89（765.15–4130.76）	476.79（137.13–1103.79）	75.35（13.62）
	60—74	2411.91（942.90–4851.69）	607.77（181.83–1297.92）	75.45（13.17）
	≥ 75	2314.05（903.21–4637.22）	587.85（173.67–1229.52）	74.91（13.44）
性别	男	2001.33（778.26–4363.53）	485.58（117.96–1171.65）	76.12（14.51）
	女	1984.44（756.00–4216.17）	513.48（155.25–1133.16）	74.66（13.11）

注：人均总费用和人均个人负担费用以中位数（四分位数间距）（第 25 百分位—第 75 百分位数）表示；实际报销比例结果以均数（标准差）表示。

2. 不同类型医疗机构患者次均就医费用分析

总体上，高血压门诊患者的次均总费用和次均个人负担费用分别为 122.18 元和 28.90 元，城镇职工医疗保险的实际报销比例为 76.03%。不同类型医疗机构的次均就医费用差别较大。高血压门诊患者在二级及以上医院、基层医疗卫生机构、药店就诊的次均总费用分别为 160.09 元、121.10 元和 74.02 元。同时二级及以上医院的实际报销比例仅为 68.62%，处于最低水平，因此在二级及以上医院就诊的高血压门诊患者的次均个人负担费用较高。

表 10-5　不同类型医疗机构患者次均就医费用分析

类别	次均总费用（元）	次均个人负担费用（元）	实际报销比例（%）
总体	122.18（84.90—172.30）	28.90（14.45—44.12）	76.03（14.72）
二级及以上医院	160.90（102.78—252.70）	48.09（14.50—89.62）	68.62（19.58）

续表

类别	次均总费用（元）	次均个人负担费用（元）	实际报销比例（%）
基层医疗卫生机构	121.10（89.40—160.90）	27.85（16.00—38.92）	78.01（12.43）
药店	74.20（51.30—86.28）	17.90（8.95—20.45）	78.76（10.90）

注：次均总费用和次均个人负担费用以中位数（四分位数间距）（第25百分位—第75百分位数）表示；实际报销比例结果以均数（标准差）表示。

（四）小结

1. 就医流向方面，基层医疗机构是高血压患者进行门诊就医选择频率最高的医疗机构，其次为二级以上医疗机构；

2. 就医频率方面，高血压患者所在区域的城镇化水平越高，年龄越大，门诊服务利用越频繁；

3. 不同类型高血压门诊患者的人均总费用和其就医频率呈现出一致的趋势，门诊医疗服务利用越频繁，人均就医总费用越高，即老年高血压患者和来自中心城区的高血压患者的人均就医总费用较高；

4. 城镇职工医疗保险在不同类型医疗机构的实际报销比例不同，基层医疗机构的实际报销比例高于二级及以上医院。

三、基于糖尿病病种的城镇基本医疗保险参保患者门诊医疗服务利用及费用分析

（一）患者基本情况

总体上糖尿病患者的平均年龄为62.13岁，2013—2015年，糖尿病参保患者的平均年龄为59.42岁、62.80岁和62.93岁，平均年龄呈升高趋势，从患者年龄构成比来看，50—59岁与60—69岁年龄组所占比例最大，两者合计占比超过50%。总体来看，男性患者比例略高于女性患者。从就诊

类别来看，糖尿病门诊患者比例远高于住院患者。从参保类别来看，糖尿病患者以城镇职工基本医疗保险为主。

表 10–6　患者基本情况

类别		总体	2013 年	2014 年	2015 年
年龄	0—5 岁（比例 %）	0.02	0.01	0.02	0.03
	6—9 岁（比例 %）	0.06	0.07	0.02	0.11
	10—15 岁（比例 %）	0.04	0.04	0.05	0.03
	16—19 岁（比例 %）	0.05	0.06	0.07	0.02
	20—29 岁（比例 %）	0.92	1.34	0.83	0.75
	30—39 岁（比例 %）	3.94	5.73	3.58	3.23
	40—49 岁（比例 %）	10.97	15.49	9.93	9.44
	50—59 岁（比例 %）	25.82	29.69	25.09	24.19
	60—69 岁（比例 %）	28.25	22.79	28.91	31.37
	70—79 岁（比例 %）	19.35	16.69	20.14	19.87
	80 岁及以上（比例 %）	10.58	8.10	11.36	10.95
性别	男（比例 %）	52.31	56.03	51.75	50.40
	女（比例 %）	47.69	43.97	48.25	49.60
就诊类别	门诊（比例 %）	90.40	72.25	96.91	91.58
	住院（比例 %）	9.60	27.75	3.09	8.42
参保类型	居民（比例 %）	10.40	10.00	9.16	13.37
	职工（比例 %）	89.60	90.00	90.84	86.63

（二）患者门诊医疗服务利用

整体上，糖尿病门诊患者年均就医次数为 6.30 次，2013—2015 年，糖尿病门诊患者年均就医次数分别为 5.87 次、6.34 次和 6.72 次，呈增加趋势。从年龄来看，糖尿病患者的年均门诊就医次数随年龄的增加而增加。2013 —2015 年，20 —29 岁、30 —39 岁和 40 —49 岁年龄组患者的年均门诊就医次数逐渐降低，而较为年长患者的年均就诊次数逐渐增加。从医保类别来看，城镇职工基本医疗保险参保患者的年均门诊就医次数高于城镇居民基本医疗保险参保患者，2013—2015 年，两者差距逐渐缩小。

表 10-7　不同类别门诊患者年均就医次数分析

类别		2013 年	2014 年	2015 年	总体
年龄组	0—5 岁	——	0.90	2.00	2.00
	6—9 岁	10.00	6.54	5.75	6.60
	10—15 岁	——	0.60	1.00	1.00
	16—19 岁	1.00	1.20	1.00	1.00
	20—29 岁	5.13	4.23	3.37	3.98
	30—39 岁	5.09	4.75	4.47	4.75
	40—49 岁	5.87	5.76	5.69	5.77
	50—59 岁	5.55	6.05	6.59	6.12
	60—69 岁	5.97	7.02	7.19	6.69
	70—79 岁	6.28	6.78	7.24	6.81
	80 岁及以上	6.21	6.72	7.26	6.83
医保类型	居民	5.37	6.05	6.70	6.26
	职工	5.93	6.39	6.85	6.44

从就医流向来看，57.19% 的门诊患者选择社区 / 乡镇医院和一级医院等基层医疗卫生机构，36.64% 的门诊患者选择三级医院，仅 6.17% 的门诊患者选择二级医院。2013—2015 年，社区 / 乡镇医院和一级医院等基层医疗卫生机构的就诊比例逐渐升高，三级医院就诊比例逐渐下降，表明基层医疗机构的利用频率增加。

表 10-8　门诊患者就医流向分布

机构	总体	2013 年	2014 年	2015 年
社区 / 乡镇医院（比例 %）	55.17	53.76	53.60	59.66

续表

机构	总体	2013 年	2014 年	2015 年
一级医院（比例 %）	2.02	2.16	1.90	2.20
二级医院（比例 %）	6.17	6.53	6.13	6.05
三级医院（比例 %）	36.64	37.55	38.38	32.09

（三）患者门诊就医费用分析

1. 不同类型患者门诊次均总费用分析

2013—2015 年，糖尿病门诊患者的门诊次均总费用分别为 327.53 元，320.57 元和 295.85 元，逐年降低。从年龄来看，门诊次均总费用大体随年龄的增加而升高，经方差分析，可认为不同年龄组患者的门诊次均总费用差异具有显著性。从医保类型来看，城镇职工基本医疗保险参保患者的门诊次均总费用高于城镇居民基本医疗保险参保患者，经 t 检验，可认为不同医保类型参保患者的门诊次均总费用差异具有统计学意义。

表 10-9　不同类别患者门诊次均总费用

类别		2013 年	2014 年	2015 年	总体	统计量	P
年龄组	0—5 岁	—	55.67	61.84	57.57	F=6.362	0.000
	6—9 岁	773.11	384.80	230.33	392.30		
	10—15 岁	—	343.02	134.88	332.07		
	16—19 岁	139.50	347.17	23.50	330.56		
	20—29 岁	462.05	283.47	284.07	317.16		
	30—39 岁	300.17	292.40	279.13	291.02		
	40—49 岁	313.62	315.71	292.92	309.73		
	50—59 岁	326.22	308.31	290.52	306.94		
	60—69 岁	299.08	318.45	293.99	308.59		
	70—79 岁	339.02	338.44	290.10	326.40		
	80 岁及以上	396.99	337.75	332.25	345.52		

续表

类别		2013 年	2014 年	2015 年	总体	统计量	P
医保类型	居民	200.55	215.36	188.01	203.72	t=7.825	0.000
	城镇	337.66	329.60	310.72	326.31		

注："——"表示该年度无此类型门诊患者。

2. 门诊患者次均基金支付与个人负担费用分析

总体看来，2013—2015 年，门诊次均总费用、门诊次均基金实际支付费用、门诊次均患者个人负担费用均下降，其中，2015 年三者费用分别为 295.85 元、256.21 元、39.64 元。同期，实际报销比例增加，由 2013 年的 81.35% 增加到 2015 年的 86.60%。

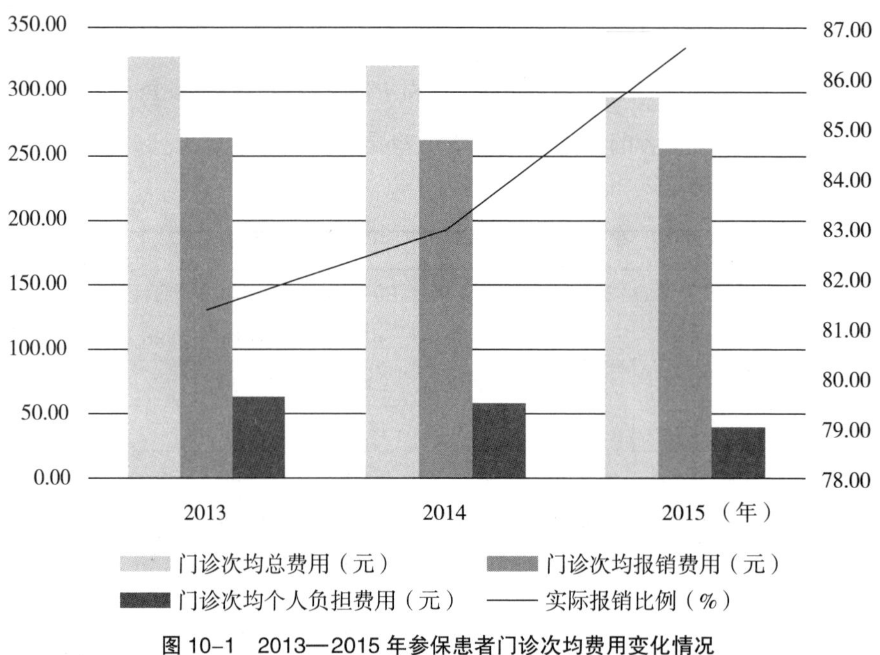

图 10-1　2013—2015 年参保患者门诊次均费用变化情况

总体来看，三级医院实际报销比例低于社区 / 乡镇、一级医院和二级医院。将不同级别医院实际报销比例进行方差分析，得出 F=1134.46，

$P<0.001$，可认为不同级别医院的实际报销比例差异具有统计学意义。城镇职工医疗保险参保患者的实际报销比例高于城镇居民医疗保险参保患者，经 t 检验，得出 $t=53.349$，$P<0.001$，可认为两种医疗保险的实际报销比例差异显著。同时城镇职工医疗保险参保患者的个人负担费用低于城镇居民医疗保险参保患者，经 t 检验，得出 $t=11.493$，$P<0.001$，可认为两种医疗保险参保患者的个人负担费用具有显著性差异。

2013—2015 年，社区 / 乡镇、一级医院等基层医疗卫生机构和三级医院的实际报销比例呈增高趋势。同期，基金实际支付金额呈增加趋势，个人负担费用减少。2013—2015 年，城镇居民医疗保险实际报销比例有所波动，整体来说变化不大，城镇职工医疗保险实际报销比例平稳变化。

表 10-10 不同类别住院患者次均基金支付与个人负担费用分析

	类别	社区 / 乡镇	一级医院	二级医院	三级医院	城镇居民医疗保险	城镇职工医疗保险
总体	基金实际支付金额（元）	219.59	202.29	247.97	354.13	146.76	282.32
	患者负担金额（元）	24.29	31.70	37.30	78.66	56.95	43.99
	实际报销比例（%）	89.57	88.31	87.19	73.24	74.40	87.92
2013 年	基金实际支付金额（元）	220.64	224.03	200.80	340.48	115.69	276.27
	患者负担金额（元）	34.28	48.36	43.55	108.65	84.85	61.38
	实际报销比例（%）	84.96	83.37	82.43	75.87	59.75	83.07
2014 年	基金实际支付金额（元）	212.33	202.22	246.06	338.27	128.71	273.92
	患者负担金额（元）	32.11	41.07	50.77	96.67	86.65	55.68

续表

	类别	社区 / 乡镇	一级医院	二级医院	三级医院	城镇居民医疗保险	城镇职工医疗保险
	实际报销比例（%）	86.33	84.56	83.43	78.05	61.85	84.76
2015 年	基金实际支付金额（元）	233.71	188.00	286.01	407.05	185.56	306.22
	患者负担金额（元）	17.94	16.82	41.59	75.52	71.02	39.05
	实际报销比例（%）	92.87	91.79	87.30	84.35	72.32	88.69

（四）小结

第一，就医流向方面，社区 / 乡镇医院等基层医疗机构是糖尿病患者进行门诊就医选择频率最高的医疗机构，其次为三级；

第二，就医频率方面，年长糖尿病患者和城镇职工医疗保险参保患者门诊服务利用更为频繁；

第三，就医费用方面，年龄越大，门诊次均总费用越高；城镇职工基本医疗保险参保患者的门诊次均总费用高于城镇居民基本医疗保险参保患者；

第四，三级医院实际报销比例低于社区 / 乡镇、一级医院和二级医院。城镇职工医疗保险参保患者的实际报销比例高于城镇居民医疗保险参保患者。

四、基于髋关节相关手术的城镇基本医疗保险参保患者住院服务利用及费用分析

（一）患者分布特征

从年龄构成上看，2010 —2013 年，年长患者比例下降，19 岁以下人群构成比有所上升。60 —69 岁年龄段的住院人次比例急速上升，在

70—79 岁年龄段达到高峰，成髋关节相关手术住院患者主要人群。从性别构成上看，髋关节相关手术住院患者的男女比例为 1∶1.42，女性患者比例高于男性。总体来看，随着年龄的增加，女性患者比例逐渐升高。以 2013 年为例，50—59 岁、60—69 岁、70—79 岁、≥ 80 岁年龄组男女患者比例分别为：1∶0.85、1∶1.21、1∶1.24、1∶1.18。

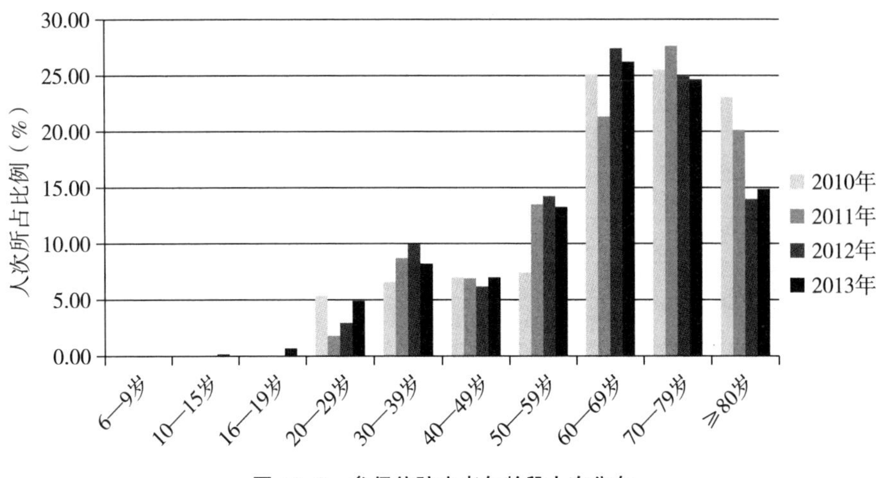

图 10-2　参保住院患者年龄段人次分布

（二）患者医疗机构分布分析

1. 不同城市参保住院患者医疗机构分布

总体来看，髋关节相关手术住院患者主要集中在三级医院，占比 74.01%。2010 —2013 年，不同城市髋关节相关手术住院患者医疗机构级别分布变化情况略有不同。总体上，三级医院占比呈下降趋势，住院患者逐渐向一级和二级医院分流。2010 —2013 年，北京市三级医院占比小幅下降，但仍远高于上海和广州两地；同期上海市住院患者医疗机构分布总体变化不大；2010 —2013 年，广州市住院患者三级医院占比由 70.00% 下降到 37.04%，一级医院占比由 0.00% 上升到 30.86%。

表 10–11　不同年份和城市住院患者医疗机构人次分布（%）

城市	年份	医疗机构级别		
		一级医院	二级医院	三级医院
北京	2010	0.00	1.61	98.39
	2011	6.25	14.58	79.17
	2012	2.55	15.92	81.53
	2013	2.38	11.90	85.71
上海	2010	0.83	31.40	67.77
	2011	0.00	22.56	77.44
	2012	0.00	15.72	84.28
	2013	0.63	32.92	66.46
广州	2010	0.00	30.00	70.00
	2011	7.14	19.64	73.21
	2012	16.07	28.57	55.36
	2013	30.86	32.10	37.04

2. 不同医保类型参保患者医疗机构分布

本研究样本中城镇职工参保患者占比远高于城镇居民，2013 年占比为 90.44%。2010—2013 年，两种不同参保类型住院患者的医疗机构分布有所不同：城镇居民参保住院患者三级医院占比呈上升趋势，一、二级医院合计呈下降趋势；同期城镇职工参保住院患者的医疗机构分布呈相反趋势。

表 10–12　不同医保类型人次分布（%）

类型	城镇居民				城镇职工			
	2010 年	2011 年	2012 年	2013 年	2010 年	2011 年	2012 年	2013 年
一级医院	2.86	0.00	5.26	8.93	0.00	4.36	3.40	5.08
二级医院	34.29	31.43	21.05	21.43	21.63	17.11	17.56	27.15
三级医院	62.86	68.57	73.68	69.64	78.37	78.52	79.04	67.77

（三）患者住院天数分析

总体来看，2010—2013 年，髋关节相关手术住院患者的次均住院天数分别为 16.60 天、14.59 天、12.89 天和 11.55 天，呈明显下降趋势。

从年龄组来看，无论总体还是不同年份，住院天数均随着年龄的增长而增加。总体来看，80 岁及以上年龄组的次均住院天数为 17.76 天，比 20—29 岁年龄组高出 9.85 天。经方差分析，得出 F=18.191，P<0.001，可认为各年龄组的住院天数差异具有统计学意义。

从城市来看，无论是总体还是不同年份，住院天数排序结果均为广州 > 北京 > 上海，广州的住院天数均为最高。经方差分析，得出 F=24.155，P<0.001，可认为不同城市的住院天数差异具有统计学意义。

从医院级别来看，无论是总体还是不同年份，三级医院的住院天数低于一级和二级医院。经方差分析，得出 F=24.49，P<0.001，可认为不同级别医疗机构的住院天数差异具有统计学意义。

城镇居民和城镇职工参保患者的次均住院天数分别为 14.57 天和 16.43 天，经 t 检验，得出 t=1.622，P>0.05，可认为不同参保类型患者的住院天数差异不具有统计学意义。

表 10–13　不同类别患者住院天数（天）

类别		2010 年	2011 年	2012 年	2013 年	总体	统计量	P
年龄组	6—9 岁	—	—	11.00	—	11.00	F=18.191	0.000
	10—15 岁	—	—	—	10.00	10.00		
	16—19 岁	—	—	—	5.25	5.25		
	20—29 岁	7.23	6.33	7.45	8.75	7.91		
	30—39 岁	11.25	8.90	8.35	5.94	7.95		
	40—49 岁	11.47	14.13	10.43	6.48	9.89		
	50—59 岁	17.72	12.09	12.28	11.32	12.37		
	60—69 岁	15.59	14.27	12.64	11.21	12.85		

续表

类别		2010 年	2011 年	2012 年	2013 年	总体	统计量	P
	70—79 岁	20.56	15.52	13.95	12.98	15.04		
	≥ 80 岁	18.20	18.72	17.62	16.81	17.76		
城市	北京	16.15	14.32	13.41	10.88	13.17	F=24.155	0.000
	上海	16.07	12.95	10.75	11.24	12.24		
	广州	18.13	19.20	17.52	14.19	16.97		
医院级别	一级医院	27.00	17.77	14.31	12.45	14.31	F=24.49	0.000
	二级医院	19.19	17.19	17.55	14.59	16.43		
	三级医院	15.74	13.81	11.78	10.29	12.39		
医保类型	居民	15.66	16.54	13.21	13.13	14.57	t=1.622	>0.05
	职工	16.75	14.37	12.87	11.38	13.23		

注："—"表示该年度无此类型住院患者。

（四）患者次均住院费用分析

1. 不同类型住院患者次均住院总费用分析

2010—2013 年，参保住院患者次均住院总费用分别为 39637.86 元、39329.47 元、39552.89 元、42472.60 元，呈小幅上涨趋势。

从年龄组来看，无论总体还是不同年份，次均住院总费用均随着年龄的增长而增加。总体来看，80 岁及以上年龄组的次均住院总费用为 50851.52 元，比 20—29 岁年龄组高出 27157.01 元。经方差分析，得出 F=22.20，P<0.001，可认为不同年龄组的次均住院总费用差异具有统计学意义。

从城市来看，无论是总体还是不同年份，次均住院总费用排序结果为：上海 > 北京 > 广州，与住院天数排序相反。经方差分析，得出 F=8.103，P<0.001，可认为不同城市的次均住院总费用差异具有统计学意义。

从医院级别来看，无论是总体还是不同年份，次均住院总费用排序结果为：三级医院 > 二级医院 > 一级医院。经方差分析，得出 F=18.880，

P<0.001，可认为不同级别医疗机构的次均住院总费用差异具有统计学意义。

城镇居民和城镇职工参保患者的次均住院总费用分别为 41507.09 元和 40516.61 元，经 t 检验，得出 t=0.417，P>0.05，可认为不同参保类型患者的次均住院总费用差异不具有统计学意义。

表 10–14　不同类别患者次均住院费用（元）

类别		2010 年	2011 年	2012 年	2013 年	总体	统计量	P
年龄组	6—9 岁	—	—	10908.65	—	10908.65	F=22.20	0.000
	10—15 岁	—	—	—	15308.97	15308.97		
	16—19 岁	—	—	—	17668.85	17668.85		
	20—29 岁	15662.67	19265.94	25989.11	27471.1	23694.51		
	30—39 岁	18445.23	21697.97	28085.51	28146.34	25476.02		
	40—49 岁	26672.02	32392.11	33679.16	27246.92	29737.28		
	50—59 岁	30246.84	29725.1	30196	39522.24	33751.98		
	60—69 岁	36450.92	36389.24	37455.32	42083.05	38906.36		
	70—79 岁	54404.07	46640.57	46573.23	51753.78	49712.62		
	≥ 80 岁	45336.02	50666.56	54826.21	52215.52	50851.52		
城市	北京	40306.05	37669.61	38772.03	39219.91	38793.88	F=8.103	0.000
	上海	42185.83	42731.18	41203.04	45200	43384.99		
	广州	33808.69	35518.63	37056.87	38477.65	36400.95		
医院级别	一级医院	28553.71	17672.24	18159.08	29971.23	24542.57	F=18.880	0.000
	二级医院	33237.65	27111.86	36927.10	40451.50	36073.95		
	三级医院	41669.64	43356.74	41093.58	44267.23	42800.79		
医保类型	居民	36288.95	47440.71	40832.72	41288.73	41507.09	t=0.417	>0.05
	城镇	40201.29	38376.81	39484.01	42602.08	40516.61		

2. 住院患者次均基金支付与个人负担费用分析

总体看来，2010—2013 年，次均住院总费用、次均住院基金实际支付费用、次均住院患者个人负担费用均有小幅上升，其中，2013 年三者费用分别为 42472.60 元、22377.67 元、20094.93 元，实际报销比例为 52.69%。同期，实际报销比例增加，由 2010 年的 50.90% 增加到 2013 年的 52.69%。

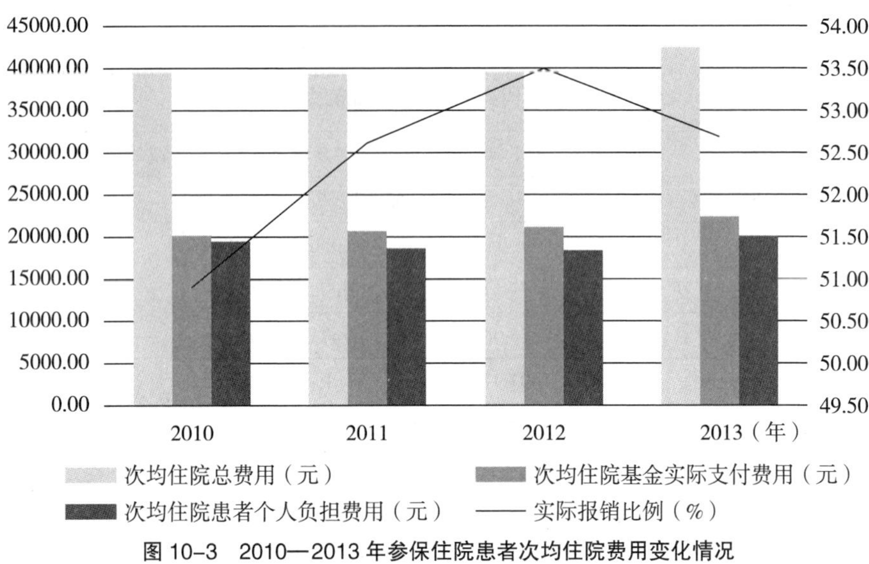

图 10-3　2010—2013 年参保住院患者次均住院费用变化情况

总体来看，三级医院实际报销比例低于一级和二级医院。将不同级别医院实际报销比例进行方差分析，得出 F-28.872，P<0.001，可认为不同级别医院的实际报销比例差异具有统计学意义。结合上文分析结果，次均住院总费用排序为三级医院 > 二级医院 > 一级医院，因此三级医院的患者负担费用高于一级和二级医院。城镇职工医疗保险参保患者的实际报销比例高于城镇居民医疗保险参保患者，经 t 检验，得出 t=10.256，P<0.001，可认为两种医疗保险的实际报销比例差异显著。同时城镇职工医疗保险参保患者的个人负担费用低于城镇居民医疗保险参保患者，经 t 检验，得出 t=4.118，P<0.001，可认为两种医疗保险参保患者的个人负担费用具有显著性差异。

2010—2013年，一级医院和三级医院的实际报销比例呈增高趋势，其中一级医院明显升高。一级医院由于实际报销比例明显增加，基金实际支付金额呈增加趋势，同时个人负担费用减少。2010—2013年，城镇居民医疗保险实际报销比例有所提高，城镇职工医疗保险实际报销比例变化不大。

表10-15 不同类别住院患者次均基金支付与个人负担费用分析

	类别	一级医院	二级医院	三级医院	城镇居民医疗保险	城镇职工医疗保险
总体	基金实际支付金额（元）	16491.39	19861.55	22054.63	17030.08	21813.21
	患者负担金额（元）	8051.18	16212.40	20746.17	24477.01	18703.40
	实际报销比例（%）	66.86	61.15	59.77	48.42	61.61
2010年	基金实际支付金额（元）	12958.61	18708.41	20668.13	14487.47	21134.04
	患者负担金额（元）	15595.10	14529.24	21001.51	21801.48	19067.26
	实际报销比例（%）	45.38	60.79	54.94	45.67	58.06
2011年	基金实际支付金额（元）	12183.50	16208.58	22199.18	18671.89	20930.16
	患者负担金额（元）	5488.73	10903.28	21157.56	28768.82	17446.64
	实际报销比例（%）	70.02	66.24	56.13	43.73	60.29
2012年	基金实际支付金额（元）	13062.18	20150.73	21745.25	18379.43	21308.51
	患者负担金额（元）	5096.90	16776.37	19348.34	22453.29	18175.50
	实际报销比例（%）	69.79	63.77	66.95	53.48	67.19
2013年	基金实际支付金额（元）	19849.94	21670.34	22857.37	17135.28	22951.06
	患者负担金额（元）	10121.29	18781.16	21409.85	24153.45	19651.03
	实际报销比例（%）	65.00	58.05	59.07	51.35	59.97

（五）小结

第一，就医流向方面，髋关节相关手术住院患者主要集中在三级医院，2010—2013年，三级医院就医占比呈下降趋势，患者逐渐向一级和二级医院分流。

第二，就医天数方面，住院天数均随着患者年龄的增长而增加；三市住院天数排序结果均为广州 > 北京 > 上海；三级医院的住院天数低于一级和二级医院；城镇居民参保患者的次均住院天数低于城镇职工参保患者。

第三，就医费用方面，次均住院总费用均随着年龄的增长而增加。三市次均住院总费用排序结果为：上海 > 北京 > 广州。医院级别次均住院总费用排序结果为：三级医院 > 二级医院 > 一级医院。

第四,三级医院实际报销比例低于一级和二级医院，三级医院的患者负担费用高于一级和二级医院。城镇职工医疗保险参保患者的实际报销比例高于城镇居民医疗保险参保患者。

五、讨论与建议

（一）发挥医保经济杠杆作用，吸引患者基层就医

医保作为“三医”的一方，具有举足轻重的作用。医保是连接医疗服务供方和需方的纽带、引导医疗服务供方的价格杠杆和影响医疗服务行为的调控阀。医保在医改中能够发挥基础性作用，即通过支付机制、谈判机制、价格机制和监管机制来实现对医疗服务供方的调节。医保的改革，要进一步夯实信息化建设，完善支付机制、谈判机制、价格机制和监管机制。从国际经验看，发达国家医改主要是通过调整医保报销范围、支付方式等政策，来推动医疗服务、医药市场改革。近年来，政府为解决群众看病难、看病贵问题采取了加强基层服务能力、提高医保筹资水平和报销比例、合理分流病人、规范诊疗行为、加强医疗监管等一系列的具体举措。这些重要的医改举措几乎都和医保紧密相关联，医保处于核心位置。医保应制定差异化的病种付费标准和起付线、报销比例政策，把大医院常见病的病种付费标准适度降低，使其回报明显低于疑难杂症。同时提高基层服务能力和报销比例等，引导常见病患者在基层机构诊治。遏制大处方、滥

检查、耗材多等过度医疗服务，需要推行临床路径管理，最重要的前提是医保实行按病种付费。

（二）医保聚焦健康扶贫，降低重点人群健康贫困风险

没有全民健康，就没有全面小康。健康扶贫是精准扶贫的重要组成部分，是我国决战脱贫攻坚、决胜全面小康、圆满交出两份优异答卷的重要保障。中国精准扶贫医疗救助政策是为了进一步推进精准健康扶贫，着力解决因病致贫、因病返贫问题。医保全覆盖大大减轻了群众看病就医的经济负担，缓解了人民群众因病致贫、因病返贫问题，为实现全民小康奠定了扎实的基础。但是，重点人群的健康贫困风险仅依靠基本医疗保险不足以分担。本研究发现年长患者的就医费用较高。对于这些就医费用畸高的患者除了运用基本医疗保险进行保障之外，还应该发展形式多样的补充医疗保险，提供多层次的医疗保障。目前，我国建立了大额医疗费用补助等形式的补充医疗保险，对超过基金支付限额部分的医疗费用按照规定的报销比例进行支付，这能够在一定程度上减轻大病患者的经济负担。然而，对于贫困患病人口，基数较大的治疗费用仍然会使得患者自付部分成为其沉重的经济负担，存在因病致贫，返贫现象。因此应根据不同患者的家庭可支配收入情况，确定不同收入家庭的个人自付水平限额线，通过有针对性、精细化的管理降低灾难性卫生支出发生风险，杜绝因病致贫、返贫现象。

（三）建立疾病风险共担机制，增加医疗保险待遇公平性

我国城镇基本医疗保险存在四个方面的制度障碍：一是筹资政策不统一。城镇职工医保是以职工工资一定比例为基数筹集资金；城镇居民医保缴费标准总体上低于职工医保，在个人缴费基础上政府给予适当补贴；二是报销政策不统一。不同医保的报销目录、支付标准、补偿比例等都不

同，地区差异也较大；三是待遇标准不同。城镇居民医保由于筹资水平较低，医疗待遇标准总体上略低于职工医保；四是缴费要求不同。城镇职工医疗保险设立最低缴费年限，达到缴费年限（男 25 年、女 20 年）的，退休后不再缴费即可享受基本医疗保险待遇；城镇居民医疗保险不设立最低缴费年限，必须每年缴费，不缴费不享受待遇。本研究发现城镇居民医疗保险与城镇职工医疗保险的实际报销比例仍存在差距。不同类型医保参保患者医疗服务公平性难以实现的原因主要在于不同类型医保参保患者管理标准、筹资渠道与筹资水平的不统一。随着医疗卫生体制改革的深入推进，增加基本医疗保险的政府投入，进行基本医疗保险的制度完善，进一步提高基金运行效率，实现医疗保险全面一体化已经成为必然趋势。然而"三保合一"也不能一蹴而就，应按照行政管理和经办主体归一，信息系统统一，城乡居民医疗保险和新农合制度整合，城乡居民医保与职工医保制度的逐步衔接四个步骤稳健推进。

第十一章　基本医疗保险异地就医管理服务问题研究

自20世纪90年代以来，人口迁移流动已经成为我国人口变动的重要因素。根据国家卫计委统计，2016年我国的流动人口达到了2.45亿人，占据我国人口比例为17.7%。[①] 根据《国家新型城镇化规划》的进程，到2020年我国的流动人口仍将在2亿以上。实现流畅和规范的异地就医是新医改需着重解决的重点问题之一，各项文件普遍涉及这一问题。《中共中央国务院关于深化医药卫生体制改革的意见》以异地安置的退休人员为重点改进异地就医结算服务。《人社部、财政部关于基本医疗保险异地就医结算服务工作的意见》提出提高统筹层次、推进省内异地就医联网结算、探索跨省异地就医结算三步走的工作思路。人社部发〔2014〕93号文进一步明确三步走的工作目标。2016年政府工作报告中提出，要加快推进基本医保全国联网和异地就医结算。总理在答记者问时也强调要尽快解决异地就医问题，使老年人跨省异地住院费用能够直接结算，使合情合理的异地结算问题不再成为群众的痛点。[②]

随着国家前后出台有关政策文件推进基本医疗保险异地就医工作，多

---

① 中华人民共和国卫生与计划生育委员会：《〈中国流动人口发展报告2016〉内容概要》，《青春期健康》2016年第22期。

② 第十二届全国人大第四次会议《2016年国务院政府工作报告》。

个省级行政区也相继印发异地就医相关政策，规范异地就医工作。异地就医结算的运行和管理，对医保制度的完善起着至关重要的作用。党的十八届三中全会《决定》再次明确指出："要坚持全覆盖、保基本、多层次、可持续方针，以增强公平性、适应流动性、保证可持续性为重点，全面建成覆盖城乡居民的社会保障体系。"解决异地就医问题，对于完善我国医疗保障体系有着重要的意义。异地就医管理服务机制作为医疗保障制度适应流动性的重要内容，需要进一步提高完善。

一、异地就医相关概念及政策演变

（一）异地就医相关概念及成因

异地就医，一般是指基本医疗保险的参保患者到统筹区以外的地区发生就医和购药行为。[①] 参保人员因异地工作（学习）、异地退休安置和长期异地生活需要在参保地以外的地区就医或购药，或因出差、探亲急诊就医，以及因病确需转外地就医的，均属异地就医。[②]

异地就医即时结算是指参加基本医疗保险的人员，在参保地以外的地区就医或购药时能够联网即时结算医疗费用。而异地就医管理服务就是医保经办机构对发生异地就医的参保人群所提供的管理和服务的统称。

从社会根源上看，异地就医的需求与迅速的人口迁移、人口老龄化与基本医疗保险属地化管理原则之间的冲突有关，这些都使得异地就医的压力持续增加。[③]

① 周玲琍、程显扬：《社会医疗保险异地就医问题研究》，《沈阳干部学刊》2012年第3期。

② 王健、周绿林：《异地就医管理理论与政策研究》，《中国卫生事业管理》2009年第12期。

③ 郭珉江、郭琳：《流动人口异地就医即时结算现状与问题研究》，《中国卫生经济》2014年第1期。

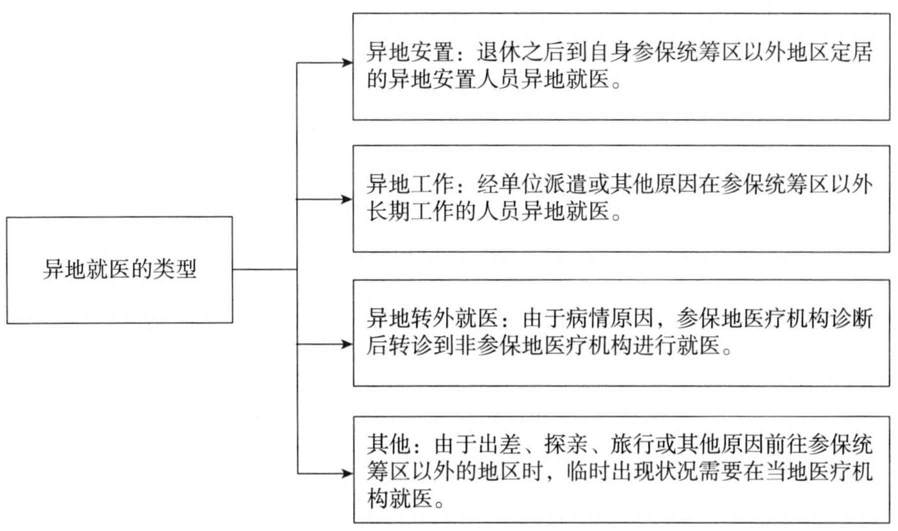

图 11–1　异地就医的类型

异地就医的原因有很多，包括因为特殊的历史遗留问题，由单位统筹导致的，老年职工退休以后随子女到异地居住，因为工作需要异地派遣、异地出差等情况，因为生活条件水平的提高而选择了另外的居住城市，由于行政区域的划分导致参保患者去异地就医距离更近，以及由于医疗资源分布的不均匀而转外就医等。

（二）我国异地就医管理的政策演变

1. 以先垫付后报销结算模式为主的时期

从 1998 年我国城镇职工医疗保险建立以来，异地就医的问题不断显现出来。基本医疗保险是按照属地化进行管理的，但当在职职工被派遣至外地，产生跨区域就医的现象，其就诊和报销的过程则会更加复杂一些。

最初国家关于异地就医的管理办法仅在原劳动和社会保障部发布的关于职工医保整体结算管理的文件中提及，当时国家对异地就医管理作出的规定是在经过医疗机构同意后并由参保地的医保经办机构批准后方可转到异地就医，而医疗费用的结算则是先由个人或单位自行垫付，由参保地的医保经办机构审核通过后再进行报销。[①]

有的省份对于异地就医的结算和管理都进行了一定的探索，福建省是最早启动对于异地就医即时结算方面实践工作的。福建省在 2001 年年初便发布了一系列关于职工医保信息系统和平台建设的指导意见和技术规范等，2004 年 2 月，福建省委常委会议定明确要在之前信息系统和平台的基础上，实施全省的联网工作。2005 年 7 月 19 日，福建省劳动保障厅下发了关于开展全省医疗保险信息系统联网工作的通知，并于同年 12 月制定了《福建省医疗保险异地就医卡使用管理办法（试行）》。2006 年 12 月，福建省劳动保障厅制定了办法，规定了由统筹基金支付的医疗费用无需再由个人垫付，是由医保经办机构经审核后再与定点医疗机构进行结算的。[②]

同一时期，我国的绝大多数省份的异地就医结算模式仍停留在患者先垫付、后报销的阶段。在城镇居民医保制度建立以后，对于居民医保参保患者的异地就医规定也与职工医保相似，需要医疗机构同意并由参保地的医保经办机构批准后方可转诊，医疗费用由个人先行垫付，由参保地的医保经办机构审核通过后再进行报销，即采取先垫付、后报销的模式。2006 年，新农合在建设信息系统和平台方面作出了规划，为之后的异地就医联网提供了基础。[③]

这种先垫付、后报销的结算模式具有一定的弊端。第一，参保人员出院时需要先全额垫付医疗费用，再回参保地的医疗保险经办机构审核通过

---

① 郑先平、刘雅、傅强辉：《社会医疗保险异地结算问题及对策探讨》，《中国卫生经济》2015 年第 2 期。

② 佚名：《福建省医疗保险信息系统联网异地就医医疗费用结算管理试行办法实施》，《就业与保障》2006 年第 7 期。

③ 刘利、吕海升：《新农合制度下我国农民异地就医报销困境及整合》，《中国农村卫生事业管理》2016 年第 2 期。

后才能报销，不仅增加了患者个人垫付的经济负担，而且报销时参保患者明显感受到跑腿多、周期长、报账难。第二，参保地经办机构的人工审核工作量大，需要审核的纸质材料是通过手工操作的，有时异地就医的业务量甚至会超过本地的其他工作。第三，异地监管难度大，数据资料的真实性难以保证，开具假发票骗取医保基金等违法事件时有发生，还存在参保人与医疗机构联合骗保的现象，威胁基金安全。

2. 以异地安置人员为重点实现省内联网即时结算阶段

随着先垫付、后报销结算模式弊端的不断显露，异地就医的问题越发引起了国家的重视，特别是新医改方案出台以后，异地就医如何更便捷有效成了相关部门研究的重点方向之一。根据新医改方案的要求，人社部和财政部在 2009 年联合发布了关于异地就医结算服务工作的 190 号文，明确提出异地就医是以异地安置退休人员为重点的，要提高异地就医结算服务的效率，最重要的是使异地就医结算变得便捷化，同时缓解参保患者垫付医疗费用的经济负担。

文件出台之后，各省纷纷响应，并分别进行了不同的探索与实践。江苏省在 2008 年先后制订了一系列服务规程和管理办法，探索构建了以省为单位的信息系统。该省共 13 个地市在 2010 年就与省级信息系统进行了连接，能够互传资料与数据，使得参保人员在异地就医结算时无需再有垫付的压力。① 云南省在 2009 年提出了 2 年内全省实现城镇职工基本医疗保险市（州）级统筹，3 年内实现参保人在全省范围内的定点医疗机构和定点零售药店能够持卡就医、购药的目标，从此拉开了开展城镇基本医疗保险异地持卡就医结算试点工作的序幕。云南省为了更好地进行异地就医的管理和服务的工作，2009 年成立了独立的医疗保险异地费用结算中心，属于省人社厅下属的副处级事业单位，并提供 10 个事业编制的岗位，专门

① 佚名：《江苏：年内全省居民异地就医“一卡通”》，《中国防伪报道》2009 年第 6 期。

负责协调和处理异地就医医疗保险费的事务性工作。[①] 浙江省委和省政府也在2009年发布文件，提出要“加强城镇职工、城镇居民基本医疗保险、新型农村合作医疗和医疗救助信息系统建设，建立全省医疗保险数据交换平台”，从而推动实施浙江省社会保障“一卡通”，实现省内异地就医持卡就医联网结算。[②] 海南省在2009年11月与广州、广西、贵州、山西、黑龙江等省（区）市本级医疗保险经办机构签署了异地就医结算协议，开创了全国省际异地就医结算工作的先河，并于2010年1月1日正式实施省际异地就医结算。

3. 探索全国联网即时结算的阶段

在大部分省份基本实现了省内异地就医的联网即时结算后，我国开始了对跨省即时结算的计划和探索，重点人群仍是异地安置的退休人员。在各省省级信息系统和平台已搭建好的基础上，开展全国范围的跨省异地就医即时结算工作。

为了做好跨省异地就医的结算工作，国家人社部、财政部和原卫生计生委在2014年联合发布了关于进一步做好异地就医结算工作的指导意见，并且在2016年9月签订合同，确定银海公司作为承建单位，并立即组织成立了包括信息中心、医保司、社保中心、监理单位在内的项目工作组。2016年11月，主体开发任务完成，抽调了十余个省份的社保机构、信息部门的工作人员，开展了两次较大规模的用户测试工作。2016年12月15日完成系统部署，并正式上线试运行。

2017年9月，医保全国联网和跨省异地就医直接结算正式实现，截至10月31日，在全国所有省级异地就医结算系统、所有统筹地区均已接入

① 曹璐：《云南与广州启动异地就医联网结算》，《中国劳动保障报》2014年6月19日。

② 蒋可竟：《职工基本医疗保险异地就医便捷化政策效应分析》，硕士学位论文，浙江大学，2014年。

国家异地就医结算系统的基础上，全国跨省定点医疗机构增加到7688家，备案人数达到181万人。

二、异地就医运行实证分析

（一）我国异地就医概况

据统计，我国异地就医住院人数约占医保住院总人数的5%左右，在异地发生的住院医疗费用占医疗总费用的12%左右，早在2006年全国异地住院医疗费用就已达到90亿元。2016年，异地就医总人次3521万，比上年增长28%。其中住院人次784万，比上年增长14.6%。异地就医费用1277亿元，其中住院费用1181亿元，增长19.8%。跨省异地就医人数213.8万，占比18.5%；跨省住院费用353亿元，占比29.9%。[①]

2015年，我国城镇职工异地就医人数548万，其中退休人员占50%。在职异地就医人员中，跨省异地就医的占19.8%，共54万人；退休异地就医人员中，跨省的占31%，共85万人。异地就医人次增长21.1%。总人次2297万，其中住院人次392万（占17.1%），比上年增长8%。异地就医住院费用增长11.8%。异地就医费用724亿元，其中住院费用652亿元（占90.1%），增长11.8%，占职工医保参保人员住院费用的13.5%。次均住院费用16627元，是职工医保平均住院费用的1.6倍。政策范围内统筹基金支付比例74.3%，比职工医保同口径低5.1个百分点。

表11-1　2014—2015年全国职工医保异地就医情况

	住院人次（万）			住院费用（亿元）			次均住院费（元）		支付比例	
	全国	异地	占比	全国	异地	占比	全国	异地	全国	异地
2015年	4622	392	8.48%	4813	652	13.55%	10414	16627	79.4%	74.3%

① 李磊、邵建祥、田瑞雪等：《医疗保险异地就医即时结算存在的问题及对策》，《现代医院》2017年第3期。

续表

	住院人次（万）			住院费用（亿元）			次均住院费（元）		支付比例	
	全国	异地	占比	全国	异地	占比	全国	异地	全国	异地
2014年	4279	363	8.48%	4320	583	13.50%	10095	16056	79.2%	74.1%
增加	343	29	8.45%	493	69	14.00%	319	571	0.20%	0.20%
增长	8.01%	7.99%	—	11.41%	11.84%	—	3.16%	3.56%	—	—

2015年，我国居民医保异地就医609万人，比上年增加148万人，增长32.1%，占参保人数的1.6%；跨省异地就医人数74.4万人，占比12.2%。异地就医人次1223万人次，比上年增加365万人次，增长42.5%。其中住院人次392万人次，占比32.1%；比上年增加72万人次，增长22.5%。发生异地就医费用552.6亿元，比上年增加134.6亿元，增长32%。其中住院费529亿，占比96%；跨省的住院费用116亿元，占比21.9%。次均住院费用12553元，比上年增加942元，增长7.5%，比居民医保次均住院费（6821元）高98%。政策范围内统筹基金支付比例54.4%，比上年增加1.4个百分点，比居民医保同口径低10.2个百分点。

（二）地方异地就医实践情况

研究团队以H省为例，深入分析该地区各市（州）开展异地就医的工作情况。

该省2012年实现了各市（州）本级转省会城市异地就医联网即时结算，2013年实现了县（区）级转省会城市异地就医联网即时结算，2014年实现了省内跨市（州）异地就医联网即时结算。H省启动基本医疗保险异地就医联网即时结算以来，实施了一系列的措施，如出台管理办法，建立省级交换平台，统一“三个目录”编码，规范业务经办流程，确定异地就医联网结算定点医疗机构并签订了医疗服务协议等，工作取得了一定的成效。

第一，减轻了异地就医参保人员垫付医疗费用的负担，缓解了报销的压力。推行异地就医联网即时结算以后，参保人员出院时不需要先全额垫付医疗费用再回参保地的医疗保险经办机构报销，在出院时只需结清应由个人支付的费用。这不仅减轻了患者个人垫付的经济负担，还改善了参保人员后期报销时跑腿多、周期长、报账难的压力。

第二，改善了参保地经办机构需要通过手工进行审核报销的局面。原来需要审核的纸质材料是通过手工操作的，现在实行异地就医联网即时结算以后可以直接从异地就医系统平台上审核材料。医院和经办机构都可以根据管理办法和经办流程进行统一规范的申请、审核、结算，通过信息平台进行的传输保障了审核的效率和准确性。

第三，提高了异地就医监管的有效性和简便性。联网结算后，异地就医诊疗信息通过信息系统传输，减少了开具假发票骗取医保基金等违法事件的可能性，一定程度上提高了数据资料的真实性。

下文以 H 省城镇职工基本医疗保险异地就医情况为例进行实证分析。

1. 异地就医人群

2012 年至 2017 年，H 省级异地就医人次不断攀升，从 2012 年的 566 人次上升至 2017 年的 68613 人次。2013 年异地就医人次与 2012 年相比呈 10 倍增长，2014 年异地就医人次是 2013 年异地就医人次的 4.4 倍，2016 与 2017 年异地就医人次的增长率趋于稳定，均约为 26%。

按照异地就医类型划分，2012—2017 年异地转诊住院所占比例最高，均分布在 86.57%—93.67% 之间，异地就医的重点人群异地安置人员所占比例平均为 9.8%，异地工作、异地急诊等其他类型所占比例不到 1%。

2. 异地就医疾病谱情况

2013—2017 年的五年间，异地就医就诊疾病前十五位分别为副乳腺恶性肿瘤（共就诊 11947 人次）、支气管恶性肿瘤（共就诊 11633 人次）、

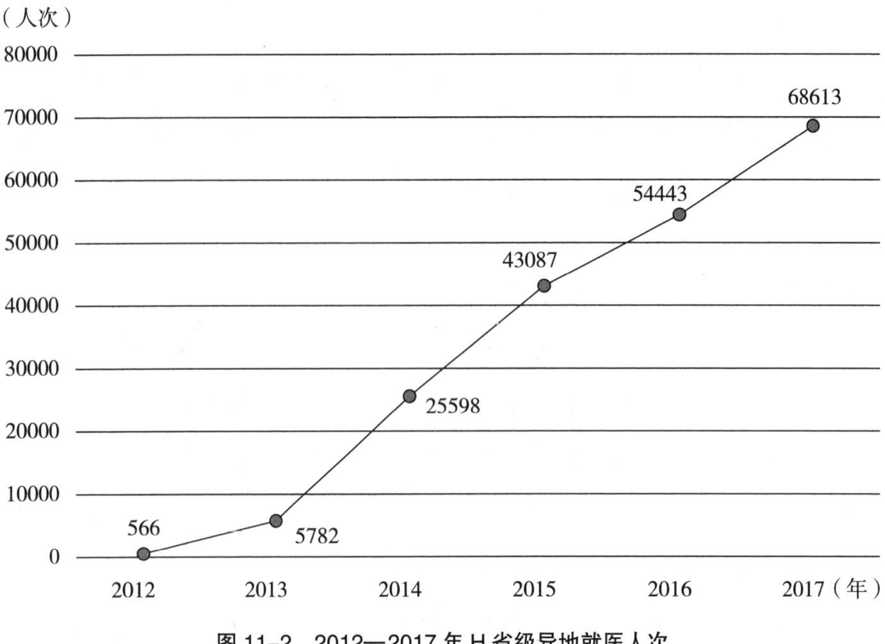

图 11-2　2012—2017 年 H 省级异地就医人次

冠状动脉狭窄（共就诊 7040 人次）、冠状动脉粥样硬化性心脏病（共就诊 4537 人次）、子宫颈恶性肿瘤（共就诊 4099 人次）、大面积脑梗死（共就诊 3545 人次）、结肠恶性肿瘤（共就诊 3523 人次）、肺不典型增生（共就诊 3074 人次）、胃溃疡癌变（共就诊 2925 人次）、鼻咽壁恶性肿瘤（共就诊 2818 人次）、结核性肺炎（共就诊 2440 人次）、病毒性心肌炎后遗症（共就诊 2154 人次）、肝恶性肿瘤（共就诊 2021 人次）、直肠恶性肿瘤（共就诊 1960 人次）和恶性肿瘤维持性化学治疗（共就诊 1463 人次）。其中，患副乳腺恶性肿瘤疾病的就诊人次增长明显，一方面与可能升高的患病率有关，另一方面也说明了广大群众对该疾病治疗的重视。支气管恶性肿瘤疾病就诊人数持续走高，一直在疾病就诊人次的第一或第二位。总体而言，H 省异地就医疾病以各种恶性肿瘤、心血管疾病等重大疾病和重症慢性病为主，侧面反映了群众对于难治性重症更倾向于前往医疗资源更发达、医疗水平更高的地区就诊。

表 11–2　2013—2017 年异地就医就诊疾病前十五位

	2013 年		2014 年		2015 年		2016 年		2017 年	
	疾病名称	就诊人次	疾病名称	就诊人次	疾病名称	就诊人次	疾病名称	就诊人次	疾病名称	就诊人次
第 1 位	冠状动脉狭窄	426	冠状动脉狭窄	1546	支气管恶性肿瘤	2531	副乳腺恶性肿瘤	3357	副乳腺恶性肿瘤	5057
第 2 位	支气管恶性肿瘤	174	支气管恶性肿瘤	1396	副乳腺恶性肿瘤	2194	支气管恶性肿瘤	3332	支气管恶性肿瘤	4200
第 3 位	副乳腺恶性肿瘤	166	副乳腺恶性肿瘤	1173	冠状动脉狭窄	1676	冠状动脉狭窄	1841	子宫颈恶性肿瘤	1608
第 4 位	冠状动脉粥样硬化性心脏病	159	冠状动脉粥样硬化性心脏病	662	病毒性心肌炎后遗症	1593	冠状动脉粥样硬化性心脏病	1192	冠状动脉狭窄	1551
第 5 位	视网膜脱离	110	病毒性心肌炎后遗症	491	冠状动脉粥样硬化性心脏病	1000	子宫颈恶性肿瘤	1191	冠状动脉粥样硬化性心脏病	1524
第 6 位	心律失常	99	肝恶性肿瘤	442	子宫颈恶性肿瘤	863	大面积脑梗死	1154	恶性肿瘤维持性化学治疗	1463
第 7 位	晶体混浊	88	晶体混浊	419	大面积脑梗死	707	结肠恶性肿瘤	1090	胃溃疡癌变	1312
第 8 位	肺癌伴转移	84	大面积脑梗死	394	结肠恶性肿瘤	696	肺不典型增生	988	结肠恶性肿瘤	1311
第 9 位	病毒性心肌炎后遗症	70	子宫颈恶性肿瘤	387	胃溃疡癌变	673	鼻咽壁恶性肿瘤	942	手术前恶性肿瘤化学治疗	1296
第 10 位	肝恶性肿瘤	62	心律失常	381	肝恶性肿瘤	640	胃溃疡癌变	940	大面积脑梗死	1233
第 11 位	大面积脑梗死	57	结肠恶性肿瘤	372	晶体混浊	632	肝恶性肿瘤	877	直肠恶性肿瘤	1214
第 12 位	结肠恶性肿瘤	54	肺不典型增生	317	肺不典型增生	615	混合细胞性白血病	813	肺不典型增生	1154

续表

	2013 年		2014 年		2015 年		2016 年		2017 年	
	疾病名称	就诊人次	疾病名称	就诊人次	疾病名称	就诊人次	疾病名称	就诊人次	疾病名称	就诊人次
第 13 位	子宫颈恶性肿瘤	50	肝占位性病变	283	鼻咽壁恶性肿瘤	566	结核性肺炎	804	结核性肺炎	1083
第 14 位	小心脏综合征	50	鼻咽壁恶性肿瘤	271	结核性肺炎	553	直肠恶性肿瘤	746	鼻咽壁恶性肿瘤	1039
第 15 位	肝占位性病变	47	视网膜脱离	247	乳房恶性肿瘤史	532	夏季热	744	卵巢恶性肿瘤	975

3. 异地就医费用情况分析

H 省级异地就医医疗总费用从 2012 年的 1126.39 万元逐年攀升至 2017 年的 183189.88 万元，几乎每一个市（州）的异地就医医疗总费用都在逐年增加，这既与异地就医人次的增长有关，又与次均医疗费用的逐年上升有关。

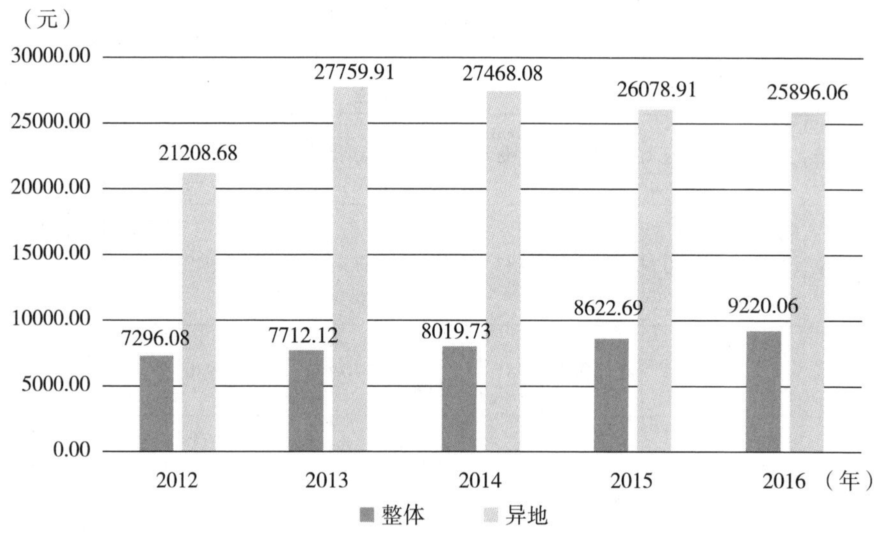

图 11–3　2012—2016 年住院次均费用

H省城镇职工医保2012—2016年次均住院费用稳中有升，从7296.08元升至9220.06元。异地就医次均住院费用远大于全省平均住院费用，虽然2013—2016年逐年呈下降趋势，但两者差距从2014年的2万多元变化为2016年的1万6千多元，变化较小差距仍然巨大。

2012—2016年，H省城镇职工医保统筹基金支付总费用中异地就医所占比例逐年升高，从2012年的0.06%上升至2016年的4.50%。

4.H省城镇职工医保异地就医影响因素解释结构模型

根据解释结构模型结果，H省城镇职工医保异地就医影响因素解释结构模型包括12个指标和六个层次，其中定点医疗机构数量、定点医疗机构技术水平、个人负担能力以及重大疾病是影响异地就医服务利用的最直接因素，这一结果基本符合现实情况，对于异地就医服务利用的管理和监督可通过这些方面入手。

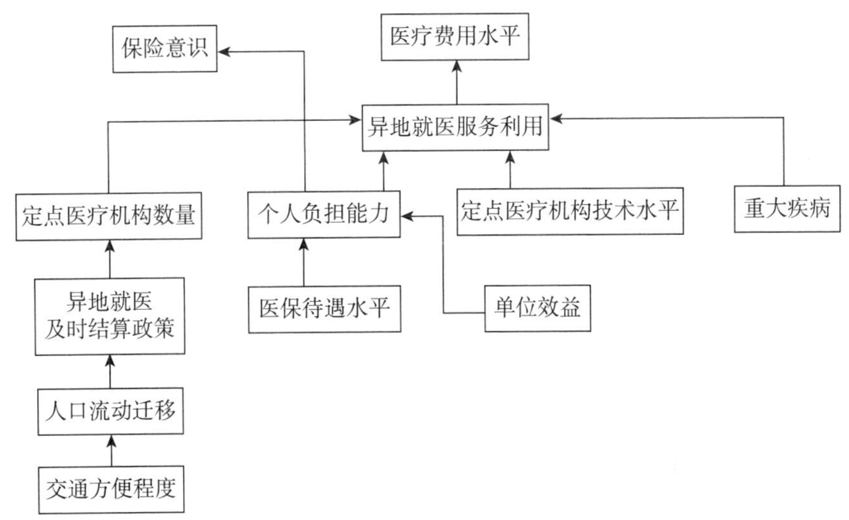

图11-4　H省城镇职工医保异地就医影响因素解释结构模型

5.H省城镇职工医保异地就医运行趋势预测

运用灰色预测模型GM（1，1），选取2013—2017年的H省职工医保异地就医统筹支付费用建立预测模型，见表 11-3。

表 11-3 异地就医统筹支付费用模拟结果

	实际数据	模拟数据	残差	相对模拟误差
2014 年	39849.07	45927.92	-6078.86	15.25%
2015 年	65928.01	59664.94	6263.07	9.50%
2016 年	79452.89	77510.69	1942.19	2.44%
2017 年	99294.21	100694.1	-1399.89	1.41%

经计算，异地就医统筹支付费用 GM（1，1）模型的平均模拟相对误差为 7.15%，利用后验差对本费用模型的拟合优度进行检验，其中标准差比（C）为 0.1474，远小于 0.35，说明模型的精度较好，可用模型对 H 省城镇职工医保异地就医统筹基金支付费用进行拟合。

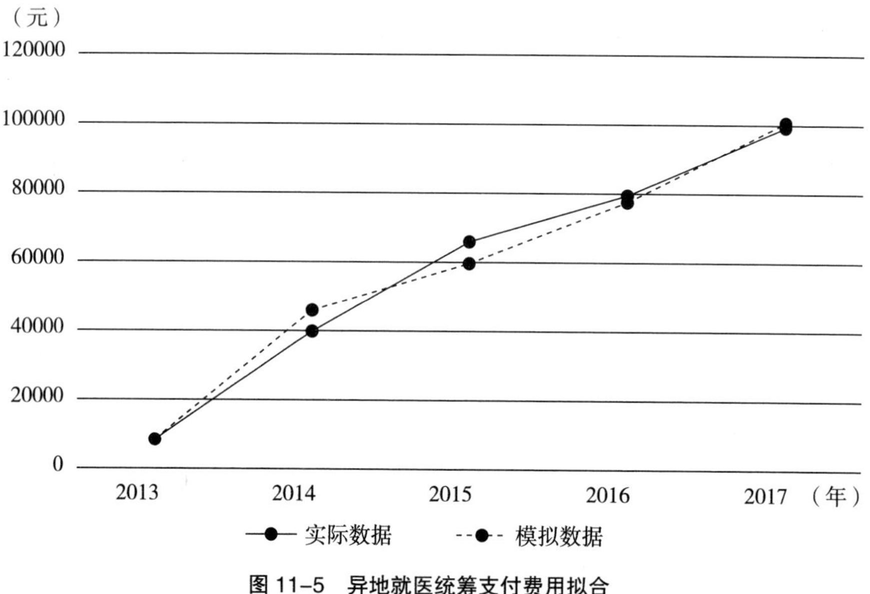

图 11-5 异地就医统筹支付费用拟合

根据该模型预测出的 2018 年 H 省城镇职工医保异地就医统筹基金支付费用为 130811.66 万元，2019 年为 169937.36 万元，2020 年为 220765.55

万元。

选取 2012—2016 年的 H 省职工医保统筹基金支付总费用建立预测模型，见表 11–4。

表 11–4　职工医保统筹基金支付总费用模拟结果

年份	实际数据	模拟数据	残差	相对模拟误差
2013	1326156.68	1334442.59	–8285.91	0.62%
2014	1474185.69	1466867.08	7318.61	0.50%
2015	1625779.24	1612432.82	13346.42	0.82%
2016	1765218.58	1772443.90	–7225.32	0.41%

经计算，职工医保统筹基金支付总费用 GM（1，1）模型的平均模拟相对误差为 0.59%，利用后验差对本费用模型的拟合优度进行检验，其中标准差比（C）为 0.0566，远小于 0.35，说明模型的精度较好，可用模型对 H 省城镇职工医保统筹基金支付总费用进行拟合。

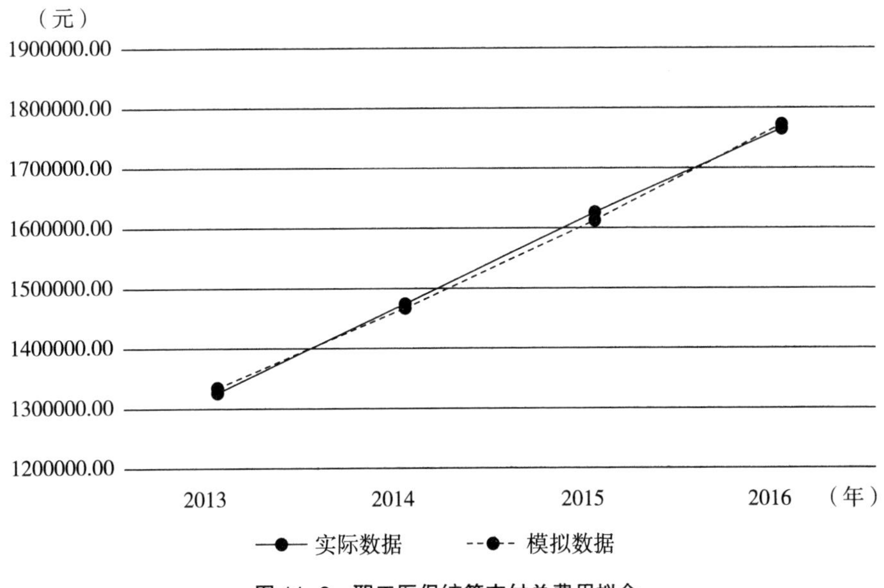

图 11–6　职工医保统筹支付总费用拟合

根据该模型预测出的2017年H省城镇职工医保异地就医统筹基金支付费用为1948333.81万元，2018年为2141678.30万元，2019年为2354209.48万元，2020年则达到了2587831.36万元。

通过对异地就医统筹基金支付费用预测模型和职工医保统筹基金支付总费用预测模型对2017年至2020年的统筹基金支付费用趋势进行预测（2017年异地就医统筹基金支付费用为实际值），同时测算出相应的H省城镇职工医疗保险统筹基金支付金额中省内异地就医所占的比重，其结果与2012年至2016年的上升趋势保持一致，分别是2017年5.10%，2018年6.11%，2019年7.22%，2020年8.53%，详见表11–5。

表11–5　异地就医统筹基金支付占比预测

	异地就医统筹基金支付（万元）	医保统筹基金支付（万元）	占比（%）
2017年	99294.21	1948333.81	5.10
2018年	130811.66	2141678.30	6.11
2019年	169937.36	2354209.48	7.22
2020年	220765.55	2587831.36	8.53

三、问题与风险

（一）存在的问题

1. 异地就医人群和费用增长过快

开通省内异地就医联网即时结算之后，大大释放了民众需求，异地就医人数迅速增长。除了异地就医绝对人数的不断攀升之外，异地出院人次占出院总人次的比例也是在逐年上升的。从异地就医类型的分布来看，本该是以异地安置退休人员为重点的异地就医反而是转外住院的占了大部分的比例。异地就医次均费用过高，几乎是职工医保住院次均费用的3倍，医保统筹基金支付总费用中异地就医所占比例也远高于异地就医人次占比，部分医疗机构自费率较高。

2. 经办机构服务能力难以满足日益增长的异地就医需求

各地经办人员不足，无法满足日益增长的工作量。随着联网即时结算的实现，异地就医人群数量持续增长，医保统筹基金支出的费用也不断增大，各级医疗保险经办机构的工作量较前加重，在缺乏相应经费、人员的支持下，难以适应当前异地就医服务业务量的猛增。由于缺乏专门的编制和固定的人员，经办机构人员严重不足，基本由兼职人员经办异地就医业务。

另外，各地市经办机构负责下属所有统筹区县异地就医医疗费用的审核和对医疗机构的结算，现有人员难以满足日常工作需要，异地就医经办队伍在人员配备方面难以适应这一需求，同时就异地管理责任增加，经办人员数量能力不足的问题也进一步显现。有一些地市的经办机构在审核医疗费用时缺乏统一的标准，同时也缺少培训事宜，不同的工作人员对于内容的理解不同，审核标准也不一样。由于有些经办人员未受过专业培训，导致了服务能力的参差不齐，十分影响工作效率。

3. 异地就医系统硬件设备亟须更新

随着异地就医联网结算的持续运行，异地就医人员就诊人次大幅上升，通过系统运行的数据持续增长，部分市（州）使用的服务器已不能满足日常工作需求，严重影响参保人员联网即时结算。部分地区对进入大额医疗费用不能联网即时结算，需要参保人垫付后回参保地相关部门结算。

部分经办机构没有将异地就医的三大目录库在前台管理起来，而是由工程师后台导入到本地医保系统中，这样不方便医保经办人员直接查看本地的目录库情况。如对某条项目的报销比例或限价产生疑问时，不好查证本地系统中的这条项目的具体情况。当省级目录库发生变动时，各地医保经办人员不能在第一时间更新本地的目录库，而是需要工程师的协助才能完成目录库更新。部分地市因县级信息系统数据未实现市级集中，医疗费用上传要通过省—市—县三级，速度缓慢，影响医疗费用即时结算。

4. 经办机构医疗费用拨付不及时

各地对跨市（州）异地就医联网结算产生的医疗费用，未按照异地就医结算服务管理规程的要求按时完成各项工作，导致省级清算滞后。

一是部分市（州）未夯实市级统筹，仍由县级复核医疗费用后再划拨统筹基金到市级，导致基本医保基金拨付滞后。二是部分地市的商业保险支付费用尚未实现即时结算，需商业保险公司审核完成后，再拨付给经办机构，导致大额医保基金拨付滞后。三是部分医疗机构未按时邮寄申报资料或资料不全，导致经办机构无法及时完成审核，导致拨付费用滞后。四是部分市（州）异地就医定点医疗机构和医疗保险经办机构，不能按时完成跨市（州）异地就医经办流程，导致省级清算滞后。

5. 异地监管机制缺乏有效性

现在的医保异地监管机制尚未建立起来。作为医疗保险经办机构，尤其是统筹区只能对统筹区内的医院进行一定的监控和管理作用，而对统筹区以外的医疗机构没有任何监管的权力。目前采用的委托监管异地医疗机构和诊疗行为的方式，以及签署协议的管理模式并没有取得很好的效果。缺乏有效的监管机制，那么就无法控制医疗费用的支出情况，无法防范不合理的诊疗。

对于部分异地就医的病例，特别是转外就医的疑难病例，不仅涉及医保层面更涉及医学的专业知识和伦理学方面的知识，经办机构往往难以进行控制和管理。

（二）面临的风险

1. 公平性风险

实现异地就医即时结算，对于流动人口、异地安置人员、异地工作人员来说具有重要的意义，同时也让对异地就医有需要的患者享有优质医疗资源的充分选择权。然而解决异地就医难的问题并不只是单纯的信息系统与平台的技术问题，还涉及切实的公平性问题。

各地区的经济发展水平不一致最明显的后果就是医疗资源分配的不均衡，生命和健康是人最基本的需求，不异地就医仍然要将重点放在异地安置、长期居住等人员的身上，尤其是老知青、支边人员、随子女居住的老年人等。

另一点是政策的公平性，不同市（州）的缴费政策不同，报销办法和支付待遇也不相同。异地就医的病人最容易产生情绪，尤其当同样的疾病、住同样的病房，接受同样的治疗和药物，最后报销时有的高有的低时。根据各市（州）相关规定的不同，有的患者在异地就医结算时大额医保可以连同基本医疗保险的费用一起即时联网结算，但有的地区基本医疗保险即时结算后的大额医保费用需要回参保地后找到商业医疗保险公司再重新进行报销。

2. 基金支付风险

根据调查结果，异地就医的平均次均费用较本地平均次均费用明显过高，异地就医使用基金量的占比也远远高于异地就医人次数的占比。新农合曾提出将 90% 的患者留在县域内就医，城镇职工医保以市（州）为统筹单位，相应的统筹区内就医比例应该更高。但根据异地就医统筹基金支付费用预测模型和职工医保统筹基金支付总费用预测模型对统筹基金支付费用趋势的预测，异地就医费用的持续升高将有可能使基金面临透支的风险。

目前医保经办机构对本地就医费用采取的控制手段包括总额预付、按病种付费等关于支付方式的改革，但对于异地就医尚无关于医疗费用的限制手段，只是对异常可疑的项目进行监控和事后稽核，这对于医疗保险基金的可持续发展非常不利。

3. 社会秩序风险

由于医疗资源分配不均匀和民众对于健康日益增长的需求，民众对本地医疗机构的不信任程度不断上升，稍微不那么常见的疾病，都希望能够得到更高水平的医疗机构的诊断。各地医保实行总额控制后出现了参保地医院推诿病人的情况，这可能也增加了异地就医的人次。异地安置人群数量不断增加，老龄化和高龄化程度逐步提高，引发了更多的异地就医需求。异地就医缺乏有序性，非必需的异地就医案例比例较高。

由于异地就医定点医疗机构的数量有限，之前的异地就医定点医疗机构多数是三级以上的医院，在一个统筹地区内难以组成层次合理的分级医疗服务网络，许多异地就医的参保者并不需要去等级那么高的医院，然而由于非定点医疗机构不能报销，以异地安置人员为主的异地就医患者只能到少数的高级别医疗机构就医，这既缺乏秩序又导致费用上涨。

四、医疗保险异地就医管理的展望

（一）优化异地就医监管机制，提升有效性

目前一些省市利用大数据的智能监控系统对异地就医诊疗信息进行一定的筛查，通过计算机程序设定可以对中药饮片超量、中药饮片审核、诊断合理性、重复收费、超频次、限就医方式、限儿童、限性别、限定医院类型级别、费用明细数据异常、项目匹配（违规）、超限定疗程等规则进行审核，但这种远程监控对于就医地医疗机构的管理有限。

需加强就医地的医疗服务监管，建立完善的异地就医监管机制，各个统筹区之间相互签订协议。可以在各统筹区设立专门的监察员或者委托第三方的保险公司、机构等进行监管。统筹地区之间应加强互查，尽量杜绝患者和医疗机构联合套取医保基金的情况，也促进经办机构之间的交流协作。

可继续加强合理诊疗、用药，合理使用高值耗材等稽核监督工作，将工作重点放到就诊量大、可疑违规金额较多的医疗机构。进一步保护参保

人员知情同意权，要求各医疗机构在每日清单、出院明细上标注诊疗项目报销类别。继续加强协议管理，将违规费用追回过渡至不合理费用追回，并适时组织现场稽核。争取奖惩政策支持，配合卫生、物价等部门进行医疗服务行为综合监督，争取让各部门和医院、医师主动参与。

（二）提高医疗保险统筹层次，增加公平性

目前大部分地区形式上已全部实现市级统筹，但部分市（州）未夯实市级统筹，仍由县级复核医疗费用后再划拨统筹基金到市级。因此要完善市级统筹建设，并可以在此基础上逐步地推行省一级的统筹。促进各地医疗保险支付待遇的统一，包括起付线、转外个人先自付比例、自然年度内基本医保最高支付限额、甲类项目报销比例、乙类项目报销比例和乙类项目个人先自付比例等。还要避免挤出效应，避免偏向外地患者而损害本地参保患者的利益。

异地就医可以在有条件的范围内尽量保持统一的管理，使基本医疗保险异地就医政策、流程、结算方式保持稳定，统一将异地就医纳入就医地经办机构与定点医疗机构的谈判协商、总额控制、智能监控、医保医生管理、医疗服务质量监督等各项管理服务范围。统一政策，包括人员范围、支付范围、支付标准、责任划分等；统一流程，包括备案、入院、出院、预付、结算、清算、问题处理；统一标准，包括三大目录、两定、医生、银行、备案人员编码；统一管理，包括智能监控、就医地管理、参保地备案等；建立统一的公共服务平台、综合协调平台等。

（三）改善经办机构服务能力，适应流动性

经办机构要尽力搭建平台，规范流程，适当简化程序。如可根据实际情况简化参保地对转诊备案人员的签字盖章程序，提供指定医疗机构出具的转诊转院证明即可办理，经办机构不再审批盖章。建立应急备案机制，

因急诊急救、异地安置期间跨地市（地区）转诊转院等，入院 2 个工作日内（卡、证明）通过参保地服务电话等方式办理远程备案。

在费用清算方面，可以采取三种方式优化流程。第一，简化邮寄纸质资料的流程，建立网络电子资料。第二，建立省级周转金制度，省级向各个市州的医保经办机构提前收取一定的备用经费，一年支付一次。由省级经办单位承担起经办管理工作，改变在异地就医定点医疗机构需要一对十几个市州的格局，减轻医疗机构的工作量。第三，各个市（州）建立自己的周转金，从县级提取一定的风险金或周转金。

经办机构在办理参保人员异地就医时，要详细告知办理流程，以及入院后到医院医保办办理相关手续，各级经办机构要向参保人员提供异地就医联网即时结算须知，提高民众对相关政策的了解，从而提高结算率。

（四）结合分级诊疗制度建设，实现有序性

在开展异地就医工作的同时要遵循循序渐进的原则，坚持先省内后跨省、先住院后门诊、先异地安置后转诊转院、先基本医保后补充保险，结合各地信息系统建设实际情况，优先联通异地就医集中的地区，稳步全面推进直接结算工作。坚持与整合城乡医疗保险制度相结合，与分级诊疗制度的推进相结合，建立合理的转诊就医机制，引导参保人员有序就医，正确引导舆论，加强理性引导，保障合理医疗需求。

由于各地区医疗资源的不平衡，可能会导致异地就医的秩序混乱，这对异地就医的长远发展会产生不利的影响。避免异地就医即时结算的便利，成为病人集中大医院的助力，演变为医疗需求矛盾的源头。因此，更需要与分级诊疗制度结合起来，分配好基层医院，强大基层医院的力量，让病人能够放心在家门口看病，一般的小病、常见病就近就医。如果病情较为严重才去大医院，而能够在大医院直接结算，这样的看病才会舒畅。如果将定点医院的门槛降低到县一级，甚至是将一些基层医疗机构如医疗

实力较强的乡镇卫生院或社区卫生服务中心等纳入定点医疗机构。

（五）加强医保基金风险管理，保证可持续性

异地就医对于医疗保险基金的冲击主要来源于迅速增长的异地就医人数与明显过高的医疗费用因此对异地就医基金风险的管理需要实现对就医人数和医疗费用的控制。转诊的标准和指标需要靠医疗机构和医生严格把关，尽量将本地有能力、有条件诊治的病人留在参保地内。

对于基金的管理，从前期的预算管理到支付过程管理，可以参考医保经办机构对本地就医费用采取的控制手段，如总额预付、按病种付费等关于支付方式的改革，也应让就医地的经办机构承担一定异地就医患者医疗费用、滥用的责任，如异地安置人员的付费方式可以采取按人头付费或者更合理的打包付费方式将监管转移至就医地的经办机构。还需继续通过监控系统掌握异地就医医疗费用在整体基金支出中的构成，实时控制医疗保险基金的使用状况，有周期地利用数据进行分析评估，对异地就医基金进行动态管理。

第十二章　医疗保险谈判机制国内外发展评述

一、我国医疗保险谈判机制的探索与发展

2009年4月，国务院发布的《关于深化医药卫生体制改革的意见》明确提出，积极探索建立医保经办机构与医疗机构、药品供应商的谈判机制，发挥医疗保障对医疗服务和药品费用的制约作用。同年11月，国家发展改革委、卫生部、人社部联合发布的《改革药品和医疗服务价格形成机制的意见》（发改价格［2009］2844号）指出，积极探索医疗保险经办机构与医疗机构（医院协会）、药品供应商通过协商谈判，合理确定医药费用及付费方式。2011年5月，人社部发布的《关于进一步推进医疗保险付费方式改革的意见》（人社部发［2011］63号）中强调，建立和完善医疗保险经办机构与医疗机构的谈判协商机制与风险分担机制，逐步形成与基本医疗保险制度发展相适应，激励与约束并重的支付制度。2015年2月，国务院办公厅印发关于《完善公立医院药品集中采购工作的指导意见》（国办发［2015］7号），意见中指出要对部分专利药品、独家生产药品，建立公开透明、多方参与的价格谈判机制。在深化医药卫生体制改革的新形势下，建立有效的医疗保险谈判机制对于保障参保人员权益、激励约束医疗服务市场参与主体、构建医疗服务市场新秩序、控制医疗费用不合理等方面具有重要意义。

（一）建立医疗保险谈判机制的必要性分析

1. 医疗服务市场信息不对称

医疗服务市场信息不对称是医疗保险谈判机制产生的根源，[①]信息经济学认为，信息不对称造成了市场交易双方的利益失衡，影响社会的公平、公正的原则以及市场配置资源的效率。医疗服务市场具有明显的信息不对称性，医药服务提供方所掌握的成本信息远远优于医疗保险管理机构，因为信息不对称，医疗保险管理机构与医药服务提供方就变成了委托—代理关系，在这种关系中，委托人（参保人或医疗保险管理机构）很难充分掌握代理人（医药服务提供方）所采取的行动的实质目的、是否考虑委托人利益以及所有其他影响委托人利益的因素，从而无法直接观察医药服务提供方是否做出了应有的努力。[②]所以，需要建立一种长效机制来解决医疗保险管理机构与医药服务提供方之间的信息不对称问题，而医疗保险谈判机制就是解决该问题的有效措施，通过谈判，谈判各方将以参保人的根本利益为目标，在充分沟通协商的基础上，均衡各方利益，达成一系列承诺，让医药服务提供方建立内化于心的“自我约束力”。

2. 医疗费用快速增长

医疗费用的快速增长已成为当前世界各国所面临的共同问题。我国卫生费用增长速率极快，1978 年至 2016 年，我国 GDP 增长了 203.99 倍，而卫生总费用却增长了 402.51 倍，可见，其增长远远超过同期 GDP 的增长。卫生总费用占 GDP 的比重由 1978 年的 3.02% 增长至 2016 年的 6.2%，已经超过世界卫生组织所推荐的发展中国家卫生总费用占 GDP 总费用不应低于 5% 的标准。此外，有关研究表明，以“卫生总费用中个人现金支出

① 王琬：《医疗保险谈判机制探析》，《保险研究》2010 年第 1 期。

② R. B. Salman, R .Busse & J .Figueras, *Social Health Insurance System in Western Europe*, Maiden head and New York City: Open University Press, 2004, p.207.

比例”作为百姓医疗费用负担的相关指标，该指标从1991年的37.5%，飙升到2001年的近60%，2013年该指标下降为33.9%，略超过30%的世界公认水平。在不改变现有各类政策的情况下，预计2015年和2020年，该水平将分别达到33.21%和32.36%；以“医疗机构不合理业务收入”作为医疗机构相关指标，剔除经济增长、物价变动、人口数据和结构变化、健康状况等合理性因素影响外，其他非合理性因素影响带来的医疗费用的变化，反映的是医疗机构医疗行为是否存在浪费；以“家庭灾难性卫生支出发生率”（家庭卫生保健支出超过家庭年可支配支出一半以上）指标反映医疗保障承担医疗费用风险分担能力的变化，可以看出，1991年该指标为10.73%，预计到2020年将为14.27%，即在既定保障水平下，随着医疗费用的过快增长，挑战了医保的费用风险分担水平，百姓就医公平性日益恶化；“卫生总费用中政府卫生支出比例”是用于反映政府财政支持程度的相关指标，1991年该指标为22.8%，2013年达到30.1%。如果财政仍然保持如此高速的增长趋势，2020年预计达到34.07%，略低于40%的国际公认标准；以“医疗机构的药占比”作为衡量药品市场是否有序的相关指标，可以看出，1991年该指标为59.68%，2013年为42.75%，预计2020年该指标为39.60%，即在现有政策趋势下，“高价药易销”等市场混乱现象依然继续存在。

随着全民医保制度的建立，医疗保险费用成为卫生总费用最主要的构成部分，我国医疗费用快速增长除了社会经济发展等合理因素外，过度医疗等不合理卫生支出也是重要原因之一。而这主要是由于医疗服务市场信息不对称所导致的道德风险问题。目前我国医疗保险市场由医疗保险管理机构、被保险人（即参保人员）和医疗服务提供者三方组成，医疗费用由第三方支付而不是实际享受医疗服务的参保人员支付，在这种情况下，参保人员和医疗服务提供方为了自身利益，很容易形成医患同盟，[①] 骗取医

① 刘俊延：《浅析新形势下如何控制医疗费用过快增长》，《经济师》2008年第11期。

保基金，威胁医保基金的可持续发展。这就需要建立医疗保险谈判机制，通过谈判来完善医保支付方式，形成对医患双方长期有效的监督方式。

3. 合理的医疗价格机制尚未形成

随着医疗费用快速增长，我国多地的医疗保险基金面临“穿底”风险。合理的医疗价格机制是解决这一问题的有效措施。目前我国医疗价格机制存在以下三个方面的阻碍：一是政府对医疗卫生机构财政投入的绝对不足和结构不合理，导致不合理诊治行为时常存在；二是由于医疗机构与患者之间的信息不对称，容易出现道德风险呈致诱导需求；三是由于我国对医疗服务实施政府指导价，医保部门虽然通过医保管理的手段来控制医疗费用，但是由于价格形成机制的僵化，医保部门对医疗服务费用缺乏强有力的制约。目前医疗保险管理机构未能运用比较专业的付费机制，更好地代表参保者同医疗机构议价，以控制医药费用的上涨幅度。更有甚者，医疗保险经办机构设置大量苛刻规则限制病人报销医疗费用，变相降低医疗保障程度①。另外，在医保资金有限的情况下，不合理的医疗服务开支会侵蚀医疗保险基金，促使医疗保险机构缩小保险范围，提高患者共付比例，使得一些正常的医疗需求无法得到满足，同时加重了需方的经济负担。通过多方共同参与的合作博弈，且各谈判方的利益组织足够发达，才有利于形成合理的医疗价格机制。②

（二）国内医疗保险谈判机制的实践进展

我国在20世纪90年代中期进行社会医疗保险改革的同时，就已经开

① 郑大喜：《医疗保险对医院经营的影响及其应对策略》，《中华医院管理杂志》2004年第20期；任苒、金凤：《新型农村合作医疗实施后卫生服务可及性和医疗负担的公平性研究》，《中国卫生经济》2007年第1期。

② A. M. Ching-To & M. H. Riordan, *Health Insurance, Moral Hazard, and Managed Care*, Journal of Economics & Management Strategy, 2002, pp.81–107.

始对建立医疗保险谈判机制进行探索实践。但是由于医疗卫生体制相关制度与配套政策未能发挥良好的支撑作用，探索一直未有较大突破。新医改以来，国家相关部门出台了一系列推进医疗保险谈判机制建设的政策文件，在国家政策层面上强调医疗保险谈判机制建设的必要性和紧迫性，同时指出医疗保险经办机构与定点医院、定点药店之间的定点协议管理是我国医疗保险谈判机制的主要实现形式，在此框架下，各地区纷纷进行了积极探索。

1. 天津市

天津市医疗保险管理机构不断探索多种付费方式并行的医保管理办法，[①]主要包括两种：一是在单病种付费基础上，积极发展疾病诊断相关分组（DRGs）付费方式；二是以糖尿病门诊特殊疾病为试点，在基层医疗卫生机构推行按人头付费的医保结算方式。这两项举措在方便患者就医、简化医保报销结算流程上发挥着重要作用，同时有助于控制医疗费用不合理增长、减少医疗保险基金不合理支出。此外，天津市医疗保险管理机构在充分考虑天津市医保基金承受能力、天津市实际医疗服务需求、实际诊疗水平，在对近三年的医疗费用数据进行科学分析的基础上，参考权威机构制定的相关标准，通过与医疗服务机构的多轮协商谈判，合理规范诊疗流程、选定适宜医疗器械与医用材料，最终确定病种付费标准。

通过协商谈判确定的付费方式具有以下优势：一是对医疗服务机构形成了有效“软约束”，能够让其主动控制医疗费用的不合理增长；二是付费方式紧密结合临床实际，能够一定程度上限制医疗机构开展不必要的诊疗服务项目，使用不经济、不必要的医疗器械、医用材料、药品等，能够在一定程度上督促医疗机构规范医疗行为，提高诊疗质量，控制不合理医

① 康瑜：《医疗保险谈判和团购医疗服务机制如何建立》，《天津社会保险》2015 年第 2 期。

疗支出。

2. 成都市

2010 年 11 月，成都市发展改革委、人社局、财政局、卫生局等八个部门联合印发《关于建立基本医疗保险药品和医疗服务费用谈判机制（试行）的通知》，启动了以医疗保险管理机构为需方总代表，以医药供应商和医疗保险“两定”机构为供方的基本医疗保险药品和医疗服务费用谈判探索实践。[①] 借助市场机制对医药资源配置的基础性作用，充分发挥“集团购买”的价格与效率优势，初步实现了医疗保险从行政管理向协商谈判的转变。同时，成都市人社局制定了《成都市基本医疗保险药品和医疗服务费用谈判规则》和《成都市基本医疗保险药品和医疗服务费用谈判工作操作规范》，明确了谈判工作的基本原则、谈判的主要内容、谈判专家库的建立和谈判专家的确定流程，谈判监督机制的建立，以及具体的谈判程序等。并根据前期医疗保险谈判工作的做法与成功经验，不断完善谈判工作操作规范。此外，成都市还通过完善配套制度、加强理论研究来夯实谈判基础，坚持基本保障、公开公平公正、多方协商、先试点后推广、廉洁诚实信用的谈判原则，严守组建专家库、筹备谈判会、提供评审源、召开谈判会、下达执行书五项谈判程序，强化事前监督、事中监督、事后监督的谈判监管。[②]

在各项制度的有效保障下，成都市医疗保险管理机构积极开展药品谈判和医疗机构谈判工作。在药品谈判方面，成都市医疗保险管理机构先后与 138 家药企开展了 13 批次药品谈判，就 1065 个品种、规格药品谈判协商达成一致，并签订相关协议，团购价格在四川省药品招标挂网价基础上

① 狄进：《谈判机制的成都实践》，《中国社会保障》2015 年第 7 期。

② 张廷平：《借助市场机制作用发挥“集团购买”优势——成都市推进医疗保险谈判的实践与思考》，《四川劳动保障》2012 年第 4 期。

最高降幅达 30%，平均降幅 6.5% 左右。在医疗机构谈判方面，成都市医疗保险管理机构与全市医保定点医疗机构开展了总额预算控制、单病种付费和血液透析门诊费用定额付费等方面的协商谈判。一是将基本医疗保险住院费用的总额控制在合理范围之内，建立总额控制指标风险分担机制；二是将卫计委公布的诊断标准明确、诊疗规范、治愈标准和疗效确切，并发症、合并症少的疾病病种纳入谈判范围，大幅降低了参保人员的自付负担；三是以血液透析为试点病种，将申请新增血液透析的医保定点医疗机构纳入基本医疗保险谈判范畴，对参保人员在定点医疗机构进行血液透析诊治相关费用的结算范围与标准、支付比例、结算方式进行谈判协商。这些举措极大地减轻了参保病患的医疗负担，保障了医保基金的合理运行。

3. 镇江市

2010 年 6 月，镇江市人社局发布《关于进一步完善医疗保险谈判机制的通知》（以下简称《通知》），启动医疗保险谈判工作。坚持效率和公平相结合、参保人员利益最大化、实现多方互利共赢、法制化、因地制宜逐步推进的谈判原则，稳步推进医疗保险谈判工作。镇江市合理确定医疗保险谈判重点，并以此为谈判机制建设的重要抓手。主要谈判重点有以下几个方面[①]：一是协议管理。淡化传统的行政手段管理方式，在格式化协议的基础上，引入谈判机制，扩大谈判基础，加强协商沟通，科学化协议管理；二是完善付费制度。通过谈判机制的运用，构建科学化的付费制度，以医疗机构上一年度的医保基金实际支付额为基数，在考虑其合理增长幅度的基础上，确定各医疗机构的年度预算，在年终时，则实行弹性决算，根据医疗机构各项考核指标的达标情况，综合决定其最终获得的医保基金额，从而提高医疗保险基金的合理利用与管理的科学性；三是团购医药服务。

① 周尚成：《我国医保谈判机制政策的设计与评价——基于镇江、成都文本的考察》，《中国卫生事业管理》2012 年第 1 期。

适应医药患之间买卖服务关系的转变，探索建立谈判决定价格机制，通过建立供需双方谈判机制，协商决定医疗服务的收付费方式及标准，在医疗服务市场中逐渐形成供需双方相互制衡的局面。

4. 福州市

近年来，福州市积极开展医保付费方式改革，探索建立医疗保险团购谈判机制，以控制医疗费用的过快增长，提升基本医疗保险保障绩效[①]。通过医疗保险谈判，福州市由被动支付医保基金变为主动谈判竞价，由拒绝支付医疗机构不合理诊疗项目的事后稽核转变为引导医疗机构主动控制医疗费用不合理增长的事前引导，从而合理化医保基金使用、确保基金运行安全。在相互尊重、平等协商的原则下，福州市医保中心积极开展公开公平公正的医保总额控制谈判机制，通过分级多轮协商谈判，科学、合理确定总额控制指标。一是分级谈判（第一轮），与三甲定点医疗机构谈判，谈总额控制方向、目标、框架。二是集中谈判（第二轮），谈判对象扩展到二级、一级定点医疗机构，谈总额控制项目、增长率测算和测算关联因子。三是单一谈判（第三轮），与各医保定点医疗机构一对一、面对面谈判，科学确定总额控制指标。根据前期谈判所取得的经验，福州市医保中心就《福州市基本定点医疗机构医疗服务协议（讨论稿）》与省市九大医院进行细致讨论，充分听取定点医疗机构代表的意见和建议，以便更科学、更合理地确定总额控制指标，确保总额控制扎实推进。

5. 长春市

2011 年年初，长春市开始医疗保险谈判机制建设工作，探索医保支付方式改革，以解决医疗费用过度增长问题。长春市以单病种付费为主要支付方式，强调医疗总费用的合理控制，建立“结余归己、超支不补”的

① 福州市医保中心：《福州市医保总额控制谈判全面展开》，《就业与保障》2013 年第 4 期。

医保支付政策，促使医保定点医疗机构产生主动控制医疗费用的内生动力。并针对公立医院部分耗材和药品价格虚高的问题，开展批量议价采购举措，减少医保基金过多流入医药流通环节。此外，长春市建立政府采购医保药品诊疗项目遴选平台，通过市政府采购系统，对各医保定点医疗机构的高值耗材、药品进行招标，同时采取医保基金即时付款、大批量集中采购和单一品种中标的办法，不断挤压药品和高值耗材的价格，有效解决价格虚高问题。通过医疗保险谈判工作的有效开展，长春市着力推广三项惠民政策：一是以血液透析为突破口，开展低自付治疗，在保证医疗服务质量的前提下，城镇职工参保人员每年只需在区级定点医院花 400 元、市级定点医院花 700 元，即可接受全年血液透析及合并用药治疗。二是对单纯性阑尾炎、白内障、疝气、痔疮等 10 个病种，开展“双向定额”治疗，与 21 家定点医疗机构签订协议，参保人员只需自付医疗机构住院起付线费用即可享受相应治疗，其余部分由医保与医疗机构定额结算。三是诊疗项目降价，与 40 家定点医疗机构进行 406 项常规设备检查项目价格下调谈判，最终实现 3233 项诊疗项目价格下调，平均降幅达 23%，最高降幅达到 61%。这些举措都大大降低了患者的疾病经济负担。①

（三）国内医疗保险谈判机制的研究进展

近年来，我国医疗保险谈判机制相关研究不断增加，研究者们从理论基础研究、相关政策机制研究、医保费用支付谈判等多个研究角度对医疗保险谈判进行了深入研究。主要集中在以下几个方面。

1. 医疗保险谈判理论基础

建立合理的医疗保险谈判机制离不开科学的理论支撑，我国学者将谈

① 李继学：《长春医保议价谈判初解“看病贵”》，《中国财经报》2012 年 9 月 11 日。

判理论、公共管理理论、契约论、博弈论等相关理论引入到医疗保险谈判机制研究中，为其提供合理的理论支撑。一是谈判理论与医疗保险谈判，谈判理论以传统价格理论为基础，认为自愿合作可以使一项资源从估价低的主体手中转移到估价高的主体手中，从而提高资源的利用效率，优化资源配置。[①]谈判理论强调一种理性、健康、自愿的合作关系，可以给利益相关方带来“收益”，通过医疗保险谈判，建立参保人、医保管理机构、医药提供方之间的良性关系，能够有利于控制医疗总费用不合理增长，保障医保基金运行安全；二是公共管理理论与医疗保险谈判，从公共管理理论出发，基本医疗保险制度是政府公共服务领域中的重要部分[②]。将公共管理理论运用到医疗保险谈判中，能够让医疗保险谈判从规划到落实的过程之中，充分体现公众（即参保人）的利益，减少不合理竞争，使医保基金运用效率更高。可以说，医疗保险谈判机制的构建更是一项重要的政府公共决策；三是契约论与医疗保险谈判，从新制度经济学角度看，医疗保险协议是契约的一种形式。在这种角度下，契约可以理解为在地位平等、意志自由的前提下，交易双方就某些相互义务达成的协议，相应的医疗保险协议可以理解为医疗保险管理机构、医药服务提供方之间就交易医疗资源而签订的合法契约；[③]四是博弈论与医疗保险谈判，医疗保险谈判实质就是谈判各方合作博弈的过程，谈判的前提是各方都互为需要，医疗保险管理机构需要医药提供方为参保人提供所需的医疗服务，医药提供方需要医疗保险管理机构支付其为参保人所提供服务的费用，博弈的存在在于各方的利益诉求不同，医疗保险管理机构以控费为目标，对医药提供方提供的服

① 魏建：《谈判理论：法经济学的核心理论》，《兰州大学学报》1999 年第 4 期。

② 朱正国：《农村医疗保险制度改革的经济学分析》，《卫生经济研究》2010 年第 3 期。

③ 周尚成：《我国社会医疗保险谈判机制研究》，博士学位论文，华中科技大学医药卫生管理学院，2011 年，第 53 页。

务具有监督职责，而医药提供购方则以自身利益最大化为目标，追求更高的经济效益。这就需要运用博弈论，寻找谈判各方的共同利益点以及可接受的利益调整方案。

2. 医疗保险支付方式选择

科学合理的医疗保险支付方式是控制医疗费用的有力抓手，也是医疗保险谈判中的重要内容。医保支付方式决定了医疗服务价格的单位，改革支付方式的同时必然会影响到医疗服务的价格，进而影响到医疗机构的医疗行为。按支付的阶段分类，医保支付方式可以分为后付制和预付制。按照计价单元分类，可以分为按项目付费、按床日付费、按次付费、按人头付费等。近年来，疾病诊断相关分组（DRGs）也成为一种主要的组合支付方式。在医疗保险支付方式选择方面，各地区进行了积极探索，如天津市医疗保险管理机构不断探索多种付费方式并行的医保管理办法，主要包括两种：一是在单病种付费基础上，积极发展疾病诊断相关分组（DRGs）付费方式；二是以糖尿病门诊特殊疾病为试点，在基层医疗卫生机构推行按人头付费的医保结算方式；长春市以单病种付费为主要支付方式，强调医疗总费用的合理控制，建立“结余归己、超支不补”的医保支付政策，促使医保定点医疗机构产生主动控制医疗费用的内生动力；镇江市不断完善付费制度。通过谈判机制的运用，构建科学化的付费制度，以医疗机构上一年度的医保基金实际支付额为基数，在考虑其合理增长幅度的基础上，确定各医疗机构的年度预算，在年终时，则实行弹性决算，根据医疗机构各项考核指标的达标情况，综合决定其最终获得的医保基金总额，从而提高医疗保险基金的合理利用与管理的科学性。

3. 医疗保险中的道德风险

主要集中在以下几个方面：一是从事后道德风险的特征的分析入手，理清道德风险与医疗服务利用和医疗保险价格的关系，认为克服道德风险的方法主要是付费制度的设计，通过集中混合支付方式的运用，降低道德风险；[①]二是通过分析基本医疗保险体系中各参与主体存在的道德风险以及可能产生的行为选择，针对性地提出规避各主体道德风险的措施，并认为医、保、患、药各方，在追求自身利益最大化的诉求都是“合理”的，要利用合理的政策积极引导，最终达到实现各方共赢的良好局面；[②]三是以经济学的视角，从医疗保险产品的特殊性分析入手，探讨医疗保险产品供求主体道德风险产生的机理以及其体表现形式，认为道德风险从本质上来讲是因信息不对称而导致的交易主体权利与义务不对等的结果。因此，控制道德风险有两个根本途径：一是通过制度设计来均衡各方的责权利，二是加大监管力度，并为各方提供足够的激励，以提高效率。[③]

4. 各地医疗保险谈判实践分析

自新医改方案出台以来，各地纷纷开展医疗保险谈判机制构建，有关学者、医疗保险管理机构管理者等专业人士对所在地区医疗保险谈判实践进行案例分析，总结经验做法及可推广举措，为我国医疗保险谈判机制的合理构建提供有效蓝本。镇江市坚持效率和公平相结合、参保人员利益最大化、实现多方互利共赢、法制化、因地制宜逐步推进的谈判原则。以协议管理、完善付费制度、团购医药服务为谈判重点，通过建立供需双方谈判机制，协商决定医疗服务的收付费方式及标准，在医疗服务市场中逐渐形成供需双方相互制衡的局面。成都市以医疗保险管理机构为需方总代表，以医药供应商和医疗保险“两定”机构为供方，开展基本医疗保险药品和医疗服务费用谈判探索，借助市场机制对医药资源配置的基础性作用，充分发挥“集团购买”的价格与效率优势，初步实现了医疗保险从行

---

① 胡苏云:《医疗保险中的道德风险分析》,《中国卫生资源》2000 年第 3 期。

② 叶艳、顾成瑶:《医保中的“道德风险”和“逆向选择”》,《中国社会保障》2004 年第 6 期。

③ 赵庆波:《医保产品的特征及供求主体的道德风险》,《吉林广播电视大学学报》2008 年第 1 期。

政管理向协商谈判的转变。并制定了谈判规则与操作规范。福州市积极开展医保付费方式改革，探索建立医疗保险团购谈判机制，以控制医疗费用的过快增长，提升基本医疗保险保障绩效。河南濮阳医疗保险管理部门通过优势团购者身份，保障参保患者利益最大化，以重症慢性病结算业务为突破口，将与药品供应商就重症慢性病人常用药品纳入团购范围，降低患者疾病经济负担。[①]

（四）简要评述

总的来说，我国医疗保险谈判机制在理论研究和探索实践方面都取得了一定的进展，但是理论研究的范围还不够广、深度还不够深，实践经验方面还未能形成长效的谈判机制。现阶段，我国医疗保险谈判机制尚未形成完整的理论体系和系统的研究方法，高水平、有深度的系统性成果并不多见。很多研究多是一种经验性分析，还没有形成规范的分析框架。在新时代之际，如何根据社会经济发展与医药卫生体制改革的最新进展，积极构建医疗保险谈判机制，发挥其在医疗保险管理方面的实效，仍是一个考验。

二、医疗保险谈判机制国外发展现况及经验借鉴

（一）国外医疗保险谈判机制的实践进展

1. 美国

美国的医疗保障体系以商业医疗保险为主体、公立医疗保险为辅的混合型医疗保障体系。政府对商业医疗保险不加干预，其保险费、支付标准、保障范围都是由投保的企业与承保的商业保险公司通过谈判来确定，保险公司与医疗机构、医生之间的医疗费用支付标准与结算方式也是

① 胡晓军：《河南濮阳激活医保多方谈判机制》，《健康报》2012 年 8 月 24 日。

通过双方谈判予以确定。所有的谈判过程都与商业谈判相似，员工规模大的企业可以与商业保险公司谈出更广的保障范围、更高的补偿水平以及较低的保险费率，同样的规模较大的保险公司可以利用“团购优势”与医疗机构、医生商谈出更低的支付标准和更广的医疗服务范围。公立医疗保险支付标准与结算方式的确定也是通过相关利益集团的谈判来确定，最终以法律的形式确定下来。谈判主要包括支付标准和结算方式以及药品两个方面，支付标准和结算方式由国会预算委员会、联邦医疗照顾与医疗救助管理中心与医疗保险利益相关方（如医院协会、医生协会等）进行谈判沟通，然后予以确定，药品价格主要是通过市场竞争，特别是医疗机构、医疗保险公司与药品企业的谈判来确定，政府不制定药品价格，也不对药品价格采取直接管制。各医院会联合起来通过集体谈判的方式与药品企业开展协商谈判，利用“团购优势”获取满意的价格。保险公司则委托专门的中介机构——药品待遇管理公司（Pharmacy Benefit Management Companies，PBM），由 PBM 负责和药品企业进行谈判，以专业化优势与“团购优势”获得更低的价格。[①]

2. 德国

德国医疗保险谈判以利益相关者的自治管理、共同参与为基础，国家只提供法律框架和监督，具体的实施和细节的拟定则交由自治管理的疾病基金和医疗服务提供者以订立契约的方式得以组织和落实。医疗保险谈判的主要参与者为医疗保险机构（法定医疗保险疾病基金及其协会）与医疗机构、药品供应商等服务供方（包括医师、医院及其协会，医药行业等多个主体）。谈判模式为集体谈判，协商医疗服务的内容、范围以及价格等，通过订立合同的形式确定下来。德国的医疗保险谈判可以分为两个层面：联邦层面和地区层面。联邦层面的谈判主要是宏观层面的，即制定框架性

① 王宗凡：《美国和加拿大的医保费用支付及谈判》，《中国医疗保险》2009 年第 12 期。

的医保规则，规定全德国统一的医疗保险基本待遇范围以及医疗服务质量保障措施等。联邦共同委员会是疾病基金和法定医疗保险医师之间协商的重要平台，该委员会就医疗服务各部门（门诊、住院、药品）颁布符合法律的指令，主要是关于医疗保险的待遇范围和偿付标准等。法定医疗保险基金全国协会（GKV-SV）和法定医疗保险医师全国协会（KBV）作为联邦共同委员会的成员单位，通过选派投票代表的方式参与实际决策过程。地区层面的谈判则是微观层面的，即依据各地区实际情况，对医师报酬规则、附加服务等方面进行协商谈判，疾病基金及其协会和州医师协会就医师——疾病基金地区基本合同、附加服务、地区报销规则、地区的点数价格、药品供应、可行性评估等进行协商。[①]

3. 加拿大

加拿大实行全民免费医疗保险制度，由政府税收筹资，全体居民无需缴费即可免费获得医疗服务（仅不列颠哥伦比亚省的个人需要缴纳少量的保险费）。加拿大各省在遵守《联邦卫生法》的原则要求下，分别组织和管理医疗保险，虽然医疗保险由省级层面组织和管理，但各省的医疗服务范围和水平差别并不大。加拿大的医疗保险谈判内容主要涉及两个方面：付费方式和标准、药品价格。在付费方式和标准方面，由于加拿大的医生和医院是相互独立的，所以加拿大分别对其进行支付。由于所有的医院都是由政府筹建并实行全额拨款，政府对医院的医疗费用支付方面拥有决定权，不存在谈判。而绝大多数医生是私人医生，在医生费用支付方式和标准方面，医学会（医生组织）作为医生代表方与各省卫生部门开展谈判，谈判内容主要为医疗服务范围及其价格，由于医生所提供的医疗服务项目多达 3000 项，通常先是由医生组织与政府谈判确定总的医疗服务费用，然后在此基础上再确定单项服务的收费标准，同时各省卫生部门有一套针

① 华颖：《德国法定医疗保险谈判机制探析》，《中国医疗保险》2013 年第 6 期。

对医生收费的监控信息系统，通过监控系统确认医生提供医疗服务项目的合理性，如果不合理就不予支付。在药品价格方面，药品的使用和定价由联邦政府负责决定，政府每年依据市场调查的信息（包括国外的药品价格信息）和几个大型药品企业进行谈判最终确定药品价格。[①]

4. 澳大利亚

澳大利亚是全民医疗保障制度，其在医保目录的药品准入谈判方面具有完善的机制。澳大利亚的药品要进入医保报销时，必须由药品供应商申请进入药品补贴计划（Pharmaceutical Benefits Scheme，PBS）。澳大利亚药品准入主要由制药补贴定价管理局（PBPA）与药品提供商进行谈判，PBPA负责与药品提供商进行谈判并向卫生和老龄部（MHA）建议列入PBS的药品价格，药品提供商向制药补贴咨询委员会（PBAC）提供药品的相关资料并与PBPA就药品价格进行谈判。最后由中央政府负责对制药厂家提出的财务建议进行最终审批。药品准入谈判的主要依据为药物经济学评价相关的内容，包括药品的详细说明、其他药物的替代程度、预测对PBS费用的影响等；一般药品的谈判结果是形成一份协议，对于一些高价值药品和创新药品，谈判的结果通常是形成一份风险分担协议。[②]

5. 英国

英国的国家医疗服务体系（National Health Service，NHS）主要是单纯依靠国家行政管理调控医疗服务价格，如今也引入医疗保险谈判机制来提升整个医疗服务体系质量，控制医疗费用快速增长。1996年英国开始新制度框架改革，将市场机制引入NHS，在医疗服务供需双方之间建立市场关系，并明确医院和部分医院联合托管的组织为供方，政府卫生行政部门和

① 王宗凡：《美国和加拿大的医保费用支付及谈判》，《中国医疗保险》2009年第12期。

② 陈蕾、冷明祥、胡大洋、周建春：《澳大利亚医保目录的药品准入谈判对我国的启示》，《南京医科大学学报（社会科学版）》2011年第5期。

部分全科医生作为需方（即购买方），双方通过协商谈判来对卫生服务实行购买，并签订协议合同。政府卫生行政部门作为居民的利益代表者与医院等医疗服务供方组织进行谈判，确定年度医疗服务购买计划，此外，政府还将卫生总经费的 30% 左右授予有管理能力和经验的全科医生，由全科医生代表患者向医院购买专科服务。在英国，全科医生既是初级卫生保健服务中的供方，又是转诊体系中的专科医疗服务购买者。①

6. 韩国

韩国在专利药价格谈判方面形成了专门的谈判模式，累积了较多的机制建设经验，也取得了一定的效果。目前，韩国主要是“以药物经济学评价”为主要依据的专利药价格谈判模式。作为亚洲首个将药物经济学评价强制引入专利药价格谈判的国家，韩国的价格谈判经验对中国有一定的借鉴意义。韩国在 2007 年开始正式执行正目录医保报销制度，即对在药品目录内的药品予以医保报销（2007 年以前执行的是负目录医保报销制度，即只对不在药品目录内的药品予以医保报销），某种药品要进入正目录，必须提交该药品的药物经济学评估报告与预算影响评估材料，在被健康保险审核和评估服务局（Health Insurance Review and Assessment Service，HIRA）评估为具有显著经济优势的药品后，才能与国民健康保险公司（National Health Insurance Corporations，NHIC）进行谈判，形成该药品的医保补偿价格，最终由韩国卫生和社会福利部（Ministry of Health and Welfare，MOHW）确定该药品是否被纳入医保目录。若谈判不能达成一致，药品企业可向效益协调委员会（Benefit Coordination Committee，BCC）申请价格协调和仲裁，对于临床必需的药品，BCC 有权将其直接纳入正医保目录以保障患者的治疗需求。②

① 许东黎：《国外医疗保险与医疗机构谈判机制述评》，《中国医疗险》2009 年第 12 期。

② 伍琳、陈永法：《韩国和德国专利药价格谈判模式比较研究及启示》，《中国卫生政策研究》2015 年第 10 期。

（二）国外医疗保险谈判机制的研究进展

由于医疗服务市场的复杂性和信息不对称性，医疗保险谈判在谈判过程中会遇到谈判各方信息不对称、议价能力不平衡问题，在协议履行过程中会存在道德风险、医疗服务质量监控、财务风险等问题。一些发达国家，如美国、德国、加拿大等国的医疗保险谈判机制构建比较完善、谈判经验较为丰富，但也遇到了上述问题，如何解决谈判过程与协议履行过程中的各类核心问题，以确保医疗保险谈判机制能够更好地发挥作用，服务广大参保人，已经成为各国医疗保险谈判研究者的研究焦点。

1. 医疗保险谈判各方议价能力的平衡

美国的医疗服务体系由市场机制主导，拥有商业医疗保险为主、医疗救助保险为辅的医疗保险体系，各大医疗保险公司通过与医院或者医院集团的协商谈判来确定医疗服务支付范围与支付标准，各医院或者医院集团则根据谈判所产生的协议来为参保人提供相应的医疗卫生服务，从而获取其所在医疗保险公司的保险报销费用。在这种情况下，双方的议价能力很大程度上决定了参保人医疗保险的补偿待遇，据原美国卫生与公共服务部副部长 Alex Azar 曾提到，在美国的同一家医疗机构，同一种疾病的参保患者的医疗费用要比非参保患者便宜许多，这得益于医疗保险公司与医院所开展的谈判[①]。医疗保险公司会利用“团购优势”与医院进行谈判，从而帮助患者获得更低的医疗服务价格，而医院也会通过医院联合，来增加自己的议价能力，有研究表明，单个医疗机构的议价能力不足，但是当多个医疗机构联合参与谈判时，议价能力明显增强，这使得医疗保险公司在拥有“团购优势”的基础上也难以压低谈判价格，这也是美国医疗费用非常昂贵的原因之一。而一旦同一个地区所有的医疗机构进行联合，就很有可能

① 何平：《积极探索建立医保谈判机制》，《中国医疗保险》2009 年第 12 期。

形成垄断局面，进一步造成医疗费用虚高的局势。因此，美国目前主要研究如何确定医疗机构的兼并、联合的条件及程度，[①]以防止单方垄断现象的发生，来降低医疗保险公司的财务风险。

2. 医疗服务质量监管

通过医疗保险谈判来获取更低的医疗服务价格，往往会出现医疗服务质量下降的问题，这类问题在很多国家都存在。德国基于行业层面的谈判就存在医疗服务质量监管问题，德国的医疗保险谈判由疾病基金会和医院协会、医师协会三者进行，通过医院协会、医师协会分别与各医院、医师签署协议，在医疗服务提供过程中，疾病基金并不会直接参与监管，如何保证医生医疗行为的合理性与医疗服务质量成为亟待解决的难题。目前保险公司行业协会成立监管委员会，对签约的医院和医生行为进行监管，并开展信用评估。加拿大绝大多数医生是私人医生，在医生费用支付方式和标准方面，通常先是由医生组织（医学会）与政府谈判确定总的医疗服务费用，然后在此基础上再确定单项服务的收费标准，同时各省卫生部门有一套针对医生收费的监控信息系统，通过监控系统确认医生提供医疗服务项目的合理性，如果不合理就不予支付。医疗保险经办机构在增强自身谈判能力同时，还必须思考如何能更有效地对医疗服务提供方的行为与质量进行有效监管，从而确保广大参保人的合法权益。

（三）国际医疗保险谈判经验对我国的启示

1. 谈判模式的选择

从国际医疗保险谈判经验来看，医疗保险谈判模式的选择不仅与国家

---

① P.P. Barros & M.G. Xavier, *Negotiation Advantages of Professional Associations in Health Care*, International Journal of Health Care Finance and Economics, 2005, pp.191–204.

的医疗保险制度有关，还与医疗服务提供体系密切相关。从医疗保险谈判需方来看，实行全民免费医疗保险制度的国家（如英国、加拿大等），则由政府负责谈判；以私人医疗保险为主的国家（如美国），则由投保的企业与承保的保险公司、保险公司与医疗机构、医生之间进行谈判来确定保险费、支付标准、保障范围等，政府对私人医疗保险不加干预；以社会医疗保险为主的国家（如德国），则是以利益相关者的自治管理、共同参与为基础，国家只提供法律框架和监督，具体的实施和细节的拟定则交由自治管理的疾病基金和医疗服务提供者以订立契约的方式得以组织和落实。从医疗保险谈判供方来看，发达国家的医院主要承担住院服务，社区医生主要承担门诊服务，因此谈判机制也会分别针对医院、医师两部分来开展。

目前，我国实行社会医疗保险制度，可以借鉴德国的医疗保险谈判模式，由医疗保险基金会与医疗机构、药品供应商等服务供方进行医疗保险谈判。医疗保险谈判也可以分为多个层面：国家层面、省级层面以及市级层面，由宏观逐步过渡到微观。此外，我国的医师服务和住院服务并没有分开支付，医师服务主要由医疗机构予以支付，所以难免会存在医师服务权益不能得到充分保障的问题，无论是针对何种项目进行谈判，都要考虑所有医师服务的成本，建议在家庭医生签约制度不断完善后，以家庭医生团队为谈判方开展谈判。

2. 谈判各方议价能力的平衡

谈判各方议价能力的平衡是决定谈判结果的关键因素，平衡谈判各方议价能力是建立谈判长效机制的核心环节。不同的医疗保险制度与谈判模式，谈判各方的议价能力都是不一样的，美国是自由市场机制作用下的商业医疗保险模式，医疗保险谈判受市场机制的作用很大，谈判各方的竞争特别激烈，而且会存在地区医疗机构垄断或者医疗保险公司垄断等问题；德国是政府宏观调控下的社会医疗保险模式，医疗服务价格与付费方式都是由疾病基金和医生协会谈判决定，这两个协会容易在市场中形成双边垄断的格局，从而导致谈判中缺乏外部竞争；加拿大是完全政府主导的全民免费医疗保险模式，以地区为单位来进行谈判。由于我国医疗保险也是以行政区为单位进行组织管理，各省级医疗行政部门在制定该省医疗保险诊疗项目目录方面具有决定权，因此可以参考加拿大的模式，以省为单位组织谈判。

由于医疗服务市场本身就具有信息不对称性，所以为调解谈判各方的议价能力，建议引入卫生技术评估机构作为第三方，由专业技术人员对谈判项目的成本和价值进行预估评价，从而降低谈判各方的信息不对称，避免道德风险的产生，确保医保部门和医疗机构公益性的体现。

3. 政府在谈判机制中的作用

从各国医疗保险谈判经验可以发现，在不同的医疗保险制度与谈判模式中，政府在谈判机制中发挥的作用是不一样的。美国政府对私人医疗保险基本不加干预，由投保的企业与承保的保险公司，保险公司与医疗机构和医生之间进行谈判来确定保险费、支付标准、保障范围等；德国政府不直接参与谈判具体过程，而是通过宏观把握与政府权力的下放，由自治管理的疾病基金和医疗服务提供者以订立契约的方式拟定具体的实施和细节，达到控制医疗费用、保证医疗质量的目的；英国与加拿大则依靠国家行政管理调控医疗服务价，适当引入市场竞争机制，来确保医疗服务体系的高效率、高质量运转。

在我国实行社会医疗保险制度的现实情况下，主要由政府行政部门来决定服务项目的支付标准与付费方式等，医疗保险管理机构基本上只负责医保基金的收支与管理问题，这样的模式不利于医疗保险管理机构谈判能力的培养与发挥，也不利于政府行政部门监管职能的有效发挥，建议由医疗保险管理部门负责与医药服务提供方就医疗服务价格与支付方式等项目进行具体谈判，从而保证医疗保险谈判机制的良性构建。

4. 医疗服务质量监管

通过医疗保险谈判来获取更低的医疗服务价格，医疗服务提供方会通过降低医疗服务质量，从而节约成本，获取更高的利润。如何针对医疗保险协议履约过程中医疗服务方行为进行有效监管，是确保医疗保险谈判结果可靠的关键环节。

一些国家针对防止医疗服务质量下降进行了一系列的探索实践。德国保险公司行业协会成立监管委员会，对签约的医院和医生行为进行监管，并开展信用评估。加拿大各省卫生部门有一套针对医生收费的监控信息系统，通过监控系统确认医生提供医疗服务项目的合理性，如果不合理就不予支付。在我国，各地区医疗保险管理机构主要通过按项目付费、DRGs等支付方式对医疗机构费用产生加以约束，并不断探索建立事中监管机制，如绵阳市、阜阳市、保山市等多地上线医疗保险智能审核监控系统，加强对医疗服务提供方的行为与质量的监督，从而确保广大参保人的合法权益。

综上所述，尽管发达国家对医疗保险谈判机制进行了有益的探索，但是在国际上尚未形成一个完善的医疗保险谈判机制，中国的医疗保险谈判机制也在实践中不断地探索与发展，可以在借鉴国外成熟经验的同时，结合我国社会经济发展与医疗卫生体制改革的现状，不断探索、改进医疗保险谈判机制，一方面要增强医疗保险经办机构代表广大参保人员向医药服务提供方购买药品和医疗服务的谈判能力，另一方面要进一步加强对基本医疗保险药品和医疗服务费用的监管约束，提高医疗服务质量，降低医疗费用，切实保障广大参保人员的健康权益。

第十三章　我国高价创新药品医疗保险谈判实例研究

2015 年 10 月，经国务院批准，国家卫生计生委等 16 个部门建立了协调机制，组织开展首批国家药品价格谈判试点工作，谈判主要针对的是国内专利药品和独家生产药品，并于 2016 年 5 月 20 日公布首批国家药品价格谈判结果。用于治疗慢性乙型肝炎的替诺福韦酯和用于治疗非小细胞肺癌的埃克替尼、吉非替尼 3 种药品降价幅度分别达到 67%、54%、55%。

2017 年 2 月，第二次国家医保药品价格谈判开启。2017 年 4 月人社部公布了将进行谈判的 44 个药品种类，并于 6 月 16 日与各大药企进行了谈判。2017 年 7 月人社部印发了《关于将 36 种药品纳入国家基本医疗保险、工伤保险和生育保险药品目录乙类范围的通知》，入选的 36 种药品包括 31 种西药及 5 种中成药。与 2016 年平均零售价相比，谈判后平均降幅达到 44% 最高达 70%，大大减轻了我国患者的医疗费用负担。

2018 年 6 月，李克强总理主持召开国务院常务会议，提出“对医保目录外的独家抗癌药要抓紧推进医保准入谈判”。2018 年 8 月 17 日，国家医疗保障局印发《关于发布 2018 年抗癌药医保准入专项谈判药品范围的通告》，确认 12 家企业的 18 个品种纳入本次抗癌药医保准入专项谈判范围。

一、相关概念

高价创新药品相关概念有创新药物、原研药、仿制药等。

创新药物是指具有自主知识产权专利的药物。创新药物强调化学结构新颖或新的治疗用途，比如通过结构修饰，使药物的生物利用率更高。创新药物共分为六种，分别是：未在国内外上市销售的药品，改变给药途径且尚未在国内外上市销售的制剂，已在国外上市销售但尚未在国内上市销售的药品，改变已上市销售盐类药物的酸根、碱基（或者金属元素）、但不改变其药理作用的原料药及其制剂，改变国内已上市销售药品的剂型但不改变给药途径的制剂以及已有国家药品标准的原料药或者制剂。

原研药品指境内外首个获准上市，且具有完整和充分的安全性、有效性数据作为上市依据的、拥有或曾经拥有相关专利、或获得了专利授权的原创性药品。

仿制药仿制研发的目标是实现临床应用上仿制药与原研药的“可替代性”。故仿制药定义为与原研药（或商品名药）在剂量、安全性和效力、质量、作用以及适应症上相同的一种仿制品，又称通用名药、非专利药等。

二、高价创新药品医疗保险谈判现状

自基本医疗保险制度建立以来，原劳动保障部、人社部分别于2000年、2004年、2009年调整发布了三版药品目录。随着医药卫生体制改革的不断深入，药品目录长期未调整导致的参保人员目录外药品费用负担较重、与临床用药需求脱节、创新药品无法进入目录等问题逐步显现。一些专利、独家药品，临床价值很高、疗效确切，如果能够纳入目录将使参保人员极大获益，但同时它们的价格较为昂贵，按照当时的市场价格纳入药品目录又是医保基金难以承受的。

在2009年《中共中央 国务院关于深化医药卫生体制改革的意见》（中发［2009］6号）第十一条中，关于建立科学合理的医药价格形成机制明确指出“积极探索建立医疗保险经办机构与医疗机构、药品供应商的谈判机制，发挥医疗保障对医疗服务和药品费用的制约作用。”国家人力资源和社会保障部于2017年2月21号印发的《国家基本医疗保险、工伤保险和生育保险药品目录（2017年版）的通知》（人社部发［2017］15号）中提出“探索建立医保药品谈判准入机制。我部将对经专家评审确定的拟谈判药品按相关规则进行谈判，符合条件的药品纳入医保支付范围，名单另行发布”。

按照医疗保险有关规定，医保药品目录分为甲乙两类，甲类药品是临床治疗必需，使用广泛，疗效好，同类药品中价格低的药品；乙类药品是可供临床治疗选择使用，疗效好，同类药品中比甲类药品价格略高的药品。2017年我国首次开展国家医保药品谈判，涉及34家企业44个药品，最后36个药品谈判成功，进入国家基本药物目录乙类范围，大大减轻了患者医疗费用负担。①

（一）国家医保药品目录准入谈判工作过程

2015年8月印发《国务院办公厅关于全面实施城乡居民大病保险的意见》，大病保险全面启动。同年10月国家卫计委等16个部门共同建立了药品价格谈判部际联席会议制度并建立了协调机制，组织开展首批国家药品价格谈判试点工作。

2016年5月，我国公布首批国家医保目录谈判结果，诺福韦酯、埃克替尼和吉非替尼3种药物入围。

2017年2月，人社部印发了2017年版国家基本医疗保险、工伤保险和生育保险药品目录，并通过专家评审确定了部分临床价值较高但价格相对较贵的专利、独家药品作为拟谈判药品。2014年4月人社部公布了将进

① 资料来源：《药品准入首次“国家谈判”医保直面药企“计价还价”》，2017年8月7日，见 http://www.xihuanet.com/fortune/2017-08/07/c_1121439595.htm。

行谈判的44个药品种类，并于6月16日与各大药企进行了谈判。

2017年7月人社部印发了《关于将36种药品纳入国家基本医疗保险、工伤保险和生育保险药品目录乙类范围的通知》，入选的36种药品包括31种西药及5种中成药。入选药品中，半数为肿瘤靶向药物，如肺癌、胃癌、乳腺癌等常见肿瘤，此外还包括心脑血管疾病、眼科、糖尿病等重大疾病用药。与2016年平均零售价相比，谈判后平均降幅达到44%最高达70%，大大减轻了我国患者的医疗费用负担。

2018年按照国务院要求，国家医疗保障局加快推进抗癌药医保准入专项谈判工作，组织了来自全国20个省份的70余名专家通过评审、遴选投票等环节，并经书面征求企业谈判意愿，并于8月17日印发《关于发布2018年抗癌药医保准入专项谈判药品范围的通告》，确认12家企业的18个品种纳入本次抗癌药医保准入专项谈判范围。

（二）第二次国家医保药品价格谈判医疗保险谈判机制解析

1. 谈判主体

为发挥医保集团的购买作用，本次谈判的购买方为人力资源社会保障部社保中心，代表广大参保人员的利益。购买方组织评估专家综合各方信息进行评价，提出评估意见，与企业进行具体谈判。提供方为谈判药品的生产企业，或由生产企业授权的中国大陆总经销商，可自主申报药品基本信息、疗效价格等方面的材料。所有谈判主体资格皆由律师确认有效。

2. 谈判模式

本次谈判是在国家层面进行的第一次医保药品目录准入谈判。我国已实现“全民医保”，市场规模巨大，从国家层面进行谈判有利于充分发挥医保集团购买的优势，同时也可兼顾参保人员用药保障水平和基金承受能力。

在本次谈判中，医保经办机构组织谈判专家与企业逐一进行谈判，企

表 13-1　36 种纳入国家基本医疗保险、工伤保险和生育保险药品目录乙类范围的药品[①]

序号	药品名称		生产厂家[②]	医保支付标准	适应症
	通用名	商品名			
1	利拉鲁肽	诺和力	Novo Nordisk A/S	410 元（3ml:18mg/ 支，预填充注射笔）	成人 2 型糖尿病；与二甲双胍或磺脲类药物联合应用
2	替格瑞洛	倍林达	AstraZeneca AB	8.45 元（90mg/ 片）	急性冠脉综合征
3	注射用重组人尿激酶原	普佑克	上海天士力药业有限公司	1020 元（5mg（50 万 IU）/ 支）	急性 ST 段抬高性心肌梗死
4	重组人凝血因子Ⅶ a	诺其	Novo Nordisk A/S	5780 元（1mg（50KIU）/ 支）	出血发作及预防在外科手术过程中或有创操作中的出血。
5	冻干重组人脑利钠肽	新活素	成都诺迪康生物制药有限公司	585 元（0.5mg（500U）/ 瓶）	休息或轻微活动时呼吸困难的急性失代偿心力衰竭
6	托伐普坦	苏麦卡	浙江大冢制药有限公司	99 元（15mg/ 片）	临床上明显的高容量性额正常容量性低钠血症
7	阿利沙坦酯	信立坦	深圳信立泰药业股份有限公司	7.05 元（240mg/ 片） 3.04 元（80mg/ 片）	轻、中度原发性高血压的治疗
8	吗啉硝唑氯化钠	迈灵达	江苏豪森药业集团有限公司	106 元（100ml：500mg 吗啉硝唑和 900mg 氯化钠 / 瓶）	妇科盆腔炎

① 根据人力资源、社会保障部《关于将36种药品纳入国家基本医疗保险、工伤保险和生育保险药品目录、乙类范围的通知》整理得出。

② 生产厂家。

续表

序号	药品名称		生产厂家	医保支付标准	适应症
	通用名	商品名			
9	泊沙康唑	诺科飞	Patheon Inc.,Whitby Operations	2800 元（40mg/ml 105ml/ 瓶）	曲霉病、接合菌病及镰刀菌病、部分氟康唑耐药的念珠菌属感染
10	曲妥珠单抗	赫赛汀	Genentech Inc.	7600 元（440mg（20ml）/ 瓶）	转移性乳腺癌、HER2 过度表达的转移性胃癌患者
11	贝伐珠单抗	安维汀	Roche Diagnostics GmbH	1998 元（100mg（4ml）/ 瓶）	转移性结直肠癌
12	尼妥珠单抗	泰欣生	百泰生物药业有限公司	1700 元（10ml ： 50mg/ 瓶）	放疗联合治疗表皮生长因子受体（EGFR）表达阳性的 III/IV 期鼻咽癌
13	利妥昔单抗	美罗华	Roche Diagnostics GmbH	2418 元（100mg/10ml/ 瓶） 8289.87 元（500mg/50ml/ 瓶）	复发或耐药的滤泡性中央型淋巴瘤
14	厄洛替尼	特罗凯	Roche S.D.A.	195 元（150mg/ 片） 142.97 元（100mg/ 片）	既往接受过至少一个化疗方案失败后的局部晚期或转移的非小细胞肺癌
15	索拉非尼	多吉美	Bayer Pharma AG	203 元（0.2g/ 片）	肝肿瘤细胞、肾肿瘤细胞、甲状腺患者
16	拉帕替尼	泰立沙	Glaxo Operations UK Limited	70 元（250mg/ 片）	晚期或转移性乳腺癌
17	阿帕替尼	艾坦	江苏恒瑞医药股份有限公司	136 元（250mg/ 片） 185.5 元（375mg/ 片） 204.15 元（425mg/ 片）	期胃腺癌或胃—食管结合部腺癌

续表

序号	药品名称		生产厂家	医保支付标准	适应症
	通用名	商品名			
18	硼替佐米	万珂	BSP Pharmaceuticals S.PA	6116 元（3.5mg/ 瓶） 2344.26 元（1mg/ 瓶）	多发性骨髓瘤、套细胞淋巴瘤
19	重组人血管内皮抑制素	恩度	山东先声生物制药有限公司	630 元（15mg/2.4×10^5 U/3ml/支）	非小细胞肺癌患者
20	西达本胺	爱谱沙	深圳微芯药业有限责任公司	385 元（5mg/ 片）	细胞淋巴瘤
21	阿比特龙	泽珂	Patheon Inc.	144.92 元（250mg/ 片）	前列腺癌
22	氟维司群	芙仕得	Vetter Pharma–Fertigung GmbH & Co. KG	2400 元（5ml ：0.25g/ 支）	乳腺癌
23	重组人干扰素 β–1b	倍泰龙	Boehringer Ingelheim Pharma GmbH and Co.KG	590 元（0.3mg/ 支）	多发性硬化患者
24	依维莫司	飞尼妥	Novartis Pharma Stein AG	148 元（5mg/ 片） 87.05 元（2.5mg/ 片）	晚期肾细胞癌
25	来那度胺	瑞复美	Celgene International Sarl	866 元（10mg/ 片） 1101.99 元（25mg/ 片）	多发性骨髓瘤、免疫调节和抗血管生成
26	喹硫平		AstraZeneca Pharmaceuticals LP	3.72 元（50mg/ 片） 10.76 元（200mg/ 片） 14.68 元（300mg/ 片）	精神分裂症

续表

序号	药品名称		生产厂家	医保支付标准	适应症
	通用名	商品名			
27	帕罗西汀		GLAXOSMITHKLINE INC	4.59 元（12.5mg/ 片） 7.8 元（25mg/ 片）	各种类型的抑郁症
28	康柏西普	朗沐	成都康弘生物科技有限公司	5550 元（10mg/ml 0.2ml/ 支）	湿性年龄相关性黄斑变性
29	雷珠单抗	诺适得	Novartis Pharma Stein AG	5700 元（10mg/ml 0.2ml/ 支、10mg/ml 0.165ml/ 支（预充式））	湿性年龄相关性黄斑变性
30	司维拉姆	诺维乐	Genzyme Ireland Limited	8.1 元（800mg/ 片）	正在接受透析治疗的慢性肾脏病成人患者的高磷血症
31	碳酸镧	福斯利诺	Hamol Limited	14.65 元（500mg/ 片） 19.98 元（750mg/ 片） 24.91 元（1000mg/ 片）	终末期肾病患者的高磷酸盐血症
32	银杏二萜内酯葡胺注射液		江苏康缘药业股份有限公司	316 元（5ml/ 支，含银杏二萜内酯 25mg）	脑梗死
33	银杏内酯注射液		成都百裕制药股份有限公司	79 元（2ml/ 支，含萜类内酯 10mg）	急性期脑梗死和恢复期脑梗死
34	复方黄黛片		天长亿帆制药有限公司	10.5 元（0.27g/ 片）	初治的急性早幼粒细胞白血病

续表

序号	药品名称		生产厂家	医保支付标准	适应症
	通用名	商品名			
35	注射用黄芪多糖		天津赛诺制药有限公司	278 元（250mg/ 瓶）	用于倦怠乏力，少气懒言，自汗，气短，食欲不振属气虚证因化疗后白细胞减少，生活质量降低，免疫功能低下的肿瘤患者
36	参一胶囊		吉林亚泰制药股份有限公司	6.65 元（含人参皂苷 Rg3 10mg/ 粒）	培元固本，补益气血。与化疗配合用药，有助于提高原发性肺癌、肝癌的疗效，可改善肿瘤患者的气虚症状，提高机体免疫功能

资料来源：人社部、国家食品药品监督管理总局，2017。

业方有两次报价机会，如果企业最低报价比医保预期支付标准高出15%以上，则谈判终止；反之，双方可进行进一步磋商。最终确定的支付标准不能超过医保预期支付标准。

3. 谈判程序

全部44个药品于2017年6月16日进行了谈判。谈判分4组同时进行，从上午10点半至晚上8点基本完成，监督组现场进行了监督，同时对谈判全过程进行了录像，影音资料保存备查。所有参加谈判的企业都当场签署了谈判结果确认书，书面认可谈判结果。谈判完成后一周内，所有谈判企业都与人社部社保中心签订了正式协议。

4. 谈判规则

一是明确谈判主体。为发挥医保集团购买作用，医保方谈判主体确定为人社部社保中心。企业方一般是谈判药品的生产企业，或者由生产企业授权中国大陆地区总经销商参与谈判，所有谈判主体资格均由律师确认有效。

二是明确谈判的政策条件。明确谈判成功的药品纳入药品目录乙类范围，全国统一执行谈判确定的医保支付标准。

三是明确申报、评估、谈判三分离原则，保证程序公开透明。由企业自主申报药品基本信息、疗效价格等方面的材料；评估专家综合各方信息进行评价，提出评估意见；医保经办机构组织谈判专家与企业进行具体谈判。实现各司其职、相对独立，从而保障谈判公平、科学、合理。

四是明确客观评价与专家评估相结合。广泛收集谈判药品及参照药品的疗效、价格、经济性、医保数据等方面的信息，组织临床、药学、药物经济学、医保管理等方面专家进行综合评价，提出评估意见。

五是明确具体谈判流程。根据专家评估结果，医保经办机构组织谈判专家与企业逐一进行谈判，现场确认谈判结果。企业方有两次报价机会，如果企业最低报价比医保预期支付标准高出15%以上，则谈判终止；反之，双方可进行进一步磋商。最终确定的支付标准不能超过医保预期支付标准。

5. 相关支撑机制

为保证本次药品准入谈判工作依法合规，医保部门制定了严格的监督约束机制。

一是制定严格的廉政保密措施。谈判工作启动时就制定了《工作人员守则》《评估专家守则》等纪律文件以及资料和数据的收集、存储、管理、使用等一系列规定，并要求所有参与此项工作的工作人员签订了《保密承诺书》，评估专家则签订了《保密承诺书》和《无利益冲突申明》。同时，成立了专门的监督组，对谈判工作实施全程监督。

二是专家评估环节实行两组专家平行评估，人员互不交叉、工作互相独立、结果完全保密。也就是说任何一组的专家在评估中最多只会知道本组评估意见，但不清楚另外一组的评估结果。同时，专家完成评估后，结果也进行严格保密，不向其他人员汇报或透露。

三是严格按照规则进行谈判。谈判当天上午，工作组成员以两组专家评价结果为基础，按照既定规则现场确定医保方预期支付标准。事前工作组成员不知道专家评价结果，确定结果后工作组成员进行封闭直至谈判结束；医保方预期支付标准现场密封，专人直接交给谈判组进行谈判。谈判组实行集体决策，完全按照规则进行谈判。谈判全程进行录像，影像资料保存备查。

为保证谈判的公平公正，减少资源浪费，医保部门建立起了相关协调机制，从专家库中随机抽取产生的临床、药学、经济学、医保管理等领域的专家分为两个完全独立的评估专家组，分别从药物经济性和医保基金承受能力两个方面开展评估测算。其中药物经济性评估组主要从药品的临床价值、国际国内价格比较、同类药品参比等角度进行分析，运用药物经济学的方法提出建议；医保基金测算组主要以从医保运行数据库中提取的相关药品使用情况和费用信息为基础，通过大数据分析和数学精算的方法测算谈判药品纳入目录后对基金的影响，从而提出建议。工作组综合两组专家评估结果，按事先既定的规则确定医保预期支付标准。[①]

（三）政策落地要求

一是将36种药品纳入《国家基本医疗保险、工伤保险和生育保险药品目录（2017年版）》乙类范围，各省（区、市）不得调出，也不得调整限定支付范围。各省（区、市）需加快推进药品目录调整及药品调整。

二是谈判确定的医保支付标准包括基本医疗保险基金和参保人员共同支付的全部费用，分担比例由各统筹地区确定。该支付标准有效期截至2019年12月31日，期满后按照医保药品支付标准有关规定进行调整。有效期内，如有谈判药品的仿制药上市，将根据仿制药价格水平调整该药品的医保支付标准；如出现药品市场实际价格明显低于现行支付标准的，医保部门可以与企业协商重新制定支付标准。

三是各省（区、市）要积极探索多种方式加强有关药品管理，促进合理用药。对规定需“事前审查后方可使用”或其他需要严格管理的药品，要建立统一的事前审查规定；对用量大、费用高的药品要纳入基本医疗保险医疗服务智能监控系统进行重点监控，并做好费用分析。

四是探索促进合理用药，发挥定点零售药店在药品供应保障方面的作用，尽可能保证药品的可获得性。

五是谈判药物直接在省级采购平台上公开挂网，药品谈判企业应确保药品质量安全和供应保障。

六是明确谈判药品执行各级医保部门的职责，省级医保部门提出具体要

① 人社部《关于印发国家基本医疗保险、工伤保险和生育保险药品目录（2017年版）的通知》（人社部发［2017］15号）。

求，加强指导和调度。统筹地区医保部门制定相关管理规定和结算办法。

七是明确谈判药品超支费用的合理补偿，2018年将谈判药品作为重点考虑因素核算费用额度。如果谈判品种涉及按病种付费，其支付标准要合理确定。

（四）第二次国家医保药品价格谈判的特点

1. 降价幅度大

本次谈判确定的支付标准与2016年的平均零售价相比，平均降幅达44%，明显减轻了参保人员药费负担，同时也有效控制了医保基金支出。这些药品都是已上市产品，在我国市场上价格普遍偏高，有大量水分可以挤压，这些药品进入医保后，市场份额会大幅度增加，厂商有"以价换量"的空间。降价幅度最高的为厄洛替尼，2016年零售价为657.1元，谈判后医保支付标准降至195元每单位，降幅达70.32%。其余备受关注的肿瘤靶向药物曲妥珠单抗、利妥昔单抗、硼替佐米、来那度胺降价幅度分别达68.98%、58.45%、55.14%、60.70%，大大减轻了患者的经济负担。其中，离专利到期日越近、销售额越大的药品接受的降价幅度越大。[①] 而8种谈判失败的高价药，普遍都是专利期剩下不多、面临大批仿制药即将上市的局面，对于乙类医保目录来说价值有限，如果不能接受大幅度降价，是无法进入乙类目录的。

表13–2 部分纳入国家基本医疗保险、工伤保险和生育保险药品目录乙类范围药品的价格变动情况

药品名称	谈判后医保支付标准	2016年平均零售价	降价比例
厄洛替尼	195元（150mg/片）	657.1元	70.32%
尼妥珠单抗	1700元（10ml：50mg/瓶）	3680元	53.80%

① 贾光：《高价药谈判关键点》，《医药经济报》2017年8月17日。

续表

药品名称	谈判后医保支付标准	2016 年平均零售价	降价比例
贝伐珠单抗	1998 元（100mg（4ml）/ 瓶）	5398 元	63%
利妥昔单抗	8289.87 元（500mg/50ml/ 瓶）	19950 元	58.45%
曲妥珠单抗	7600 元（440mg（20ml）/ 瓶）	24500 元	68.98%
雷珠单抗	5700 元（10mg/m l0.2ml/ 支、10mg/m l0.165ml/ 支（预充式））	9800 元	41.84%
利拉鲁肽	410 元（3ml：18mg/ 支，预填充注射笔）	878 元	53.30%
来那度胺	1101.99 元（25mg/ 片）	2804.05 元	60.70%
硼替佐米	6116 元（3.5mg/ 瓶）	13635 元	55.14%
氟维司群	2400 元（5ml：0.25b/ 支）	5534 元	56.63%
重组人脑利钠肽	585 元（0.5mg（500U）/ 瓶）	1250 元	53.20%
重组人血管内皮抑制素	630 元（15mg/2.4 × 10^5 U/3ml/ 支）	1126 元	44.05%
注射用黄芪多糖	278 元（250mg/ 瓶）	705.08 元	60.57%

数据来源：人社部发［2017］54 号，《人民日报》。[①]

2. 重大疾病覆盖面广

入选的 36 种药品包括 31 种西药及 5 种中成药。31 种西药中不仅有 15 种覆盖了乳腺癌、前列腺癌、肾癌、淋巴癌、骨髓癌等病种的肿瘤治疗药物，曲妥珠单抗、利妥昔单抗、硼替佐米、来那度胺等多个社会比较关注、参保人员需求迫切的肿瘤靶向药位列其中。亦有治疗心血管疾病、眼病、精神病、糖尿病等重大疾病以及抗感染的药物，治疗血友病的重组人凝血因子Ⅶ-a 和治疗多发性硬化症的重组人干扰素 β-1b 也都成功纳入药品目录；5 种中成药中有 3 种是肿瘤药、2 种是心脑血管用药。

3. 建立评审基础数据库，引进大数据分析

所有基础数据由国家食品药品监管总局提供。根据截止到 2016 年 6

①《36 种高价刚需药纳入医保》，《人民日报》2017 年 7 月 20 日。

月 30 日的国家药品注册数据库，共整理药品注册信息 16.5 万条、中西药品种剂型 1.7 万个，此外还收集了地方医保、新农合、国家基本药物、军人免费药品等目录纳入情况及市场价格、临床使用数据等信息，经过标准化和分类，形成了提供专家评审使用的完整基础数据库。

4. 组织专家智库综合决策

广泛收集谈判药品及参照药品的疗效、价格、经济性、医保数据等方面的信息，分别从药物经济性和医保基金承受能力两个方面组织独立的评估专家组开展评估测算。其中药物经济性评估组主要从药品的临床价值、国际国内价格比较、同类药品参比等角度进行分析，运用药物经济学的方法提出建议；医保基金测算组主要以从医保运行数据库中提取的相关药品使用情况和费用信息为基础，通过大数据分析和数学精算的方法测算谈判药品纳入目录后对基金的影响，从而提出建议。

5. 鼓励企业充分表达诉求，减少信息不对称

在谈判准备阶段，由企业自主申报药品基本信息、疗效价格等方面的材料，充分说明药品的价值和优势。在谈判过程中，医保方多次召开企业座谈会，与企业充分交流并共同研究谈判具体问题，认真听取意见建议。在专家评估环节，医保方专门与每个企业就专家评估考虑的因素向企业做了沟通，并将企业意见反馈专家参考，引导了企业的合理预期。①

6. 以“重大创新”为标杆，激励创新再投入

本次医保药品目录准入谈判对创新药和罕见病药给予了高度重视，充分体现了对医药创新的重视和支持，列入谈判范围的西达本胺、康柏西普、阿帕替尼等国家重大新药创制专项药品全部谈判成功。

---

① 人社部：《人社部社保中心副主任徐延君介绍医保药品目录谈判有关情况》，2017 年 7 月 20 日，见 http://www.sohu.com/a/158680191_456070。

（五）地方政策落地现状

截至2017年年底，除港澳台三地以外的31个省、市、自治区已全部落地国家药品目录谈判结果。谈判药品全部纳入乙类目录，并严格执行谈判确定的适应症范围。海南省、广东省、安徽省等多地明确在严控药物费用的同时，国家谈判药物暂时不列入医疗机构药占比考核，实行单独核算、合理调控。关于报销比例，14个省市在全省统一设定了医保支付比例，个人自付比例基本在20%—50%之间，16个省市由各个统筹地区自行确定医保支付比例。另外，2/3的省市已发文鼓励药店作为医保谈判药品供应和报销的通道，部分省市在药品分类管理、药占比、医保总控等相关配套政策方面做出了有效的探索。此外各地都非常重视合理用药的问题，采取有效措施鼓励谈判药品在医院合理使用的同时对医保额度超医保总量的部分给予一定的倾斜和考虑。

随着36种高价创新药列入国家药品目录，伴随着价格大幅度下降的同时，使用量也明显提高，致使地方医保基金压力大。而个别医院存在的二次议价等行为，也增加了已降价药企的压力。

表13–3　各省（市、自治区）政策落地时间

执行时间	发文省份（市、自治区）
2017年9月	内蒙古、吉林、河南、新疆、江苏、辽宁、福建、安徽、山东、浙江、湖南、陕西、湖北、北京、天津、云南、广西、海南、河北、江西、宁夏、四川、重庆
2017年10月	陕西、广东、青海
2017年11月	甘肃、西藏
2017年12月	上海、贵州、黑龙江

（六）第二次国际医保药品价格谈判地方执行的特点

一是规范了谈判药品的使用和管理，加强了监管。部分省市在推行

“五定”及“三定”管理办法，定医院、定科室（定医生）、定患者、定治疗方案（或定药量）和定药店。以贵州与山西为例。贵州实行“五定管理”，一是定医院，主要是针对三级以上医院，对于个别没有三级医院的地方，定二级医院；二是定医师，要求主任或副主任以上的医师；三是定患者，患者需要取得用药的资格；四是定药品，药品的适应症需要和治疗的疾病相对应；五是定用量，目前采用两种方式，一是按照疗程设定最大用量，二是按照时间点设定最大用量。贵州对用量设置“双限制”，超过限制总量的部分由个人自付①。山西则实行“三定管理”即参保患者待遇资格准入、就医服务由谈判药品定点医院负责；参保患者日常诊疗服务由定点医院的责任医师具体负责；参保患者可在谈判药品定点医院和定点药店购药。参保患者应在定点医院中选择一所作为本人使用谈判药品的定点医院，医院一经选定，一年内不可变更。因病情变化或特殊原因必须变更的，应向省医保中心提出申请，经批准后方可变更。②

二是谈判药品直接挂网采购。人社部和卫计委联合发文以后，直接挂网采购已没有任何障碍。

三是谈判药品纳入门诊特殊疾病用药管理，对部分临床疗效好、费用高的药品建立特殊药品管理办法，在药品使用、支付比例、购药途径等方面进行规范和管理。

四是谈判药品在考核指标和总额控制上给予一定的政策倾斜。

五是发挥了定点零售药店的作用，部分省市明确鼓励定点零售药店做好慢性病用药的供应保障，发挥药店在医保药品供应保障方面的积极

① 杨艳：《国家医保谈判药品实施现状、问题以及完善思路》，《中国医疗保险》2018年第4期。

② 齐泽萍：《省医保中心发布〈省直职工医疗保险谈判药品使用管理〉——32规程种高价药纳入医保门诊大病用药范围》，《山西经济报》2018年1月4日。

作用。

六是对于用量大、费用高的药品，建立日常的监测机制并强化管理。部分省市已将定点医药机构执行、使用谈判药品情况纳入协议管理和考核范围，对用量大、费用高的药品建立了日常监测机制，做好费用分析。

三、第二次国家医保药品价格谈判药品落地执行中存在的问题

（一）政策层面

一是地方的执行政策尚需进一步完善，部分省市地市落地进程比较缓慢。虽然本次谈判结果在省级层面已经全部落实，但个别统筹地区由于信息系统等方面的问题，落地相对缓慢。二是由于受药占比、医保总额控制、门诊报销、医院进药等政策限制，谈判药品在部分省市及医院无法获得。因此谈判药品在公立医院的落地非常困难。此外，部分地区医院二次议价也影响到药品的供应保障。三是药店供应方面，虽然先进的省份做出了一些探索，但大部分地区在药店渠道的报销和管理经验方面尚不足。地方需要进行不断探索，借鉴先行实践地区的经验，制定政策措施，加紧落地，进一步发挥药店在医保药品供应保障方面的积极作用，为参保人员提供便利服务。

（二）医院执行层面

一是国家对于医保谈判药品规定了支付范围限制，如特定的适应症、支付周期或疗程，这给医院的信息管理系统带来新的挑战和要求，新的信息系统需要在医生处方时提示患者的历史使用情况、用药周期及具体说明等。目前很多地市的医院间没有实现互联互通，而且就诊记录还涉及患者隐私的问题，因此如果患者之前在其他医院有过就诊记录，就很难从系统

设计的角度了解患者的用药记录。这为医院对医保的管理带来很大的挑战。二是谈判药品进医保的通道已经打开，但有的地方并没有完全打开进医院的通道。一些医院因为担心药占比或医保总额度超标，而停止谈判药的引入。此外，目前国家对于医保支付方式的改革和医保目录的衔接问题也为医院临床和医保管理带来一定的困惑。

四、展望及建议

从国家层面，人社部对于谈判药品的落地态度非常坚决，将继续跟踪并督导各地的执行情况，了解地方执行中存在的问题，协助地方加以解决，同时也将从国家层面加强监测并跟踪效果。此外，国家将建立医保目录动态调整机制，进一步完善医保谈判的周期、方式及细则。

（一）优化配套政策

相关部门需要继续协调并优化医院药占比、医保总额控制和门诊报销限制等配套性政策。多位专家提到，尤其是医院药占比政策，是目前国家医保谈判药品在公立医疗机构面临的最大的政策阻碍。

（二）加快对药店通道的探索

由于国家医保谈判药品受到公立医院诸多限制，各地要同步开通药店通道，一方面加强研究完善肿瘤靶向治疗等药物在协议管理门诊、药店结算办法和管理措施，另一方面通过采取有效措施鼓励符合条件的协议管理零售药店为参保人员提供药品。

（三）减少基金浪费，确保基金可持续性

医保谈判的发展要坚持“动态平衡”的核心原则，通过平衡临床需求和基金的风险，确保基金的可持续性。国家医保基金的有效利用需要进一

步提高，建议以腾笼换鸟，同时减少基金浪费的空间，来及时满足临床未满足的治疗需求。下一步建议国家着重考虑辅助用药管理、医保基金合理和有效利用等相关问题。

（四）医保谈判的发展依托“定量评价”决策平台

医保谈判的发展要依托“定量评价”决策平台。按照国际准则，定量评价涉及三个层面，一是疗效定量评价，二是成本效益评价，三是预算影响分析。在疗效有增量效应的基础上，用增量成果效果比（ICER）和预算分析做双重判断可以使得医保谈判更加科学和精准，效果也会更好。[①]

（五）医保谈判落地的精细化管理

医保谈判落地的操作层面，需要进一步的精细化管理。目前部分省市在推行“五定”及“三定”管理办法，其中会涉及很多具体操作细则，比如一家肿瘤医院，由于受药占比或总额控制的政策管理，一个科室只定了两名医生，而肿瘤类型可细分为很多种，不同专业的医生无法全盘了解所有类型的肿瘤诊治，所以如果只定两名医生，很难了解所有肿瘤治疗的用药情况。因此，操作层面需要进一步精细化管理。

（六）推进高价创新药下基层

以抗肿瘤靶向药物为例，本次谈判中的抗肿瘤靶向药物在大幅度降价和医保支付后，患者自费部分大幅度下降，在 3、4 线城市治疗的肿瘤患者也有机会使用这些药物。但由于之前绝大多数产品的使用以及企业销售人员主要集中在 1、2 线城市的大医院，许多 3、4 线城市的医院基本没有

---

① 杨艳:《国家医保谈判药品实施现状问题以及完善思路》,《中国医疗保险》2018 年第 4 期。

外资药企代表覆盖，也未接触过分子靶向药物使用的系统教育，基因检测的观念没有完全建立。广大基层肿瘤医生需快速了解靶向药物的使用，树立检测观念，提高基层患者对靶向药物的知晓度。[①]

① 王钰：《2018 肿瘤药怎么卖》，《医药经济报》2018 年 2 月 1 日。

第十四章　我国医疗保险谈判均衡模型构建

一、基于博弈论的医疗保险谈判力量分析

（一）医疗保险谈判机制分析

1. 主要定义与内涵

谈判（negotiation）是知觉到不同利益的双方（或多方）为了就稀缺资源的分配、工作程序、事实的解释，或某些共同持有的看法或信念等达成协议所做的沟通。

医疗保险谈判机制是指医疗保险经办机构作为广大参保人员医疗消费的利益代表，与定点医疗机构、药品供应商等医疗服务提供主体，依据相关制度，就医疗保险服务质量、服务价格、费用结算、付费方式等，为协调各方利益通过沟通磋商而达成的谈判原则、谈判程序、谈判方式、谈判协议等一系列规范的总称。医疗保险谈判能够切实保障参保患者医疗质量、减轻医疗费用负担，提高医保基金使用效率和效益，其核心是医疗保险费用支付，其最终形式是医疗保险定点协议和费用支付方式。①

2. 医保谈判机制解析

2009 年 4 月发布的《中共中央 国务院关于深化医药卫生体制改革的

① 周尚成、方鹏骞：《医疗保险谈判机制理论基础及政策设计》，《湖北医药学院学报》2016 年第 1 期。

意见》(以下简称新医改方案)要求探索建立医疗保险经办机构与医疗机构、药品供应商的谈判机制，建立多方共同参与的医疗保险谈判平台，从而将博弈的过程透明化，有效降低医疗服务成本。[①]新医改方案虽然明确了医保谈判的主体、内容和目标，但具体的路径却十分模糊。谈判主体主要为医保机构、医疗机构、药品供应商，谈判内容为医药价格和付费方式改革，目标为发挥医疗保障对医疗费用的制约作用，将医疗服务购买方和医疗服务提供方的谈判过程规范化、制度化，形成合理的医药价格形成机制与约束机制。

医保谈判机制主要包括六个核心要素：谈判模式、谈判主体、谈判内容、谈判程序、谈判规则、相关支撑机制。现对这六项核心要素进行具体分析。

（1）谈判主体

医疗保险的多方参与者涵盖购买方和提供方两个方面。购买方指医疗保险经办机构和医疗保险协会，代表广大参保人员的利益。参保人并非直接参与到谈判之中，而是通过与医疗保险经办机构的委托—代理关系，委托医疗保险经办机构作为自己的利益代表方参与到谈判中。提供方则包括医疗机构、药品（医疗器械）供应商及其行业协会等。狭义的医疗保险谈判主体是保供双方，广义谈判包括了药品耗材价格、药品目录等谈判内容。

依据谈判的基本理论，谈判双方应该符合以下基本条件：第一，双方在法律层面和话语权上基本对等；第二，谈判双方是通过一定的合同或者契约形式发生关系的双方；第三，双方代表不同利益方的诉求，能够讨价还价，从而起到谈判的作用。结合谈判主体的基本条件，本研究认为目前医保经办机构和医药服务机构是医疗服务价格谈判的合理双方。

---

①《中共中央 国务院关于深化医药卫生体制改革的意见》，国务院2009年。

一是医保经办机构。医保经办机构是在医保活动过程中具体负责承办医疗保险费用的筹集、管理和支付等医疗保险业务的机构和组织，亦称为保险人。医保经办机构收取医保费用并按照合同的约定，当保险责任发生时负责偿付参保人医疗费用支出，一般由政府部门下设的社会医疗保险中心或社会医疗保险局负责。

二是医药服务机构，即医疗机构和药店。医疗机构和药店是医疗保险系统中卫生服务的提供者。为了方便参保人员就医，加强和规范医保制度的实施，社会医疗保险系统中的医疗机构包括定点医疗机构和定点零售药店。

（2）谈判模式

谈判模式根据谈判主体规模可分为个体谈判和集体谈判。谈判主体通过谈判的方式交换利益，达成妥协，最后形成参与各方都能接受的方案。谈判模式的确定涉及三个问题。一是谈判层次。医保谈判是在中央层面还是地方层面。谈判层次过低一方面会使得谈判能力有限，另一方面会导致资源浪费和整体谈判效率低下。谈判层次过高则会难以兼顾各地区的实际情况，地方往往需要重新谈判。二是医保方如何参与谈判。医保方是单个经办机构分别谈判还是联合谈判。三是医疗机构方如何参与谈判，医疗机构方是单个医院、医院联合还是由医院协会参与谈判。单体医院谈判能力非常有限，医院自主联合参与谈判是较为适合的选择。

（3）谈判内容

医保谈判应当主要围绕医疗服务范围、医保支付方式、支付标准、医疗服务项目价格、服务质量、费用结构比例，药品及医用耗材的种类及价格等方面。借助医保谈判，明确谈判各方的权利、责任和义务。

一是医保经办机构要与医疗机构进行整体医疗服务购买的谈判，主要是医疗费用的支付方式和标准问题，谈判的依据主要基于历史数据及临床路径支付标准的测算。比如按病种付费的病种选择问题，希望通过按病种付费达到既控制医疗费用又保障医疗质量的双重效果。二是与医药企业进行药品及耗材的价格谈判。通过降低医疗成本来控制医疗费用，从而保证基金平衡。

谈判的最终结果是形成定点协议，实现医保经办机构对定点医疗机构和定点药店的协议管理。协议内容包括服务范围、服务内容、服务质量、费用结算、审核与控制的办法以及双方的权利、义务、责任等，协议有效期一般为1年。

（4）谈判程序

谈判流程规范化有助于医保谈判的有序开展。完整的谈判流程具体应当涵盖谈判主体资格的认定、谈判规则的制定、谈判的具体方式以及谈判结果以何种形式表现等。经过公正公开的平等协商，最终形成具有权威、可执行的谈判结果，具体谈判内容以合同或协议的方式进行明确规定，并严格执行。

（5）谈判规则

为了保证谈判结果的公平性、可执行性、客观性、科学性和有效性，医保谈判应当遵循一定的谈判规则，规则可由利益相关方共同商讨起草，接受社会的监督。谈判规则的具体内容包括谈判双方的权利和义务，谈判所需的材料及格式，评价人员的确定机制，评审或协商的流程，谈判合同的内容、形式、法律地位，谈判的步骤和程序等方面。

（6）相关支撑机制

医疗保险谈判机制得以规范运转主要需要三个支撑机制。支撑一是监督约束机制。以规范谈判规则和程序为出发点，健全包括谈判目标、环节衔接、各方主体责任界定标准的制定与责任追究机制的落实问题等在内的监督责任体系。支撑二是冲突解决机制。采取由第三方介入解决冲突是一个很好的途径。在第三方的选择上，既可以设置由人大、政协和相关部门组成的第三方委托评判机构，也可以借助相应的导入冲突管理系统。如借助行政仲裁机构与司法机构，通过冲突解决体系与机制的建立，有效化解矛盾。支撑三是协调机制。在我国社会医疗保险制度的模式下，为保证谈判的公平公正性，减少资源的浪费，应当建立协调机制，通过成立一个专家小组对一项医疗服务的价值、经济性等进行评价，评价结果将作为谈判的重要依据。

（二）医疗保险谈判的博弈分析

博弈论（Game Theory），又称为对策论，是研究相互依赖、相互影响的决策主体的理性决策行为以及这些决策的均衡结果的理论。博弈论研究发生冲突时理性的决策主体如何做出决策及如何达到均衡，博弈论试图把这些错综复杂的关系理性化、抽象化，以便更精确地刻画事物变化发展的规律，为实际应用提供决策指导。[①]

1. 博弈要素分析

（1）参与人（players）。博弈中决策主体的集合，也称为“博弈方”，参与人以最终实现自身利益最大化为目标。参与人可能是个体，也可能是团体，如企业、国家。在医保谈判中，个体指单个医院，团体代表指医院协会或医院联合体，政府代表为医疗保险经办机构。

（2）行动（actions or moves）。为各参与人所有可能的策略或行动的集合。本研究要观察的参与人为医院，该医院应考虑到参与的医疗保险管理分会、医疗保险经办机构对自己行为可能采取的反应策略。

（3）战略（strategies）。战略是参与人在给定信息集的情况下的行动计划，它规定参与人在什么时候选择什么行动。

（4）信息（information）。博弈信息是参与人有关博弈的知识。

（5）收益或支付（pay off）。收益是指在特定的战略组合下参与人得到

① 张维迎：《博弈论与信息经济学》，上海人民出版社 2004 年版。

的确定效用水平，或者是指参与人得到的期望效用水平。受益取决于所有参与人的选择。

（6）结果（outcome）。结果是博弈分析所感兴趣的所有内容，如均衡战略组合，均衡行动组合，均衡支付组合等。

（7）均衡（equilibrium）。均衡是所有参与人的最优战略的组合。

2. 博弈类型分析

根据参与人之间是否合作，博弈分为合作博弈（cooperative game）和非合作博弈（non-cooperative game）。两者的区别在于参与人在博弈过程中是否能够达成一个具有约束力的协议。如果达成协议，参与人在协议范围内进行博弈，则为合作博弈，反之则称为非合作博弈。合作博弈强调团体理性，非合作博弈强调个人理性，即个人收益最大化。对于医保经办机构而言，其谈判目标在于控制医疗费用的不合理上涨，减轻参保人的疾病经济负担，与此同时也需要兼顾医疗机构合理的经济利益，保证医疗机构的可持续发展。对于医疗机构而言，作为政府出资主办的事业单位，除了生产性和经营性还需坚持公益性，即总体利益是为了该地区公众的身体健康，在确保医疗质量的前提下应主动控制医疗费用。因此医保经办机构和医疗机构均承担控费的责任，通过双方的谈判达成合作博弈，降低成本、减少风险，使双方的共同利益得到增长。

在非合作博弈中，按照参与人的先后顺序，博弈分为静态博弈和动态博弈。静态博弈是最简单的博弈，指所有参与人同时选择行动，或者虽非同时行动，但行动在后者并不知道行动在先者采取了什么具体行动。动态博弈是指参与人的行动有先后顺序，而且行动在后者可以观察到行动在先者的选择，并据此作出相应的选择。[①]保方与供方之间的博弈并非是一次行为的静态博弈，其具有行动与决策的次序性和选择的多次性，从而表现出

① [美] 朱·弗登伯格、[法] 让·梯若尔：《博弈论》，中国人民大学出版社 2002 年版。

博弈行为的动态特征。在医保机构对医疗机构进行费用支付的过程中，医疗机构方和医疗保险方的选择和行动一般都有先后之分，而后行动者则可以根据先行者的策略选择来决定自己的策略。比如医疗机构申请医保机构的费用补偿，整个交易过程先后经过医疗机构申请、医疗保险方审核调查、医疗保险方扣款或奖励等步骤，故医疗保险市场中医疗保险及医疗机构双方的博弈可看成是动态博弈。

根据博弈各方对各种局势下所有参与人得益状况的了解程度，博弈可分为完全信息博弈和非完全信息博弈。如果参与人对他人得益状况完全清楚，称之为完全信息博弈，反之为不完全信息博弈。由于医疗市场是一个信息不对称的市场，对于定价而言，医疗机构方具有真正的信息优势，掌握医疗机构运营中的所有信息，而医疗保险方只能通过分析市场行为，从申请费用补偿方的行为中获得不完全、不充分的信息，即信息获取存在时滞现象。根据博弈各方所掌握的对方的决策以及行动选择情况等信息资料的掌握程度来看，这两者均属于不完全信息博弈。

此外，根据参与人行动策略集合是有限还是无限，可分为有限博弈和无限博弈。以医保支付方式谈判为例进行简单分析，医保方采取的策略为某种支付方式或多种支付方式的组合，而医疗机构可以选择控费或不控费，双方的行动策略可认为是有限集合。但现实情况中，医疗机构采取的策略往往更为复杂，控费和不控费的情况往往同时存在，且存在许多不合理的控费和合理的不控费情况，无法笼统判定为有限或无限博弈。

综上所述，医疗保险市场中医疗保险方与医疗机构之间的互动行为可视为不完全信息动态博弈，即动态贝叶斯博弈，与此对应的是精炼贝叶斯纳什均衡。

3. 博弈力量分析

医疗保险实际上是一场保方和投保方之间以及各保险模式之间的博弈，博弈力量不均衡导致的博弈结果往往是某一方的屈从。博弈力量实质上是保供双方的谈判实力问题，谈判实力受到谈判主体规模、谈判信息、谈判地位等因素影响。目前，医疗机构和医保机构在医保谈判中各有优势。

一是实力不对称。医疗保险基金的统筹层次是指统筹的层级和覆盖人群的规模，我国是以行政区划管理为参照而形成的。由于医保方的谈判能力是基于参保人数的优势及相应的统筹基金而形成的，若统筹层次过低，参保人数有限，将严重影响医保部门在谈判中的影响力。目前我国各地区的统筹层次高低不一，部分地区尚处于县级统筹的水平，医保统筹层次较低，医保部门对医院的影响力不足，这直接导致了医保机构和医疗机构的实力不对称，从而导致双方博弈能力的失衡。[①]医保机构作为广大参保人员医疗消费的总代表，应增强谈判实力去和医疗服务提供方进行服务质量、服务价格等方面的谈判。

二是信息不对称。医疗服务市场的一大特征是信息不对称，体现在医疗机构与患者、医疗机构与医保经办机构间的信息不对称。由患者个人和医疗机构进行谈判不具有可行性，只有通过相关医疗保险的制度安排，如医保谈判机制，由医保经办机构作为投保人的利益代表参与谈判，改善医疗服务信息不对称性。但医疗机构掌握着医疗机构运营和诊疗服务中的所有信息，而医保机构只能从事后的费用补偿等方面获得不完全信息，也较难掌握医疗机构提供诊疗服务的全过程和影响费用与质量的所有因素，难以对医疗机构的隐蔽违规行为进行约束。因此在谈判前，各方应该安排充足的时间和经费做相关的实地调研，获得相对充足可信的资料将更有利于谈判的进行。

三是地位不平等。目前，我国处于医保谈判机制运用初期，医保机构更多倾向于使用刚性手段管理医疗机构。大部分谈判是由医保机构或相关政府部门制订政策协议，对方认同后进行协议管理，具有制度上的刚性。

① 陈红陈：《提升医保谈判能力是当务之急》，《中国医疗保险》2010年第8期。

医疗机构也更多地强调“公益性”的“行政机构”角色定位，双方在把握各自在谈判中的地位时，往往会出现行政色彩的“角色分歧”。随着社会主义市场经济的逐步完善，民主化程度的加深，单纯依靠行政命令进行医疗保险管理既不能协调各方主体的利益，也无法促进各方的积极性，只有引进谈判机制，化解各方利益冲突才能保证医疗保险的健康运行。

平等性是博弈谈判的基本原则，实现医疗保险谈判必须要保证谈判双方的地位平等、实力对等。只有建立在共同参与、平等协商基础之上的谈判，才能够制定出科学合理的费用支付方式和质量控制体系，规范各方主体行为。

二、医疗保险谈判的均衡模型构建

谈判博弈的总目标在于推动社会医疗保险和医疗卫生事业的协同发展。医保支付方式作为医保经办机构控制医疗费用的主要手段，是医保谈判博弈的核心内容。在某种支付方式或组合支付方式下，如何达到医保、医疗机构利益均衡并控制好医疗费用是医保谈判要解决的主要问题。

（一）模型构建

1. 模型要素

（1）参与人，即管理博弈中的参与者。本谈判博弈的参与人为医疗机构和医保经办机构。

（2）策略集，医保经办机构可选择的策略集合。在医保机构与医疗机构之间的博弈中，医保机构可选择的行动是各种支付方式及相应的支付制度（预付制、后付制、混合制）。

（3）行动集，医疗机构可选择的行动集合。针对医保经办机构的支付制度，医疗机构可选择的行动是努力控制医疗费用和不努力控制医疗费用。

（4）策略组合，即二者可选择行动构成的对策集合。本策略中有六种策略组合，即控制—预付、控制—后付、控制—混合制、不控制—预付、不控制—后付、不控制—混合制。

（5）效用，指在一定策略组合下二者分别达到的效用水平。医保机构重点关注的效用为费用与质量，医疗机构重点关注的效用为质量和效益。

2. 模型假设

首先，假设第三方支付不存在道德风险问题。由于在我国医疗服务市场，医疗费用由第三方即医保经办机构支付，并不是由直接享受医疗服务的参保人员支付，这种第三方付费形式容易形成医患同盟，引发“道德风险”。

其次，对双方博弈策略进行假设。假设在医保机构与医疗机构之间的博弈中，医保机构可选择的行动是各种支付方式及相应的支付制度（预付制、后付制、混合制），医疗机构可选择的行动是努力控制医疗费用和不努力控制医疗费用。不完全信息使得经办机构观测不到医疗机构是否努力控制医疗成本，对医疗机构提供服务的适宜性无法掌握，对医疗机构真正的收益不得而知；动态性使得医疗机构可根据经办机构制定的支付制度，作出相应的反应，具体表现为服务行为的改变或是应对的潜规则等。这种反应行为反过来又会影响经办机构对协议的修订。如此重复博弈下，经办机构与医疗机构之间逐渐形成均衡结果。此时的协议就是理想中的约束方式，博弈的均衡结果就是医保制度达到稳定的利益均衡状态。

3. 模型求解

医保谈判是动态的，所以谈判协商结果只是基于谈判双方当时的认知水平。协议签订之后，医疗机构会根据医保协议（主要是医保支付方式和费用结算标准）调整医疗服务行为，医保机构会针对医疗机构履行协议期间的行为变化，及时采取相应的监督和管理对策。

当医保机构选择后付制作为博弈策略，即在医疗机构开展医疗服务之后，医保经办机构根据服务的数量和支付标准进行支付，这是最传统、最广泛的支付方式，如按项目付费。后付制能够调动医疗机构提供服务的积极性，投保人医疗服务的可及性、选择性将得到有效保证。但后付制容易导致诱导需求的发生，使得医疗机构过度提供医疗服务，追求利益最大化。因此，后付制的情况下医疗机构会选择“不控费”策略。

当医保机构选择预付制作为博弈策略，即按预先确定的支付标准向医疗机构支付费用，如总额预付制、按人头付费、按病种付费等。预付制可以较好地控制诱导需求现象的发生，医疗机构必须选择“控费”策略，以保证医保费用的收支平衡。但预付制无法保证医疗机构的服务质量和数量，医疗机构可以通过拒收、推诿、简化、分解服务等方式来应对，患者有可能得不到合理必须的诊疗服务。因此对于医保经办机构而言，预付制只能实现控费的目标，并非最优策略。对于医疗机构而言，预付制缺乏激励机制，使其面临“经济风险”和“医疗风险”双高的局面，降低了服务积极性和主动性，可能阻碍医疗技术的发展。

在后付制和预付制都不能达到博弈目标的情况下，医保机构将选择混合制作为博弈策略。以总额预付为基础的混合支付方式综合了多种支付方式的利弊，一方面通过总额预付提高医疗机构的风险意识，推动主动控费，另一方面通过 DRGs 等付费制度规范临床诊疗行为，确保医疗质量。在混合支付方式下，医疗机构选择控制医疗费用，并且通过临床路径控制医疗服务成本，确保收支平衡。

博弈模型的理论分析结果显示，“控制—后付”明显不符合医保机构的管理目标，不符合医疗机构对利益的理性追求，不是均衡结果；“控制—预付”和“控制—混合制”与“不控制—混合制”和“不控制—预付制”的效用通过比较，只有医保机构采取预付制与后付制相结合的混合制支付方式时，才能达到既控制费用，又保证医疗质量的利益均衡效果。改革单一的支付方式、实行预付制和后付制有机组合的混合支付方式是兼顾控制医疗费用和提高医疗质量的策略。

（二）均衡结果分析

利益均衡结果“混合制—控制”已成为目前医保支付方式改革的趋势。谈判机制之所以能形成合理价格，是因为其形成了医疗服务供求双方利益的均衡机制。谈判机制的本质是医保基金和医疗服务的交易机制。医保机构需要医院提供的服务，医院也需要医保机构掌握的基金；医保机构要获得医疗服务，必须及时给付医院足额的医疗费用，而医院要获得医保基金，则必须为参保人提供物美价廉的医疗卫生服务。谈判机制的目标，是寻求医疗服务供求双方的利益均衡。所谓利益均衡，就是利益关系各方的利益要求在公正制度的框架内都得到一定满意度解决的组合。利益均衡把制度公正的理念具体化，并体现在人们追求具体利益的行为之中。

从服务量的角度来分析医疗机构博弈策略，按服务项目付费等后付制支付方式下医疗机构倾向于多提供服务，而在总额预付下倾向于少提供服务，而按人头付费、按服务单元付费和按病种定额付费（DRGs）3 种支付方式对医疗机构（医生）的激励也类似是增加服务量或减少服务量，难以达到适度服务量。而医保机构的目的是实现参保者利益的最大化，其博弈规则就是促使医疗机构给参保患者提供适度服务。因此，动态博弈不能实现帕累托最优。如何激励医疗机构提供适度服务量，达到医保、医疗机构利益均衡就是医保谈判要解决的问题。看是否能从静态博弈中获得最优解。周尚成等人的研究显示，当医保以 50% 的概率随机选择支付方式和医疗机构选择适度服务策略是混合策略博弈的均衡解，均衡时医疗机构选择适度服务策略，医保与医疗机构的博弈均衡时两者收益都达到了最大化，即实现帕累托最优。所以，静态博弈可以实现医保与医疗机构收益同时最大化。[①]

三、全面医保制度背景下医疗保险谈判机制展望及建议

谈判机制是现代医疗保险和医疗服务体系的重要组成部分，是全民医保制度建设的重要内容。通过建立谈判机制可以提高医疗保险管理服务水平，发挥医疗保险对医疗服务提供者的激励和约束作用，提高医疗保险基金使用效率，合理配置医疗服务资源，提高医疗服务质量，降低医疗费用成本，最终实现更好保障人民健康的根本目标。目前我国的医疗保险谈判机制构建还处于初级阶段，完善医疗保险谈判机制具有重要意义。

（一）明确医保谈判的基本原则

一是参保人利益最大化原则。社会医疗保险制度的目标是让人人享有医疗保障，最终实现“病有所医”。医保谈判虽然只限于医保机构与医疗机构，但代表的是全体参保人的意愿，因此以追求参保人利益最大化为最高准则。

二是公平优先兼顾效率原则。公平优先、兼顾效率体现了当前医疗保险“低水平，广覆盖”的原则和实现“人人享有卫生保健”目标的基本保证。在医保谈判内容中要优先保证低收入者的医疗服务提供水平。与此同时也不可忽视医疗服务效率，还应当制定相应的激励约束措施促使医疗服务提供者达到医保部门和患者共同的目标。

三是多方互利共赢原则。医疗保险经办机构与医疗机构双方利益上存在冲突，一方希望控制费用，一方希望增加收入。对等的谈判可以协调双方利益，让双方充分表达各自的利益诉求，通过协商、讨价还价、互相妥协，

① 周尚成：《我国社会医疗保险谈判机制研究》，博士学位论文，华中科技大学，2011年。

最终达成一致。在目前医疗机构补偿机制尚未完善，医疗服务定价尚不合理的情况下，通过协商谈判，平衡双方利益显得更为重要。一方面要充分发挥团购效应，另一方面也要考虑医疗机构的现实处境，兼顾医疗机构的利益。

（二）完善医保谈判体制机制

目前各地都在探索医保谈判，尚无统一的政策体系、制度体系和协调机制。建议国家医保部门及时出台相关配套政策，在平等主体角色构建、谈判层次、谈判原则、谈判程序、谈判模式、谈判协议和支撑机制等方面进行顶层设计，用来规范各方谈判主体的行为，使谈判制度化、规范化。在平等主体角色构建方面，要逐渐打破医保独家垄断经营、医院医保还未形成对等谈判力量等问题，均衡谈判能力才能形成合理的市场价格。明确各个谈判层次的谈判任务，规范谈判程序、谈判模式，健全监督约束机制、冲突处理机制等支撑机制，使得国家级、省级、统筹地区能够在谈判中各司其职、有章可循。此外，协调相关职能部门，增强医保经办机构的谈判能力，真正实现药品和医疗服务价格政府管放有机结合。

（三）重塑谈判角色，加强谈判力量建设

对于医疗保险机构而言，一是要转变医保谈判工作模式与角色。医保经办机构要真正成为患者代言人，必须从被动的买单角色转变为强势的服务购买角色，切实履行服务购买、资金支付和质量监管的职责。以往的行政管理方式对控制医疗费用的过快增长有一定的成效，然而医院、药品供应商作为既得利益者，为防止经济利益损失和维护诊疗行为自主权，绝不会毫无反抗地接受无论是强制式行政管理还是谈判磋商形式的管理。市场机制下药品与医用耗材供应商追求的自身利益最大化原则不会改变。在医疗保险谈判的重复博弈后，购买者和提供者最终基于平等基础形成契约，由此可见谈判不是单方面行为，医保机构需要以平等的供需双方理念对待

供方，与医疗机构、药企、医用耗材代理商协作协商达成的谈判才能提高协议执行力。二是要与其他部门合作，加强对医疗行为、医药服务价格的监管。目前医保谈判最大软肋是信息不对称。医保经办机构不知晓医疗机构、药品供应商真实的医疗服务完全成本与药品的出厂批发价，谈判所掌握的价格参考信息不全，使得价格谈判无据可循。通过成立相应医药信息情报部门，对医药适时行情数据信息进行调研搜集分析，以掌握真实交易价格数据，为医保支付标准确定提供依据。

对于医疗机构而言，要重点提升谈判话语权。一是要增强谈判意识。当前，公立医疗机构习惯于行政管理方式，市场主体意识缺乏，导致维护自身利益的主动性不够，通过适应谈判而非或明或暗的对抗来处理双方分歧。二是要进行力量整合，提升医保谈判博弈的话语权。为了确保医疗机构在谈判中有足够的主动权，医疗机构之间需要通过联合（比如通过医院协会、组建医联体等形式），与医保经办机构形成权力制衡。通过组建医联体，即通过医疗集团、医共体、专科联盟等形式，形成医院联盟，培育长期的伙伴合作关系，将各自独特的医疗资源合理配置，不仅可以实现服务的综合化、一体化，还可以使医院形成规模化经营，降低运作成本，增强谈判实力。三是要加强医院内部医保管理。随着医保付费占医院总收入比例越来越大，应大力加强医院医保科的建设，推动医保精细化管理，让医保科成为应对医保谈判的主力，为医院谋得正常利益。通过积极参与医保谈判，以患者利益为最大目标，将两者之间非合作博弈关系转变为合作博弈关系，从而达到多赢的效果。在获得更明确的绩效激励和一定自主权基础上，重新成为医疗质量和费用控制的主体，主动实施成本控制并努力提供更多更合适的服务。

（四）建立健全配套保障机制

一是建立健全全过程的监督约束机制。在谈判工作之前可邀请相关部门前听证，保证过程的公平、公开、公正；在制定标准的过程中，可以成立由医学、药学、医院管理、医保管理、药物经济学等方面的专家构成的评审专家组，以期达到既能减少基金不合理支出，还能保证医疗质量的目的；在达成协议之后还应加强医保协议管理的严格执行与服务质量的动态监管。对各定点医疗机构履行过程进行监督，将实施效果的评测结果纳入协议考核内，并采取一定的惩罚或鼓励措施。重点发挥外部监督的作用，审计部门对医保机构、医院应进行医保费用结算年度审计，人大、医院协会等应对医保机构、医院医疗质量、医疗费用报销等进行监督。二是建立冲突解决机制。在第三方的选择上，既可以设置由人大、政协和相关部门组成的第三方委托评判机构，也可以借助行政仲裁机构与司法机构等力量引入系统，有效化解矛盾。[①]三是建立多部门协调机制。医疗保险谈判涉及的利益相关方有很多，比如财政部门管政府医疗投入，物价部门管医药价格，人大参与药品招标，人事部门管医疗机构的人员配置等。医疗保险支付价格的谈判也牵涉各方的权力和利益调整，需要相关部门的相互配合、积极推动。可由政府确定谈判的牵头部门和冲突的协调机构。四是构建多元主体参与协商谈判的平等对话机制。重点要在谈判中确立医疗机构的平等主体地位，政府部门一方面需要推进“管办分开”，另一方面要推动公立医院建立健全法人治理结构，使得公立医院以独立医疗服务提供者的身份，通过市场竞争，以优质的医疗服务、良好的成本控制来吸引更多参保人就医。

（五）加强谈判队伍建设

医保谈判是一项全新的工作，因此必须加强双方谈判队伍和谈判能力建设。通过加强谈判人员关于医保基金运作、医院成本管理、财务管理等

① 陈新中：《破解医保谈判机制的博弈迷径》，《中国社会保障》2010 年第 3 期。

专业知识的培训，熟练谈判流程，掌握谈判技巧，建立一支高素质、专业化的医疗保险谈判队伍。进行学历教育与在职培训，培养更多的医疗保险专门人才，加强医保谈判专业化教育。对医疗机构而言应针对医保谈判的特点，重点加强谈判内容、协议签订、履行及医疗费用管控方面的培训，改善协作方式，提高服务效率。

（六）加强医保信息化管理

完善的医保管理需要全面、及时、准确的信息数据作支撑。医保谈判的核心内容是费用的支付方式和定价标准，这需要大量医疗费用数据的整合、统计和分析作为谈判基础。随着按病种付费方式的出现和推开，对疾病信息管理的要求越来越高。测算各类病种的诊疗费用需要大量统计数据，且对 DRGs 的管理、监督、审查也是相当复杂。因此，要加快信息化建设，建立医保、医疗机构等机构间互联互通的信息化平台，便于科学制定标准、测算医疗费用和评价服务质量。

参考文献

一、中文文献

［澳］哈尔·肯迪格：《世界家庭养老探析》，刘梦等译，中国劳动出版社1997年版。

曹莉：《我国新型农村合作医疗保险基金的运行效率分析》，硕士学位论文，西北大学，2009年。

曹璐：《云南与广州启动异地就医联网结算》，《中国劳动保障报》2014年6月19日。

曹明霞：《灰色关联分析模型及其应用的研究》，硕士学位论文，南京航空航天大学，2007年。

曹世文：《人口老龄化与基本医疗保险基金平衡关系研究》，博士学位论文，浙江大学，2008年。

曾思克、沈华亮：《深圳市深化医保改革的成效与后续举措分析》，《中国医疗保险》2015年第11期。

车士义、郭琳：《结构转变、制度变迁下的人口红利与经济增长》，《人口研究》2011年第2期。

陈洁：《借鉴国外经验发展中国特色的社会医疗保险》，硕士学位论文，对外经济贸易大学，2002年。

陈蕾、冷明祥、胡大洋、周建春：《澳大利亚医保目录的药品准入谈判对我国的启示》,《南京医科大学学报（社会科学版）》2011 年第 5 期。

陈树国:《社保和商保机构不存在明显优劣》,《中国医疗保险》2014 年第 3 期。

陈婷、白雪、方鹏骞:《基本医疗保险异地就医政策设计探讨：基于全国 21 省份政策的比较》,《中国卫生经济》2017 年第 12 期。

陈祥松:《当代中国流动人口管理伦理问题研究》，博士学位论文，湖南师范大学 ,2009 年。

陈新中:《破解医保谈判机制的博弈迷径》,《中国社会保障》2010 年第 3 期。

陈雪煌:《新型农村合作医疗制度公平与效率的评价及制度安排》，硕士学位论文，江西财经大学，2009 年。

陈仰东:《保费征收要做到“颗粒归仓”》,《中国医疗保险》2012 年第 5 期。

陈仰东 :《提升医保谈判能力是当务之急》,《中国医疗保险》2010 年第 8 期。

陈瑶:《新型农村合作医疗支付方式的利益均衡研究》，博士学位论文，华中科技大学 , 2009 年。

陈迎春、常静肼、李浩森等:《三明市以医保为支点推进“三医”联动模式探讨》,《中华医院管理杂志》2017 年第 4 期。

陈迎春、李浩淼、方鹏骞等:《健康中国背景下构建全民医保制度的策略探析》,《中国医院管理》2016 年第 11 期。

程晓明:《DRGs 和按单病种付费的理论与实践探讨》,《中国医疗保险》2010 年第 6 期。

程晓明:《卫生经济学》，人民卫生出版社 2003 年版。

程志辉、张柯庆:《医用高值耗材对医疗费用产生影响的分析和思考》,《南京医科大学学报（社会科学版）》2013 年第 1 期。

池红梅:《医保总额预付制对公立医院的影响及对策探讨》，硕士学位论文，西南财经大学 , 2014 年。

仇雨临、王昭茜:《城乡居民基本医疗保险制度发展评析》,《中国医疗保险》2018 年第 2 期。

仇雨临、翟绍果:《完善全民医保筹资机制的理性思考》,《中国医疗保险》2010 年第 5 期。

仇雨临:《从形式公平到实质公平：居民医保城乡统筹驱动路径反思》,《社会保障研究》2016 年第 1 期。

储振华:《国外农村医疗保险制度实施政策》,《国外医学》1994 年第 13 期。

戴伟、龚勋、王淼淼等:《医疗保险异地就医管理模式研究述评》,《医院管理论坛》2009 年第 12 期。

狄进:《谈判机制的成都实践》,《中国社会保障》2015 年第 7 期。

丁言:《抗肿瘤药市场欲弯道超车》,《医药经济报》2018 年 4 月 5 日。

董恒进:《医院管理学》，上海医科大学出版社 2000 年版。

杜飞进、张怡恬:《中国社会保障制度的公平与效率问题研究》,《学习与探索》2008 年第 1 期。

方积乾主编:《卫生统计学》，人民卫生出版社 2003 年版。

方木:《推进统一的城乡居民基本医疗保险制度全面建立》,《中国医疗保险》2018 年第 2 期。

方鹏骞、陈婷:《我国异地就医实时结算的问题、实现路径和趋势》,《中国卫生经济》2017 年第 12 期。

方鹏骞、张莉:《医疗卫生改革的价值取向与战略选择》,《中国卫生事业管理》2008 年第 12 期。

方鹏骞、张禄生、董四平:《城镇职工基本医疗保险费用控制策略研究》,《中国卫生事业管理》2009 年第 5 期。

方鹏骞、张霄艳:《中国基本医疗保险制度：评价与展望》，华中科技大学出版社 2015 年版。

方鹏骞:《湖北省基本医疗保险制度研究》，武汉大学出版社 2017 年版。

方鹏骞:《医学社会科学研究方法》，人民卫生出版社 2010 年版。

冯晓黎、韩中明、李兆良等:《模糊综合评价脑血管病治疗质量》，《中国卫生统计》2002 年第 6 期。

福建省医保中心:《福建省医保中心 12 月起停用省本级医保卡》,《就业与保障》2011 年第 11 期。

福州市医保中心:《福州市医保总额控制谈判全面展开》,《就业与保障》2013 年第 4 期。

高和荣:《论中国特色社会保障理论的构建》,《吉林大学社会科学学报》2008 年第 4 期。

高瑞馨:《林口林业局可持续发展综合评价指标体系研究》，博士学位论文，东北林业大学，2004 年。

顾昕:《醒来吧，“休眠”的医保基金》,《东北之窗》2009 年第 9 期。

郭珉江、郭琳:《流动人口异地就医即时结算现状与问题研究》,《中国卫生经济》2014 年第 1 期。

郭清:《2017 中国健康服务业发展报告》，人民卫生出版社 2018 年版。

郭士征:《社会保险学》，上海财经大学出版社 2009 年版。

郭文博、张岚、张春艳:《医疗保险费用支付方式研究评述》,《卫生经济研究》2011 年第 10 期。

郭亚军:《综合评价理论与方法》，科学出版社 2002 年版。

郭有德;《社会医疗保险的经济运行模式及其模拟分析》，博士学位论文，复旦大学，2002 年。

郭志伟:《DRGs 的原理与方法及在我国的应用对策》,《中国卫生经济》2010 年第 8 期。

郝模：《卫生政策学》，人民卫生出版社 2005 年版。

何平：《积极探索建立医保谈判机制》，《中国医疗保险》2009 年第 12 期。

何伟：《高价药入医保或助力降价》，《医药经济报》2015 年 7 月 10 日。

贺小林：《医保协商谈判和协议管理的政策机制研究》，《中国医疗保险》2016 年第 8 期。

胡敏：《各国社会医疗保险制度的分析与思考》，《世界经济情况》2007 年第 12 期。

胡苏云：《医疗保险中的道德风险分析》，《中国卫生资源》2000 年第 3 期。

胡晓军：《河南濮阳激活医保多方谈判机制》，《健康报》2012 年 8 月 24 日。

胡璇：《医疗保险支付方式改革对我国公立医院效率的影响研究》，硕士学位论文，东南大学，2016 年。

华颖：《德国法定医疗保险谈判机制探析》，《中国医疗保险》2013 年第 6 期。

黄淑玲：《福利经济学述评》，《沈阳工程学院学报（社会科学版）》2007 年第 4 期。

贾岩：《高价药谈判关键点》，《医药经济报》2017 年 8 月 17 日。

江茹、王新虹、宋厚斌、孙鸣翼：《论谈判机制在医疗保险中的运用》，《现代经济信息》2016 年第 1 期。

姜琳：《公立医院固定资产投资现状及改进举措》，《中国卫生经济》2015 年第 9 期。

蒋可竟：《职工基本医疗保险异地就医便捷化政策效应分析》，硕士学位论文，浙江大学，2014 年。

靳卫东等:《城镇居民医疗保险制度改革的文化消费效应研究》,《南开经济研究》2017 年第 2 期。

凯恩斯:《就业、利息和货币通论》,商务印书馆 1963 年版。

康瑜:《医疗保险谈判和团购医疗服务机制如何建立》,《天津社会保险》2015 年第 2 期。

兰婧婧:《我国城镇基本医疗保险异地就医政策研究》,硕士学位论文,首都经济贸易大学,2017 年。

蓝志成:《柳州市建立医保激励付费机制的探索与思考》,《中国医疗保险》2018 年第 2 期。

乐端:《基本医疗保险制度下医疗服务公平性研究》,《医学与社会》2005 年第 12 期。

李斌:《卫生筹资公平性研究进展》,《中国卫生经济》2004 年第 2 期。

李芬、丁玲玲、王力男等:《上海市老年人医疗服务需求、利用及费用特征分析》,《卫生经济研究》2018 年第 6 期。

李浩森、方鹏骞、高红霞等:《福建省三明市城乡医保整合模式探索》,《中国卫生经济》2017 年第 11 期。

李继学:《长春医保议价谈判初解"看病贵"》,《中国财经报》2012 年 9 月 11 日。

李建国、关玉施,林海岳等:《广州市城乡居民医保制度整合进程回顾与思考》,《中国医疗保险》2018 年第 2 期。

李建梅、彭佳平:《医保基金风险防范的新视角》,《中国医疗保险》2009 年第 11 期。

李魁:《人口年龄结构变动与经济增长》,博士学位论文,武汉大学,2010 年。

李磊、邵建祥、田瑞雪等:《医疗保险异地就医即时结算存在的问题及对策》,《现代医院》2017 年第 3 期。

李林贵、杨金侠、李士雪:《山东省新型农村合作医疗基金补偿方案评价》,《中国卫生经济》2005年第10期。

李玲:《昆明市城镇职工基本医疗保险统筹基金风险预测及对策研究》,博士学位论文,第二军医大学,2006年。

李美燕:《我国医疗保障制度改革评价及可持续发展研究》,博士学位论文,南京航空航天大学,2008年。

李雯:《社会医疗保险基金的风险管理研究》,博士学位论文,西安电子科技大学,2006年。

李湘君、王中华:《基于病种差异的中老年人群慢性非传染疾病的经济负担与经济》,《中国老年学杂志》2017年第11期。

李晓嘉:《城镇医疗保险改革对家庭消费的政策效应——基于CFPS微观调查数据的实证研究》,《北京师范大学学报(社会科学版)》2014年第6期。

李元霞、赵磊、张东航等:《我国异地就医结算问题分析》,《中国卫生经济》2016年第3期。

李珍、赵青:《制度变迁视角下的城镇职工基本医疗保险公平性评估》,《北京社会科学》2014年第7期。

梁鸿、王峦、荆丽梅等:《上海市城镇职工基本医疗保险支付方式改革的历程及启》,《中国卫生资源》2013年第4期。

梁万年、王红、杨兴华:《中国城市社区卫生服务评价指标体系的建立》,《中国卫生事业管理》2002年第8期。

林枫:《构建可持续发展的社会医疗保障体系》,《中国社会保障》2004年第11期。

林枫:《善用医保谈判机制》,《中国社会保障》2011年第10期。

刘东宁:《我国城镇医疗保险异地就医问题研究》,硕士学位论文,东北财经大学,2015年。

刘芳、杨军:《对基本医疗保险制度支付方式的研究和探索》,《中国初级卫生保健》2011 年第 5 期。

刘红玉:《中医按病种付费方式探讨》,硕士学位论文,华中科技大学,2013 年。

刘军强:《中国如何实现全民医保?——社会医疗保险制度发展的影响因素研究》,《经济社会体制比较》2010 年第 2 期。

刘俊延:《浅析新形势下如何控制医疗费用过快增长》,《经济师》2008 年第 11 期。

刘利、吕海升:《新农合制度下我国农民异地就医报销困境及整合》,《中国农村卫生事业管理》2016 年第 2 期。

刘平:《我国城镇职工基本医疗保险公平性研究》,硕士学位论文,武汉大学,2005 年。

刘同芗、郭健美、唐红梅:《单病种付费改革存在的问题与对策——基于山东省单病种实施现状调查》,《中国保险》2014 年第 2 期。

刘玮玮、贾洪波:《基本医疗保险中异地就医管理研究》,《中国卫生经济》2011 年第 6 期。

刘喜广:《山东省农业可持续发展能力评估及障碍因素分析》,《中国农业资源与区划》2009 年第 3 期。

刘小兵:《中国医疗保险费率水平研究》,《管理世界》2002 年第 7 期。

刘亚歌:《我国医疗服务与保险支付的谈判研究》,硕士学位论文,北京中医药大学,2011 年。

刘燕:《制度化养老、家庭功能与代际反哺危机》,博士学位论文,华东理工大学,2014 年。

刘扬河、刘跃伟、周鹏等:《海口市某医院老年慢性病患者医疗费用调查》,《医学与社会》2015 年第 9 期。

柳丽:《异地就医即时结算现状及问题的分析》,《就业与保障》2018

年第1期。

路佳、刘宾志:《社会医疗保险道德风险问题研究》,《经济研究导刊》2009年第3期。

马涛:《社会医疗保险制度公平性研究》,硕士学位论文,青岛大学,2008年。

满媛:《大连市城镇职工医疗保险基金收支影响因素的实证研究》,博士学位论文,东北财经大学,2011年。

[美]科纳贝戴安:《医疗质量评估与监测》,李岩译,北京大学出版社2007年版。

[美]朱·弗登伯格、[法]让·梯若尔:《博弈论》,黄涛等译,中国人民大学出版社2002年版。

彭俊、宋世斌、冯羽:《人口老龄化对社会医疗保险基金影响的实证分析——以广东省珠海市为例》,《南方人口》2006年第2期。

齐泽萍:《省医保中心发布〈省直职工医疗保险谈判药品使用管理规程〉——32种"高价"药纳入医保门诊大病用药范围》,《山西经济报》2018年1月4日。

瞿颖:《西部地区村卫生室卫生服务能力评价指标体系构建研究》,博士学位论文,华中科技人学,2009年。

人社部:《人社部社保中心副主任徐延军介绍医保药品目录谈判有关情况》,2017年7月28日,见 http://www.mohrss.gov.cn/yiliaobxs/YILIAOBXSgongzuodongtai/201707/t20170728_274815.html。

任苒、金凤:《新型农村合作医疗实施后卫生服务可及性和医疗负担的公平性研究》,《中国卫生经济》2007年第1期。

申曙光、侯小娟:《我国社会医疗保险制度的"碎片化"与制度整合目标》,《广东社会科学》2012年第3期。

沈炳珍、陈畴镛:《对我国基本医疗保险制度的理论分析》,《管理世界杂志》2002 年第 8 期。

沈莎:《创新管理机制，推进三医联动》,《中国卫生事业管理》2016 年第 8 期。

沈旭英:《我国异地就医直接结算难点的阐述与分析》,《管理观察》2017 年第 31 期。

《十八届三中全会公报的十大看点》,《中国保险》2013 年第 11 期。

时黎、张开宁、姜润生:《卫生服务公平性理论框架的探讨》,《中国卫生事业管理杂志》2003 年第 1 期。

宋世斌:《我国医疗保障体系的债务风险及可持续性评估》，经济管理出版社 2009 年版。

苏伟、苏航、杨磊等:《医保药品和医疗服务价格谈判机制探析》,《中国医疗保险》2015 年第 6 期。

孙炳耀:《反思社会政策与经济政策的关系》,《中国经济时报》2009 年 8 月 10 日。

孙璐熠、睢党臣、师贞茹:《传统养老文化变迁下农村家庭养老的困境》,《知识经济》2014 年第 4 期。

孙全胜、孙涛、张华平等:《城镇职工基本医疗保险认知及满意度评价调查研究》,《中国初级卫生保健》2009 年第 6 期。

孙涛、张佳滢、孙全胜等:《社会医疗保险公众满意度测评指标体系的构建》,《卫生经济研究》2009 年第 4 期。

孙振球等:《医学统计学》第二版，人民卫生出版社 2005 年版。

谭伟:《社会保障与区域经济互动机理及协调度研究》,《技术经济与管理研究》2011 年第 5 期。

汤晓莉:《社会医疗保险可携带性政策研究》，博士学位论文，华中科技大学，2010 年。

唐启义、冯明光:《实用统计分析及其 DPS 数据处理系统》，科学出版社 2002 年版。

陶思羽、乐虹、黄阿红等:《基于三明医改做法的我国健康保障领域中的政府责任分析》,《中华医院管理》2017 年第 4 期。

田国栋:《城镇职工基本医疗保险基金平衡的影响因素及对策研究》,博士学位论文,复旦大学,2006 年。

汪红、董慧群:《辽宁医疗保险基金风险评价》,《辽宁工程技术大学学报(社会科学版)》2011 年第 4 期。

汪红:《辽宁城镇医保基金风险预警体系的构建》,《管理观察》2011 年第 2 期。

王保真、钟建威:《医疗保险中的费用支付制度分析》,《中国卫生经济》2001 年第 11 期。

王承斌:《流动人口基本医疗保险制度的实施难点及对策探讨》,硕士学位论文,西南财经大学,2013 年。

王东进:《深刻认识深入研究深度解决主要矛盾 全面建成新时代中国特色医疗保障体系》,《中国医疗保险》2018 年第 1 期。

王菲:《资源型城市可持续发展指标体系构建及综合评价研究》,博士学位论文,大庆石油学院,2006 年。

王虎峰、元瑾:《医保异地就医即时结算五大模式》,《中国医院院长》2014 年第 20 期。

王惠:《论税负公平》,《法学家》1994 年第 6 期。

王嘉、薛军堂:《美国政府公共医疗服务体系绩效评估的实践及对中国的借鉴意义》,《未来与发展》2007 年第 2 期。

王健、周绿林:《异地就医管理理论与政策研究》,《中国卫生事业管理》2009 年第 12 期。

王凯东:《对异地就医即时结算方式的研究》,硕士学位论文,东北师范大学,2017 年。

王群：《城镇居民医疗保险可持续发展的筹资模式研究》，博士学位论文，复旦大学，2011年。

王琬：《医疗保险谈判机制探析》，《保险研究》2010年第1期。

王伟、邢明浩：《影响我国城镇居民医疗保障水平的因素探讨——以江苏省为例的实证分析》，《价格理论与实践》2013年第3期。

王晓京、朱士俊：《医疗费用支付方式的比较》，《中华医院管理杂志》2006年第7期。

王钰：《2018肿瘤药怎么卖》，《医药经济报》2018年2月1日。

王志宏、刘荣英：《经济可持续发展分析模型的理论与方法》，《中国人口·资源与环境》1998年第1期。

王宗凡：《美国和加拿大的医保费用支付及谈判》，《中国医疗保险》2009年第12期。

魏建：《谈判理论：法经济学的核心理论》，《兰州大学学报》1999年第4期。

魏江：《总额预付制下的医疗费复合支付方式改革研究》，硕士学位论文，南昌大学 ,2017年。

吴阿元、李一平、张咏杨等：《按病种付费在医保费用结算中的实践与探索》，《中国卫生经济》2004年第9期。

吴成丕：《中国医疗保险制度改革中的公平性研究》，《经济研究》2003年第6期。

吴晓峰：《德国医疗保险制度的改革》，《国外医学》2000年第13期。

伍琳、陈永法：《韩国和德国专利药价格谈判模式比较研究及启示》，《中国卫生政策研究》2015年第10期。

夏斌：《社会医疗保险风险因素分析及其综合评价》，《西北大学学报（哲学社会科学版）》2009年第4期。

夏韡、张晓、仝晶晶：《江苏省异地就医现状分析及对策研究》，《中

国医院管理》2009 年第 4 期。

向运华:《社会保障可持续发展的筹资基础》,《社会保障问题研究》2006 年第 1 期。

肖南梓:《基本医疗保险制度下农村高血压及糖尿病患者疾病经济风险的实证研究》,博士研究生,重庆医科大学,2016 年。

肖述剑:《对公平与正义内涵的辨析》,《理论观察》2007 年第 4 期。

肖周燕、石郑:《中国异地就医的困境与路径优化研究》,《江汉学术》2015 年第 3 期。

谢春艳、胡善联、孙国桢等:《我国医疗保险费用支付方式改革的探索与经验》,《中国卫生经济》2010 年第 5 期。

谢冬明等:《江西省农村社区可持续发展评价指标模型的构建》,《江西农业大学学报(社会科学版)》2008 年第 4 期。

熊任:《新加坡医疗保险制度》,《软科学》1994 年第 6 期。

徐爱军、戴晨曦、李小民:《完善医疗服务价格谈判机制及其路径选择——基于连云港市单病种谈判的案例研究》,《价格理论与实践》2017 年第 9 期。

许东黎:《国外医疗保险与医疗机构谈判机制述评》,《中国医疗险》2009 年第 12 期。

许红华:《城镇职工基本医疗保险基金筹资比例测算与费用支付管理研究》,博士学位论文,中国矿业大学,2011 年。

闫敬婷:《城乡医疗保险制度公平性研究》,硕士学位论文,山西财经大学,2014 年。

严受:《上海市医疗保险基金风险分析》,博士学位论文,上海交通大学,2008 年。

颜园:《江西省城乡基本医疗保障制度一体化研究》,硕士学位论文,江西财经大学,2010 年。

杨川：《总额预付制下的三级医院科室运营模式影响分析》，硕士学位论文，石河子大学，2014 年。

杨燕绥、胡乃军、赵欣彤：《以城乡居民医保整合为起点构建综合治理机制》，《中国医疗保险》2016 年第 4 期。

杨玉婷、项耀钧：《医保总额预付制对医院服务质量、效率与费用的影响研究》，第二军医大学 2014 年版。

姚岚等：《医疗保障学》第二版，人民卫生出版社 2013 年版。

姚胜男：《总额预付制下公立医院医保费用控制策略及关键绩效指标研究》，硕士学位论文，第二军医大学，2014 年。

姚晓曦：《回忆"两江"医改试点》，《中国医疗保险》2014 年第 6 期。

姚奕、陈仪、石菊：《医疗保险支付方式改革：实践与研究进展评述》，《中国卫生经济》2017 年第 4 期。

叶艳、顾成瑶：《医保中的"道德风险"和"逆向选择"》，《中国社会保障》2004 年第 6 期。

叶战备、权循光：《转型期我国社会公正问题再考量》，《淮南师范学院学报》2010 年第 4 期。

佚名：《福建省医疗保险信息系统联网异地就医医疗费用结算管理试行办法实施》，《就业与保障》2006 年第 7 期。

佚名：《江苏：年内全省居民异地就医"一卡通"》，《中国防伪报道》2009 年第 6 期。

［英］尼古拉斯·巴尔、［英］大卫·怀恩斯：《福利经济学前沿问题》，贺晓波、王艺译，北京中国税务出版社 2000 年版。

于靓：《医疗保险基金的数据审计方法》，《中国审计》2018 年第 4 期。

于宗河：《英国医疗制度及其改革》，《中国医院管理杂志》1994 年第 10 期。

鱼敏、樊世斌、李风琴等：《论我国医疗保障制度改革的评价研究》，

《中国卫生事业管理杂志》2002 年第 7 期。

张冬梅:《单病种服务限价初探》,《卫生经济研究》2000 年第 12 期。

张华:《国际医疗保险运行模式及特点评价》,《国外医学》2002 年第 4 期。

张建伟:《云南异地就医结算中心系统设计与实现》,硕士学位论文,电子科技大学,2012 年。

张太海:《城镇职工基本医疗保险制度运行质量评价指标体系初步研究》,硕士学位论文,华中科技大学,2004 年。

张廷平:《借助市场机制作用发挥“集团购买”优势——成都市推进医疗保险谈判的实践与思考》,《四川劳动保障》2012 年第 4 期。

张万民:《加强财务分析预防医疗保险基金运行风险》,《西部财会》2007 年第 7 期。

张维迎:《博弈论与信息经济学》,上海人民出版社 2004 年版,

张霄艳、赵圣文、陈刚:《大病保险筹资与保障水平现状及改善》,《中国社会保障》2016 年第 9 期。

张霄艳等:《大病保险保障范围现况及思考》,《中国医疗保险》2016 年第 5 期。

张晓、胡汉辉、张文杰等:《对城乡居民医保制度整合实施“一制多档”的分析》,《中国医疗保险》2014 年第 5 期。

张晓等:《医疗保险基金支付风险管理分析及预警体系的构建——基于政策目标、基金平衡与费用控制的思考》,《中国医疗保险》2012 年第 6 期。

张笑天、王保真:《医疗保险原理与方法》,中国人口出版社 1996 年版。

张笑天:《美国医疗保险制度现状》,《国际医药卫生导报》2003 年第 1 期。

张昕:《新型农村合作医疗保险制度的实施效果及满意度评价研究——来自宜宾市珙县的调查数据》,硕士学位论文,四川农业大学,2013年。

张亚东:《医疗费用控制与医疗保险纵向一体化研究》,博士学位论文,华中科技大学,2003年。

张湛:《国内部分省市药品医保谈判现状、存在问题及对策建议研究》,硕士学位论文,暨南大学,2017年。

赵斌:《完善医疗保险异地就医管理服务机制研究》,《中国劳动》2016年第8期。

赵大勇:《临沂市医疗保险公平性评价及优化对策研究——以城镇职工基本医疗保险为主》,硕士学位论文,贵州大学,2008年。

赵曼:《社会医疗保险费用约束机制与道德风险规避》,《财贸经济》2003年第2期。

赵庆波:《医保产品的特征及供求主体的道德风险》,《吉林广播电视大学学报》2008年第1期。

赵仲华:《社会医疗保险的费用控制与机制创新研究》,硕士学位论文,武汉大学,2005年。

郑大喜:《医疗保险对医院经营的影响及其应对策略》,《中华医院管理杂志》2004年第20期。

郑功成:《城乡医保制度整合的九个关键点》,《中国医疗保险》2013年第6期。

郑功成:《全面理解党的十九大报告与中国特色社会保障体系建设》,《国家行政学院学报》2017年第6期。

郑功成:《中国社会保障改革与发展战略—历年、目标与行动方案》,人民出版社2008年版。

郑杭生:《抓住社会资源和机会公平配置这个关键——党的十八大报

告社会建设论述解读》,《求是》2013 年第 7 期。

郑先平、刘雅、傅强辉:《社会医疗保险异地结算问题及对策探讨》,《中国卫生经济》2015 年第 2 期。

中华人民共和国国家健康委员会:《公立医院改革试点工作简报第 188 期:镇江市医保支付改革实现医保患三方共赢》,2012 年 1 月 13 日,见 http://www.nhfpc.gov.cn/yzygj/s10008/201201/755be7c2f395415da454926587bf872f.shtml。

中华人民共和国国家健康委员会:《上海市积极探索医保支付方式改革》,2011 年 8 月 12 日,见 http://www.nhfpc.gov.cn/yzygj/s10006/201108/a5eee3ad27da49dfb68375149debbd79.shtml。

中华人民共和国国家卫生和计划生育委员会:《2017 中国卫生统计年鉴》,中国协和医科大学出版社 2017 年版。

中华人民共和国国家卫生和计划生育委员会:《国务院关于整合城乡居民基本医疗保险制度的意见》,《中国实用乡村医生杂志》2016 年第 6 期。

中华人民共和国劳动和社会保障部、德国技术合作公司:《德国医疗保险概况》,中国劳动社会保障出版社 2000 版。

中华人民共和国卫生与计划生育委员会:《〈中国流动人口发展报告 2016〉内容概要》,《青春期健康》2016 年第 22 期。

钟邃:《城镇职工基本医疗保险统筹基金风险预警系统的探索性研究》,博士学位论文,四川大学,2007 年。

周宏、刘力、王济东:《美国的卫生保健制度》,《国外医学社会医学分册》2001 年第 4 期。

周晋、金昊:《大病医保体系内的制度差异及其公平和效率评价》,《大连理工大学学报(社会科学版)》2016 年第 1 期。

周玲琍、程显扬:《社会医疗保险异地就医问题研究》,《沈阳干部学刊》2012 年第 3 期。

周尚成，方鹏骞:《医疗保险谈判机制理论基础及政策设计》,《湖北医药学院学报》2016 年第 1 期。

周尚成:《我国社会医疗保险谈判机制研究》，博士学位论文，华中科技大学医药卫生管理学院，2011 年，第 53 页。

周尚成:《我国医保谈判机制政策的设计与评价——基于镇江、成都文本的考察》,《中国卫生事业管理》2012 年第 1 期。

周晓庆、陈芸、赵斌等:《新农合支付方式改革对患者住院均次费用的影响研究》,《中国医院管理》2014 年第 5 期。

朱正国:《农村医疗保险制度改革的经济学分析》,《卫生经济研究》2010 年第 3 期。

诸大建、王欢明、刘淑妍:《 基于 PSR 模型的公共服务治理系统性研究》,《经济与管理研究》2010 年第 4 期。

二、外文文献

A. M. Ching-To,M. H. Riordan, " Health Insurance, Moral Hazard, and Managed Care", *Journal of Economics & Management Strategy*,2002.

Agency for Healthcare Research and Quality, Rockville M.D., *National Healthcare Quality Report*,2013, http:www.ahrq.gov/qual/nhqr06/.

Arhin-Tenkorang D.C., Health Insurance for the Informal Sector in Africa: Design Features, Risk Protection and Resource Mobilization, Working Group 3, *Background Report to Commission on Macro-Economics and Health*, Geneva : WHO, 2001.

Atim Chris, "Social Movement and Health Insurance Critical Evaluation of Voluntary Non-profit Insurance Schemes with Case Studies from Ghana and Cameroon", *Social science & medicine*, Vol.48, No.7, 1999.

Buclner Florian, Wildner Manfred, Brunner Anne, "Health Rights

Dimensions are Part of valid Evaluation of Health Insurance Programmers in Rural Guatemala”, *Critical Public Health*, Vol.11, No.4, 2001.

C.E. Shannon, “A mathematical theory of communication”, *Acm Sigmobile Mobile Computing & Communications Review*, Vol.27, NO.4, 1948.

David M Lampton., “Development and Health Care: Is China's Medical Program Exportable?”, *World Development*, Vol.6, No.5, 1978.

DC Hadorn, “Setting Health Priorities in Oregon: Cost–Effectiveness Meets the Rule of Rescue”, *JAMA*, Vol.265, No.17, 1991.

E Kleiman, “The Determinants of National Outlay on Health”, *The Economics of Health and Medical Care*, 1974.

Eichler Rena, Lewis Elizabeth, Financing Health Reform in El Salvador: Framework for Policy Decision, Management Sciences for Health, Boston, July, 1999.

G.H. Tzings, “Compremises Solution by MCDM Methods: A Comparative Analysis of VIKOR and TOPSIS”, *European Journal of Operational Research*, Vol.156, No.2, 2004.

H.D Banta., Luee B.R., *Health Care Technology and Its Assessment: An International Perspective*, New York : Oxford University Press, 1993.

H.E Leland, “Saving and Uncertainty : The Precautionary Demand for Saving”, *Quarterly Journal of Economics*, Vol.82, No.3, 1968.

Hnaa Lianghao, Yu Shurong, Wang Zhiwen. “Fuzzy Assessment of the Integrity of Structures Containing Defects”, *Pressure Vessels and Piping*, No.76,1999.

J Hurley, “An Overview of the Normative Economics of the Health Sector”, *Handbook of Health Economics*, Vol.1, 2000.

J. Rawls, *A Theory of Justice*, Cambridge, Mass : Harvard University

Press, 1977.

J. Roemer, *Equality of Opportunity*, Cambridge, Mass : Harvard University Press, 1998.

J.C. Robinson, "Blended Payment Methods in Physician Organizations Under Managed Care", *Journal of the American Medical Association*, Vol.282, No.13, 1999.

J.P Acton, "Non-monetary Factors in the Demand for Medical Servicesr : Some Empirical Evidence", *Journal of Political Economy*, No.11,1975.

J.P. Newhouse, "Medcial Care Costs : How Much Welfare Loss?", *Journal of Economic Perspectives*, Vol.6, No.3, 1992.

L.A. Zadeh, "Fuzzy Sets", *Information and Control*, Vol.8, No.3, 1965.

M Grossman, "On the Concept of Health Captial and the Demand of Health", *The Journal of Political Economy*, No.80, 1972.

M Grrossman, *The Demand for Health : A Theoretical and Empirical Investigation*, New York : Columbia University Press, 1974.

M J Eichner, *Insurance or Self-Insurance ? : Variation, Persistence, and Individual Health Accounts*, Chicago The University of Chicago Press, 1998.

M S Feldstein, "The Rising Price of Physicians' Services", *Review of Economics and Statistics*, No.52, 1970.

M. Spence, R. Zeckhauser, "Insurance, Information and Individual Action", *American Economics Review*, No.61, 1971.

N Daniels, BP Kennedy, I Kawachi, "Why Justice is Good for Our Health", *the Social Determinants of Health Inequalities*, Vol.128, No.4,1999.

Office of the WHO Representative in China and China State Council Development Research Center, *China: Health, Poverty and Economic Development*, Beijing, 2005.

P. Zweifel, S. Felder, M. Meiers , “Ageing of Population and Health Care Expenditure : A Red Herring ? ”, *Health Economics*, No.8, 1999.

P.P Barros. & Xavier M.G., “Negotiation Advantages of Professional Associations in Health Care” , *International Journal of Health Care Finance and Economics*,2005.

R Busse, MB lümel, F Knieps, et al, “Statutory Health Insurance in Germany: A Health System Shaped by 135 Years of Solidarity, Self-governance, and Competition”, *Lancet*, Vol.390, No.10097, 2017.

R W Evans, “Health Care Technology and the Inevitability of Resource Allocation and Rationing Decisions” , Part 1, *Journal of the American Academy Medical Association*, Vol.249, No.15,1983.

R.B. Salman, R. Busse, J. Figueras *Social Health Insurance System inWesternEurope*, Maiden head and New York City: Open University Press, 2004.

S.P. Zeldes, “Optimal Consumption with Stochastic Income : Deviationsfrom Certainty Equivalence”, *Quarterly Journal of Economics*, Vol.104, No.2, 1989.

The Wei Hu, *Recent International Health Care Reforms: Lessons Learned*, Beijing, China,, April 21-22, 2002.

TL Beauchamp, Childress JF (eds.), *Principles of Biomedical Ethics*, New York : Oxford University Press.

WG Manning, et al, “Health Insurance and the Demand for Medical Care : Evidence from a Randomized Experimen”, *The American Economic Review*, 198Newhouse J P, “Medcial Care Costs : How Much Welfare Loss ? ”, Journal of Economic Perspectives, Vol.6, No.3 (1992), pp.3-20.

WL Adair, Weingart L, Brett JM, “The Timing and Function of Offers in U.S and Japanese Negotiations”, *Journal of Applied Psychology*, 2007, 92 (4) .

World Health Organization, *Contributing to Social and Economic Development : Sustainable Action Across Sectors to Improve Health and Health Equity* (follow up of the 8th Global Conference on Health Promotion, Report by the Secretariat), Jan 17, 2014.

World Health Organization, *Health Systems Financing, the Path to Universal Coverage: World Health Report 2010*, Jun 23, 2010, http://www.who.int/whr/2010/en/.

World Health Organization, *The Helsinki Statement On Health in All Policies*, Jun 20, 2013, http://www.who.int/healthpromotion/conferences/8gchp/8gchp_helsinki_statement.pdf ? ua=1.

World Health Organization, *The World Health Report 2010*, Gevana : World Health Organization, 2010.

World Health Organization, *The World Health Report 2013 Research for Universal Health Coverage*, Geneva : WHO, 2013.

X.F. Pan, J. Xu, Q. Meng, "Integrating Social Health Insurance Systems in China", *The Lancet*, Vol.387, No.10025, 2016.

Xinhua News Agency, *China's Basic Medical Insurance Covers 1.35 Bln People*, Feb 12, 2018, http://go.galegroup.com/ps/i.do ? p=WHIC&u=hust&id=GALE| A527245621&v=2.1&it=r&sid=summon.

Y.J Lai., T.Y Liu., Hwang C.L., "TOPSIS for MODM", *Euro J operate Res*, Vol.76, No.3, 1994.

责任编辑：宰艳红
责任校对：白　玥

图书在版编目(CIP)数据

中国全民医疗保险体系构建和制度安排研究/方鹏骞 编著. —北京：人民出版社，2019.1
ISBN 978 - 7 - 01 - 020204 - 4

Ⅰ. ①中…　Ⅱ. ①方…　Ⅲ. ①医疗保险-保险制度-研究-中国　Ⅳ. ①F842.613

中国版本图书馆 CIP 数据核字(2018)第 286036 号

中国全民医疗保险体系构建和制度安排研究

ZHONGGUO QUANMIN YILIAO BAOXIAN TIXI GOUJIAN HE ZHIDU ANPAI YANJIU

方鹏骞　编著

人民出版社 出版发行
（100706　北京市东城区隆福寺街 99 号）

北京中科印刷有限公司印刷　新华书店经销

2019 年 1 月第 1 版　2019 年 1 月北京第 1 次印刷
开本：710 毫米×1000 毫米 1/16　印张：26.5
字数：400 千字

ISBN 978 - 7 - 01 - 020204 - 4　定价：88.00 元

邮购地址 100706　北京市东城区隆福寺街 99 号
人民东方图书销售中心　电话 (010)65250042　65289539